COLECCIÓN
DERECHO RURAL

3

MUJERES RURALES, TERRITORIO Y RETO DEMOGRÁFICO

La presente obra, forma parte de los resultados del Proyecto de I+D+i titulado «Agricultura climática: marco regulatorio para la transición» (TED2021-129553B-I00), liderado por el Prof. Dr. Marcos M. Fernando Pablo

MINISTERIO DE CIENCIA, INNOVACIÓN Y UNIVERSIDADES

Financiado por la Unión Europea NextGenerationEU

Plan de Recuperación, Transformación y Resiliencia

AGENCIA ESTATAL DE INVESTIGACIÓN

La presente obra está financiada por el Instituto de las Mujeres

MINISTERIO DE IGUALDAD

Instituto de las MUJERES

COLECCIÓN
DERECHO RURAL

3

MUJERES RURALES, TERRITORIO Y RETO DEMOGRÁFICO

Dirección:
José Luis Domínguez Álvarez, Alicia Rodríguez Sánchez y Pilar Talavera Cordero

Coordinación:
Nora Libertad Rodríguez Peña y Luis Miguel Sánchez Gil

Prólogo:
Marta del Pozo Pérez

Presentación:
Juana López Pagán

COLEX 2024

Calle Costa Rica, número 5, 3.º B (local comercial)
A Coruña, 15004, A Coruña (Galicia)
info@colex.es
www.colex.es

I. S. B. N.: 978-84-1194-654-4
Depósito legal: C 1404-2024

SUMARIO

PRÓLOGO

PRESENTACIÓN

CAPÍTULO I

CAPÍTULO II

LA NUEVA PAC Y SU PROMOCIÓN DE LA MUJER RURAL

Sara García García

PÁG. 67

CAPÍTULO III

LAS FAMILIAS RESIDENTES EN EL MEDIO RURAL EN EL PROYECTO DE LEY DE FAMILIAS: AVANZANDO EN TÉRMINOS DE IGUALDAD

Beatriz Sánchez-Girón Martínez

PÁG. 81

CAPÍTULO IV

MUJER RURAL, CONCILIACIÓN Y CUIDADOS: LA IMPORTANCIA DE LA PROVISIÓN DE SERVICIOS PÚBLICOS

Pilar Talavera Cordero

PÁG. 99

CAPÍTULO V

ANÁLISIS DEL TRABAJO DOMÉSTICO Y DE CUIDADOS NO REMUNERADO EN EL ENTORNO RURAL. EL CASO DE CAMPO DE CRIPTANA Y ARENALES DE SAN GREGORIO

María Torres Lucas-Torres

PÁG. 113

CAPÍTULO VI

LAS MUJERES (EN PLURAL) Y SU CONTRIBUCIÓN AL DESARROLLO RURAL

José Manuel del Barrio Aliste

PÁG. 145

CAPÍTULO VII

DERECHO AL TRABAJO, PERSPECTIVA DE GÉNERO Y RETO DEMOGRÁFICO: POLÍTICAS PÚBLICAS DE EMPLEO FEMENINO EN CLAVE TERRITORIAL

Ana García-García

PÁG. 157

CAPÍTULO VIII

LA MUJER RURAL EN CASTILLA Y LEÓN: GESTIÓN TURÍSTICA Y TIC

Belén García Malagón

PÁG. 175

CAPÍTULO IX

CONTRIBUCIÓN DE LA MUJER AL TURISMO RURAL EN LA CAMPANA DE OROPESA Y CUATRO VILLAS (TOLEDO)

Daniel Casas Casas

PÁG. 189

CAPÍTULO X

IGUALDAD DE TRATO Y DE OPORTUNIDADES EN EL ACCESO AL EMPLEO PÚBLICO: ENFOQUE JURISPRUDENCIAL

Lidia García Martín

PÁG. 205

CAPÍTULO XI

LA PARTICIPACIÓN POLÍTICA DE LA MUJER EN LA POLÍTICA LOCAL: EVOLUCIÓN Y PERSPECTIVAS DE FUTURO

José Luis Mateos Crespo

PÁG. 219

CAPÍTULO XII

MUJERES Y PODER POLÍTICO MUNICIPAL. EL CASO DE CASTILLA Y LEÓN

Sandra García Santamaría

PÁG. 235

CAPÍTULO XIII

EL PAPEL DE LAS DIPUTACIONES PROVINCIALES EN LA IMPLEMENTACIÓN DE POLÍTICAS PÚBLICAS EN MATERIA DE IGUALDAD. ANÁLISIS COMPARATIVO DE LA PLANIFICACIÓN DE LA DIPUTACIÓN DE SALAMANCA Y DE LA DIPUTACIÓN DE LEÓN

Noelia Melón Ferrero

PÁG. 251

CAPÍTULO XIV

PROMOVIENDO LA IGUALDAD DE GÉNERO EN LAS ZONAS RURALES: LA ESTRATEGIA DE LA FEDERACIÓN ARAGONESA DE MUNICIPIOS, COMARCAS Y PROVINCIAS (FAMCP)

Martín Nicolás Bataller

PÁG. 267

CAPÍTULO XV

VIOLENCIA DE GÉNERO Y ADMINISTRACIONES PÚBLICAS: MEDIDAS DE SENSIBILIZACIÓN, PREVENCIÓN Y ACCIÓN COMO MECANISMOS DE ERRADICACIÓN

Juan Francisco Rodríguez Ayuso

PÁG. 275

CAPÍTULO XVI

FEMINICIDIO Y RURALIDAD: (IN)VISIBILIDAD DEL PROBLEMA Y SOLUCIONES ALTERNATIVAS

María Teresa Heredero Campo

PÁG. 293

CAPÍTULO XVII

LA TRIPLE DISCRIMINACIÓN DE LA DESINFORMACIÓN DE GÉNERO EN EL MEDIO RURAL: PROPUESTA DE INTERVENCIÓN

Noelia Morales Romo

PÁG. 309

CAPÍTULO XVIII

LA POÉTICA TRANSFRONTERIZA DE LUZ PICHEL: APROXIMACIONES A *ALÉN ALÉN* (2021)

Helena Pagán Marín

PÁG. 325

CAPÍTULO XIX

EL PAPEL DE LA MUJER EN LA IDENTIDAD RURAL: LAS MUJERES COMO FIJADORAS DE POBLACIÓN AL TERRITORIO

Marta Pastora Fernández Bustamante

PÁG. 339

CAPÍTULO XX

ACTIVIDADES DE DIVULGACIÓN, FORMACIÓN, INVESTIGACIÓN Y SENSIBILIZACIÓN EN EL MARCO DE LA CÁTEDRA INTERUNIVERSITARIA ANTIDESPOBLACIÓN AVANT-GVA EN LA UNIVERSIDAD DE ALICANTE

Antonio Martínez-Puche y Salvador Martínez Puche

PÁG. 352

PRÓLOGO

Para una profesora universitaria escribir un trabajo de investigación resulta, siempre, una gran responsabilidad, esta es creciente cuando lo que se te encarga es el Prólogo o la presentación de un libro, este, el que tienen en sus manos, cuestión que obedece sin duda no a mis méritos sino simplemente a que me estoy haciendo mayor, he participado en el evento del que deriva y llevo ya, cómo pasa el tiempo, algo más de veinte años dedicando una de mis esenciales líneas de investigación a la lucha por erradicar la violencia de género desde el punto de vista procesal, al estudio de la perspectiva de género y a la consecución de la igualdad efectiva de mujeres y hombres; a lo que he de añadir otro dato relevante que, sin duda, me habilita para esta tarea, en la actualidad tengo el inmenso honor de ser la directora del Centro de Investigación en Género de la Universidad de Salamanca y la Coordinadora Académica del Doctorado en Estudios Interdisciplinares de Género y Políticas de igualdad de la Universidad de Salamanca, son sin duda, por tanto, estas razones, y no otras, las que han originado que en este momento, casi recién llega de las vacaciones de Semana Santa, me encuentre redactando estas líneas.

Además, justamente hoy 4 de abril se conmemora el aniversario del asesinato, en 1968, de Martin Luther King, que luchó por los derechos civiles y contra la segregación racial. Se trata, por tanto, de una ocasión idónea para reivindicar los derechos de las mujeres rurales, múltiplemente discriminadas, y no solo de ellas sino del conjunto de las mujeres del mundo, en este caso a través del magnífico contenido de este libro de carácter interdisciplinar denominado: *Mujeres rurales, territorio y reto demográfico: construyendo futuro*.

La Universidad de Salamanca a cuyo cuerpo de docentes e investigadores/as pertenezco con orgullo ha sido siempre, desde antiguo, un referente nacional e internacional en la defensa de los derechos humanos. La tradición del derecho de Gentes nacida en la Universidad de Salamanca personificada en Francisco de Vitoria, Catedrático de la Escuela de Salamanca, padre del Derecho Internacional, y que desarrolló su obra en torno a la dignidad y los problemas morales de la condición humana, en el siglo XVI se preocupan por la protección de los derechos de los más desfavorecidos, la garantía de la justicia, los límites del poder, la restricción del uso de la Fuerza y de la potenciación de las relaciones internacionales.

Una senda por la que una institución más de ocho veces centenaria, como la Universidad de Salamanca, camina con decisión, haciendo realidad las señas de identidad que nos distinguen desde 1218 en la defensa de los derechos y libertades, al servicio a una sociedad mejor. Porque nuestro compromiso va más allá de la generación del conocimiento (con la investigación) y su transmisión (con la docencia), al poner ambas al servicio del desarrollo de las personas, sin ningún tipo de discriminación, garantizando la dignidad personal, luchando en definitiva por la igualdad efectiva de mujeres y hombres, en una sociedad donde no exista la violencia de género.

Por eso en este momento hemos recogido el testigo de combatir a favor de la consecución de la igualdad efectiva de mujeres y hombres, cuya manifestación más brutal y extrema es, sin duda, la violencia de género, aspectos a los cuales se dedica este libro situándolos además en el momento presente que no es otro que una preocupante y gravísima discriminación y olvido del mundo rural en la denominada *España vaciada*.

Es en este contexto donde libros como este son absolutamente necesarios, capítulos que nacen del profundo estudio y la reflexión de, por una lado investigadores/as senior con amplia experiencia y también de profesionales que trabajan en su día a día en esta materia, y, por otro, sin que por ello dejen de tener un gran valor, de jóvenes promesas, del futuro de la Universidad, que con sus sesudas aportaciones hacen ver que hay luz al final del túnel y que a pesar de que el sistema intente evitarlo el relevo generacional de expertos /as en esta materia está más que asegurado con una calidad y solvencia acreditadas.

En la Universidad de Salamanca existe una hectárea de este saber, donde, se planta la simiente, se riega, se abona, se mima... Para conseguir que nazca una planta docente e investigadora dirigida a la consecución de la efectiva igualdad, a eliminar las discriminaciones y a conseguir algún día, también en el mundo rural, espero que cercano, soy mujer de naturaleza optimista, la cifra cero respecto a la violencia de género, pero mientras que esto no sea así es absolutamente necesario publicar este libro.

Este volumen que tienen entre sus manos ha salido adelante con un gran esfuerzo, mejor no entremos en materia de financiación, pero, piensen queridos/as lectores/as que la investigación en esta materia con perspectiva de género no reporta apenas réditos académicos a sus autores/as en las agencias de calidad que se encargan de evaluarnos de manera continua, a uno/a casi no le suman para obtener sexenios o acreditaciones puesto que la cerrazón, en muchos caso por absoluta ignorancia, de algunas de las Administraciones Públicas hace que el género no se considere aún plenamente, como una categoría científica digna, por tanto, de ser considerada como tal a efectos de evaluación. Aún quedan reticencias al respecto, en los últimos tiempos algo menos por los esfuerzos realizados, pero aún así, como en toda esta materia nos queda mucho por avanzar.

Lo que desconocen estos burócratas es que con el concepto, hoy aceptado, de «género» nos referimos a una categoría, acuñada por el feminismo de la década de los 70, en la que se engloban todo el conjunto de pautas culturales, actitudinales, sociales, religiosas, educacionales etc., que sitúan a las mujeres, únicamente por el mero hecho de serlo, en una posición de inferioridad en relación con los hombres.

Es por tanto, la de género una clase concreta y determinada de violencia basada en el sexo, dirigida contra la mujer por el mero hecho de serlo y cuya explicación se justifica en el tradicional desequilibrio en las relaciones de poder entre personas de distinto sexo. Esta situación desencadena desigualdades estructurales propias del sistema que llevan a una discriminación de las mujeres facilitando que el hombre domine y predomine en los más variados contextos incluyendo los socioculturales, políticos, de poder, empresariales, económicos y de prestigio social, entre otros.

Esta situación genérica desigualitaria tiene un concreto reflejo en la posibilidad de producir daño físico, psíquico, sexual, moral, psicológico y económico en la mujer, como consecuencia directa e inmediata de una tradicional y aceptada estructura social en la que el reparto de roles no es equitativo para hombres y mujeres.

Y, por tanto, la violencia de género, que debemos contribuir a erradicar, es la que sufren las mujeres por el mero hecho de serlo, y que se debe a la posición de inferioridad a la que han sido relegadas históricamente.

En este contexto y a pesar de lo que acabo de exponerles todavía existen en la Universidad de Salamanca, a la vanguardia en estas líneas de investigación, además de en el ámbito docente, un puñado de mujeres y de hombres que llevan en el ADN la lucha por conseguir la igualdad real y efectiva y la erradicación total y absoluta de la violencia de género que desde el año 2003, en el que empiezan a generarse las estadísticas, ha asesinado brutalmente a 1.248 mujeres y que cada año, según cifras del Instituto de la Mujer, golpea, veja, humilla, apuñala, maltrata, viola, acosa... A más de dos millones y medio de mujeres residentes en España mayores de 16 años.

Valientes docentes, investigadores /as, senior y junior, a los que no les importa en absoluto tener que trabajar el doble porque además de llevar en la piel la necesidad de gritar contar este repugnante fenómeno deben hacer aquello que les reporta beneficios en términos de utilidad de su carrera universitaria analizando otras categorías que sí están aceptadas, de manera pacífica, como científicas.

Pues bien, yo tengo la inmensa suerte de poder compartir esta lucha con todos ellos y ellas, de animarles y apoyarles para que año tras año, y ya van unos cuantos, organicen actividades relacionadas con la igualdad, la lucha contra la violencia de género y la perspectiva de género, en este caso en el ámbito rural, evento científico que ha podido realizarse con la financiación pública del Instituto de las Mujeres obtenida en convocatoria competitiva, he de dar las gracias por ello. Privilegiada soy de tenerles

Cuando empiecen a leer este libro se adentrarán en un mundo apasionante, entre otras muchas se abordan cuestiones esenciales como mujer rural, conciliación y cuidados, brechas territoriales y desigualdad de género, la nueva PAC y su promoción de la mujer rural y la participación política de la mujer o los femicidios en el mundo rural.

Una atención especial merece, en esta *España vaciada*, los capítulos relativos al papel de la mujer en la identidad rural: las mujeres como fijadoras de población al territorio, las políticas públicas como eje central para el mantenimiento poblacional en el mundo rural o las mujeres (en plural) y su contribución al desarrollo rural.

Deseo destacar las deliciosas y sesudas aportaciones de jovencísimos/as investigadores/as que no por ello dejan de contribuir a la obra que tienen entre sus manos con gran rigor, tino y criterio incluyendo interesantes análisis y propuestas interdisciplinares, como no puede ser de otra manera en la materia que nos ocupa que debe ser abordada desde las más diversas perspectivas.

Este es el maravilloso y valioso contenido del volumen que tienen en sus manos y que tengo el inmenso honor de prologar, léanlo con detenimiento, úsenlo en sus investigaciones, aprendan algo de él, si esto sucede quienes nos dedicamos desde la Universidad de Salamanca y las aulas a enseñar sobre estas cuestiones nos daremos por satisfechos/as.

Desafortunadamente en la lucha por la consecución de la igualdad de mujeres y hombres y contra la violencia de género falla la Ley, la prevención, las medidas asistenciales, las judiciales, las de protección, la sensibilización, la concienciación, hierra el sistema en su conjunto que no sabe hacer frente al problema. Todo esto es aún más acusado en el mundo rural, el gran olvidado.

Y sobre todo falla que no concebimos la violencia de género como un problema global, social, patriarcal. Sin darnos cuenta aún que su raíz más profunda reside en la desigualdad entre mujeres y hombres, en ese machismo tolerado que día a día nos está matando y que es aún más acusado en nuestros pueblos. Ahí es donde debemos actuar de manera primaria e inmediata, en la educación, formar desde pequeños en valores de igualdad, de tolerancia, de respeto, de eliminación de roles y estereotipos de género que son construcciones artificiales, hay que desterrar las distinciones entre *lo masculino y lo femenino*, evitando los mitos del amor romántico que asesina, que golpea, que amenaza: *quién bien te quiere te hará llorar o los celos son necesarios porque son una demostración de cariño.* Todo esto, y mucho más, pretende este libro.

Se nos agota el tiempo, si no intervenimos ya mismo las cifras de mujeres discriminadas, olvidadas, preteridas, asesinadas y maltratadas cada año no dejarán de crecer, como en una lenta y agónica sangría que debemos parar. ¡Basta ya! No podemos permitirlo en una sociedad que se declara como

Democrática y de Derecho. Cada uno debe asumir su parte de responsabilidad y ponerse manos a la obra en este caso especialmente los poderes públicos.

Antes de acabar deseo reconocer el trabajo de José Luis Domínguez Álvarez, Alicia Rodríguez Sánchez y Pilar Talavera Cordero, directores de este libro, personas comprometidas y luchadoras, referentes en la docencia e investigación de la igualdad y de la perspectiva de género, en este caso desde la mirada de la mujer rural, sin su empecinamiento este libro no existiría, gracias a ambos por haberme elegido para prologar este volumen.

Y, por último, no quiero finalizar estas líneas sin dar las gracias a Nora Libertad Rodríguez Peña y Luis Miguel Sánchez Gil excepcionales coordinadores de este Libro, sin cuyo gran esfuerzo, trabajo y tesón estoy segura de que habría resultado absolutamente imposible publicarlo.

Salamanca, 4 de abril de 2024.

Marta del Pozo Pérez

Profesora Titular de Derecho Procesal, Directora del Centro Investigación en Género y Coordinadora del Doctorado en Estudios Interdisciplinares de Género y Políticas de Igualdad de la Universidad de Salamanca

PRESENTACIÓN

En la inmensa extensión de nuestro territorio reside un universo complejo y diverso que a menudo pasa desapercibido: el mundo de las mujeres rurales. En este escenario, donde la tradición se entrelaza con el progreso, las mujeres rurales emergen como protagonistas fundamentales cuyas contribuciones, luchas y aspiraciones han sido vitales para el desarrollo y la cohesión socio-territorial del país.

Desde las tareas agrícolas hasta el cuidado del hogar, desde la preservación de la cultura local hasta el liderazgo comunitario, las mujeres rurales desempeñan roles multifacéticos que sustentan el tejido mismo de la vida en los pequeños pueblos. Sin embargo, a pesar de su contribución incalculable, las mujeres rurales continúan enfrentando grandes desafíos que obstaculizan su pleno desarrollo y participación en la sociedad.

En este contexto, la igualdad de género emerge como un imperativo moral y una necesidad política urgente. Las políticas públicas juegan un papel fundamental en la promoción de la igualdad de género y la protección de los derechos de las mujeres rurales, creando un entorno propicio para su empoderamiento y desarrollo integral. Desde el acceso equitativo a servicios básicos como la salud y la educación, hasta la garantía de condiciones laborales justas y la promoción de la participación política y social.

Las políticas públicas pueden y deben ser herramientas poderosas para transformar una realidad que históricamente no las ha tenido en cuenta. De ahí que iniciativas académicas como «Mujeres Rurales, Territorio y Reto Demográfico: Construyendo Futuro» dirigida por José Luis Domínguez Álvarez y Alicia Rodríguez Sánchez de la Universidad de Salamanca contribuyan a dar respuesta a una deuda pendiente y aún persistente: dar visibilidad a las mujeres rurales. Esta obra colectiva, supone un tributo necesario que cuenta con una visión que explora la intersección entre mujer rural, igualdad de género, derechos y territorio.

A través de los diferentes análisis se exponen los desafíos y oportunidades que enfrentan las mujeres rurales en el acceso a servicios y recursos en el ejercicio de sus derechos y en su participación en la toma de decisiones a nivel local, regional y nacional. Asimismo, se profundiza en cuestiones tan trascendentales como la brecha territorial y la desigualdad de género, la conciliación y los cuidados, las políticas públicas de empleo y la violencia de género, entre muchas otras.

La lectura de todas estas contribuciones nos conduce a un mínimo común denominador: la igualdad de género no es solo un concepto abstracto, sino una realidad que debe manifestarse en cada aspecto de la vida, incluyendo, por supuesto, el ámbito rural. Las mujeres rurales como muestra este libro enfrentan desafíos comunes, pero con connotaciones específicas que incrementan las brechas de género, y que necesitan de actuaciones adecuadas al medio en el que suceden. Por ello, es imprescindible una estrategia integral que tenga en cuenta las necesidades y aspiraciones específicas de las mujeres que viven en áreas rurales, esto es, políticas y programas que promuevan el acceso equitativo a servicios básicos, oportunidades económicas, recursos naturales y espacios de participación política y liderazgo, así como medidas para prevenir y abordar la violencia de género en todos los contextos.

De ahí la importancia de avanzar en el análisis colectivo, pues es una realidad que las mujeres rurales suelen tener menos acceso a empleos remunerados y de calidad en comparación con sus contrapartes urbanas y ganan menos que los hombres por trabajos equivalentes, perpetuando la desigualdad económica; que mayoritariamente asumen una gran parte de las responsabilidades domésticas y de cuidado de familiares, lo que limita su capacidad para participar en el mercado laboral y en actividades de desarrollo personal; y que tienen menos acceso a oportunidades educativas y formativas, especialmente en áreas de alta demanda laboral como las STEM (ciencia, tecnología, ingeniería y matemáticas) y a programas de formación profesional y educación continua, lo que afecta su competitividad en el mercado laboral.

Asimismo, las mujeres rurales están subrepresentadas en los órganos de toma de decisiones a nivel local, lo que limita su capacidad para influir en las políticas que afectan sus vidas; las normas culturales tradicionales desalientan su participación activa en el ámbito de lo público; tienen menos acceso a la propiedad de la tierra y a recursos productivos, lo que restringe su capacidad para emprender y desarrollar actividades económicas sostenibles; y la falta de acceso a tecnologías de la información y la comunicación (TIC) disminuye sus oportunidades educativas y laborales.

Especial atención merece, la violencia de género que sufren las mujeres en el medio rural, sobre la que hay actuar teniendo en cuenta las mayores dificultades a las que se enfrentan debido a diversos factores como el aislamiento geográfico que dificulta la búsqueda de ayuda y apoyo; la falta de servicios especializados, como centros de acogida o líneas de ayuda; la distancia física de las instituciones de justicia y atención; los estigmas asociados a la presión social para mantener la unidad familiar a cualquier coste; el acceso limitado a recursos económicos y sociales que hacen que las mujeres dependan financieramente de sus agresores, lo que dificulta su capacidad para escapar de dichas situaciones; o los problemas para acceder a recursos y servicios especializados para víctimas de violencia de género, como refugios, asesoramiento psicológico y apoyo legal.

Ante estos retos tan complejos los poderes públicos deben actuar con rotundidad y deben promover el empoderamiento de las mujeres y la sensibilización sobre sus derechos, pero también deben perfeccionar la coordinación entre diferentes actores, incluyendo instituciones gubernamentales, academia, organizaciones de la sociedad civil, actores locales tanto públicos como privados.

En este sentido cabe recordar que España ha destacado en las últimas dos décadas como un líder en la promoción y desarrollo de políticas de igualdad de género a nivel internacional, implementado una serie de leyes y reformas orientadas a garantizar la igualdad entre hombres y mujeres, tanto en el ámbito laboral como en el social y político. Además, ha jugado un papel activo en la escena internacional, promoviendo la igualdad de género en organismos como la Unión Europea y las Naciones Unidas, siendo firme defensor de la Agenda 2030 para el Desarrollo Sostenible, en particular del Objetivo de Desarrollo Sostenible 5, que busca lograr la igualdad de género y empoderar a todas las mujeres y niñas.

Es preciso destacar que en 2020 se recuperó el Ministerio de Igualdad como Departamento con entidad propia, otorgando a las políticas de igualdad un lugar prioritario y al más alto nivel dentro del Gobierno. A esto hay que sumar el impulso que se le ha dado al Instituto de las Mujeres, organismo autónomo adscrito al Ministerio, que celebró su 40 aniversario en 2023, cuya labor ha sido fundamental para la aprobación del III Plan Estratégico para la Igualdad Efectiva de Mujeres y Hombres (PEIEMH) que constituye la hoja de ruta del conjunto de las Administraciones Públicas, para desplegar las políticas de igualdad. El PEIEMH constituye el marco de referencia para alcanzar los cambios sociales necesarios en materia de igualdad sobre principios de aplicación transversal del enfoque de género e interseccional, la sostenibilidad de la vida, la participación de las instituciones como palancas de transformación al servicio de un modelo de gobierno más igualitario, la sostenibilidad de las políticas de igualdad, la transparencia en relación con los avances en Igualdad y los recursos públicos empleados para conseguirlo.

Así, en apenas cinco años, entre 2018 y 2024, España ha vuelto a realizar importantes avances en materia de igualdad de género (ampliación permisos de paternidad, obligatoriedad de registros salariales desglosados por género, redefinición del consentimiento en delitos de violencia sexual, fomento de políticas de corresponsabilidad, etc.) consolidando su posición como referente en la implementación de políticas progresistas. Durante este período, se han introducido y reforzado diversas leyes y programas que buscan cerrar la brecha de género en múltiples ámbitos de la sociedad. Estos avances demuestran el compromiso de España con la igualdad de género y subrayan la importancia de continuar desarrollando e implementando políticas que promuevan una sociedad más justa e igualitaria.

Sin embargo, aún queda un largo camino por recorrer y ello requiere de un compromiso global de toda la sociedad pues la plena igualdad de género es un fin que no puede ser alcanzado únicamente mediante la acción del sector público, sino que necesita de una colaboración estrecha entre los sectores público y privado, así como de alianzas estratégicas entre diferentes instituciones y niveles de gobierno. La participación del sector privado es crucial porque es en el ámbito laboral y empresarial donde se manifiestan muchas de las desigualdades de género, tales como la brecha salarial, el techo de cristal y la falta de oportunidades de liderazgo para las mujeres. Las empresas, al implementar políticas de igualdad de género, no solo promueven un entorno de trabajo más justo y equitativo, sino que también contribuyen a una mayor competitividad y productividad al aprovechar todo el potencial de su fuerza laboral diversa. Si ello sumamos la variable territorial la colaboración público-privada es esencial para desarrollar infraestructuras y servicios que respondan a estas necesidades específicas.

Además, las alianzas entre distintos niveles de gobierno y organizaciones locales son cruciales para adaptar las políticas de igualdad de género a las realidades del medio rural. Los gobiernos locales y regionales, en colaboración con asociaciones y organizaciones no gubernamentales, pueden implementar programas específicos que aborden problemas como la violencia de género y/o la participación política de las mujeres en estas áreas. Estas alianzas permiten un enfoque más personalizado y efectivo, asegurando que las estrategias sean culturalmente pertinentes y sostenibles a largo plazo. La combinación de recursos y conocimientos de diferentes actores es fundamental para superar las barreras estructurales que perpetúan la desigualdad de género en el medio rural.

No obstante, teniendo en cuenta estas dificultades persistentes en el medio rural, existen iniciativas y datos esperanzadores que indican un progreso significativo para mejorar la vida de las mujeres en estas áreas, algunas de ellas impulsadas a nivel nacional como el programa Desafío Mujer Rural, cuyo objetivo general es promover el emprendimiento de mujeres en el medio rural, especialmente de núcleos de menos de 5.000 habitantes. En concreto, se proporcionan recursos, herramientas y formación específica para facilitar el emprendimiento. Otras iniciativas están destinadas a paliar la brecha digital y capacitar a mujeres (profesionales, del ámbito rural o en situaciones de vulnerabilidad) en habilidades básicas, adaptando el contenido de la formación a los intereses de cada grupo, orientándolo en muchas ocasiones a la empleabilidad. Así se ha hecho con programas como CERES y REA de formación para formadoras, o el programa ATENEA sobre confianza y seguridad de las mujeres en la red.

Sin duda, desde la lógica de las alianzas cabe destacar a las asociaciones de mujeres rurales en España que desde su creación han venido impulsado diversas iniciativas para combatir la desigualdad de género y mejorar la vida de las mujeres en el medio rural. Estas asociaciones desempeñan un papel crucial al proporcionar apoyo, formación y oportunidades para las mujeres en estas áreas. Las actuaciones desarrolladas por estas redes de mujeres rurales no solo buscan reducir la desigualdad de género, sino también empoderar a las mujeres rurales, reconociendo su papel crucial en el desarrollo sostenible y la vitalidad de las comunidades rurales. Como ellas mismas sostienen el futuro del medio rural en España está en manos de las mujeres, porque como señala la premio nobel de paz Malala Yousafzai: «Cuando le das poder a las mujeres, la sociedad entera se beneficia. Solo a través de la igualdad de género podemos lograr una verdadera cohesión social y territorial».

Y desde esa declaración y convencimiento deseo terminar esta presentación señalando algunas propuestas sobre las que seguir trabajando en todos los niveles de la administración, de la mano de la sociedad civil, academia, empresas, sindicatos etc. para que, en el corto, medio y largo plazo logremos reducir las brechas de género, con una mirada y cuidado especial de las mujeres rurales.

En este breve llamado a la acción es importante promover una educación inclusiva y equitativa desde una edad temprana, fomentando la igualdad de oportunidades y eliminando estereotipos de género en los planes de estudio; implementar políticas que promuevan la participación laboral de las mujeres, la promoción de la igualdad salarial y la ampliación del acceso a la licencia de maternidad y paternidad; reforzar los programas de prevención y atención de la violencia de género, garantizando una respuesta integral que incluya medidas de protección, atención psicológica y apoyo legal a las víctimas; fomentar el liderazgo femenino en todos los ámbitos de la sociedad, incluyendo la política, los negocios, la academia y la cultura, mediante la implementación de medidas de acción afirmativa y programas de mentoría y capacitación; impulsar el empoderamiento económico de las mujeres a través del apoyo al emprendimiento femenino, el acceso a financiamiento y recursos empresariales a través de la promoción de la igualdad de oportunidades en el ámbito laboral y empresarial; incentivar la corresponsabilidad en los cuidados entre hombres y mujeres, estimulando la participación activa de los hombres en las tareas domésticas y de cuidado, y ampliando el acceso a servicios de cuidado infantil y dependencia; garantizar el acceso equitativo de las mujeres a recursos y oportunidades en todos los ámbitos de la sociedad, incluyendo la tierra, la educación, la salud, la tecnología y la participación política y social; y promover la sensibilización y la educación en igualdad de género en la sociedad en su conjunto, mediante campañas de concienciación, programas de formación y actividades de sensibilización en todos los niveles educativos y en los medios de comunicación.

Las mujeres que desarrollan su vida en el medio rural han demostrado su capacidad de superación, adaptación e innovación rompiendo estereotipos y abordando una variedad de iniciativas en diversas áreas: proyectos de emprendimiento de economía social, creación de plataformas de networking y mentoría; programas de formación en habilidades digitales; incubadoras de negocios rurales; programas de microcréditos y financiamiento; iniciativas de turismo rural; proyectos de agricultura sostenible; acciones sobre servicios de salud y bienestar, etc. Estas acciones solo constituyen una pequeña muestra del potencial de las mujeres rurales, y del porque las instituciones debemos apoyarlas.

Este libro es una muestra de ello, de una apuesta por ponerlas en valor y reivindicar que, a través de la colaboración entre universidades, administraciones públicas, movimientos feministas y otros actores, es posible diseñar e implementar reformas normativas e institucionales que eliminen las barreras a la igualdad efectiva entre hombres y mujeres en las zonas rurales. Es lo que este magnífico equipo de investigación de la Universidad de Salamanca se ha marcado: avanzar en la institucionalización de la perspectiva de género en las políticas demográficas y repensar la gobernanza de los territorios rurales, promoviendo la participación, el liderazgo y el emprendimiento femenino como claves para la revitalización de estas áreas.

Hoy en día la importancia de este tipo de iniciativas es crucial para luchar contra los discursos negacionistas de la igualdad de género. Las universidades, como centros de conocimiento y reflexión crítica, tienen la capacidad de generar investigaciones rigurosas que evidencian las desigualdades de género y sus impactos en la sociedad. Estos estudios proporcionan datos y análisis que desmienten los argumentos negacionistas y fortalecen la comprensión pública sobre la necesidad de políticas de igualdad. Además, la universidad debe jugar un papel fundamental en la formación de nuevas generaciones, inculcando valores de equidad y respeto. La universidad debe combatir la desinformación y los prejuicios, promover el pensamiento crítico, el debate informado e impulsar el progreso hacia una sociedad más justa y equitativa

Felicito a sus director/a y a los autor/as por su compromiso con la igualdad de género y por sus magníficos aportes entorno a la necesidad de diseñar e implementar políticas para la mujer rural en toda su diversidad y complejidad, y por supuesto, por enfatizar que la lucha por la igualdad es la lucha por la democracia y que sin igualdad nunca habrá una democracia real y plena.

Juana López Pagán

Ex Directora General de Reto Demográfico del Gobierno de España

CAPÍTULO I

BRECHAS TERRITORIALES Y DESIGUALDAD DE GÉNERO: UN RETO DEMOGRÁFICO, UN DESAFÍO DEMOCRÁTICO[1]

José Luis Domínguez Álvarez
Profesor de Derecho Administrativo
Universidad de Salamanca

Alicia Rodríguez Sánchez
Profesora de Derecho Penal
Universidad de Salamanca

«Es urgente impulsar la institucionalización del enfoque de género en las políticas de reto demográfico, así como repensar el modelo de gobernanza de los territorios rurales situando el fomento de la participación, el liderazgo y el emprendimiento femenino como premisas para la revitalización de los territorios rurales»

Francés Boya Alòs
Secretario General para el Reto Demográfico del Gobierno de España
(Salamanca, 2023)

SUMARIO: I. Diagnóstico de la igualdad de género en el medio rural. II. Hacia la institucionalización de la perspectiva de género en el ámbito rural español. *1. De los añejos planes para la igualdad de género en el desarrollo sostenible del*

1 La presente contribución científica forma parte de la hoja de ruta emprendida por el Grupo de Investigación Reconocido «Next Generation UE – Derecho Administrativo» de la Universidad de Salamanca, en el marco del Proyecto de I+D+i «Agricultura climática: marco regulatorio para la transición» (ACLIMATRA-TED2021-129553B-I00).

medio rural al Mecanismo de Recuperación y Resiliencia. 2. El Plan Estratégico de la Política Agrícola Común 2023-2027 presentado por España y su apuesta por el fomento del empleo y la innovación femenina. 3. Una mirada (violeta) a la pluralidad de instrumentos de planificación autonómicos en materia de reto demográfico y territorial. III. La igualdad de derechos y oportunidades entre mujeres y hombres en las legislaciones autonómicas de reto demográfico y dinamización rural: perspectiva comparada. IV. Repensando el modelo de gobernanza de los territorios rurales en clave feminista: reflexiones y propuestas de futuro. V. Bibliografía.

I. Diagnóstico de la igualdad de género en el medio rural

Como es sobradamente conocido, el reto demográfico y la igualdad de género son dos de las políticas públicas que mayor progreso han experimentado en los últimos años en cualquier Estado democrático, tendencia a la que no ha sido ajena la praxis institucional española.

A este respecto, conviene recordar que la integración de la perspectiva de género en la actuación de los distintos poderes públicos es un principio del ordenamiento jurídico y como tal se observará y se aplicará en la interpretación de las normas jurídicas, también en aquellas dirigidas a la dinamización socioeconómica del ámbito rural. No se trata, por tanto, de una idea novedosa. El propio art. 30 de la Ley Orgánica 3/2007, de 22 de marzo, para la igualdad efectiva de mujeres y hombres ya señalaba lo siguiente:

> «1. A fin de hacer efectiva la igualdad entre mujeres y hombres en el sector agrario, el Ministerio de Agricultura, Pesca y Alimentación y el Ministerio de Trabajo y Asuntos Sociales desarrollarán la figura jurídica de la titularidad compartida[2], para que se reconozcan plenamente los derechos de las mujeres en el sector agrario, la correspondiente protección de la Seguridad Social, así como el reconocimiento de su trabajo.
>
> 2. En las actuaciones encaminadas al desarrollo del medio rural, se incluirán acciones dirigidas a mejorar el nivel educativo y de formación de las mujeres, y

---

2 Nos estamos refiriendo a la Ley 35/2011, de 4 de octubre, sobre titularidad compartida de las explotaciones agrarias, cuyos efectos han sido desiguales en los diferentes territorios y Comunidades Autónomas. Hasta la fecha, se han practicado 1.345 inscripciones en el Registro de Explotaciones agrarias de Titularidad Compartida del Ministerio (RETICOM), que se nutre de la información que al efecto suministran las Comunidades Autónomas. Sobre esta cuestión existe una amplia bibliografía: Prados García, C., «Diez años de la ley sobre titularidad compartida de las explotaciones agrarias», en *Diario La Ley,* núm. 10002, 2022; Cabello Fernández, M. D., «La titularidad compartida de las explotaciones agrarias como medida «bidireccional»», en *Estudios de Deusto,* vol. 66, núm. 1, 2018; Blázquez, E. M., «La titularidad compartida: un derecho de la mujer rural», en *Aequalitas: Revista jurídica de igualdad de oportunidades entre mujeres y hombres*, núm. 28, 2011, etc.

especialmente las que favorezcan su incorporación al mercado de trabajo y a los órganos de dirección de empresas y asociaciones.

3. Las Administraciones públicas promoverán nuevas actividades laborales que favorezcan el trabajo de las mujeres en el mundo rural.

4. Las Administraciones públicas promoverán el desarrollo de una red de servicios sociales para atender a menores, mayores y dependientes como medida de conciliación de la vida laboral, familiar y personal de hombres y mujeres en mundo rural.

5. Los poderes públicos fomentarán la igualdad de oportunidades en el acceso a las tecnologías de la información y la comunicación mediante el uso de políticas y actividades dirigidas a la mujer rural, y la aplicación de soluciones alternativas tecnológicas allá donde la extensión de estas tecnologías no sea posible».

Por su parte, la Ley 45/2007, de 13 de diciembre, para el desarrollo sostenible del medio rural (LDSMR) también incluye una serie de especiales consideraciones para visibilizar el protagonismo que poseen las mujeres en la vertebración y dinamización de las comunidades rurales. A tal fin, el art. 8 LDSMR contempla abiertamente la posibilidad de impulsar *«medidas de acción positiva en favor de las mujeres en el medio rural, encaminadas a superar y evitar situaciones de discriminación de hecho por razón de sexo».* En particular, el legislador español abogó por impulsar un haz de políticas públicas en materia de igualdad en ámbitos esenciales para el futuro de las sociedades rurales, tales como el fomento empresarial (art. 17), la diversificación económica (art. 20), la creación y mantenimiento del empleo (art. 22), la formación de la mujer en el empleo de las nuevas tecnologías (art. 26), la promoción del desarrollo de planes de prevención y protección contra la violencia de género y el maltrato hacia las mujeres en el medio rural (art. 27), la potenciación de la formación profesional de los jóvenes y las mujeres (art. 28), el fortalecimiento de la protección social de las mujeres rurales (art. 32), o el acceso a la vivienda de las mujeres y los jóvenes del medio rural (art. 33).

Sin embargo, pese a estas importantes previsiones normativas, la situación sociodemográfica en el medio rural ha seguido experimentando profundos desequilibrios[3], también entre géneros, haciendo de la masculinización

3 SAMPEDRO GALLEGO, R., «Género y repoblación rural. Mujeres autóctonas e inmigrantes en la España interior», en *Mediterráneo económico*, núm. 35, 2022, pág. 182; quien afirma que «sabemos que el medio rural amplifica las desigualdades de género, y que las mujeres que lo habitan pagan un plus de desigualdad en forma de mayor vulnerabilidad y menor acceso a todo tipo de oportunidades vitales [...] treinta años de cambios sociales y legislativos han contribuido a aumentar la visibilidad de los problemas de las mujeres en el medio rural, pero no han sido suficientes para resolverlos [...] hemos visto cómo las mujeres adquirían voz y demandaban voto, se empoderaban y se hacían conscientes de lo importante que es su presencia y su aportación para el futuro y la supervivencia del mundo rural. Y también hemos visto cómo se transitaba desde los grandes temas que dominaron en un principio la cuestión de las mujeres (su exclusión de la profesión agraria, el acceso al empleo, el tema de los cuidados y de la conciliación de la vida laboral y fami-

de la población, la escasa natalidad, el sobreenvejecimiento, la sobrecarga de trabajo de las mujeres en el desempleo de las labores de cuidado de las personas dependientes[4] y la menor participación laboral[5], política o social de estas, las principales notas características[6].

Esta situación, como demuestra el último Diagnóstico de la Igualdad de Género en el Medio Rural 2021 elaborado por el Gobierno de España, lejos de corregirse sigue plenamente visible en el corazón de las comunidades rurales[7], como se desprende de las siguientes conclusiones del informe:

- El mercado laboral del medio rural se caracteriza por una baja tasa de empleo[8], que se acentúa en el caso de las mujeres, una fuerte asalarización y una marcada terciarización. Existe una discriminación salarial de género, las mujeres están sobre representadas en los rangos salariales entre los 400 € y los 1.000 € mientras que los hombres lo hacen entre los 1.001 € y los 1.400 €[9].

---

liar) hacia otros nuevos que estaban hasta entonces ausentes de la agenda rural, como la violencia de género o la apertura de las comunidades rurales a la diversidad étnica o de orientación sexual».

4 En torno a esta cuestión, destacan el clarividente estudio de RODRÍGUEZ ESCANCIANO, S., «Agenda 2030, envejecimiento y cuidados de larga duración: la mujer como protagonista», en GONZÁLEZ BUSTOS, M. A. (Dir.), *Agenda 2030: desarrollo sostenible e igualdad*, Thomson Reuters-Aranzadi, Cizur Menor, 2021, págs. 33-69.

5 La brecha de género en la tasa de empleo se debe en gran medida a la falta de corresponsabilidad de los hombres, ya que la mayor parte del trabajo de cuidados recae sobre la mujer, lo que disminuye su presencia en el mundo laboral (24,8 % de las mujeres frente al 75,2 % de los hombres). *Vid.* GONZÁLEZ BUSTOS, M. A., «El destacado papel de la mujer en el desarrollo rural», en FERNANDO PABLO, M. M. y DOMÍNGUEZ ÁLVAREZ, J. L. (Dirs.), *Rural Renaissance: Derecho y Medio rural*, Thomson Reuters-Aranzadi, Cizur Menor, 2020, pág. 169.

6 Esta tendencia es fácilmente identificable en los diferentes informes y análisis elaborados con acierto por el Ministerio de Agricultura, Pesca y Alimentación. A este respecto, *vid.* MINISTERIO DE MEDIO AMBIENTE, MEDIO RURAL Y MARINO, *Condiciones de vida y posición social de las mujeres en el medio rural*, Madrid, 2009. 98 págs.; MINISTERIO DE MEDIO AMBIENTE, MEDIO RURAL Y MARINO, *Diagnóstico de la igualdad de género en el medio rural*, Madrid, 2011, 338 págs., etc.

7 MINISTERIO DE AGRICULTURA, PESCA Y ALIMENTACIÓN, *Diagnóstico de la Igualdad de Género en el Medio Rural 2021,* Madrid, 2021, págs. 24 y ss.

8 La tasa de empleo total del medio rural se sitúa en el 56,8 %, siendo del 51,6 % en las mujeres y del 60,6 % en los hombres. Las mayores diferencias entre sexos se detectan en relación con la tasa de inactividad, con una brecha de 17,5 puntos porcentuales a favor de las mujeres en el medio rural. Así, casi el 30 % de las mujeres entrevistadas se encuentra fuera del mercado laboral. Del total de mujeres inactivas, la mayor parte (64,4 %) se dedica a realizar trabajo doméstico no remunerado. Estas tareas son realizadas únicamente por un 6,3 % de los hombres inactivos. El desempleo rural actual asciende al 22,2 % de la población rural (frente al 15,5 % del total nacional).

9 El mercado laboral del medio rural está caracterizado también por la segregación, tanto vertical como horizontal. En cuanto a la segregación vertical, las mujeres se concentran

- El tiempo que invierten mujeres y hombres en realizar las distintas actividades cotidianas se distribuye de distinta forma. Las mujeres dedican más tiempo a actividades que tienen que ver con el trabajo doméstico y de cuidado, mientras que los hombres dedican más tiempo a las actividades extradomésticas. El incremento del tiempo que las mujeres invierten en tareas de cuidado y trabajo doméstico, los hombres lo invierten en ocio y tiempo libre. Esta distribución desigual de los tiempos de hombres y mujeres origina absentismo doméstico en el caso de los hombres y mayor dificultad para incorporarse al mercado laboral en el caso de las mujeres.
- El modo de vida rural es percibido como un modo de vida de mayor calidad que el modo de vida urbano, por lo que vivir en el medio rural parece ser una opción elegida por la población y no impuesta por otras condiciones sociales o económicas. Por otro lado, en cuanto a la percepción de la población rural de las infraestructuras y servicios[10], la mayor parte de las personas entrevistadas cree necesaria una mejora, lo que ayudaría a mejorar su calidad de vida[11].
- La presencia de estereotipos y roles de género[12] y su influencia en las desigualdades de género muestran que el sistema patriarcal sigue muy presente en la población rural y esto tiene una gran influencia en los ámbitos analizados. En líneas generales, se acepta que las muje-

por lo general en las posiciones inferiores de la jerarquía laboral, y ocupan puestos de personal no cualificado y personal administrativo. Los hombres sin embargo tienen mucha más presencia en puestos de poder y responsabilidad. En cuanto a la segregación horizontal, aunque en ambos sexos el sector servicios ocupa a la mayor parte de la población (52,6 %), en este sector se concentran en mayor medida las mujeres (78,5 %) que los hombres (41 %). Así mismo, las mujeres tienden a ocuparse en empleos tradicionalmente femeninos y los hombres en empleo tradicionalmente masculinos. En el medio rural existe una marcada feminización de la asalarización y una masculinización del empresariado rural. Las desigualdades observadas entre mujeres y hombres en el mercado laboral se acentúan al incrementar el grado de ruralidad.

10 Federación de Asociaciones de Mujeres Rurales, *Estudio sobre expectativas y necesidades de las mujeres del ámbito rural español,* Madrid, 2022, pág. 94; donde se afirma que «el empleo es el aspecto al que mayor importancia conceden las mujeres, seguido de la posibilidad de conciliación y corresponsabilidad y ésta se liga a la disponibilidad y mejora de los servicios existentes en el territorio. Son los factores que pueden inclinar la balanza entre quedarte en tu pueblo o verte obligado a marchar».

11 El cuestionable transporte público, la escasez de los servicios de atención a las personas mayores y/o en situación de dependencia o el déficit de servicios de atención a la infancia contribuyen a dificultar la autonomía de las mujeres.

12 Cada vez son más las iniciativas que inciden en la necesidad de hacer visible a la mujer del medio rural y como superación de los roles de género que tradicionalmente las han abocado a la vida privada y reproductiva. *Vid.* Federación de Asociaciones de Mujeres Rurales, *Catálogo de buenas prácticas en el medio rural*, Madrid, 2022, pág. 78.

res ejerzan el rol productivo, siempre y cuando no abandonen el rol doméstico/familiar[13].

Esta realidad demuestra la conveniencia y la urgencia de seguir apostando por la articulación de políticas públicas de igualdad de género en el medio rural[14], tendencia que se observa desde las instancias europeas, como atestigua la Visión a largo plazo de las áreas rurales 2040[15] o el Pacto Rural Europeo, hasta la acción del Gobierno de España y las diferentes comunidades autónomas[16]. Sentada esta premisa, la presente contribución

13 Esta tendencia hace que sean imprescindibles medidas de sensibilización y concienciación para romper con los roles y estereotipos de género que provocan las desigualdades entre mujeres y hombres. La sostenibilidad social del medio rural depende, en gran medida de que la sociedad se reconfigure partiendo de la igualdad de oportunidades entre mujeres y hombres como base del sistema.

14 Esta cuestión ha sido ampliamente analizada por la doctrina desde hace varias décadas. A este respecto, *vid.* SAMPEDRO GALLEGO, R., *Género y ruralidad. Las mujeres ante el reto de la desagrarización,* Ministerio de Trabajo y Asuntos Sociales, Madrid, 1996; RICO GONZÁLEZ, M., *La mujer dentro del proceso migratorio y de envejecimiento en el medio rural de Castilla y León*, Ediciones Ayuntamiento de Valladolid, Valladolid, 2003; RICO GONZÁLEZ, M. y GÓMEZ GARCÍA, J. M., «Mujeres y despoblación en el medio rural de Castilla y León», en *AGER. Revista de estudios sobre despoblación y desarrollo rural*, núm. 3, 2003, pág. 170.

15 La Unión Europea reconoce la existencia de «una brecha entre hombres y mujeres en materia de empleo en las zonas rurales de trece puntos porcentuales (frente a diez puntos porcentuales en las ciudades), que se eleva a más de veinte en algunos Estados miembros. Esta brecha ha permanecido bastante estable en la UE desde 2012. En más de la mitad de los Estados miembros, esta brecha de género es mayor en las zonas rurales que en las ciudades. Se debe prestar atención al hecho de que muchas mujeres cuentan con contratos precarios (por ejemplo, las trabajadoras de temporada) o desempeñan un «papel invisible» en las sociedades rurales (por ejemplo, ayudando a sus cónyuges), lo cual puede dejarlas expuestas a situaciones vulnerables (como la falta de acceso a protección social o a prestaciones por maternidad, en algunos casos). Al mismo tiempo, las mujeres representan una importante fuerza motriz para la prosperidad y la inclusión social en las zonas rurales, especialmente a través del emprendimiento». Por esta razón, en la hoja de ruta de las Instituciones europeas se contempla la necesidad de prestar apoyo a las mujeres en los ámbitos del emprendimiento, la participación en la toma de decisiones y las inversiones en servicios relativos a la conciliación de la vida familiar y la vida profesional, como la educación infantil y atención a la infancia, así como los servicios para las personas mayores. También pueden existir oportunidades para aumentar la integración de las mujeres en el mercado laboral. A este respecto, la Comisión Europea seguirá apoyando la labor de los Estados miembros para mejorar la disponibilidad, accesibilidad y asequibilidad de servicios de calidad de educación y atención para la infancia y otras personas dependientes de zonas rurales mediante inversiones del Fondo Social Europeo Plus, el Fondo Europeo de Desarrollo Regional, el programa InvestEU y el Fondo Europeo Agrícola de Desarrollo Rural. Se prestará especial atención a las personas en situaciones vulnerables. *Vid.* COMISIÓN EUROPEA, *Una Visión a largo plazo para las zonas rurales de la UE: hacia unas zonas rurales más fuertes, conectadas, resilientes y prósperas antes de 2040,* Bruselas, 2021, págs. 5 y 22 [COM(2021) 345 final].

16 El Pacto Rural es un marco para la cooperación entre las autoridades y las partes interesadas a escala europea, nacional, regional y local. Contribuye a alcanzar los objetivos compartidos de la visión a largo plazo, ya que facilita la interacción en materia rural entre

científica pretende examinar la hoja de ruta seguida por el poder público en los últimos años con el propósito de visibilizar la labor de las mujeres rurales e impulsar el reconocimiento legal en la práctica con el propósito de frenar el éxodo rural.

II. Hacia la institucionalización de la perspectiva de género en el ámbito rural español

Las brechas territoriales, la inequidad social entre áreas rurales y urbanas no solamente es un reto demográfico sino también y, en primer lugar, un *«reto democrático»*. Conscientes de que las cuestiones de reto demográfico son necesariamente una cuestión de género, en los últimos años el conjunto de las Administraciones públicas ha diseñado e implementado una amplia amalgama de políticas públicas, con efectos dispares, para institucionalizar la perspectiva de género en el ámbito rural español conocedoras de que ello representa un presupuesto esencial para fortalecer la cohesión social y territorial.

Es evidente que el medio rural no puede ni debe quedar al margen de todas las transformaciones y transiciones que está viviendo nuestra sociedad. El nuevo relato de la ruralidad tiene que ser un relato feminista e innovador que permita cambiar las fórmulas y las formas de actuación administrativa[17], pues necesitamos una Administración pública que sea capaz de institucionalizar los apoyos que precisa la mujer para poder vivir en el entorno rural, proceso que obliga a incorporar este principio transversal de la igualdad de género como una cuestión inapelable, en la medida en que las mujeres rurales son la gran palanca de transformación del territorio. El medio rural no tiene futuro sin las mujeres, sin mujeres libres, empoderadas, protegidas, capaces de desarrollar sus proyectos vitales en plena libertad[18].

---

las autoridades públicas, la sociedad civil, las empresas, el mundo académico y los ciudadanos. El Pacto Rural, que se puso en marcha en diciembre de 2021, se ha desarrollado con las instituciones de la UE, las partes interesadas y los miembros de la comunidad del Pacto Rural, y la propuesta final fue aprobada en la primera conferencia sobre el Pacto Rural, celebrada los días 15 y 16 de junio de 2022. *Vid.* RICO, J., «Un Pacto Rural colaborativo y con peso político», en *Desarrollo rural y sostenible*, núm. 52, 2022, págs. 14-16.

17 Conviene precisar en este punto que para afrontar el reto demográfico y avanzar en la institucionalización de la perspectiva de género en las comunidades rurales no sirven las políticas públicas de arriba abajo, ni las soluciones de talla única extendidas por todo el territorio sin comprender la realidad de los diferentes territorios.

18 Las mujeres rurales son el rostro invisible de la desigualdad, fruto de la persistencia de profundos estereotipos y roles de género que se manifiestan en un grado más acusado de lo que ocurre en el medio urbano, y que el paso del tiempo no ha conseguido desdibujar por completo. En efecto, las mujeres rurales se han enfrentado históricamente a una larga trayectoria de discriminaciones basadas en prejuicios y en estereotipos. *Vid.* RED ESPAÑOLA DE DESARROLLO RURAL, *El futuro se escribe en femenino II,* Madrid, 2021, pág. 15. Disponible en: https://bit.ly/3rnC6km

1. De los añejos planes para la igualdad de género en el desarrollo sostenible del medio rural al Mecanismo de Recuperación y Resiliencia

Como es sobradamente conocido, el art. 17 de la celebérrima Ley Orgánica 3/2007, de 22 de marzo, para la igualdad efectiva de mujeres y hombres establece con sobrado acierto que *«[e]l Gobierno, en las materias que sean de la competencia del Estado, aprobará periódicamente un Plan Estratégico de Igualdad de Oportunidades, que incluirá medidas para alcanzar el objetivo de igualdad entre mujeres y hombres y eliminar la discriminación por razón de sexo»*.

Sobre esta previsión normativa, consciente de la trascendencia que posee para la vertebración socio territorial del Estado contrarrestar las diferentes formas de desigualdad que sufren las mujeres rurales, el Ministerio de Agricultura, Pesca y Alimentación ha participado activamente en la elaboración planes y programas para promover y favorecer la igualdad entre mujeres y hombres en el medio rural, con el propósito de:

- Potenciar el empoderamiento de las mujeres mediante el establecimiento de medidas que además de satisfacer sus necesidades prácticas permitan cuestionar los roles de género establecidos socialmente para mujeres y hombres de forma diferenciada.
- Instaurar el análisis de género de la situación del medio rural, incorporando a los discursos sobre la falta de oportunidades de empleo como causa de la feminización del éxodo rural, otros factores como los roles de género, la presión social ejercida tradicionalmente sobre las mujeres, la división sexual del trabajo, o el desigual reparto de los usos del tiempo.
- Fomentar la implantación de la corresponsabilidad social con la finalidad de lograr la distribución equilibrada de la vida familiar, económica y personal de mujeres y hombres en el ámbito rural.
- Contribuir a mantener y mejorar el nivel de población del medio rural, elevando el grado de bienestar de sus ciudadanos, prestando una atención prioritaria a las mujeres y los jóvenes.

Así, en primer término, conviene destacar el Plan para favorecer la igualdad entre mujeres y hombres en el medio rural (2007-2010), el cual adopta como punto de partida las menores oportunidades de empleo y la falta de servicios de atención a la población, que influyen en las estrategias de permanencia o «huida» de las mujeres del medio rural, y con ello en el mantenimiento y el futuro de las zonas rurales[19]. Así mismo, introdujo y estableció

19 En palabras de González Bustos, M. A., *Mujer y desarrollo sostenible en el medio rural*, Atelier, Barcelona, 2020, pág. 21; «a nivel nacional las mujeres representan el 49,15 % de la población de las zonas rurales, suponiendo un colectivo de 6 millones de personas, lo

como principios generales los conceptos de «transversalidad de género» y «empoderamiento», como estrategias consensuadas internacionalmente para el logro de la igualdad de género.

En lo que respecta a las medidas de actuación que recogía este primer instrumento de intervención administrativa las mismas estaban dirigidas directamente a las mujeres o, en su defecto, se trataba de medidas de carácter general en ámbitos tan relevantes como puede ser el empleo, la formación y la conciliación, con el objetivo de mejorar el bienestar y las condiciones de vida de las mujeres, es decir, *«las circunstancias materiales en que viven y se desarrollan, que están relacionadas con el nivel de satisfacción sobre sus necesidades prácticas de género; aquellas asociadas, generalmente, a sus funciones de madre, esposa y responsable del hogar, es decir, de los roles de género socialmente aceptados —roles reproductivos y de cuidado—»*[20]. A tal fin, este Plan para favorecer la igualdad entre mujeres y hombres en el medio rural (2007-2010) perseguía la consecución de los siguientes objetivos principales:

- Lograr que las mujeres que viven y trabajan en el medio rural no sufran una doble discriminación, por ser mujeres y por habitar en zonas rurales.
- Frenar el éxodo femenino de las zonas rurales a las zonas urbanas, contribuyendo así a combatir el despoblamiento y envejecimiento rural.
- Conseguir que las mujeres contribuyan al desarrollo económico del medio rural con su incorporación al mercado laboral.

Con todo ello, este Plan supuso el primer paso hacia la incorporación del principio de igualdad en la Política de Desarrollo Rural, cuyo planteamiento se centraba, sobre todo, en aumentar la productividad y el empleo de las mujeres, coincidiendo con la tipología de políticas específicas de mujeres y con el enfoque de Mujeres en el Desarrollo (MED)[21]. Pese a todo ello, con-

que les otorga un papel protagonista en el desarrollo sostenible del medio rural en cuanto agentes de desarrollo y modernización. La mujer, sin perjuicio de que durante mucho tiempo ha sido infravalorada, tiene una influencia trascendental para la pervivencia de los pueblos, al considerarse un recurso de gran importancia por intervenir de manera directa en los procesos de modernización de la vida económica, política, social y cultural».

20 Ministerio de Agricultura, Pesca y Alimentación, *Plan para favorecer la igualdad entre mujeres y hombres en el medio rural,* Madrid, 2007, pág. 13.

21 Como se desprende de la Declaración de Roma sobre la seguridad alimentaria mundial, derivada de la Cumbre Mundial sobre la Alimentación, celebrada en Roma en 1996, «[...] la creciente población mundial y la urgencia de erradicar el hambre y la malnutrición exigen la adopción de políticas decididas y de medidas eficaces. Un entorno político, social y económico pacífico, estable y propicio constituye la base fundamental que permitirá a los Estados atribuir la debida prioridad a la seguridad alimentaria, la erradicación de la pobreza y el desarrollo agrícola, pesquero, forestal y rural sostenible. La promoción y protección de todos los derechos humanos y libertades fundamentales, inclusive el derecho al desa-

viene destacar que, si bien es cierto que este planteamiento resultó adecuado para mejorar las condiciones de vida de las mujeres, tuvo efectos limitados para superar su posición subordinada en la estructura social del medio rural, aspecto que intentará subsanarse en los siguientes instrumentos de planificación de las Administraciones públicas.

Poco después hacía su entrada en escena el Plan Estratégico para la Igualdad de Género en el Desarrollo Sostenible del Medio Rural (2011-2014), el cual introducía una serie de actuaciones para dar respuesta a la discriminación que sufren las mujeres en todas las sociedades y culturas, prestando especial atención a las particularidades propias del medio rural por su débil situación demográfica y socioeconómica. La finalidad última subyacente era *«superar la ausencia de un enfoque de género preciso en las orientaciones europeas relativas al desarrollo rural y la exclusividad de políticas específicas de mujeres implementadas hasta el momento, para consolidar una política más integral y transversal»*[22]. A tal efecto, el instrumento de planificación administrativa perseguía los siguientes objetivos:

- Promover el cumplimiento, desarrollo e implementación de la Ley Orgánica 3/2007, de 22 de marzo, para la igualdad mujeres y hombres en el medio rural, así como de la celebérrima Ley 45/2007, de 13 de diciembre, para el desarrollo sostenible del medio rural.
- Impulsar y fortalecer la transversalidad del enfoque de género en la política pública de desarrollo sostenible del medio rural.
- Sensibilizar a la población en general y al personal técnico y político relacionado con la materia, sobre la importancia de la igualdad de género para el logro de la sostenibilidad social y el futuro del medio rural[23].
- Dar cumplimiento a los acuerdos internacionales en materia de igualdad de género y desarrollo rural sostenible.

Así mismo, el Ministerio de Agricultura, Alimentación y Medio Ambiente participó en la elaboración del Plan Estratégico de Igualdad de Oportunida-

rrollo y la realización progresiva del derecho a una alimentación apropiada para todos, y la participación plena y equitativa de hombres y mujeres son también indispensables para alcanzar nuestra meta de conseguir la seguridad alimentaria sostenible para todos».

22 Ministerio de Medio Ambiente y Medio Rural y Marino, *Plan Estratégico para la Igualdad de Género en el Desarrollo Sostenible del Medio Rural (2011-2014)*, Madrid, 2011, pág. 5.

23 A tal fin, el Plan se organiza en torno a los siguientes elementos estructurales: principios inspiradores (igualdad, no discriminación y sostenibilidad social), directrices estratégicas (mainstreaming, empoderamiento, corresponsabilidad social y tecnología e innovación) y áreas prioritarias de actuación (actividad económica y empleo, calidad de vida, participación de las mujeres y gobernanza local y, finalmente, género en el desarrollo sostenible del medio rural). Cada área cuenta con un diagnóstico, unos objetivos y las actuaciones necesarias para alcanzar dichos objetivos.

des (2014-2016)[24] impulsado por el Instituto de la Mujer y para la Igualdad de Oportunidades, que buscaba alcanzar la igualdad real de oportunidades entre mujeres y hombres y cuyos tres retos fundamentales eran:

- Mejorar la igualdad de oportunidades entre mujeres y hombres en el acceso, permanencia y condiciones de trabajo en el mercado laboral, así como en el emprendimiento.
- Impulsar medidas en apoyo de la conciliación de la vida personal, familiar y laboral tanto de mujeres como de hombres, así como un mayor equilibrio en la asunción de responsabilidades por parte de ambos, tanto en beneficio de las familias, como para alcanzar la igualdad real de oportunidades entre mujeres y hombres.
- Erradicar la violencia que sufren las mujeres por el simple hecho de serlo.

Más allá de estos importantes desafíos vehiculares, quizá el apartado más relevante, al menos en lo que atañe a nuestro objeto de estudio, es que este Plan Estratégico de Igualdad de Oportunidades contemplaba expresamente la creación de un Plan para la promoción de las Mujeres en el Medio Rural (2015-2018), cuyo objetivo no era otro que el de mejorar la inclusión sociolaboral y la participación económica de las mujeres del medio rural.

Entre las principales potencialidades de este instrumento de planificación sobresale el marcado esfuerzo por potenciar la cooperación y la coordinación administrativa, integrando de forma armónica, por vez primera, las acciones que en materia de promoción de las mujeres del medio rural desarrollan los diferentes departamentos ministeriales[25]. En conjunto, el Plan desarrolla un total de 51 acciones concretas incardinadas en los siguientes objetivos[26]:

- Ayudar a visibilizar el papel de las mujeres del medio rural y difundirlo en la sociedad.

---

24 Dicho Plan contemplaba además, otros tres importantes retos igualmente relevantes para hacer frente a las fronteras de desigualdad que sufren las mujeres rurales, a saber: (i) apoyar el avance hacia una presencia equilibrada de mujeres y hombres en los ámbitos político, económico y social; (ii) impulsar la igualdad de oportunidades entre mujeres y hombres a través del sistema educativo; y (iii) mejorar los instrumentos y mecanismos diseñados para incorporar en las políticas públicas, y en la sociedad en general, el principio de igualdad con carácter transversal. *Vid.* INSTITUTO DE LAS MUJERES Y PARA LA IGUALDAD DE OPORTUNIDADES, *Plan Estratégico de Igualdad de Oportunidades,* Madrid, 2014, págs. 52-54.

25 Los Ministerios implicados en el desarrollo del Plan, según su denominación en el momento de elaborar el mismo fueron: Ministerio de Agricultura, Alimentación y Medio Ambiente, Ministerio de Educación Cultura y Deporte, Ministerio de Industria, Energía y Turismo, Ministerio de Sanidad, Servicios Sociales e Igualdad, Ministerio de Fomento, y Ministerio del Interior.

26 INSTITUTO DE LAS MUJERES Y PARA LA IGUALDAD DE OPORTUNIDADES, *Plan para la promoción de las Mujeres en el Medio Rural (2015-2018),* Madrid, 2015, págs. 27-28.

- Favorecer las condiciones para superar las brechas en materia de empleo y emprendimiento en el medio rural.
- Fomentar las condiciones para facilitar la conciliación de la vida personal, laboral y familiar, y la corresponsabilidad en el medio rural.
- Establecer modelos específicos de intervención en el medio rural que infieran cambios hacia una mayor igualdad entre mujeres y hombres, y que sirvan de referencia general para la acción de las administraciones públicas relacionadas con las mujeres rurales.
- Integrar orientaciones específicas en atención a la igualdad de oportunidades de las mujeres rurales en el diseño de las políticas de fomento del medio rural.
- Mejorar y actualizar el conocimiento sobre la situación de las mujeres del medio rural.

Sin embargo, la verdadera apuesta por institucionalizar la perspectiva de género en el medio rural no se producirá hasta la llegada del Plan de Recuperación, Transformación y Resiliencia «España puede» (PNRTR)[27], el cual representa el gran punto de inflexión en la materia al permitir delimitar por vez primera los contornos propios de una auténtica política pública de reto demográfico y territorial[28].

Como es sobradamente conocido, el PNRTR se sustenta en cuatro ejes prioritarios, como son la transición ecológica, la transformación digital, la promoción de la igualdad de género y el fomento de la cohesión social y territorial. Para ello, el Plan contiene 212 inversiones y reformas divididas en diez grandes políticas «palanca o tractoras» de reforma estructural, alineadas con las prioridades generales del NGEU, con la finalidad de incidir directamente

27 El 16 de junio de 2021, la Comisión Europea escenificó la aprobación de la primera fase del Plan de Recuperación, Transformación y Resiliencia presentado por España, el cual representa un montante total de 69.500 millones de euros en transferencias directas, que se podrán ampliar hasta más de 140.000 en créditos, si fuera necesario, hasta 2026. Por su parte, el 6 de junio de 2023 se aprobó en Consejo de Ministros el documento final de la adenda de ampliación del Plan de Recuperación, Transformación y Resiliencia para su remisión a la Comisión Europea. Poco más tarde, el 2 de octubre de 2023, la Comisión Europea aprobó esta segunda fase del Plan de Recuperación que permitirá movilizar hasta 163.000 millones de euros en el periodo 2021-2026, lo que representa un incremento de 93.000 millones de euros.

28 En este relato cobran especial relevancia una serie de hitos que conviene reseñar, como son la publicación del Real Decreto 40/2017, de 27 de enero, por el que se crea el Comisionado del Gobierno frente al Reto Demográfico o la adopción de las Directrices Generales de la Estrategia Nacional frente al Reto Demográfico. Esta cuestión ha sido más ampliamente analizada en Domínguez Álvarez, J. L., «Hacia el diseño de nuevos instrumentos para afrontar el reto demográfico y territorial: de la potestad de planificación de las administraciones públicas a la transformación del ordenamiento jurídico», en Fernando Pablo, M. M. y Domínguez Álvarez, J. L. (Dirs.), *Rural Renaissance: acción, promoción y resiliencia,* Thomson Reuters-Aranzadi, Cizur Menor, 2022, págs. 111-146.

en aquellos sectores productivos con mayor capacidad de transformación del tejido económico y social español.

Dentro de estas diez grandes políticas tractoras destaca, en primer término, el impulso de la vertebración y la cohesión territorial, bajo la etiqueta «Agenda urbana y rural, lucha contra la despoblación y desarrollo de la agricultura»[29], la cual incorpora un conglomerado de medidas específicas para las áreas rurales con importantes desafíos demográficos, con la finalidad de impulsar la innovación social y territorial y facilitar el desarrollo de nuevos proyectos profesionales, la fijación de población, la atracción de talento, la prestación de servicios, así como un uso sostenible de los recursos endógenos.

No obstante, conviene señalar que fruto de la importancia que posee la vertebración social y territorial del Estado en el nuevo ciclo de programación de políticas públicas[30], las inversiones destinadas a revitalizar la ruralidad no se limitan únicamente a los componentes enunciados con anterioridad, impregnando por consiguiente la totalidad de las palancas tractoras del PNRTR. Para ello, el Gobierno de España ha articulado el Plan de Medidas frente al Reto Demográfico *«Pueblos* con futuro» (PMRD)[31], adoptado el pasado 16 de marzo de 2021 por la Comisión Delegada para el Reto Demográfico, instrumento de planificación mediante el que se pretenden impulsar 130 políticas activas estratégicas para luchar contra la despoblación, agrupadas en 10 grandes ejes[32], que suponen una inversión de 10.000 millones de euros orientada a zonas rurales y pequeños municipios, con la finalidad de reforzar el compromiso de las Administraciones públicas con la necesaria garantía de la cohesión social y territorial, en el marco de la Estrategia Nacional de Reto Demográfico.

El Plan se orienta hacia un amplio conjunto de objetivos para impulsar la igualdad de oportunidades y la vertebración territorial, mediante la diversi-

---

29 Representa una inversión de 14.407 millones de euros, o lo que es lo mismo, el 20,7 % de los fondos gestionados a través del Plan de Recuperación, Transformación y Resiliencia «España Puede». *Vid.* PRESIDENCIA DEL GOBIERNO, *Plan de Recuperación, Transformación y Resiliencia «España puede»,* Madrid, 2020, pág. 118.

30 El Plan contribuye al cuarto pilar del Mecanismo de Recuperación y Resiliencia, la promoción de la cohesión social y territorial, gracias al impacto coherente de todos los componentes a través en particular de la reducción de la brecha digital y la modernización de los instrumentos públicos de redistribución de la renta de los hogares.

31 *Vid.* MINISTERIO PARA LA TRANSICIÓN ECOLÓGICA Y EL RETO DEMOGRÁFICO, *Plan de recuperación. 130 medidas frente al Reto Demográfico*, Madrid, 2021, pág. 76.

32 Estos 10 grandes ejes de actuación se corresponden con: (i) impulso de la transición ecológica; (ii) transición digital y plena conectividad territorial; (iii) desarrollo e innovación en el territorio; (iv) impulso del turismo sostenible; (v) igualdad de derechos y oportunidades de las mujeres y los jóvenes; (vi) fomento del emprendimiento y de la actividad empresarial; (vii) refuerzo de los servicios públicos e impulso de la descentralización; (viii) bienestar social y economía de los cuidados; (ix) promoción de la cultura; y (x) reformas normativas e institucionales para abordar el reto demográfico.

ficación económica de las zonas más desfavorecidas. Entre estos objetivos destacan: (i) el estímulo de la innovación; (ii) la plena conectividad digital; (iii) el reforzamiento de los vínculos rurales y urbanos; (iv) la puesta en valor del territorio y de sus posibilidades endógenas de crecimiento; (v) la adecuada prestación de los servicios básicos; o (vi) la incorporación de la perspectiva demográfica en el proceso de toma de decisiones del Gobierno.

Con el propósito de alcanzar todos esos ambiciosos objetivos, el PMRD articula un plan de choque sobre equipamientos sociales, un plan de rehabilitación de vivienda y regeneración urbana, un plan de choque para la economía de los cuidados y refuerzo de las políticas de igualdad e inclusión, un pacto por la ciencia y la innovación y el refuerzo a las capacidades del sistema nacional de salud, así como la modernización de las Administraciones públicas[33]. También contempla una serie de importantes previsiones en otras cuestiones capitales para el fomento de la cohesión territorial como son la extensión de la banda ancha ultrarrápida a aquellas zonas que en la actualidad no disponen de ella, el impulso al despliegue de redes 5G o actuaciones de inclusión digital mediante el refuerzo de la formación digital en zonas de declive demográfico, cuestión especialmente relevante para potenciar el emprendimiento femenino.

Igualmente, se prevé el impulso de los servicios públicos en el medio rural, como las oficinas municipales de justicia, o la mejora de la seguridad en estas áreas. También se prevé el acercamiento de la Formación Profesional a los núcleos en riesgo de despoblación, actuaciones de conservación y restauración del patrimonio natural y cultural en áreas con déficit demográfico, un impulso a la gestión forestal sostenible y el despliegue de la bioeconomía, y, finalmente, una Estrategia de Transición Justa.

Más allá de esta amplia amalgama de transformaciones e inversiones, este instrumento destaca por contemplar un eje específico (5) y hasta 12 ámbitos de actuación específicos destinados a fomentar la igualdad de derechos de las mujeres en el territorio, avanzando en conciliación y corresponsabilidad, al tiempo que se apuesta por garantizar la seguridad y atención de las víctimas de violencia de género, a saber[34]:

- Articular líneas de apoyo financiero (préstamo participativo) al emprendimiento y al crecimiento de la pyme innovadora.
- Impulsar proyectos piloto de inserción laboral a través de cooperativas y empresas de inserción.
- Apoyar el relevo generacional en la actividad agraria.

33 Consejo Económico y Social, *Un medio rural vivo y sostenible. Informe 02/2021, aprobado en sesión extraordinaria del Pleno de 7 de julio de 2021*, Madrid, 2021, pág. 101.

34 Ministerio para la Transición Ecológica y el Reto Demográfico, *Plan de recuperación. 130 medidas frente al Reto Demográfico,* Madrid, 2021, págs. 60-70.

- Fomentar las actuaciones de conciliación y corresponsabilidad en el medio rural.
- Apoyar el emprendimiento de las mujeres para lograr el empoderamiento y la igualdad de género en el ámbito rural.
- Garantizar la seguridad y atención integral a las víctimas de violencia contra las mujeres.
- Blindar los recursos asistenciales y de apoyo a las víctimas de violencia contra las mujeres en el ámbito rural.
- Desplegar proyectos de alfabetización y capacitación digital.
- Prevenir el abandono temprano de la educación y mejorar los resultados educativos de las jóvenes que radican en las áreas rurales.
- Potenciar el emprendimiento joven (Erasmus rural, proyectos innovadores, etc.).
- Poner en marcha el Plan para la Formación Profesional, el Crecimiento Económico y Social y la Empleabilidad.
- Incrementar la presencia de mujeres en puestos de responsabilidad de las cooperativas agroalimentarias, etc.

Con todo ello, se da un paso de gigante en la dificultosa tarea de promover la institucionalización del enfoque integral de género en el diseño e impulso de cuantas actuaciones desarrollen los poderes públicos con la finalidad de dar respuesta al desafío demográfico y territorial[35], el cual representa en puridad un desafío democrático que urge afrontar.

2. El Plan Estratégico de la Política Agrícola Común 2023-2027 presentado por España y su apuesta por el fomento del empleo y la innovación femenina

El 6 de diciembre de 2021, el Diario Oficial de la Unión Europea acogía la publicación del esperado Reglamento (UE) 2021/2116 del Parlamento Europeo y del Consejo, de 2 de diciembre de 2021, sobre la financiación, la gestión y el seguimiento de la política agrícola común y por el que se deroga el Reglamento (UE) n.° 1306/2013. Por medio de dicho instrumento jurídico irrumpía en el viejo continente el nuevo ciclo de programación de la PAC, el cual se aplicará de 2023 a 2027, conservando gran parte de los elementos

35 Domínguez Álvarez, J. L. y Rodríguez Sánchez, A., «Mujer rural y reto demográfico: la acuciante necesidad de repensar la intervención de los poderes públicos», en Del Pozo Pérez, M. (Dir.), *Estudios de género: un análisis interdisciplinar*. Thomson Reuters Aranzadi, Cizur Menor, 2022, págs. 151-167.

esenciales del modelo preexistente[36] e instaurando una política orientada a la consecución de resultados concretos, vinculados a tres objetivos generales como son:

a) Fomentar un sector agrícola inteligente, competitivo, resiliente y diversificado que garantice la seguridad alimentaria a largo plazo[37];

b) Apoyar y reforzar la protección del medio ambiente[38], incluida la biodiversidad, y la acción por el clima y contribuir a alcanzar los objetivos medioambientales y climáticos de la Unión, entre ellos los compromisos contraídos en virtud del Acuerdo de París;

c) Fortalecer el tejido socioeconómico de las zonas rurales[39].

Estos objetivos generales se desglosan a su vez en nueve objetivos específicos[40], basados en los tres pilares de la sostenibilidad y complementados

---

36 Como señala García García, S., «Análisis del mecanismo de pagos por servicios ambientales desde la política agrícola común», en *Revista de Estudios Europeos*, núm. 75, 2020, pág. 180; «[s]i algo caracteriza a la Política Agrícola Común es que está en constante cambio; en sus ya más de sesenta años de historia se ha transformado por completo, empezando por ser creada para atajar el problema de la escasez alimentaria generada por la Segunda Guerra Mundial, pasando por el establecimiento de unas ayudas directas a la renta del agricultor, un importante control de precios o el establecimiento de la política de desarrollo rural como segundo pilar de la PAC».

37 En este sentido, *vid.* Comisión Europea, *El futuro de los alimentos y de la agricultura*, Bruselas, 2017, pág. 21 [COM/2017/0713 final]; llega a la conclusión de que la política agrícola común debe redoblar sus esfuerzos ante los futuros retos y oportunidades fomentando el empleo, el crecimiento y la inversión, luchando contra el cambio climático y adaptándose a él, y trasladando la investigación y la innovación de los laboratorios a los distintos sectores y mercados. La PAC también debe responder a las preocupaciones de los ciudadanos en relación con la producción agrícola sostenible.

38 A este respecto, conviene destacar que diferentes documentos programáticos de la Comisión Europea fijaban como orientaciones estratégicas de la futura PAC una mayor atención al medio ambiente y la acción por el clima y la contribución al logro los objetivos y las metas climáticos y medioambientales de la Unión. Conviene destacar en este punto: Comisión Europea, *El Pacto Verde Europeo,* Bruselas, 2019 [COM(2019) 640 final]; Comisión Europea, *Estrategia «de la granja a la mesa» para un sistema alimentario justo, saludable y respetuoso con el medio ambiente,* Bruselas, 2020 [COM(2020) 381 final] o Comisión Europea, *Estrategia de la UE sobre la biodiversidad de aquí a 2030: reintegrar la naturaleza en nuestras vidas,* Bruselas, 2020 [COM(2020) 380 final].

39 A este respecto, conviene recordar que, de acuerdo con los objetivos de la PAC establecidos en el art. 39 del TFUE, con el objetivo de mantener el funcionamiento del mercado interior y unas condiciones de competencia equitativas entre los agricultores de la Unión y con el principio de subsidiariedad, la ayuda del FEAGA y del FEADER tendrá por objeto seguir mejorando el desarrollo sostenible de la agricultura, los alimentos y las zonas rurales, además de contribuir a la consecución de los siguientes objetivos generales en los planos económico, medioambiental y social, que facilitarán la ejecución de la Agenda 2030 para el Desarrollo Sostenible.

40 Entre estos objetivos específicos encontramos: (i) asegurar ingresos justos; (ii) incrementar la productividad; (iii) requilibrar el poder en la cadena alimentaria; (iv) acción contra el

con un objetivo transversal común de modernizar el sector agrario a través del conocimiento, la innovación y la digitalización en las zonas rurales.

Una de las principales novedades de la PAC 2023-2027 es que todos los Estados miembros deben contar con un Plan Estratégico[41] de la PAC en el que se indiquen las intervenciones o medidas con las que se pretenden alcanzar los objetivos de la PAC y la ambición del Pacto Verde Europeo[42]. De esta manera, las instituciones europeas pretenden que la PAC responda mejor a los retos presentes y futuros, como el cambio climático o el relevo generacional, sin dejar de apoyar a los agricultores para conseguir un sector agrícola sostenible y competitivo.

Clarificado este extremo, con fecha 31 de agosto de 2022 la Comisión Europea aprobó el Plan Estratégico de la PAC de España (PEPAC), siendo uno de los primeros Estados miembros en lograr la aprobación del plan[43]. La virtuosidad de este instrumento es que por primera vez permite disponer de una estrategia única, capaz de abarcar todas las intervenciones de la PAC, lo que implica una mayor coherencia entre las mismas[44], con el propósito de alcanzar los siguientes objetivos:

---

cambio climático; (v) protección del medio ambiente; (vi) conservar el paisaje y la biodiversidad; (vii) apoyar el relevo generacional; (viii) zonas rurales vivas; y (ix) protección de la calidad de los alimentos y de la salud.

41 El Plan Estratégico de la PAC de España es un documento muy completo que incluye las intervenciones o medidas que se aplicarán en 2023-2027 para dar respuesta a las necesidades del campo español y así alcanzar los objetivos de la PAC y la ambición del Pacto Verde Europeo. También incluye el amplio análisis en el que se ha basado el diseño de las intervenciones, que ha consistido en un diagnóstico y análisis de las necesidades del sector agrario y el medio rural en su conjunto, vinculadas a cada uno de los objetivos de la PAC. En este análisis se tuvieron en cuenta aspectos tan variados como son las condiciones agrarias, económicas, sociales y medioambientales de España. Además, cuenta con la planificación de metas a alcanzar, la planificación financiera y una descripción del sistema de gestión, control y seguimiento del Plan.

42 Tal y como se desprende del art. 1 del Reglamento (UE) 2021/2115 del Parlamento Europeo y del Consejo de 2 de diciembre de 2021 por el que se establecen normas en relación con la ayuda a los planes estratégicos que deben elaborar los Estados miembros en el marco de la política agrícola común (planes estratégicos de la PAC), financiada con cargo al Fondo Europeo Agrícola de Garantía (FEAGA) y al Fondo Europeo Agrícola de Desarrollo Rural (FEADER), y por el que se derogan los Reglamentos (UE) n.° 1305/2013 y (UE) n.° 1307/2013.

43 Con posterioridad, el 30 de agosto de 2023, la Comisión aprobó la primera modificación del Plan estratégico de la PAC de España.

44 Así mismo, el Gobierno de España ha desplegado un importante paquete normativo de acompañamiento al PEPAC, formado por los siguientes instrumentos de ordenación jurídica: Real Decreto 1177/2023, de 27 de diciembre, por el que se modifican diversos reales decretos dictados para la aplicación en España de la Política Agrícola Común; Real Decreto 1046/2022, de 27 de diciembre, por el que se regula la gobernanza del Plan Estratégico de la Política Agrícola Común en España y de los fondos europeos agrícolas FEAGA y FEADER; Real Decreto 1047/2022, de 27 de diciembre, por el que se regula el

- Apoyar una renta viable y la resiliencia de las explotaciones agrícolas en todo el territorio de la UE para mejorar la seguridad alimentaria.
- Mejorar la orientación al mercado y aumentar la competitividad, en particular haciendo mayor hincapié en la investigación, la tecnología y la digitalización.
- Mejorar la posición de los agricultores en la cadena de valor.
- Contribuir a la atenuación del cambio climático y a la adaptación a sus efectos, así como a la energía sostenible.
- Promover el desarrollo sostenible y la gestión eficiente de recursos naturales tales como el agua, el suelo y el aire.
- Contribuir a la protección de la biodiversidad, potenciar los servicios ecosistémicos y conservar los hábitats y paisajes.
- Atraer y apoyar a los jóvenes agricultores y agricultoras y a otros nuevos agricultores y agricultoras y facilitar el desarrollo empresarial sostenible en las zonas rurales[45].
- Promover el empleo, el crecimiento, la inclusión social y el desarrollo local en las zonas rurales, incluyendo la bioeconomía y la silvicultura sostenible.

---

sistema de gestión y control de las intervenciones del Plan Estratégico y otras ayudas de la Política Agrícola Común; Real Decreto 1054/2022, de 27 de diciembre, por el que se establece y regula el Sistema de información de explotaciones agrícolas y ganaderas y de la producción agraria, así como el Registro autonómico de explotaciones agrícolas y el Cuaderno digital de explotación agrícola; Real Decreto 1045/2022, de 27 de diciembre, sobre derechos de ayuda básica a la renta para la sostenibilidad de la Política Agrícola Común; Ley 30/2022, de 23 de diciembre, por la que se regulan el sistema de gestión de la Política Agrícola Común y otras materias conexas, etc.

45 El bajo ratio de los jóvenes titulares de explotación (menores de 40 años) frente a los mayores de 65 unido al bajo porcentaje de jóvenes titulares y de mujeres jefas de explotación, comprometen seriamente el relevo generacional, encontrándose España entre los Estados miembros con tasas de renovación más bajas de la Unión Europea. Se constata, además, la inexistencia de mecanismos específicos que favorezcan el relevo generacional, más allá de la ayuda a la primera instalación de los programas de desarrollo rural actuales, o del pago complementario a los jóvenes agricultores del primer pilar.
Del total de titulares de explotación en España, 213.871 son mujeres, lo que supone el 22,63 % del total. Muy por encima del 22,63 % de España se encuentran Galicia (50 %), Principado de Asturias (43 %), Cantabria (39 %) y País Vasco (33 %). En el otro extremo están la Comunidad Foral de Navarra (15 %), La Rioja (11 %), Aragón (15 %), Comunidad de Madrid (16 %) y la Región de Murcia (16 %). Del 22,6 % de mujeres titulares de explotación, el 1,7 % son mujeres menores de 40 años, el 13,2 % titulares de entre 40 y 64 años y el 7,7 % son mayores de 65 años. La ratio de titulares de explotación menores de 40 años frente a los titulares mayores de 65 es del 0,27, situándose España por debajo de la media de la UE (0,32). *Vid.* Ministerio de Agricultura, Pesca y Alimentación, *Atraer a los jóvenes agricultores y facilitar el desarrollo empresarial del medio rural: perspectiva de género y despoblamiento,* Madrid, 2021, págs. 2-3. Disponible en: https://acortar.link/JK3zZo

- Mejorar la respuesta de la agricultura de la UE a las exigencias sociales en materia de alimentación, salud y la sostenibilidad[46].

La elaboración por vez primera del PEPAC ha contribuido a visibilizar la situación que atraviesan las mujeres en el medio rural, especialmente en lo que atañe a la necesidad de mejorar la dimensión física y económica de las explotaciones de mujeres o mejorar las condiciones para la incorporación y permanencia en la actividad agraria de las mujeres. A tal fin, el Gobierno de España ha puesto en marcha una serie de medidas con el propósito de dar respuesta a esta realidad como son: (i) la realización de ajustes en el pago redistributivo y la ayuda complementaria a jóvenes; (ii) la articulación de una línea de apoyo a las entidades de mujeres rurales de ámbito nacional para que desarrollen actividades de especial interés para impulsar el papel de las mujeres en el desarrollo rural; (iii) el impulso de medidas para favorecer la incorporación en las explotaciones mediante la línea de subvenciones a las explotaciones en titularidad compartida; (iv) el fomento de trabajos de impulso y difusión de la figura de titularidad compartida; (v) la generación y recopilación de datos estadísticos desagregados por género como apoyo para la toma de decisiones; o (vi) el desarrollo de acciones formativas para la concienciación sobre la igualdad y la necesidad de incorporar mujeres en los puestos directivos del medio rural[47].

Con todo ello, se persigue alcanzar la efectiva participación de las mujeres rurales en la actividad agraria y económica del medio rural, la cual constituye una necesidad de primer orden para la vertebración de los territorios rurales. No es solo una cuestión de equidad, sino de necesidad para mantener vivos y sostenibles nuestros pueblos. Ello explica que en el ámbito europeo y en el contexto de la última reforma de la PAC, España haya defendido abiertamente la urgencia de acometer la incorporación de la perspectiva de género en esta política, impulsando la elaboración de medidas específicas a favor de la mujer y el principio de la igualdad de género.

46 Junto a estos nueve objetivos específicos se ha incluido un objetivo transversal que debe vehicular la ejecución de la PAC en el territorio español durante los próximos años, como es «modernizar el sector a través del fomento y la puesta en común del conocimiento, la innovación y la digitalización en las zonas agrícolas y rurales y promover su adopción». Esta preocupación ya forma parte de la hoja de ruta del Gobierno español como demuestra la adopción de la Estrategia de Digitalización del Sector Agroalimentario y Forestal y del Medio Rural. *Vid.* Ministerio de Agricultura, Pesca y Alimentación, *Estrategia de Digitalización del Sector Agroalimentario y Forestal y del Medio Rural,* Madrid, 2019, pág. 7; con la que se pretende «buscar la eliminación o reducción de las barreras técnicas, legislativas, económicas y formativas existentes en la actualidad, contribuyendo así al liderazgo de un sector agroalimentario sostenible económica, social y medioambientalmente, y al poblamiento activo del medio rural haciéndolo un lugar más atractivo, vivo, dinámico y diversificado, generador de riqueza y de empleo de calidad, con especial atención a jóvenes y mujeres».

47 Ministerio de Agricultura, Pesca y Alimentación, *Promover el empleo, el crecimiento, igualdad de género, la inclusión social y el desarrollo local en las zonas rurales, incluyendo la bioeconomía y la silvicultura sostenible,* Madrid, 2021, págs. 13 y ss. Disponible en: https://acortar.link/NO40Ao

3. Una mirada (violeta) a la pluralidad de instrumentos de planificación autonómicos en materia de reto demográfico y territorial

En los últimos tiempos, las diferentes Administraciones autonómicas han destinado innumerables esfuerzos a impulsar diferentes instrumentos de planificación de distinto rango y alcance[48], ya sea en forma de agendas, directrices, estrategias, informes o planes, con el propósito de articular una respuesta orquestada para hacer frente al reto demográfico y territorial en un claro intento de poner freno a la sangría poblacional y el vaciamiento progresivo que experimentan extensas regiones de la geografía peninsular[49]. En estos instrumentos de planificación cobra una importancia creciente la institucionalización de la perspectiva de género en cuantas actuaciones se implementen con el propósito de afrontar el reto demográfico y territorial como atestiguan los documentos adoptados en la mayor parte de los territorios.

Así sin ir más lejos, el Decreto 165/2017, de 31 de octubre, del Gobierno de Aragón, por el que se aprueba la Directriz Especial de Ordenación Territorial de Política Demográfica y contra la Despoblación contempla entre otras muchas cuestiones medidas tan relevantes como la mejora de la ocupabilidad de las mujeres, la creación de empresas, el impulso de la formación para favorecer el autoempleo, la creación de redes comarcales de inserción laboral, la realización de jornadas y campañas para sensibilizar en materia de violencia de género o el impulso del asociacionismo femenino (eje 12)[50].

Algo similar ocurre en el supuesto del Plan Demográfico del Principado de Asturias 2017-2027, entre cuyos objetivos estratégicos se encuentra el de *«favorecer la existencia de una red de infraestructuras, equipamientos y servicios básicos capaz de garantizar que la ciudadanía pueda acceder a éstos en igualdad de oportunidades y sin necesidad de trasladar su residencia»*[51]. A tal fin se establecen una serie de medidas destinadas a promover la igualdad de género (eje 2) en la política pública autonómica de reto demográfico como son: (i) reforzar los servicios y equipamientos educativos, así como la articu-

48 En este empeño destaca especialmente el Foro de las Regiones con Desafíos Demográficos (FREDD) movimiento promovido por Aragón, Asturias, Cantabria, Castilla y León, Castilla-La Mancha, Extremadura, Galicia y La Rioja, el cual ha participado en el diseño de diversos documentos, líneas estratégicas compartidas y propuestas concretas de actuación con la finalidad de elaborar una Estrategia Nacional para el Cambio Demográfico.

49 Domínguez Álvarez, J. L., «Algunos apuntes acerca de la necesidad de repensar el ordenamiento jurídico y la técnica normativa como premisas para afrontar el reto demográfico y territorial», en *Revista Española de Función Consultiva*, núm. 33, 2020, págs. 93 y ss.

50 Gobierno de Aragón, *Directriz Especial de Ordenación Territorial de Política Demográfica y contra la Despoblación*, Zaragoza, 2017, pág. 57.

51 Gobierno del Principado de Asturias, *Plan Demográfico del Principado de Asturias 2017-2027,* Oviedo, 2017, págs. 144-145.

lación de ayudas para facilita la crianza de los hijos; (ii) impulsar servicios y equipamientos para la conciliación y la corresponsabilidad en el medio rural; y (iii) avanzar en el empoderamiento laboral de las mujeres e incrementar el peso de la mujer en el mundo laboral y empresarial.

Por su parte, la Comunidad de Cantabria a través del Acuerdo de Consejo de Gobierno, de 13 de mayo de 2021, acordó la aprobación de la Estrategia Regional de la Comunidad Autónoma de Cantabria frente al reto demográfico y lucha contra la despoblación 2019-2025, con la finalidad de *«lograr la igualdad de oportunidades y el libre ejercicio de los derechos de ciudadanía en todo el territorio, a través del fomento de la coordinación y la cooperación de todas las Administraciones Publicas»*. La Estrategia gira en torno a 7 objetivos estratégicos, incluye 12 ejes de actuación y 344 actuaciones concretas a desarrollar entre las que se encuentran medidas de apoyo a la fecundidad y la natalidad, a través del ofrecimiento de apoyo socioeconómico a las familias y mejorando la protección de los derechos que asisten a las mujeres en el acceso a las técnicas de reproducción asistida (eje 3), el fomento de la educación la inserción laboral de las mujeres o el impulso de la conciliación de la vida laboral y familiar (eje 4)[52].

En idéntico sentido, la Comunidad Autónoma de la Rioja cuenta con su Agenda para la población de La Rioja 2030[53], documento que contempla un total de 131 medidas que se desarrollan sobre 260 acciones y que representa un volumen económico de inversión de 193 millones de euros anuales. Constituyen objetivos prioritarios de este instrumento, los siguientes: (i) invertir la tendencia demográfica; (ii) apoyar a las familias y a la natalidad; (iii) facilitar la emancipación juvenil; (iv) fomentar la interculturalidad; (v) promover el retorno voluntario; (vi) favorecer un desarrollo territorial equilibrado a través de políticas eficientes de desarrollo rural; e (vii) impulsar una vida más longeva y de calidad y fomentar una mayor participación activa de este grupo de edad en el ámbito económico, político y social.

En lo que respecta a nuestro particular objeto de estudio, el documento incluye una serie de medidas de apoyo a las familias (ayudas a la natalidad, subsidios familiares e incentivos fiscales, ayudas para el acceso a la vivienda y facilitación de los procesos de adopción), actuaciones en materia de conciliación de la vida laboral y familiar (ampliación de permisos por nacimiento o dependencia, protección del empleo y elección en la reincorporación temprana, desarrollo de formas de trabajo flexible, acceso a servicios de atención a la infancia y la dependencia, conciliación de la vida educativa y familiar, facilitación de créditos a estudiantes con cargas familiares, y reducción

52 *Vid.* Gobierno de Cantabria, *Estrategia frente al reto demográfico de Cantabria 2019-2025*, Santander, 2019, págs. 303-310.

53 *Vid.* Lasanta Ruiz, A., «Agenda para la población de La Rioja 2030. Modelo de participación y colaboración», en (AA.VV.), *Participación ciudadana: experiencias inspiradoras en España*, Centro de Estudios Políticos y Constitucionales, Madrid, 2018, pág. 122.

fiscal a estudiantes-trabajadores con cargas), así como un conjunto de intervenciones para potenciar el arraigo de la igualdad de género (equiparación salarial y lucha contra la discriminación laboral, supresión de desigualdades educativas e incremento de la tasa de actividad femenina)[54].

Sin embargo, pese a estos avances puntuales, el verdadero jalón en el proceso de institucionalización de la perspectiva de la igualdad de género en la política pública autonómica de reto demográfico lo constituye la adopción de la Estrategia Regional frente a la Despoblación 2021-2031, la cual contempla la igualdad de género como eje transversal (ET3) indispensable para la consecución de los objetivos, metas y actuaciones en ella esbozados, entendiendo esta como *«la paridad de derechos, responsabilidades y oportunidades de las mujeres y los hombres, y las niñas y los niños en todos los aspectos de la vida cotidiana, entre los que se encuentran el trabajo, la salud y la educación [...] Como consecuencia, la perspectiva de género dado su transversalidad está presente en las actuaciones contenidas en la Estrategia, así como en cualquier ámbito directo o indirecto vinculado a su aplicación. Dado que las mujeres del medio rural resultan determinantes para su vertebración social y territorial, y son un agente de primer orden en la contribución a la fijación de población en el territorio, la Estrategia pone las bases para la coordinación de actuaciones que favorezcan su capacitación, su empleabilidad o su emprendimiento, y se atiende la igualdad de derechos de las mujeres en las zonas rurales afectadas por la despoblación. En este sentido, la eliminación de la brecha de género tanto en el ámbito laboral como en el familiar es una prioridad de la Estrategia»*[55].

La última de las Comunidades Autónomas en sumarse a esta oleada de instrumentos de planificación y legislaciones sectoriales es Extremadura, la cual sobre la base otorgada por el anterior Plan Estratégico de apoyo al medio rural en Extremadura (2016-2020), ha dado luz verde a su Decreto 32/2022, de 30 de marzo, por el que se aprueba la Estrategia ante el Reto Demográfico y Territorial de Extremadura. El documento contiene 286 medidas con las que se pretende garantizar la igualdad de condiciones, sin discriminación

54 *Vid.* Gobierno de la Rioja, *Agenda para la población de La Rioja 2030*, Logroño, 2018, pág. 28.

55 Gobierno de Castilla-La Mancha, *Estrategia Regional frente a la Despoblación 2021-2031,* Toledo, 2021, pág. 65, donde se afirma lo siguiente: «las diferencias por cuestión de género se agravan en el medio rural, donde además hay un clara y progresiva tendencia al envejecimiento y a la masculinización: la situación de la mujer es sensiblemente peor si se atiende tanto a cuestiones del Ámbito meramente económico (empleo, acceso a oportunidades, formación, etc.) como al social (problemas de conciliación, dependencia, etc.). Por tanto, la dinámica socioeconómica de las zonas rurales, especialmente de las más afectadas por el declive demográfico, genera una brecha de desigualdad con las mujeres, que encuentran serias dificultades para desarrollar sus proyectos personales, profesionales y familiares en condiciones de equidad, de ahí que una buena parte del problema de la despoblación se genere por la dificultad de fijar a las mujeres en el medio rural».

entre zonas rurales y urbanas, respecto a las oportunidades que ofrecen y el acceso a los servicios que prestan[56].

Una de las principales potencialidades de este documento es que incorpora un área de intervención específica en materia de igualdad de oportunidades y una línea estratégica de mujer y medio rural con más de una veintena de medidas precisas destinadas a promocionar y potenciar la igualdad de oportunidades para facilitar un entorno social y laboral que posibilite el desarrollo de las personas con independencia de su lugar de residencia, de la mano del refuerzo, coordinación y adaptación de los entornos, recursos y servicios públicos en igualdad tanto en territorio urbano como rural, el avance en la sensibilización, formación y comunicación integral de la ciudadanía y de los profesionales implicados, el fomento de la participación ciudadana por la igualdad, el impulso en la integración y promoción de la perspectiva de género en las políticas públicas y ámbitos prioritarios (educación, salud, empleo, conciliación, corresponsabilidad).

Todo ello pone de manifiesto la urgencia y la conveniencia de instaurar una mirada violeta de la política pública autonómica de reto demográfico y territorial, pues sin igualdad de género difícilmente puede existir cohesión social

---

56 Los objetivos estratégicos que componen dicha Estrategia son los siguientes: (i) equilibrar las prioridades de intervención social y poner en valor el capital humano del medio rural, con especial atención a las dotaciones en equipamientos sociales ligados al envejecimiento o la discapacidad, priorizando actuaciones de formación que generen oportunidades, especialmente para mujeres y jóvenes; (ii) propiciar el envejecimiento activo y saludable, la conciliación familiar, la convivencia intergeneracional y promover el acceso de las mujeres del ámbito rural a la participación comunitaria; (iii) establecer las condiciones adecuadas que favorezcan la atracción de población, el retorno de quienes quieren regresar a la región, y reforzar la conexión con el talento de aquellas personas que desean aportar al desarrollo de Extremadura desde el exterior de la misma; (iv) facilitar el acceso a las infraestructuras y a los servicios públicos en el territorio para combatir desequilibrios y condicionantes, estableciendo nuevos modelos más eficientes y sostenibles, creando entornos que garanticen la movilidad y accesibilidad a toda la población; (v) garantizar una conectividad digital adecuada en todo el territorio extremeño, que permita a la ciudadanía el acceso a los servicios digitales; (vi) favorecer una economía inclusiva, sostenible social y ambientalmente, a partir de los recursos endógenos del medio rural para que estos entornos permitan el desarrollo de proyectos de vida de la ciudadanía con unas condiciones dignas; (vii) diversificar económicamente el mundo rural, complementando las actividades tradicionales como la selvicultura, agricultura y ganadería con las nuevas oportunidades de innovación, emprendimiento, inversión y empleo en torno a nuevos sectores como la «economía de plata»; (viii) invertir en el patrimonio cultural, en sentido amplio, como un activo de primer orden para revitalizar, generar empleo y dotar a los territorios de identidad propia y diferenciada; (ix) impulsar la cooperación entre los territorios a distintas escalas, con especial atención a la cooperación transfronteriza con Portugal, para la búsqueda de sinergias y alianzas en intereses comunes; y (x) promover una discriminación positiva para las zonas rurales escasamente pobladas, especialmente desde el punto de vista fiscal, así como instrumentos de financiación específicos para las mismas. *Vid.* JUNTA DE EXTREMADURA, *Estrategia ante el Reto Demográfico y Territorial de Extremadura*, Mérida, 2022, pág. 24.

y territorial, y sin igualdad real de oportunidades entre hombres y mujeres no existe futuro para las comunidades rurales ni hay lugar para la sostenibilidad demográfica y la dinamización rural.

III. La igualdad de derechos y oportunidades entre mujeres y hombres en las legislaciones autonómicas de reto demográfico y dinamización rural: perspectiva comparada

Como se ha puesto de manifiesto en el epígrafe anterior, son muchos los esfuerzos destinados por el conjunto de las Administraciones públicas para edificar una auténtica política pública de reto demográfico y territorial en clave de igualdad. De forma paralela se han dado pasos significativos hacia el diseño de instrumentos normativos, ya sean generales o sectoriales[57], que contemplan la conveniencia de incluir la igualdad de género, la corresponsabilidad y el respeto de la diversidad en las políticas públicas activas de impulso demográfico[58]. Asistimos así, a la promulgación de los primeros instrumentos normativos sectoriales de carácter autonómico que abogan abiertamente por concebir otra forma de desarrollo rural y por construir otro modelo de desarrollo territorial más cohesionado socialmente.

De esta forma, el 2 de febrero de 2021, el Parlamento de Galicia se convierte en el precursor e instigador de esta tendencia y/o movimiento legislativo, al llevar a cabo la aprobación de la Ley 5/2021, de Impulso Demográfico de Galicia (LIDG)[59], siendo la primera ley aprobada en España sobre esta cuestión. Así, en su larga exposición de motivos se destaca la importancia de *«consolidar las políticas de igualdad al integrar la perspectiva de género como palanca del desarrollo social y económico y elemento tractor del impulso demográfico».* Entre las disposiciones especialmente novedosas de este instrumento normativo que reflejan la apuesta por la institucionalización de la igualdad de género en el campo del reto demográfico y territorial destaca la previsión de la dimensión de género en la actuación contractual de la Administración autonómica (art. 17 LIDG) al señalar que *«los órganos de contratación introducirán criterios*

57 *Vid.* Tornos Mas, J., «La lucha contra la despoblación en España. Marco normativo», en *Cuadernos de Derecho Local,* núm. 56, 2021, pág. 65.

58 En palabras de Sanz Larruga, J., «Instrumentos de evaluación y participación para la cohesión territorial y ante el reto demográfico», en *Revista Española de Función Consultiva*, núm. 33, 2020, págs. 70-71; «estas leyes autonómicas coinciden en ofrecer una amplísima panoplia de medidas de dinamización demográfica y de lucha contra la despoblación rural [...]».

59 La ley consta de un total de 109 artículos, estructurándose en un título preliminar, dos títulos, dos disposiciones adicionales, una disposición derogatoria y ocho disposiciones finales.

de adjudicación cualitativos, vinculados al objeto del contrato, referidos a las políticas empresariales en materia de igualdad en el proceso específico de producción, prestación o comercialización de las obras, suministros o servicios, preferentemente aquellos referidos a los planes de igualdad de género o a las medidas a favor de la igualdad de género que se apliquen, a la lucha contra la discriminación salarial por razón de sexo y al fomento de la contratación femenina». También puede observarse la inclusión de la dimensión de género en la actividad de fomento o subvencional de la Administración autonómica, cuando se preceptúa que *«el sector público autonómico diseñará y articulará su estrategia en materia de ayudas y subvenciones públicas teniendo en cuenta los principios de promoción de la igualdad de género y de desarrollo social, económico y ambiental sostenible contemplados en la presente ley»* (art. 18 LIDG).

Así mismo, el 12 de julio de 2021, el Boletín Oficial del Estado publicaba la Ley 2/2021, de 7 de mayo, de Medidas Económicas, Sociales y Tributarias frente a la Despoblación y para el Desarrollo del Medio Rural en Castilla-La Mancha[60].

La norma tiene un carácter multisectorial y transversal en las actuaciones y garantista para la ciudadanía del medio rural[61], prestando una especial atención a la lucha frente a la despoblación y con la vocación de que el reto demográfico esté presente, tanto en la planificación derivada como en la normativa sectorial, con la finalidad primordial de procurar servicios públicos básicos adaptados a las necesidades de la población, posibilitando la igualdad de oportunidades efectiva para sus habitantes, y la cohesión económica y social del medio rural[62].

---

60 La ley consta de setenta y siete artículos distribuidos en siete títulos, cinco disposiciones adicionales, una disposición derogatoria y trece disposiciones finales. Por otra parte, se ha aprobado el 12 de febrero de 2021 la Ley 1/2021, de Simplificación Urbanística y Medidas Administrativas (Ley SUMA) que planifica el escenario de reactivación económica y de empleo y el desarrollo de los pequeños municipios.
En opinión de Alique López, J., «Presentación de la Ley 2/2021, de 7 de mayo, de Medidas Económicas, Sociales y Tributarias frente a la Despoblación y para el Desarrollo del Medio Rural en Castilla-La Mancha», en *Revista Española de Función Consultiva*, núm. 33, 2020, pág. 242, la norma «tiene la vocación de superar el horizonte de las tradicionales visiones del desarrollo rural, centradas en el «segundo pilar» de la PAC, asumiendo que el objetivo de la cohesión de estos territorios rurales supone interacciones con actividades y servicios diversos, que junto con el agrario y el forestal, sirvan para impulsar el desarrollo rural de la región. Dicha Ley tiene un carácter multisectorial y transversal en las actuaciones para seguir garantizando la cohesión social, la vertebración territorial y nuestro modelo de convivencia. Además, es un claro compromiso con las personas al garantizar la igualdad territorial en el acceso a las oportunidades y a los servicios básicos para toda la población de la región independientemente del lugar de residencia».

61 Blasco Hedo, E., «Ley 2/2021, de 7 de mayo, de Medidas Económicas, Sociales y Tributarias frente a la Despoblación y para el Desarrollo del Medio Rural en Castilla-La Mancha», en *Actualidad Jurídica Ambiental,* núm. 113, 2021, pág. 121.

62 *Vid. op. cit.* Domínguez Álvarez, J. L., «Algunos apuntes acerca...», pág. 99.

A este respecto, incluye una serie de apreciaciones con la finalidad de orientar la actuación de la Administración regional a *«mejorar la calidad de vida de la población del medio rural, elevando el grado de bienestar de sus habitantes y asegurando unos servicios públicos básicos adecuados y suficientes, que garanticen la igualdad de oportunidades y la accesibilidad, incidiendo en el acceso educativo, prestaciones sanitarias, atención social, dependencia, discapacidad, transportes, energía, agua y dotación de nuevas tecnologías de la información y de la comunicación»* [art. 4.a)].

A mayor abundamiento, el art. 16 del mismo texto legal contempla la necesidad de que la programación de las actuaciones de la Administración regional para el desarrollo integral del medio rural y frente a la despoblación *«estará guiada por los principios del desarrollo del medio rural con una visión integral, integradora y sostenible del mismo, que atienda a las singularidades de las zonas rurales, prestando especial interés a la lucha frente a la despoblación y al fomento de la igualdad de oportunidades entre mujeres y hombres, procurando ampliar las bases de articulación interadministrativa y empoderamiento de la población, a través de la participación efectiva en la definición e implementación de actuaciones en el territorio»*. Se establece adicionalmente con rango de ley la obligatoriedad de que *«la igualdad de trato y oportunidades entre mujeres y hombres, y la no discriminación por razón de sexo, así como la incorporación de la perspectiva de género, serán un eje transversal en las disposiciones y redacción de la Estrategia Regional frente a la Despoblación»* (art. 18).

Tiempo después hacía su aparición en escena la Ley 3/2022, de 17 de marzo, de medidas ante el reto demográfico y territorial de Extremadura[63].

---

63 La regulación contenida en esta ley se dicta al amparo de una pluralidad de títulos competenciales que ostenta la Comunidad Autónoma de Extremadura. Así, y sin ánimo de exhaustividad, según el Estatuto de Autonomía, Extremadura tiene competencia exclusiva en materia de fomento del desarrollo económico y social dentro de los objetivos de la política económica nacional (artículo 9.1.7), ordenación de la Hacienda de la Comunidad Autónoma (artículo 9.1.8), agricultura, ganadería y pastos e industrias agroalimentarias (artículo 9.1.12), creación y regulación de denominaciones de origen y otras menciones de calidad (artículo 9.1.13), caza y explotaciones cinegéticas, pesca fluvial y lacustre y acuicultura (artículo 9.1.14), industria (artículo 9.1.15), comercio interior dentro de la unidad de mercado (9.1.16) organización, funcionamiento y régimen de las cooperativas y entidades asimiladas y fomento de la economía social (artículo 9.1.17), turismo (artículo 9.1.19), régimen de las nuevas tecnologías de la sociedad de la información y la comunicación (artículo 9.1.23), sanidad y salud pública; (artículo 9.1.24), acción social, promoción y protección de los mayores y la prevención, atención e inserción social de los colectivos afectados por cualquier tipo de discapacidad, dependencia o cualesquiera otras circunstancias determinantes de exclusión social y prestaciones económicas de asistencia social diferentes de las de seguridad social (artículo 9.1. 27), políticas de igualdad de género (art. 9.1.29), protección a la familia e instrumentos de mediación familiar (art. 9.1.30), urbanismo y vivienda (artículo 9.1.31), ordenación del territorio (artículo 9.1.32), desarrollo sostenible del medio rural y tratamiento especial de las zonas de montaña (artículo 9.1.34), obras e infraestruc-

Dicha norma, compuesta por 103 artículos, pretende realizar desde una perspectiva holística un análisis del problema demográfico y territorial desde los distintos ámbitos sectoriales, con el fin de paliar y revertir los negativos efectos del cambio demográfico en la Comunidad Autónoma, propiciando una acción sistémica y coordinada de las políticas sectoriales, y regulando los instrumentos necesarios para la implementación de la Estrategia ante al Reto Demográfico y Territorial de Extremadura.

Para ello, no solamente contempla la igualdad de oportunidades como objeto y finalidad última de la ley (art. 1.1), sino también como principio inspirador del propio instrumento normativo cuando se señala que *«la Junta promoverá y garantizará la igualdad efectiva entre mujeres y hombres en el ejercicio de sus derechos y libertades en el medio rural, y pondrá en marcha actuaciones para remover los obstáculos que impiden o dificultan su plenitud, así como para combatir las discriminaciones y desigualdades que sufren las mujeres rurales, conforme a lo establecido en la Ley 8/2011, de 23 de marzo, de Igualdad entre mujeres y hombres y contra la violencia de género en Extremadura y demás normativa de aplicación».* A mayor abundamiento, el capítulo segundo del texto normativo articula una serie de medidas encaminadas a lograr una igualdad efectiva entre hombres y mujeres, entre las que sobresalen: (i) fomento del asociacionismo de las mujeres del medio rural (art. 34); (ii) promoción de las mujeres en el medio rural (art. 35); (iii) acceso a la titularidad de las explotaciones agrarias por parte de las mujeres (art. 36); (iv) fomento del empleo de las mujeres en el medio rural (art. 37); (v) promoción de acceso a la tierra de mujeres y personas jóvenes (art. 38), etc.

Otra de las últimas Comunidades Autónomas en sumarse a esta oleada de instrumentos de planificación y legislaciones sectoriales en materia demográfica ha sido Aragón. Recientemente dicho territorio ha adoptado la Ley 13/2023, de 30 de marzo, de dinamización del medio rural de Aragón, hito jurídico que contiene diversas e importantes referencias a la cuestión que nos ocupa.

turas públicas de interés regional (artículo 9.1.38); Ferrocarriles, carreteras y caminos cuyo itinerario se desarrolle íntegramente en el territorio de la Comunidad Autónoma y en el mismo ámbito los transportes terrestres y fluviales, centros de transporte, logística y distribución situados en Extremadura y aeropuertos, helipuertos, puertos deportivos y otras infraestructuras de transporte que no sean de interés general; deporte (art. 9.1.46); cultura y patrimonio histórico y cultural de interés para la Comunidad Autónoma (art. 9.1.47). Además, la Comunidad Autónoma asume competencias de desarrollo normativo y ejecución en materia de régimen jurídico de la contratación del sector público (art. 10.1), medioambiente, montes y vías pecuarias (art. 10.2), y educación (art. 10.4), y competencias de ejecución sobre las políticas activas de empleo (en virtud del artículo 11.7).

La norma destaca, tal y como se desprende de su preámbulo, por su pertinaz empeño en *«reconocer la contribución de las mujeres que viven en el medio rural a su desarrollo económico y social, su trabajo en las explotaciones agrarias, su incorporación a las actividades industriales y, especialmente, al sector servicios, así como todo el trabajo doméstico y de cuidados de personas en situación de dependencia, muchas veces ni visible ni remunerado».* Este reconocimiento, junto con su importancia en la fijación y arraigo de la población en el territorio, y en evitar la masculinización y envejecimiento del medio rural, hacen la ley incorpore diversas medidas para favorecer su calidad de vida, su acceso al empleo y su participación en igualdad de condiciones, incrementando su empoderamiento, así como garantizando los recursos necesarios para corregir las desigualdades y desequilibrios que dificultan su desarrollo.

A tal fin, se prevé la necesidad de que los poderes públicos de Aragón integren o intensifiquen en su caso *«la perspectiva de género en todas sus acciones de desarrollo y dinamización rural, introduciendo medidas de discriminación positiva en favor de la mujer que permitan su integración laboral, así como su plena participación con equidad y contribuyan a una igualdad real de oportunidades entre mujeres y hombres en el medio rural. Para ello, se llevarán a cabo acciones de fomento del reparto equilibrado de las responsabilidades familiares para avanzar en la corresponsabilidad»* (art. 8).

Así mismo, se establece un capítulo específico (el octavo) destinado al fomento de la igualdad de género en el medio rural, contemplando la obligatoriedad de desarrollar un análisis de impacto de género por parte del Gobierno de Aragón de aquellas medidas tendentes a promover la calidad de vida de las mujeres en el medio rural (art. 78)[64], a potenciar el acceso de las

64 Entre estas medidas se contemplan: (i) realizar análisis o actualizar el conocimiento sobre la situación de las mujeres del medio rural; (ii) visibilizar socialmente la importancia del trabajo de las mujeres en el medio rural y de sus aportaciones a la economía, la cultura y al desarrollo de los territorios; (iii) impulsar acciones de sensibilización y formación en materia de igualdad de género; (iv) establecer recursos públicos de cuidado para garantizar la conciliación de la vida laboral, familiar y personal, y sensibilización y formación para aumentar la corresponsabilidad de las mujeres y los hombres que viven en el medio rural; (v) establecer medidas para la atención a las mujeres que viven solas y con pensiones no contributivas; (vi) establecer una planificación en materia de transporte y movilidad que tenga en cuenta las necesidades de las mujeres en el medio rural; (vii) promover programas formativos y de acceso a las nuevas tecnologías de la información para superar la brecha digital de las mujeres que residen en el medio rural; (viii) establecer medidas de prevención y atención ante situaciones de violencia de género; (ix) apoyar la creación de empresas sociales que amplíen la oferta de servicios y generen empleo para mujeres; (x) ampliar la oferta de actividades socioculturales y deportivas; (xi) mejorar la conectividad de las mujeres entre sí y de estas con la Administración para optimizar los recursos y facilitar las gestiones administrativas; y (xii) impulsar planes territoriales de igualdad de ámbito local.

mujeres al empleo (art. 79)[65]; o a fomentar el empoderamiento de las mujeres rurales (art. 80)[66].

Finalmente, hace escasas fechas ha sido publicado el último instrumento normativo sectorial elaborado por una Comunidad Autónoma en la materia, nos estamos refiriendo a la Ley 2/2024, de 30 de abril, de Impulso Demográfico del Principado de Asturias.

Al igual que ocurre con los restantes instrumentos jurídicos analizados hasta la fecha, la norma asturiana también destina importantes pasajes de su articulado a la promoción de la igualdad de género en el ámbito rural. Así, en primer término, contempla entre sus principios rectores *«la igualdad entre hombres y mujeres y la corresponsabilidad entre ambos»* [art. 3.1.a)], así

65 Se prevé, de esta forma, que la Administración autonómica implemente las siguientes actuaciones: (a) promover medidas de formación con el fin de favorecer su incorporación al mercado laboral, tanto por cuenta ajena como por cuenta propia; (b) fomentar la contratación y programas de mejora de la empleabilidad de las mujeres rurales; (c) facilitar el acceso a las nuevas tecnologías de la información, la comunicación y el conocimiento y a la gestión de empresas de ámbitos tecnológicos que favorezcan el teletrabajo; (d) impulsar la creación de empresas y cooperativas de transformación artesana para mujeres y desarrollo de líneas de financiación prioritaria para el desarrollo de actividades empresariales llevadas a cabo por mujeres; (e) promover nuevas actividades laborales que favorezcan el trabajo de las mujeres en el mundo rural; (f) impulsar el observatorio del emprendimiento de mujeres en todos los sectores económicos; (g) crear viveros de empresas que favorezcan y apoyen las nuevas iniciativas empresariales innovadoras; (h) impulsar el comercio electrónico que permita a las emprendedoras del medio rural difundir y vender sus productos; (i) establecer ayudas a las mujeres para su instalación o modernización de explotaciones agrarias; (j) crear una plataforma para la red de mujeres emprendedoras en el medio rural, como espacio de encuentro donde compartir conocimientos y construir soluciones innovadoras para la mejora de la empleabilidad y de orientación laboral; (k) crear un mapa interactivo a través del cual se pueda localizar a todas las emprendedoras en las distintas comarcas del territorio aragonés, con indicación de su actividad; y (l) acordar medidas que faciliten la conciliación en las empresas.

66 En este sentido, las Administraciones públicas aragonesas diseñarán y promoverán actuaciones encaminadas al empoderamiento de la mujer rural a través de las siguientes medidas: (i) impulsar el movimiento asociativo y creación de redes de asociaciones de las mujeres rurales con el objetivo de su incorporación en la actividad pública, privada y empresarial; (ii) facilitar el acceso a la titularidad o la cotitularidad por parte de las mujeres de las explotaciones agrarias, u otros proyectos empresariales, y especialmente las de origen familiar, así como apoyar el cooperativismo femenino rural con la finalidad de promover una representación equilibrada de mujeres y hombres; (iii) establecer medidas para garantizar la presencia y participación de las mujeres en el ámbito rural favoreciendo su acceso a puestos de decisión política, profesional o social; (iv) fomentar el papel de las mujeres como impulsoras activas del desarrollo rural, apoyando las iniciativas lideradas por ellas y fomentando su presencia en los órganos rectores del medio rural; (v) impulsar programas de competencias de liderazgo y gerencia de las mujeres que contemplen acciones formativas para el desarrollo de emprendimientos, formación en el entorno local para la concienciación en igualdad de oportunidades y acciones de formación e integración en actividades infrarrepresentadas; y (vi) aplicar fórmulas para una participación paritaria en el Observatorio aragonés de dinamización demográfica y poblacional.

como *«la especial atención a la superación de las desigualdades, sean estas de índole territorial, social o entre personas, y la especial consideración a los diferentes colectivos, comunidades o grupos de edad y a aquellas singularidades de los mismos que puedan ocasionar desventajas y dificultades en el desarrollo de sus derechos y obligaciones»* [art. 3.1.b)] o *«la cohesión, articulación y reequilibrio territorial y social justo de Asturias, con especial atención a las relaciones entre las zonas rurales y urbanas, la protección de la identidad cultural asturiana de las zonas rurales, el empoderamiento de la mujer rural y el uso y normalización del asturiano»* [art. 3.1.d)].

De igual forma, entre los objetivos de esta ley figuran *«garantizar la atención de la población, tanto en el medio urbano como, especialmente, en el medio rural, cerrando las brechas de desigualdad entre mujeres y hombres, mejorando la calidad de vida de los diferentes grupos de edad, comunidades y colectivos, así como contribuyendo a la viabilidad económica y social de los mismos y sus expectativas de futuro, con especial atención a las personas mayores, la protección de la infancia, el apoyo a las familias y la emancipación de la juventud»* [art. 3.3.a)], y *«apoyar y estimular las políticas de igualdad entre mujeres y hombres, necesarias para que las mujeres puedan decidir su maternidad sin poner en riesgo ningún aspecto de su vida, incluido su desarrollo económico, profesional y personal»* [art. 3.3.b)].

Adicionalmente, la Ley destina su Capítulo VII al fomento de la igualdad entre mujeres y hombres. De esta forma, la norma contempla para la mejora de la situación demográfica y la lucha contra el despoblamiento que las Administraciones públicas lleven a cabo las siguientes acciones en materia de igualdad (art. 57):

a) Avanzar en la aplicación y ejercicio del principio de igualdad entre mujeres y hombres en toda la comunidad autónoma, especialmente en el medio rural y en los concejos con especiales dificultades demográficas y con mayor desviación del índice de masculinidad.

b) Garantizar el ejercicio efectivo de los derechos de las mujeres, promoviendo su reconocimiento profesional en todos los ámbitos laborales y el acceso a los derechos derivados de su actividad laboral.

c) Corregir la discriminación múltiple a la que se ven sometidas las mujeres, aplicándose la corrección con mayor intensidad en los concejos con especiales dificultades demográficas.

d) Fomentar nuevas oportunidades de empleo y la mejora de la calidad de vida de las mujeres, apoyando los procesos y acompañamiento a la puesta en marcha de sus propios proyectos vitales o profesionales.

e) Incrementar la progresiva incorporación de mujeres en los órganos de gobierno de las asociaciones u organizaciones profesionales, empresariales, sindicales o de otra índole, con la perspectiva de conseguir una participación paritaria entre mujeres y hombres.

f) Priorizar hacia las mujeres, en los ámbitos territoriales de concejos con especiales dificultades demográficas y con mayor desviación del índice de masculinidad, los requisitos de acceso a ayudas y subvenciones.

g) Apoyar el cooperativismo, el asociacionismo y las redes de mujeres, con la finalidad de promover una mayor influencia, liderazgo y presencia de las mujeres en las iniciativas y proyectos comunitarios de desarrollo local de los distintos territorios de la región y, especialmente, en los concejos con especiales dificultades demográficas y con mayor desviación del índice de masculinidad.

h) Favorecer el acceso de las mujeres a la titularidad o cotitularidad en las explotaciones agrarias.

i) Realizar acciones específicas y concretas destinadas a la puesta en marcha de planes de ocupación que incluyan la perspectiva de género, dirigidas a reducir el desequilibrio en el acceso al mercado de trabajo, fomentando la igualdad entre mujeres y hombres como factor de desarrollo local y de bienestar de la población en general, con especial atención al medio rural.

j) Reforzar los Centros Asesores de la Mujer, especialmente en los concejos con especiales dificultades demográficas y con mayor desviación del índice de masculinidad, para acompañar los procesos vitales de las mujeres y, especialmente, para la prevención de la violencia de género[67].

67 De igual forma se contemplan una serie de medidas en materia de conciliación y corresponsabilidad: (i) desarrollar el Plan Asturiano de Corresponsabilidad, con especial atención al fomento y el estudio de las iniciativas de innovación, el impulso a los pactos locales por la corresponsabilidad, el desarrollo de campañas de información y sensibilización, la economía de los cuidados y de la corresponsabilidad como instrumentos para la consolidación de un nuevo pacto social en Asturias que permita cerrar las brechas de desigualdad entre mujeres y hombres en los ámbitos económico, laboral y de los cuidados; (ii) prestar especial atención a las personas encargadas de los cuidados a mayores y a personas con discapacidad; (iii) impulsar la creación de «casas amigas» como lugares para el cuidado de menores en ámbitos rurales donde no exista infraestructura pública o esta sea insuficiente; (iv) desarrollar la universalidad de comedores escolares, servicios de madrugadores y actividades extraescolares en los equipamientos educativos. Estas acciones y servicios de conciliación serán adaptados al calendario laboral y horarios de las familias, con especial atención a los periodos no lectivos; (v) impulsar la creación de «bebetecas» como espacios públicos destinados al cuidado de menores durante cortos espacios de tiempo necesarios para la conciliación; (vi) avanzar en la ampliación de los permisos de paternidad y maternidad iguales e intransferibles; (vii) apoyar el emprendimiento de las mujeres a través de programas de acompañamiento en los procesos de empoderamiento económico, conectando las necesidades de autonomía económica con las necesidades de la atención a los cuidados y las oportunidades del territorio. Y, asimismo, apoyar la consolidación de las micropymes, las empresas de economía social y a las autónomas, especialmente en el medio rural; (viii) promover la responsabilidad social de las empresas para que incorporen iniciativas de conciliación familiar y laboral; (ix) continuar avanzando

IV. Repensando el modelo de gobernanza de los territorios rurales en clave feminista: reflexiones y propuestas de futuro

Tras la realización del presente estudio se extraen una serie de ideas-fuerza y/o propuestas de futuro con el propósito de catalizar el proceso de institucionalización de la perspectiva de género en las políticas públicas de dinamización territorial y sostenibilidad demográfica, las cuales se resumen de manera sucinta a continuación:

a) El reto demográfico y la igualdad de género son dos de las políticas públicas de mayor progreso en cualquier estado democrático.

b) Es urgente impulsar la institucionalización del enfoque de género en las políticas de reto demográfico, así como repensar el modelo de gobernanza de los territorios rurales situando el fomento de la participación, el liderazgo y el emprendimiento femenino como premisas para la revitalización de los territorios rurales.

c) Las mujeres en el ámbito rural han trabajado de forma tradicional dentro y fuera del hogar, pero nunca han visto reconocido ninguno de los trabajos. Hay que visibilizar la labor de las mujeres rurales e impulsar el reconocimiento legal en la práctica con el propósito de frenar el éxodo rural.

d) Es necesario que las Comunidades Autónomas apuesten por dar desarrollo a la Ley 35/2011, de 4 de octubre, sobre titularidad compartida de las explotaciones agrarias, como herramienta fundamental para visibilizar el trabajo de la mujer rural, de la mujer agraria.

e) Los ayuntamientos son una pieza clave para fomentar la cohesión socio territorial y el arraigo de la igualdad de género en las comunidades rurales.

f) Descentralizar el poder político y apostar por la comarcalización de servicios esenciales, cuestión crucial no solamente para ampliar la esfera vital de las mujeres rurales, sino también para lograr la protección integral de las víctimas de violencia de género.

g) Necesitamos una Administración pública que sea capaz de institucionalizar los apoyos que precisa la mujer para poder vivir en el entorno

---

en la senda de la conciliación siguiendo los parámetros europeos en materia de corresponsabilidad, flexibilización y racionalización de horarios y, asimismo, en las iniciativas que favorecen la prestación de servicios tanto en el ámbito de las explotaciones agrarias como en las tareas de cuidado y domésticas; y (x) prestar especial atención a las familias monoparentales, familias numerosas, familias víctimas de violencia de género y aquellas establecidas en concejos con especiales dificultades demográficas, priorizando el acceso a ayudas, prestaciones económicas y servicios públicos.

rural, proceso que obliga a incorporar este principio transversal de la igualdad de género como una cuestión inapelable.

h) Las mujeres rurales son la gran palanca de transformación del territorio. El medio rural no tiene futuro sin las mujeres, sin mujeres libres, empoderadas, protegidas, capaces de desarrollar sus proyectos vitales en plena libertad.

i) Cada vez las Administraciones públicas apuestan en mayor medida y de forma más decidida por impulsar la transversalidad de la cuestión de género, dejando a un lado la voluntariedad que tradicionalmente había rodeado a esta cuestión en el seno del aparato institucional.

j) No podemos retroceder en el camino de la igualdad de género, pese a los diferentes intentos de regreso que comienzan a vislumbrarse en determinados territorios.

V. Bibliografía

Alique López, J., «Presentación de la Ley 2/2021, de 7 de mayo, de Medidas Económicas, Sociales y Tributarias frente a la Despoblación y para el Desarrollo del Medio Rural en Castilla-La Mancha», en *Revista Española de Función Consultiva*, núm. 33, 2020.

Blasco Hedo, E., «Ley 2/2021, de 7 de mayo, de Medidas Económicas, Sociales y Tributarias frente a la Despoblación y para el Desarrollo del Medio Rural en Castilla-La Mancha», en *Actualidad Jurídica Ambiental,* núm. 113, 2021.

Blázquez, E. M., «La titularidad compartida: un derecho de la mujer rural», en *Aequalitas: Revista jurídica de igualdad de oportunidades entre mujeres y hombres*, núm. 28, 2011.

Cabello Fernández, M. D., «La titularidad compartida de las explotaciones agrarias como medida «bidireccional»», en *Estudios de Deusto,* vol. 66, núm. 1, 2018.

Comisión Europea, *Una Visión a largo plazo para las zonas rurales de la UE: hacia unas zonas rurales más fuertes, conectadas, resilientes y prósperas antes de 2040,* Bruselas, 2021 [COM(2021) 345 final].

— *Estrategia «de la granja a la mesa» para un sistema alimentario justo, saludable y respetuoso con el medio ambiente*, Bruselas, 2020 [COM(2020) 381 final].

— *Estrategia de la UE sobre la biodiversidad de aquí a 2030: reintegrar la naturaleza en nuestras vidas*, Bruselas, 2020 [COM(2020) 380 final].

— *El Pacto Verde Europeo*, Bruselas, 2019 [COM(2019) 640 final].

— *El futuro de los alimentos y de la agricultura*, Bruselas, 2017 [COM/2017/0713 final].

Consejo Económico y Social, *Un medio rural vivo y sostenible. Informe 02/2021, aprobado en sesión extraordinaria del Pleno de 7 de julio de 2021*, Madrid, 2021.

Domínguez Álvarez, J. L., «Hacia el diseño de nuevos instrumentos para afrontar el reto demográfico y territorial: de la potestad de planificación de las administraciones públicas a la transformación del ordenamiento jurídico», en Fernando Pablo, M. M. y Domínguez Álvarez, J. L. (Dirs.), *Rural Renaissance: acción, promoción y resiliencia*, Thomson Reuters-Aranzadi, Cizur Menor, 2022.

— «Algunos apuntes acerca de la necesidad de repensar el ordenamiento jurídico y la técnica normativa como premisas para afrontar el reto demográfico y territorial», en *Revista Española de Función Consultiva*, núm. 33, 2020.

Domínguez Álvarez, J. L. y **Rodríguez Sánchez, A.**, «Mujer rural y reto demográfico: la acuciante necesidad de repensar la intervención de los poderes públicos», en **Del Pozo Pérez, M.** (Dir.), *Estudios de género: un análisis interdisciplinar,* Thomson Reuters-Aranzadi, Cizur Menor, 2022.

Federación de Asociaciones de Mujeres Rurales, *Estudio sobre expectativas y necesidades de las mujeres del ámbito rural español,* Madrid, 2022.

— *Catálogo de buenas prácticas en el medio rural*, Madrid, 2022.

García García, S., «Análisis del mecanismo de pagos por servicios ambientales desde la política agrícola común», en *Revista de Estudios Europeos*, núm. 75, 2020.

Gobierno de Aragón, *Directriz Especial de Ordenación Territorial de Política Demográfica y contra la Despoblación*, Zaragoza, 2017.

Gobierno de Cantabria, *Estrategia frente al reto demográfico de Cantabria 2019-2025,* Santander, 2019.

Gobierno de Castilla-La Mancha, *Estrategia Regional frente a la Despoblación 2021-2031,* Toledo, 2021.

Gobierno de la Rioja, *Agenda para la población de la Rioja 2030*, Logroño, 2018.

Gobierno del Principado de Asturias, *Plan Demográfico del Principado de Asturias 2017-2027,* Oviedo, 2017.

González Bustos, M. A., «El destacado papel de la mujer en el desarrollo rural», en **Fernando Pablo, M. M.** y **Domínguez Álvarez, J. L.** (Dirs.), *Rural Renaissance: Derecho y Medio rural*, Thomson Reuters-Aranzadi, Cizur Menor, 2020.

— *Mujer y desarrollo sostenible en el medio rural*, Atelier, Barcelona, 2020.

Instituto de Las Mujeres y para la Igualdad de Oportunidades, *Plan para la promoción de las Mujeres en el Medio Rural (2015-2018)*, Madrid, 2015.

— *Plan Estratégico de Igualdad de Oportunidades*, Madrid, 2014.

Junta de Extremadura, *Estrategia ante el Reto Demográfico y Territorial de Extremadura*, Mérida, 2022.

Lasanta Ruiz, A., «Agenda para la población de la Rioja 2030. Modelo de participación y colaboración», en **VV. AA.**, *Participación ciudadana: experiencias inspiradoras en España*, Centro de Estudios Políticos y Constitucionales, Madrid, 2018.

Ministerio de Agricultura, Pesca y Alimentación, *Atraer a los jóvenes agricultores y facilitar el desarrollo empresarial del medio rural: perspectiva de género y despoblamiento*, Madrid, 2021.

— *Diagnóstico de la Igualdad de Género en el Medio Rural 2021*, Madrid, 2021.

— *Promover el empleo, el crecimiento, igualdad de género, la inclusión social y el desarrollo local en las zonas rurales, incluyendo la bioeconomía y la silvicultura sostenible*, Madrid, 2021.

— *Estrategia de Digitalización del Sector Agroalimentario y Forestal y del Medio Rural*, Madrid, 2019.

— *Plan para favorecer la igualdad entre mujeres y hombres en el medio rural*, Madrid, 2007.

Ministerio de Medio Ambiente, Medio Rural y Marino, *Condiciones de vida y posición social de las mujeres en el medio rural*, Madrid, 2009.

— *Plan Estratégico para la Igualdad de Género en el Desarrollo Sostenible del Medio Rural (2011-2014)*, Madrid, 2011.

— *Diagnóstico de la igualdad de género en el medio rural,* Madrid, 2011.

Ministerio para la Transición Ecológica y el Reto Demográfico, *Plan de recuperación. 130 medidas frente al Reto Demográfico*, Madrid, 2021.

Prados García, C., «Diez años de la ley sobre titularidad compartida de las explotaciones agrarias», en *Diario la Ley*, núm. 10002, 2022.

Presidencia del Gobierno, *Plan de Recuperación, Transformación y Resiliencia «España puede»*, Madrid, 2020.

Red Española de Desarrollo Rural, *El futuro se escribe en femenino II*, Madrid, 2021.

Rico, J., «Un Pacto Rural colaborativo y con peso político», en *Desarrollo rural y sostenible*, núm. 52, 2022.

Rico González, M., *La mujer dentro del proceso migratorio y de envejecimiento en el medio rural de Castilla y León*, Ediciones Ayuntamiento de Valladolid, Valladolid, 2003.

Rico González, M. y **Gómez García, J. M.**, «Mujeres y despoblación en el medio rural de Castilla y León», en *AGER. Revista de estudios sobre despoblación y desarrollo rural*, núm. 3, 2003.

Rodríguez Escanciano, S., «Agenda 2030, envejecimiento y cuidados de larga duración: la mujer como protagonista», en GONZÁLEZ BUSTOS, M. A. (Dir.), Agenda 2030: desarrollo sostenible e igualdad, Thomson Reuters-Aranzadi, Cizur Menor, 2021.

Sampedro Gallego, R., «Género y repoblación rural. Mujeres autóctonas e inmigrantes en la España interior», en *Mediterráneo económico*, núm. 35, 2022.

— *Género y ruralidad. Las mujeres ante el reto de la desagrarización*, Ministerio de Trabajo y Asuntos Sociales, Madrid, 1996.

Sanz Larruga, J., «Instrumentos de evaluación y participación para la cohesión territorial y ante el reto demográfico», en *Revista Española de Función Consultiva*, núm. 33, 2020.

Tornos Mas, J., «La lucha contra la despoblación en España. Marco normativo», en *Cuadernos de Derecho Local*, núm. 56, 2021.

CAPÍTULO II

LA NUEVA PAC Y SU PROMOCIÓN DE LA MUJER RURAL

Sara García García
Contrato posdoctoral Margarita Salas
Universidad de Valladolid

SUMARIO: I. La PAC: algo más que un fondo de ayuda. *1. El surgimiento de la PAC como fondo de promoción y financiación de la agricultura, la acuicultura y la ganadería. 2. La religitimación de la PAC mediante la introducción de objetivos ambientales y sociales*. II. La nueva PAC: 2023-2027: *1. Características generales. 2. El PEPAC. En especial, su promoción de la mujer rural. 2.1. Sus características y objetivos esenciales. 2.2. La promoción de la mujer rural en el PEPAC.* III. Conclusiones. IV. Bibliografía.

I. La PAC: algo más que un fondo de ayuda

El término *política,* en el contexto de la Unión Europea y su Derecho, ha sido la denominación tradicional que se otorga a las materias que quedan bajo el paraguas de actuación y amparo, jurídico y económico, de la Unión o de las, primeramente, Comunidades Europeas. Por eso, cuando se utiliza el término *política,* generalmente se hace referencia a un ámbito de actuación en el cual la Unión ostenta competencias determinadas y desarrolla medidas concretas, apoyadas sobre líneas de financiación específicas[1]. Cuáles son estos ámbitos concretos de competencia de la Unión o sus *políticas* lo determinan los Tratados; en la actualidad, estas vienen concretadas y desarrolla-

1 La denominación de política se utiliza desde los orígenes mismos de la Unión, si bien conforme ésta fue desarrollándose y construyendo sus competencias se pasó a hablar de «pilares» (vid., por ejemplo, Tratado de Maastricht de 1992 o Tratado de Ámsterdam de 1997), recuperándose el término inicial con el Tratado de Lisboa, en 2007. Puede verse esta evolución en Calonge Velázquez, A. (Dir.), *Derecho básico de la Unión Europea*, Comares, Madrid, 2017.

das de forma minuciosa en la Tercera Parte del Tratado de Funcionamiento de la Unión Europea, artículos 26 y siguientes. Una de las políticas más antiguas y más importantes de todas las ahí señaladas, social y económicamente hablando, es la agrícola común, más conocida por sus siglas como PAC.

1. El surgimiento de la PAC como fondo de promoción y financiación de la agricultura, la acuicultura y la ganadería

La PAC se crea en el año 1962 como respuesta a un contexto muy complejo que estaba siendo atajado por los Estados de maneras muy diversas. Los protagonistas de la escena en la que se inserta esta política son dos muy claros: el hambre y la incertidumbre. Uno de los muchos problemas que habían dejado las dos recientes guerras mundiales eran la escasez, también de alimentos. La poca agricultura y ganadería que se desarrolla en el continente europeo en ese momento se dirige, fundamentalmente, al autoconsumo, pues la población carece de capacidad suficiente, tanto física como económica, para dedicarse a una actividad tan sometida a la incerteza del clima y de otros factores externos[2]. Con este escenario de fondo, los Estados comienzan a responder con fuertes medidas de fomento y promoción de este sector a nivel interno. La cuestión está en que, casi al mismo tiempo, se estaba intentando construir el mercado común, ahora interior, alma esencial de la actual Unión Europea, y estas ayudas estatales que favorecían más el sector en unos Estados respecto a otros resultaban ser incompatibles con aquel[3]. Es por esto por lo que, tras un proceso muy complejo, se decide homogeneizar el tratamiento de este sector agrícola y diseñar una política común a todos los Estados, momento en el que nace esta PAC como una política de mercados ejecutada a través de una regulación común del mercado agrícola[4].

La PAC, si bien en su nombre hace referencia únicamente al mundo agrícola, se crea para abarcar también a la actividad ganadera y la acuicultura; y se hace con el objetivo de mejorar la productividad y ofrecer alimento suficiente, de calidad y a precios asequibles a los ciudadanos europeos, garantizando, al tiempo, que los agricultores y resto de actores implicados en este

2 Segrelles Serrano. J. A., «La Política Agrícola Común de la Unión Europea y la soberanía alimentaria de América Latina: una interrelación dialéctica», en *Scripta Nova: Revista electrónica de geografía y ciencias sociales*, núm. 16, 2012, págs. 387-424.

3 Prieto Álvarez, T., «Agricultura», en Calonge Velázquez, A. (coord.), *Políticas comunitarias. Bases jurídicas*, Lex Nova, Valladolid, 2002, págs. 53-76.

4 Massot Marti, A., «El principio de preferencia comunitaria y la Política Agrícola Común: alcance y perspectivas ante el proceso de mundialización económica», en *Revista de Instituciones Europeas*, vol. 23, núm. 3, 1996, págs. 731-778.

primer eslabón de la cadena alimentaria cuenten con un fomento y un respaldo económico suficiente[5].

Con este trasfondo, el fundamento jurídico de esta iniciativa se encuentra en los propios Tratados constitutivos y en los principios de unidad de mercado, solidaridad financiera y de preferencia comunitaria[6].

2. La religitimación de la PAC mediante la introducción de objetivos ambientales y sociales

Los esfuerzos iniciales, basados esencialmente en el fomento económico directo de su actividad a agricultores y empresas agrícolas, dan pronto sus frutos. Las primeras medidas de la PAC consisten, fundamentalmente, en el *«sostén de los precios e intervención en los mercados de productos agrícolas, y transformación de las estructuras agrarias»*, lo que permite un desarrollo real y efectivo de este mercado en toda Europa[7]. Este éxito de la PAC, con el afianzamiento de un sector agrícola fuerte en el continente, hace que sobrevuele en torno a ella la duda sobre su mantenimiento; si esta política se crea para reconstruir un sector determinado y esto se cumple, surge la pregunta sobre la conveniencia de continuar aportando una suma ingente de dinero para este sector, en detrimento de otros. Frente a estos argumentos está la fragilidad que padece este sector esencial, siempre a merced del clima, por lo que esta ayuda parece también necesaria. Es por esto, que desde el año 1992 se le otorga a la PAC una fuerte dimensión social con la que recupera la legitimidad que para algunos había perdido; surgen, de esta manera, las denominadas *medidas de acompañamiento*, introduciendo nuevas obligaciones u objetivos que se deben cumplir a través de la actividad agrícola si se

5 Abalde Cantero, O., «Principales políticas y acciones de la Unión Europea», en Martínez Pérez, E. y Salinas Acelga, S. (Dirs.), *Lecciones para el estudio del Derecho de la Unión Europea*, Prensas de la Universidad de Zaragoza, Zaragoza, 2019, pág. 343.

6 Actualmente la PAC encuentra su fundamento jurídico en los artículos 38 y siguientes del Tratado de Funcionamiento de la Unión; algo que se ve desarrollado a través del Reglamento (UE) 2021/2116, sobre la financiación, la gestión y el seguimiento de la PAC; el Reglamento (UE) 2021/2115, por el que se establecen normas en relación con la ayuda a los planes estratégicos nacionales de la PAC y por el que se derogan los Reglamentos (UE) n.º 1305/2013 y (UE) n.º 1307/2013; y el Reglamento (UE) 2021/2117, que modifica los Reglamentos (UE) n.º 1308/2013, por el que se crea la organización común de mercados de los productos agrícolas; Reglamento (UE) n.º 1151/2012, sobre los regímenes de calidad de los productos agrícolas; Reglamento (UE) n.º 251/2014, sobre las indicaciones geográficas de los productos vitivinícolas aromatizados; y Reglamento (UE) n.º 228/2013, por el que se establecen medidas específicas en el sector agrícola en favor de las regiones ultraperiféricas de la UE. *Vid.* op. cit. Massot Marti, A., «El principio de...».

7 Tolón Becerra, A. y Lastra Bravo, X., «Evolución del desarrollo rural en Europa y en España. Las áreas rurales de metodología LEADER», en *Revista electrónica de medio ambiente de la UCM,* núm. 4, 2007, págs. 35-62.

quiere recibir el montante de la ayuda, entre las que el cuidado al medio ambiente, ese que tan afectado se ve por la propia actividad, y medidas de desarrollo rural se convierten en piezas esenciales[8].

La incorporación de estos *objetivos de acompañamiento* a la actividad financiada por la PAC ha ido introduciendo cambios importantes en el contenido y regulación de esta política. El año en que la relación entre los objetivos económicos y sociales de la PAC llega a su máximo esplendor es el 2003. En este momento se lleva a cabo una importante reforma de la política europea en la que queda entremezclado de forma absoluta lo económico con lo social, especialmente lo medioambiental; con esta reforma se instauró en la PAC un régimen de pago único en el que el pago íntegro de las ayudas directas se subordinó al respeto de una serie de normas relativas al uso de la tierra, a la producción y sobre la actividad agraria, surgiendo así entonces la idea de la llamada *eco-condicionalidad* en la PAC[9]. Con estas nuevas reglas, la Unión pretendía integrar en el mercado requisitos básicos en materia ambiental que, de no cumplirse, supondría una retirada, total o parcial, de las ayudas directas que podían dar los Estados miembros, sin perjuicio de las posibles sanciones derivables de su incumplimiento[10]. Esta eco-condicionalidad se ve reforzada con la siguiente gran reforma de la PAC, practicada en 2013, al introducir un nuevo instrumento en el sistema de pagos directos que *«remunera a los agricultores por realizar prácticas beneficiosas para el clima y el medio ambiente»*[11]. Este es el llamado *pago verde o greening* y divide la ayuda otorgada por la PAC en diferentes tramos u objetivos, uno dedicado al apoyo básico a la estabilidad de la renta del agricultor consistente en un pago anual, obligatorio y uniforme por hectárea, que representa aproximadamente el 70 % de la ayuda a percibir y cuyo cobro íntegro estará condicionado al respeto de las buenas prácticas ambientales; otro, equivalente al 30 % de la parte nacional de ayudas, que solo percibirían las explotaciones que se comprometan a efectuar determinadas prácticas agrícolas beneficiosas para los suelos, más allá de la eco-condicionalidad[12].

---

8 Von Meyer, H., «Agricultura, medio ambiente y la PAC. Problemas y perspectivas», en *Revista española de economía agraria*, núm. 176-177, 1996, págs. 193-214.

9 Cejudo García, E. y Maroto Martos, J. C., «La reforma de la PAC 2003: desacoplamiento, condicionalidad, modulación, desarrollo rural», en *Revista electrónica de geografía y ciencias sociales* vol. XIV, núm. 318, 2010.

10 *Vid.* Considerandos del Reglamento (CE) 1782/2003.

11 Martínez, P., Castaño, J. y Blanco, M., «Simulador PAC: lecciones del análisis del pago verde», en *Revista Española de Estudios Agrosociales y Pesqueros*, núm. 248, 2017, págs. 15-37.

12 Massot Martí, A., «Los mecanismos de la PAC 2020: principales vectores del proceso de reforma en curso», en *Revista Española de Estudios Agrosociales y Pesqueros,* núm. 232, 2012, págs. 13-67.

La parte medioambiental de la PAC que, como puede observarse, es cada vez más importante, es la que traza ya, sin duda, las nuevas reformas introducidas en esta política. La última de ellas llega sesenta años después de su creación, con este año 2023 como punto de partida, y si bien mantiene el cuidado al medio ambiente como pieza clave, se incorporan nuevos objetivos específicos que, en línea con las medidas más recientes desarrolladas en materia ambiental a nivel internacional, como lo es la Agenda 2030 para el Desarrollo Sostenible, entremezclan con este cuidado a la naturaleza otras cuestiones sociales que refuerzan el pilar del desarrollo rural de la PAC, que ve incrementado su protagonismo[13].

II. La nueva PAC: 2023-2027

1. Características básicas

La conocida como *nueva PAC* encuentra en el Reglamento (UE) 2021/2115 (en adelante Reglamento) su norma de cabecera. Este se caracteriza por establecer unos objetivos comunes, a cumplir en todo el territorio de la Unión, al tiempo que ofrece cierto margen a los Estados miembros para que, dentro de unos objetivos específicos previstos expresamente en su texto, estos puedan elegir las medidas o intervenciones que consideren más necesarias o eficaces para su territorio[14]. En cumplimiento de este margen que la Unión otorga a los Estados, cada uno de ellos deberá crear su propio Plan Estratégico de la PAC, para el periodo 2023-2027, en el cual especifiquen sus objetivos y definiciones propios; *a cambio,* digamos, de este margen de adaptación especial, los Estados miembros asumen mayor responsabilidad *«en cuanto a la manera en que cumplen dichos objetivos y alcanzan las metas»* en esta *nueva PAC*[15]. Con este cambio de enfoque, la PAC pasa de ser una política que impone medios, prácticas o instrumentos específicos a ser una política de metas o *de resultado*[16] en la que los Estados miembros se erigen en res-

13 *Vid.* considerandos y art. 6 del Reglamento (UE) 2021/2115 del Parlamento Europeo y del Consejo de 2 de diciembre de 2021 por el que se establecen normas en relación con la ayuda a los planes estratégicos que deben elaborar los Estados miembros en el marco de la política agrícola común (planes estratégicos de la PAC), financiada con cargo al Fondo Europeo Agrícola de Garantía (FEAGA) y al Fondo Europeo Agrícola de Desarrollo Rural (FEADER), y por el que se derogan los Reglamentos (UE) n.° 1305/2013 y (UE) n.° 1307/2013.

14 *Vid.* considerandos y arts. 1, 5 y 6 del Reglamento.

15 *Vid.* considerandos 3 y 8 y art. 1 del Reglamento.

16 García de Azcárate, T., «Mirando de nuevo a los Planes Estratégicos de la nueva Política Agraria Común (PEPAC) y a su futuro», en *Revista de estudios agrosociales y pesqueros,* núm. 258, 2022, págs. 3-17.

ponsables plenos de su cumplimiento. Estos deben evaluar las necesidades de su territorio y la consecución de sus soluciones lo que, para la Unión, ofrece una «*mayor flexibilidad para establecer una combinación de tipos de intervenciones en forma de pagos directos, tipos de intervenciones en determinados sectores y tipos de intervenciones para el desarrollo rural*» que eleva la eficacia y eficiencia de la política en su conjunto[17].

El análisis de esas metas u objetivos, tanto generales, como específicos, arroja que la *nueva PAC* es *verde*, pero también social. La PAC y la actividad agrícola que financia, con un tercio del presupuesto total de la Unión Europea, se convierten en piezas claves en la lucha contra el cambio climático, como mecanismos útiles en la adaptación y mitigación que se proponen como ejes esenciales de dicha lucha[18]. Al tiempo, se establecen como específicos objetivos de fuerte calado social como son, entre otros, la igualdad de género, incluida la participación de las mujeres en la agricultura, la inclusión social y el desarrollo local en las zonas rurales, la atracción y el apoyo a los jóvenes agricultores y a los nuevos agricultores, facilitando el desarrollo empresarial sostenible en las zonas rurales, la promoción del empleo en el medio rural, el refuerzo y protección de la seguridad alimentaria o la modernización y digitalización de las zonas rurales[19].

---

17 *Vid*. considerando 96 del Reglamento.

18 Este objetivo de la PAC y de la actividad que financia queda claramente señalado desde la Comunicación de la Comisión al Parlamento Europeo, al Consejo, al Comité Económico y Social Europeo y al Comité de Las Regiones Estrategia «de la granja a la mesa» para un sistema alimentario justo, saludable y respetuoso con el medio ambiente, de 20 de mayo de 2020.

19 Art. 6 del Reglamento: «1. Los objetivos generales se alcanzarán mediante los siguientes objetivos específicos: a) apoyar una renta agrícola viable y la resiliencia del sector agrícola en todo el territorio de la Unión a fin de mejorar la seguridad alimentaria a largo plazo y la diversidad agrícola, así como garantizar la sostenibilidad económica de la producción agrícola en la Unión; b) mejorar la orientación al mercado y aumentar la competitividad de las explotaciones agrícolas a corto y largo plazo, también mediante una mayor atención a la investigación, la tecnología y la digitalización; c) mejorar la posición de los agricultores en la cadena de valor; d) contribuir a la adaptación al cambio climático y a su mitigación, también mediante la reducción de las emisiones de gases de efecto invernadero y mejorando la captura de carbono, así como promover la energía sostenible; e) promover el desarrollo sostenible y la gestión eficiente de recursos naturales como el agua, el suelo y el aire, incluyendo la reducción de la dependencia química; f) contribuir a detener y revertir la pérdida de biodiversidad, potenciar los servicios relacionados con los ecosistemas y conservar los hábitats y los paisajes; g) atraer y apoyar a los jóvenes agricultores y a los nuevos agricultores y facilitar el desarrollo empresarial sostenible en las zonas rurales; h) promover el empleo, el crecimiento, la igualdad de género, incluida la participación de las mujeres en la agricultura, la inclusión social y el desarrollo local en las zonas rurales, entre ellas la bioeconomía circular y la silvicultura sostenible; i) mejorar la respuesta de la agricultura de la Unión a las exigencias sociales en materia de alimentación y salud. incluida la demanda de alimentos de buena calidad, seguros y nutritivos producidos de forma sostenible, reducir el desperdicio de alimentos, mejorar el bienestar animal y combatir la resistencia a los antimicrobianos. 2. Los objetivos establecidos en el apartado 1 se com-

España, en aplicación de lo dispuesto desde las instituciones europeas, ha diseñado cuidadosamente su Plan Estratégico de la PAC, conocido como PEPAC y aprobado por la Comisión Europea el pasado mes de agosto[20]. Se trata de un extenso Plan elaborado e implementado por el gobierno central, aunque de forma próxima a las Comunidades Autónomas,[21] que pretende proteger y reforzar a un sector agrícola español más sostenible y que aporte un valor añadido importante al mundo rural.

2. El PEPAC. En especial, su promoción de la mujer rural

2.1. Sus características y objetivos esenciales

España cumple el encargo que le hace Europa elaborando su Plan Estratégico intentando ofrecer una política agrícola en el país que refuerce o repare necesidades concretas sin perder de vista el carácter estratégico que tiene el sector[22]. Tras un pormenorizado análisis de la situación que padece, España hace uso del margen de discrecionalidad que sobre los objetivos específicos le ofrece el Reglamento europeo y propone una gestión de la PAC basada en tres ejes, en atención a los principales retos que debe afrontar el mundo agrícola español, pero siempre sobre la base de los tres objetivos generales marcados por el Reglamento europeo, a saber: *fomentar un sector agrícola inteligente, competitivo, resiliente y diversificado que garantice la seguridad alimentaria a largo plazo; apoyar y reforzar la protección del medio ambiente, incluida la biodiversidad, y la acción por el clima y contribuir a alcanzar los objetivos medioambientales y climáticos de la Unión, entre ellos los compromisos contraídos en virtud del Acuerdo de París y fortalecer el tejido socioe-*

plementarán e interconectarán con el objetivo transversal de modernizar la agricultura y las zonas rurales, fomentando y poniendo en común el conocimiento, la innovación y la digitalización en las zonas agrícolas y rurales y promoviendo su adopción por los agricultores, mediante la mejora del acceso a la investigación, la innovación, el intercambio de conocimientos y la formación. 3. Para alcanzar los objetivos específicos que figuran en los apartados 1 y 2, los Estados miembros, con el apoyo de la Comisión, adoptarán las medidas oportunas para reducir la carga administrativa y garantizar la simplificación en la ejecución de la PAC».

20 Decisión de ejecución de la comisión de 31 de agosto de 2022 por la que se aprueba el plan estratégico de la PAC 2023-2027 de España para la ayuda de la Unión financiada por el Fondo Europeo Agrícola de Garantía y el Fondo Europeo Agrícola de Desarrollo Rural, C (2022) 6017 final, por el que se aprueba el PEPAC. Disponible en: https://acortar.link/K9n0DX. Un plan elaborado sobre la base de las directrices impuestas por los artículos 118 y siguientes del Reglamento.

21 *Vid*. op. cit. García de Azcárate, T., «Mirando de nuevo...», pág. 9.

22 *Vid*. PEPAC, pág. 39.

conómico de las zonas rurales[23]. Los tres ejes del PEPAC pueden resumirse de forma sencilla en económico, ambiental y social. Todos se desglosan en necesidades concretas que deben ser atendidas; desde el punto de vista económico destacaría un mayor apoyo para la mejora de la competitividad del agricultor español, un refuerzo especial de las explotaciones pequeñas y medianas o la preservación de las ayudas a la renta, por ejemplo. Desde el punto de vista medioambiental y climático se busca un mayor y mejor cuidado del suelo, para luchar contra la desertificación, con medidas como la condicionalidad reforzada o los llamados eco-esquemas, como claves para dar respuesta a esos problemas. Finalmente, se da un protagonismo especial, como pretende en general la *nueva PAC*, al aspecto social afectado por la misma, y se proponen en el PEPAC medidas para proporcionar mayor *«seguridad al sector agrario, favoreciendo el mantenimiento de la actividad agraria con las implicaciones que esto tiene en el mantenimiento de las comunidades rurales. También se cuenta con medidas de desarrollo rural que permiten la revitalización de estas zonas, como las ayudas a la creación de empresas o para servicios básicos. Además, el Plan abarcará otros aspectos de carácter social especialmente relevantes en España como son la reducción de la brecha de género y el apoyo al relevo generacional. Asimismo, por primera vez se incorpora a la PAC la dimensión social y España, atendiendo a la importancia en nuestro sector de la presencia de asalariados pretende hacerlo desde el año 2024»*[24]. Todo lo anterior se concreta en los nueve grandes objetivos específicos, más uno transversal, diseñados por España para su gestión de la PAC 2023-2027, que son:

1. Contribuir a una renta agrícola viable y la resiliencia del sector agrícola en todo el territorio de la Unión a fin de mejorar la seguridad alimentaria a largo plazo y la diversidad agrícola, así como velar por la sostenibilidad económica de la producción agrícola en la Unión[25],
2. Mejorar la orientación al mercado y aumentar la competitividad de las explotaciones agrícolas, a corto y largo plazo, también prestando una mayor atención a la investigación, la tecnología y la digitalización[26],
3. Mejorar la posición del agricultor en la cadena de valor[27],
4. Contribuir a la adaptación al cambio climático y a su mitigación, también mediante la reducción de las emisiones de gases de efecto invernadero y mejorando la captura de carbono, así como promover la energía sostenible[28],

23 Art. 5 del Reglamento.

24 *Vid*. PEPAC, págs. 39 y 40.

25 *Vid.* PEPAC, págs. 130 y siguientes.

26 *Vid*. PEPAC, págs. 139 y siguientes.

27 *Vid*. PEPAC, págs. 161 y siguientes.

28 *Vid*. PEPAC, págs. 174 y siguientes.

5. Promover el desarrollo sostenible y la gestión eficiente de recursos naturales como el agua, el suelo y el aire, en particular mediante la reducción de la dependencia química[29],

6. Contribuir a detener e invertir la pérdida de biodiversidad, potenciar los servicios ecosistémicos y conservar los hábitats y los paisajes[30],

7. Atraer y apoyar a los jóvenes agricultores y a otros nuevos agricultores y facilitar el desarrollo empresarial sostenible en las zonas rurales[31],

8. Promover el empleo, el crecimiento, la igualdad de género, incluida la participación de las mujeres en la agricultura, la inclusión social y el desarrollo local en las zonas rurales, entre ellas la bioeconomía circular y la silvicultura sostenible[32],

9. Mejorar la respuesta de la agricultura de la Unión a las exigencias sociales en materia de alimentación y salud, en particular de alimentos de alta calidad, seguros y nutritivos producidos de forma sostenible, la reducción del despilfarro de alimentos, así como la mejora del bienestar de los animales y la lucha contra las resistencias a los antimicrobianos;[33] y

10. El objetivo transversal de modernizar el sector fomentando y compartiendo el conocimiento, la innovación y la digitalización en la agricultura y las zonas rurales, y alentando su adopción[34].

2.2. La promoción de la mujer rural en el PEPAC

La igualdad, el papel de la mujer en el mundo rural y la reducción de la brecha de género en este ámbito son fines que acompañan a la PAC, y en general, en su respectivo ámbito, a todas las políticas europeas desde hace tiempo. Concretamente para la presente, desde el año 2005 es obligatoria la inclusión de la perspectiva de género, al menos en el pilar del desarrollo rural[35]. Si bien, entonces, la promoción de la mujer y la eliminación de la brecha de género en el ámbito rural ya eran una prioridad general en la PAC, esta se ve reforzada con el sesgo social que la empapa en este nuevo periodo. En el caso español, la atención a la mujer rural se observa como una necesidad acuciante cuando en el propio PEPAC se reconoce que *«el medio rural español se encuentra envejecido y cada vez más masculinizado»*[36] lo que, enfrentado al problema de envejecimiento y despoblación que se padece en

29 *Vid*. PEPAC, págs. 201 y siguientes.

30 *Vid*. PEPAC, págs. 228 y siguientes.

31 *Vid*. PEPAC, págs. 254 y siguientes.

32 *Vid*. PEPAC, págs. 267 y siguientes.

33 *Vid*. PEPAC, págs. 279 y siguientes.

34 *Vid*. PEPAC, págs. 291 y siguientes.

35 VV.AA., «¿Dónde queda la mujer en la PAC?», en *AE Revista Agroecológica de Divulgación,* núm. 43, 2021.

36 *Vid*. PEPAC, pág. 69.

este ámbito, exige medidas urgentes que palíen esta situación. La llamada *mujer rural* es una *especie en peligro de extinción* que no solo es esencial para paliar esos problemas, sino que padece muchas y diferentes necesidades que requieren una atención propia[37] y la PAC plantea soluciones a algunas de ellas dentro de varios de sus objetivos específicos.

Los objetivos específicos 7, —sobre atracción y apoyo a los jóvenes agricultores y a otros nuevos agricultores y el fomento del desarrollo empresarial sostenible en las zonas rurales—, y 8, —sobre promoción del empleo, el crecimiento, la igualdad de género, la participación de las mujeres en la agricultura, la inclusión social y el desarrollo local en las zonas rurales—, son los que más y mejores medidas de protección y promoción de la mujer rural proponen, si bien la mujer en general y, en especial la rural, se encuentra atendida transversalmente, con atenciones o medidas específicas en otros objetivos como el relativo a la mejora de la competitividad o la protección de la renta agrícola.

Un buen ejemplo en estos últimos, es el otorgamiento de nuevas ayudas al agricultor que sea mujer joven; si bien dentro de las medidas de apoyo a la renta agrícola, que representan mediante la Ayuda Básica a la Renta para la Sostenibilidad el 51 % del importe de las ayudas directas, se incorpora un incremento del 2 % como Pago Complementario a Jóvenes, este se suplementa con otra ayuda si se trata de mujeres jóvenes; medida esencial con la que se pretende incrementar la presencia de la mujer en este ámbito, pero que lo haga con condiciones y con opciones que aseguren su establecimiento[38].

Más específicamente, desde el PEPAC se establecen medidas dirigidas de forma más concreta a proteger a la mujer rural. En este sentido, destacan el desarrollo de programas específicos para fomentar el emprendimiento de las mujeres y de la población joven en el mundo rural[39]. El empleo es pieza clave para atraer y mantener a la población, en especial a los jóvenes y también a las mujeres, por lo que parte de la financiación de la PAC se destinaría a desarrollar programas específicos para fomentar el emprendimiento de las mujeres y de la población joven en estos ámbitos[40]. También se crean líneas específicas para incentivar la contratación de las mujeres en la actividad agraria, *«fomentar la titularidad plena de la mujer en la explotación agraria o en su caso, la titularidad compartida, facilitar el acceso de las mujeres a los sistemas de pagos directos y a las ayudas de desarrollo rural o atender*

37 GONZÁLEZ BUSTOS, M. A., *Mujer y desarrollo sostenible en el medio rural,* Atelier, Madrid, 2020.

38 *Vid.* PEPAC, págs. 136 y siguientes, dentro de las medidas para abordar el objetivo específico 1.

39 *Vid.* PEPAC, pág. 68, dentro de las medidas para abordar el objetivo específico 7.

40 *Vid.* PEPAC, pág. 70, dentro de las medidas para abordar el objetivo específico 8.

los servicios básicos del medio rural, especialmente dirigidos a proyectos que faciliten a la conciliación laboral»[41].

Otras de las medidas específicas planteadas en el PEPAC es el impulso de *iniciativas de emprendimiento relacionadas con la producción de origen forestal y de alto valor añadido,* con el fin de *contribuir a la diversificación económica en municipios forestales y de montaña*, dentro de los cuales se impone la priorización de aquellas iniciativas que se presenten por mujeres o por jóvenes, en general[42]. Prioridad también será la que obtengan las mujeres a la hora de optar a ciertas subvenciones y otras medidas administrativas cuando estas decidan realizar inversiones en sus explotaciones[43].

Finalmente, y en otro orden de cosas, restaría por destacar un conjunto de medidas propuestas para fomentar la incorporación de las mujeres en órganos de decisión vinculados al sector agrario y del medio rural. En este sentido, se apuesta por *«fomentar el apoyo público si se incorporan mujeres en los órganos rectores de figuras asociativas, cooperativas o comunidades de regantes para potenciar el empleo y liderazgo de la mujer, favorecer e incentivar»,* así como por incluir *«en los programas de formación de medidas que mejoren la presencia de las mujeres en las zonas rurales, fomentar la participación de las mujeres en las organizaciones representativas del sector y en los órganos de dirección de las empresas y organizaciones agrarias, y de las entidades que representan a la mujer rural o apoyar a aquellas entidades que faciliten el acceso a estos puestos a las mujeres»*[44].

III. Conclusiones

La PAC y la actividad agrícola que esta financia, son elementos esenciales para el presente y futuro tanto del sector agrícola como del mundo rural. Dado el nuevo margen de discrecionalidad que, a través de los objetivos específicos, se ha otorgado a los Estados miembros en la *nueva PAC,* conviene diseñar un planteamiento que permita un mayor y mejor crecimiento del sector, al tiempo que este devuelve externalidades positivas tanto a nivel medioambiental, como social, reparando o resolviendo perjuicios o necesidades generales o que el propio sector genera. En este sentido, resulta evidente que el problema de la despoblación y del envejecimiento del mundo rural no sólo repercuten negativamente en general, sino específicamente golpean al sector agrícola, estratégico en España. Para atajar específicamente estas cuestiones, la mujer resulta ser una pieza clave. Es por esto que el refuerzo del papel de la mujer en

41 *Vid.* PEPAC, pág. 75, dentro del mismo objetivo.

42 *Vid.* PEPAC, pág. 74, dentro del mismo objetivo.

43 *Vid.* PEPAC, pág. 75, dentro del mismo objetivo.

44 *Vid.* PEPAC, págs. 75 y 76, dentro del mismo objetivo.

el mundo rural por la PAC queda justificado y representa una oportunidad que arrojaría nuevas posibilidades de crecimiento y de estabilidad, tanto al sector en sí como al mundo rural. Al tiempo, se refuerza y atiende a la llamada mujer rural, *especie en peligro de extinción,* con necesidades propias.

Siendo, en todo caso, parte de las llamadas *medidas de acompañamiento* y de los objetivos específicos de esta *nueva PAC,* sin duda se han diseñado acciones que pretenden incrementar, mejorar y mantener el papel de la mujer en el mundo rural, especialmente con medidas dirigidas a crear oportunidades de empleo estable. Junto a estas, se apuesta por una discriminación positiva en aquellos ámbitos en los que la presencia de la mujer es notablemente más escasa o necesaria, priorizando su incorporación y permanencia en el ámbito agrícola y en el llamado mundo rural. Aún es pronto para juzgar la eficacia de estas propuestas planteadas desde la *nueva PAC;* en todo caso, estas deberían ir acompañadas de una mayor difusión, desde los ámbitos público y privado, que permita que la mujer vea en el campo oportunidades de futuro, un futuro tan necesario para todos.

IV. Bibliografía

Abalde Cantero, O., «Principales políticas y acciones de la Unión Europea», en **Martínez Pérez, E.** y **Salinas Acelga, S.** (Dirs.), *Lecciones para el estudio del Derecho de la Unión Europea*, Prensas de la Universidad de Zaragoza, Zaragoza, 2019, págs. 331-352.

Calonge Velázquez, A. (Dir.), *Derecho básico de la Unión Europea*, Comares, Madrid, 2017.

Cejudo García, E. y **Maroto Martos, J. C.**, «La reforma de la PAC 2003: desacoplamiento, condicionalidad, modulación, desarrollo rural», en *Revista electrónica de geografía y ciencias sociales* vol. XIV, núm. 318, 2010.

García de Azcárate, T., «Mirando de nuevo a los Planes Estratégicos de la nueva Política Agraria Común (PEPAC) y a su futuro», en *Revista de estudios agrosociales y pesqueros,* núm. 258, 2022, págs. 3-17.

González Bustos, M. A., *Mujer y desarrollo sostenible en el medio rural,* Atelier, Madrid, 2020.

Martínez, P., **Castaño, J.** y **Blanco, M.**, «Simulador PAC: lecciones del análisis del pago verde», en *Revista Española de Estudios Agrosociales y Pesqueros*, núm. 248, 2017, págs. 15-37.

Massot Marti, A., «El principio de preferencia comunitaria y la Política Agrícola Común: alcance y perspectivas ante el proceso de mundialización económica», en *Revista de Instituciones Europeas*, vol. 23, núm. 3, 1996, págs. 731-778.

— «Los mecanismos de la PAC 2020: principales vectores del proceso de reforma en curso», en *Revista Española de Estudios Agrosociales y Pesqueros,* núm. 232, 2012, págs. 13-67.

Prieto Álvarez, T., «Agricultura», en **Calonge Velázquez, A.** (Coord.), *Políticas comunitarias. Bases jurídicas*, Lex Nova, Valladolid, 2002, págs. 53-76.

Segrelles Serrano. J. A., «La Política Agrícola Común de la Unión Europea y la soberanía alimentaria de América Latina: una interrelación dialéctica», en *Scripta Nova: Revista electrónica de geografía y ciencias sociales*, núm. 16, 2012, págs. 387-424.

Tolón Becerra, A. y **Lastra Bravo, X.**, «Evolución del desarrollo rural en Europa y en España. Las áreas rurales de metodología LEADER», en *Revista electrónica de medio ambiente de la UCM,* núm. 4, 2007, págs. 35-62.

Von Meyer, H., «Agricultura, medio ambiente y la PAC. Problemas y perspectivas», en *Revista española de economía agraria*, núm. 176-177, 1996, págs. 193-214.

VV.AA., «¿Dónde queda la mujer en la PAC?», en *AE Revista Agroecológica de Divulgación,* núm. 43, 2021.

CAPÍTULO III

LAS FAMILIAS RESIDENTES EN EL MEDIO RURAL EN EL PROYECTO DE LEY DE FAMILIAS: AVANZANDO EN TÉRMINOS DE IGUALDAD

Beatriz Sánchez-Girón Martínez
Investigadora predoctoral
Universidad Pontificia Comillas ICADE

SUMARIO: I. Algunas nociones básicas sobre el Proyecto de Ley de Familias. II. Aplicación de la perspectiva de género. III. Acceso a los servicios e infraestructuras para apoyar el asentamiento de la población rural. *1. Garantizar el acceso a los servicios e infraestructuras. 2. Cooperación entre Administraciones públicas* IV. Reducción de las brechas de género. *1. Fomento de la corresponsabilidad. 2. Fomento de la empleabilidad de la mujer.* V. Conclusiones. VI. Bibliografía.

I. Algunas nociones básicas sobre el Proyecto de Ley de Familias

Este trabajo tiene por objeto el análisis de los artículos 57, 58 y 59 del Proyecto de la Ley de Familias[1], que abordan la situación de aquellas familias que habitan en el medio rural. En esta primera parte se hará una breve introducción sobre el contenido y finalidad de la Ley. Posteriormente, se señalarán los puntos clave del contenido de estos artículos, sin perder de vista los objetivos globales de la Ley de la que forman parten. En el momento en el que se presentó este trabajo teníamos en nuestras manos el proyecto de Ley de Familias que el Gobierno presentó para su tramitación en marzo del año 2023. Actualmente, el incierto panorama político que se da en nuestro país deja el futuro de esta ley al albedrio de los acontecimientos que se sucedan en los próximos meses.

1 121/000151 Proyecto de Ley de Familias.

La Ley de familias asegura el cumplimiento de la obligación del artículo 39 de la Constitución española (CE), relativo al deber de los poderes públicos de proteger económica, social y jurídicamente a la familia[2]. Este mandato cuenta con un gran desarrollo en nuestro ordenamiento jurídico, pero este se ha articulado desde ámbitos jurídicos diversos, dando lugar a una normativa fragmentada y dispersa en materia de protección a la familia. Además, algunas comunidades autónomas (CC.AA.) han aprobado leyes que identifican diferentes tipos de uniones familiares, muchas veces regulando las uniones de hecho solo en su ámbito autonómico, o regulando situaciones especiales a las que destinar mayores recursos, lo que ha tenido como resultado una protección desigual de la familia entre territorios[3]. Una Ley de Familias de carácter estatal se hacía necesaria para homogeneizar el régimen jurídico sobre la protección a la familia, evitando regulaciones dispares entre CC.AA[4]. y estableciendo un marco regulador común mínimo que sirva de orientación a las políticas que cada Administración Pública (AA.PP.) desarrollará en el marco de sus competencias.

La protección de la familia es uno de los pilares del Estado de Bienestar, que a su vez se articula sobre dos vértices fundamentales. En primer lugar, la protección a la infancia, lo que, por ejemplo, ha llevado a garantizar la igualdad de los hijos ante la ley con independencia de su filiación. En segundo lugar, la protección de la maternidad[5], lo que conecta con la igualdad de trato y la prohibición de discriminación de la mujer. Por esta razón, la Ley de Familias también persigue como objetivo, aunque con carácter trasversal, la igualdad de género.

Asimismo, la Ley de Familias destaca por su espíritu modernizador. Establecer una definición de familia es una cuestión compleja, tanto para el derecho como para las ciencias sociales en general. Por ello, ni en la CE, ni en otras leyes, aparece definido el término, lo que ha favorecido que la institución de la familia sea entendida en sentido amplio como un «grupo social integrado por personas unidas por vínculos de parentesco o afectividad que conviven[6], y haya sido capaz de adaptarse a las trasformaciones sociales. El

2 Deber que también está presente en textos internacionales como en la Declaración de Derechos Humanos (art. 16), la Carta de los Derechos Fundamentales de la Unión Europea (art. 33) y la Carta Social Europea (art. 16).

3 Por ejemplo: Ley 1/2007, de 7 de marzo, de Medidas de Apoyo a las Familias de la Comunidad de Castilla y León; Ley 3/2011, de 30 de junio, de apoyo a la familia y a la convivencia de Galicia; Ley 9/2014, de 23 de octubre, de Apoyo a las Familias de Aragón; Ley 8/2018, de 31 de julio, de apoyo a las familias (CC.AA. de las Illes Balears).

4 Linacero de la Fuente, M., *Tratado de derecho de familia: aspectos sustantivos: procedimientos, jurisprudencia, formularios*, 2.a ed., Tirant lo Blanch, Valencia, 2020, pág. 32.

5 Roca Trías, E., «El artículo 39», en Rodríguez-Piñero, Bravo Ferrer M. y Casas Baamonde, M. E., *Comentarios a la Constitución Española. Tomo I.*, Boletín Oficial del Estado, 2018, pág. 39 y siguientes.

6 Linacero de la Fuente, M., *Tratado de derecho de familia*, cit., pág. 29.

vínculo matrimonial entre un hombre y una mujer ha dejado de ser el único posible origen de la familia[7], ya que, en nuestro país desde hace casi veinte años, las personas del mismo sexo pueden contraer matrimonio en igualdad de condiciones[8]. Pero, además, cada vez son más quienes prescinden de la celebración de este acto jurídico y eligen otras formas de establecer relaciones de pareja que dan lugar a distintas formas de familia más allá de las matrimoniales, como las parejas de hecho, o las simples uniones familiares. Y todo ello sin olvidar que también hay familias monoparentales formadas por una única persona progenitora y su descendencia; o formadas por un individuo y los ascendientes con los que conviva; o familias en las que el núcleo de convivencia está formado por una persona y las que tenga a su cargo por curatela, guarda de hecho, acogimiento, tutela si se trata de menores de edad, u otra medida de apoyo legal o voluntaria[9]. En los últimos años la sociedad ha sido testigo de una diversificación de las estructuras familiares, y como hija de su tiempo, la Ley de Familias, ha puesto en valor esta diversidad (art. 2.2), lo cual es un primer aspecto positivo que destacar.

Puede decirse que la Ley de Familias es una ley de mínimos ya que contiene «un marco de referencia para las políticas familiares en todo el Estado»[10]. Ello quiere decir que, sin perjuicio de que se reconozca a legislador cierto grado de discrecionalidad a la hora de establecer un régimen jurídico hacia cada forma de unión estables, siempre y cuando se respete el principio de igualdad de trato que impone que la diferencia de trato se deba siempre a razones objetivas y fundamentadas[11], el contenido de esta Ley debe ser respetado en todo caso. En esta Ley se recogen los valores (art. 4.1), los principios (art. 4.2) —libertad, igualdad y no discriminación, universalidad, responsabilidad pública, transversalidad, participación y promoción de los derechos humanos—, y los conceptos (art. 3) que todas las AA.PP. deben aplicar en sus correspondientes ámbitos competenciales, especialmente cuando desarrollen actuaciones orientadas a proteger a la familia. Para mejorar el

7 «Nuestra Constitución no ha identificado la familia a la que manda proteger con la que tiene su origen en el matrimonio (...) sino también, junto a ello, por el mismo sentido amparador o tuitivo con el que la Norma fundamental considera siempre a la familia y, en especial, en el repetido art. 39, protección que responde a imperativos ligados al carácter social de nuestro Estado» (STC 222/1992 de 11 diciembre, FJ 5.º).

8 Ley 13/2005, de 1 de julio, por la que se modifica el Código Civil en materia de derecho a contraer matrimonio.

9 Ley 8/2021, de 2 de junio, por la que se reforma la legislación civil y procesal para el apoyo a las personas con discapacidad en el ejercicio de su capacidad jurídica.

10 Exposición de motivos del Anteproyecto de Ley de Familias.

11 «El mandato de protección a la familia no entraña, sin más, un deber para los poderes públicos de dispensar tal amparo, indiferenciadamente y sin matices a todo género de unidades familiares, siendo evidente qué puede el legislador diferenciar entre unas y otras en atención, por ejemplo, a criterios de necesidad relativa o a otros que resulten igualmente racionales» (STC 222/1992 de 11 diciembre, FJ 4.º).

apoyo que dispensen, el legislador ha abandonado la idea de que la familia es una única realidad, y ha distinguido diferentes situaciones familiares que demandan unas necesidades concretas[12]. Una de estas situaciones es la que caracteriza a las familias que residen en el medio rural, objeto de tratamiento en este trabajo (Capítulo IX Ley de Familias, arts. 57, 58 y 59).

Que las características sociodemográficas y económicas del medio rural hacen que la forma de vida se desarrolle en un contexto más complejo que si nos encontrásemos en el medio urbano, es algo indiscutible. Recientemente lo ha puesto de manifiesto el Consejo Económico y Social en sus informes «El medio rural y su vertebración social y territorial «(n.º 1/2018) y «Un medio rural vivo y sostenible» (n.º 2/2021). Aunque no existe una única definición de qué se entiende como medio rural, la Ley 45/2007, de Desarrollo Sostenible del Medio Rural, Ley 45/2007, de 13 de diciembre, lo identifica con aquellos municipios que cuentan con menos de 30.000 habitantes y su densidad de población es inferior a 100 habitantes por km². En España, el medio rural ocupa la gran mayoría del territorio, pero solo acoge a un 20 % de población. A su vez, el medio rural es diverso porque existen diferencias geográficas dentro de él, en función principalmente de las orientaciones productivas que prevalecen en cada zona, y del éxito que las transformaciones económicas y las inversiones financieras han tenido para favorecer su desarrollo[13]. No obstante, podemos afirmar que, con mayor o menos intensidad, en todo el medio rural los retos a los que deben hacer frente son comunes[14], haciendo de la despoblación el principal problema, del que se derivan otros de diversa índole como la carencia de servicios, la falta de inversión empresarial, el desempleo, el envejecimiento y la reducción de la natalidad. Por consiguiente, las familias que habitan en el medio rural tienen unas particularidades que justifican su consideración como un tipo de familias con una situación especial.

II. Aplicación de la perspectiva de género

En su artículo 59, la Ley de Familias menciona expresamente la obligación de aplicar la perspectiva de género en todas las políticas que se dirijan a la población rural. No obstante, de haberse prescindido de este artículo, la perspectiva de género habría de ser igualmente asumida a la hora de elaborar políticas públicas en materia de protección a la familia ya que el art. 4.2 de

12 López Álvarez, M. J., «La adaptación de la directiva de conciliación de la vida familiar y profesional al ordenamiento español», en *FEMERIS: Revista Multidisciplinar de Estudios de Género*, vol. 7, núm. 2, 2022, pág. 84.

13 Gómez García , F. X., «El mundo rural como nuevo polo tecnológico de innovación», en Rodríguez Escanciano, S. y Álvarez Cuesta, H., *La economía social como palanca para la sostenibilidad en los territorios rurales,* Tirant lo Blanch, Valencia, 2021, págs. 406-407.

14 Bock, B. B., «Gender mainstreaming and rural development policy; the trivialisation of rural gender issues», en *Gender, Place & Culture*, vol. 22, núm. 15, 2015, pág. 734.

la misma señala que la perspectiva género será uno de los principios rectores de las políticas de apoyo a la familia. Por lo tanto, este artículo 59 cumple una función a modo de recordatorio y refuerzo, que asienta la aplicación de la perspectiva de género en todas las actuaciones en favor de la familia, cuya inclusión probablemente se deba a que las desigualdades de género en el medio rural están presentes, y además ocupan un importante papel en la explicación de la emigración de la mujer rural[15].

La obligación de legislar y de elaborar políticas con perspectiva de género tiene su germen en 1995, cuando se aprueba la Conferencia Mundial sobre la Mujer de Pekín, y los países firmantes, entre los que estaba España, se comprometían a incluir la perspectiva de género en todos sus planes y programas, con independencia de la materia sobre la que tratasen. Posteriormente, en el seno comunitario, la entrada en vigor del Tratado de Ámsterdam en 1999 instituyó la igualdad de género como un objetivo trasversal de la UE (transversalidad de género o *gender mainstreaming*), señalando que «la Comunidad se fijará el objetivo de eliminar las desigualdades entre el hombre y la mujer y promover su igualdad», lo que quedó posteriormente confirmado en el actual Tratado de Funcionamiento de la UE, art. 8, sobre el la igualdad de género como valor de la UE, o en la Carta de Derechos Fundamentales de la UE, art. 23, sobre la garantía de la igualdad de género en todos los ámbitos. A partir de entonces, las instituciones de la UE se han convertido en importantes propulsoras de actuaciones para la consecución de la igualdad en todos los ámbitos allí donde las mujeres puedan verse discriminadas.

Por su parte, la Ley Orgánica 3/2007, de 22 de marzo, para la igualdad efectiva de mujeres y hombres (LOIEMH) fue la que instituyó en nuestro ordenamiento jurídico la obligación de que los poderes públicos tuviesen en cuenta la perspectiva de género, estrechamente relacionada con la aplicación generalizada del principio de igualdad de trato en todas sus actuaciones (art. 15). Asimismo, el artículo 31 menciona expresamente que la perspectiva de género deberá respetarse en las políticas urbanas, de ordenación territorial y vivienda, y para hacerlo operativo el artículo 20 LOIEMH establece que las estadísticas y estudios que manejen y elaboren los poderes públicos han de ser capaces de reflejar y tener en cuenta las diferencias entre sexos.

La perspectiva de género o *gender mainstreaming* ocupa un papel de extremada relevancia en la consecución de la igualdad real entre hombres y mujeres. Además de los mecanismos jurídicos existentes para garantizar la tutela del derecho a la igualdad de trato y no discriminación, la aplicación

---

15 «Las desigualdades de género, que en el medio rural se expresan principalmente a través de: el reparto de las tareas domésticas, la gestión de la dependencia y los mercados de trabajo. Este desequilibrio por sexo en las poblaciones rurales afecta de forma directa a los procesos de reproducción y de composición familiar, pero también a las expectativas vitales del conjunto de la población rural» vid. CES, *El medio rural y su vertebración social y territorial,* 2018, pág. 34.

de la perspectiva de género a la hora de definir políticas públicas tiene un importante poder como instrumento para asegurar la igualdad de trato. Se ha estudiado que existe un profundo sesgo de género en el seno de las instituciones públicas, de manera que la estructura jurídico-política vigente ha ayudado a perpetuar los estereotipos asociados a cada sexo[16]. La perspectiva de género puede contribuir a acabar con las desigualdades entre hombres y mujeres que tienen origen en las actuaciones de los poderes públicos, en sus relaciones institucionales y en las decisiones dirigidas a los ciudadanos.

No obstante lo anterior, la aplicación de la perspectiva de género que prometía grandes transformaciones sociales ha visto limitada su efectividad. En algunos casos, ha sido debido a la escasa formación que ha hecho que los agentes sociales implicados no hayan sabido cómo ponerla en práctica[17]; en otros, la falta de compromiso real de los sujetos de cuya voluntad dependía su implementación. Como resultado, la aplicación de la perspectiva de género en la praxis ha tenido unas consecuencias limitadas, que contrastan con el énfasis con que sobre el papel ha sido plasmada[18].

III. Acceso a los servicios e infraestructuras para apoyar el asentamiento de la población rural

El artículo 57 de la Ley de Familias se refiere a la garantía de acceso a recursos y servicios para las familias que residen en el medio rural; y el artículo 58 de la misma, a las medidas de apoyo al asentamiento y fijación de la población rural. Aunque el legislador ha separado ambos artículos, creemos que, para ofrecer un mayor grado de comprensión al lector, han de ser estudiados en conjunto, ya que la garantía a los recursos y servicios es una de las principales medidas de apoyo al asentamiento y fijación de la población rural.

1. Garantizar el acceso a los servicios e infraestructuras

En el artículo 57, la Ley de Familias muestra su compromiso con la necesidad de mejorar la situación en la que se encuentran las familias residentes en

16 Gil Ruiz, J. M., «El derecho internacional de los derechos humanos y su apertura al principio del Gender Mainstreaming: el caso español», en *IUS: revista del Instituto de Ciencias Jurídicas de Puebla*, 28, 2011, pág. 250.

17 Navarro Sanz. B. y Sanz Gómez, M. M., «La transversalidad de género y su poder de influencia: ¿hacia una igualdad efectiva en la UE?», en *Revista CIDOB d'Afers Internacionals*, 127, 2021, pág. 57.

18 Bock, B. B., «Gender mainstreaming and rural development policy; the trivialisation of rural gender issues», cit., págs. 731-742.

el medio rural, y en general de toda la población que allí habita, aliviando la falta de equipamiento que se da en estas zonas[19]. Realmente, la intención del legislador es asegurar la protección de las familias mediante la provisión de unos servicios mínimos adecuados en diferentes aspectos, y por ello prevé el desarrollo de servicios para todas las familias en general en ámbitos como la salud, la vivienda, la educación, la cultura y el ocio (Capítulo IV, del Título II). Por su parte, el artículo 57 enumera más ámbitos de actuación: «la educación, con especial atención al acceso a la educación superior de formación profesional y universitaria, sanidad, transportes, vivienda, comunicaciones y servicios digitales, servicios sociales, atención a la dependencia, prevención de la violencia, conciliación, cultura, ocio y deporte», precisamente por la acuciante necesidad de mejorar la provisión de servicios, recursos e infraestructuras que demanda la población rural.

Mejorar las condiciones de vida en el ámbito rural tendrá efectos beneficiosos a corto y largo plazo. Es responsabilidad de las AA.PP. asegurar que las familias tengan garantizado el acceso a unos servicios mínimos, como pilar del Estado de Bienestar y a su vez como forma de hacer efectivo el mandato constitucional sobre la protección de la familia. Además, si no se cuenta con una red de servicios o infraestructuras públicas difícilmente se dará cumplimiento al contenido de la propia Ley de Familias, que sienta las bases de una política para la mejora del bienestar familiar basada en el refuerzo del sector público. Piénsese en los servicios de apoyo al cuidado y atención de familiares que prevé el artículo 14, que incluye medidas más concretas como el aumento de las plazas de guardería o la mayor oferta de actividades de ocio para niños y niñas en periodos no lectivos. Estas previsiones no podrán cumplirse sin la consolidación de un sistema público capaz de proveer de servicios e infraestructuras para todas las personas, sin que se mantenga las diferencias de oferta que hoy hay entre las zonas rurales y las zonas urbanas.

La despoblación es un fenómeno que deriva de diversos factores, y aunque el grado de desarrollo económico es un factor decisivo a la hora de explicar la emigración de la población a núcleos urbanos, el abandono de servicios también se posiciona como responsable del éxodo rural[20]. Por ello, el suministro de servicios puede ser determinante para que cada vez más familias voluntariamente decidan asentarse en el espacio rural, contribuyendo a frenar la despoblación y aportando generaciones nuevas que contrarresten el peso del envejecimiento poblacional. En 2007, el legislador como respuesta a la falta de servicios en el medio rural, elaboró la LDSMR para el desarrollo de una política que entre otros, tuviese como objetivo «dotar al medio rural y en particular a sus núcleos de población de las infraestructuras y los equipamientos públicos básicos necesarios, en especial en materia de transportes,

19 CES, *Un medio rural vivo y sostenible,* 2021, págs. 66 y siguientes.

20 Gómez García, F. X., en Rodríguez Escanciano, S. y Álvarez Cuesta, H., *La economía social como palanca para la sostenibilidad en los territorios rurales*, cit., págs. 406-407.

energía agua y telecomunicaciones» y «potenciar la prestación de unos servicios públicos básicos de calidad, adecuados a las características específicas del medio rural, en particular en los ámbitos de la educación, la sanidad y la seguridad ciudadana» (art. 2.2, apdo. b y c b LDSMR). Ante el inmovilismo que han demostrado las AA.PP. para diseñar una política que sea verdaderamente eficaz en el desarrollo rural[21], la Ley de Familias, sirviéndose del mandato contenido en el art. 39 CE, recuerda que urge garantizar el acceso a servicios y recursos en todas las zonas geográficas del territorio nacional, como medida de freno ante la despoblación pero también como forma de asegurar la protección a la familia.

Por su parte, el artículo 58, contempla la posibilidad de que se aprueben medidas de diversa índole para favorecer el apoyo y asentamiento de la población rural. Expresamente menciona los incentivos fiscales, administrativos y sociales, aunque deja el catálogo de medidas abierto y concluye refiriéndose a «otras medidas que atiendan a las necesidades singulares de las familias que residan en el medio rural y que favorezcan el establecimiento de nuevas familias en estos territorios». Lo que principalmente hace este artículo es legitimar el uso del sistema tributario con una finalidad extrafiscal y dar así cumplimiento otros objetivos de interés social, como puede ser el desarrollo territorial en igualdad de condiciones. Sin embargo, un uso desproporcionado de estos instrumentos puede tener efectos negativos si se reducen los recursos económicos públicos, y con ello, las posibilidades de invertirlos en las zonas rurales[22]. Por eso, aunque este artículo 58 sirve de respaldo jurídico a la aprobación medidas fiscales que incidan en la justifica social, no debe perderse de vista que, para garantizar el asentamiento de la población en el medio rural es primordial que para ello se destinen recursos, infraestructuras y servicios.

Una última mención debe hacerse a la creciente necesidad de paliar la brecha digital presente en el medio rural, una brecha existente tanto a nivel territorial como generacional[23]. Aunque la economía rural no es especialmente demandante en puestos de trabajo cualificados digitalmente, el acceso a unos servicios digitales y a una conectividad de calidad contribuirá al asentamiento de las familias rurales[24], que podrán encontrar empleo si se desa-

21 Domínguez Álvarez, J. L., «El agotamiento de las políticas públicas relacionadas con el desarrollo rural», en Fernando Pablo, M. M. y Domínguez Álvarez J. L. (Dirs.) y Tomé Domínguez, P. M. (Coord.), *Rural Renaissance: derecho y medio rural*, Aranzadi-Thomson Reuters, Cizur Menor, 2020, pág. 203.

22 Ibidem, pág. 233.

23 Olarte Encabo, S., «Brecha digital, pobreza y exclusión social», en *Temas laborales: Revista andaluza de trabajo y bienestar social*, núm. 138, 2017, pág. 293.

24 García Martín, L., «La brecha digital en los territorios rurales», en Rodríguez Escanciano, S.; Álvarez Cuesta, H., *La economía social como palanca para la sostenibilidad en los territorios rurales,* cit., pág. 341.

rrollan nichos de mercado tecnológicos, o podrán desempeñar en remoto su prestación de trabajo a través de fórmulas como el teletrabajo sin necesidad de desplazarse a zonas urbanas.

2. Cooperación entre Administraciones públicas

El llamamiento a la cooperación entre las AA.PP. se mantiene a lo largo de todo el texto de la Ley de Familias. No es extraño que así sea, pues estamos ante una ley que tiene por objeto la garantía del cumplimiento de un principio constitucional que ya de por sí obliga a todas las AA.PP., cualquiera que sea su ámbito de actuación. Señala el artículo 57 que «las AA.PP. cooperarán para impulsar en el marco de sus respectivas competencias las medidas oportunas para», entre otras cosas, «garantizar a las familias residentes en el medio rural su derecho a acceder a los recursos y servicios de atención a sus necesidades (...)». Entendemos que las AA.PP. a las que se refiere son, tanto las entidades locales, autonómicas, y así como a cualquier otro organismo dependiente de la Administración General del Estado.

Esta cooperación debe analizarse desde dos puntos de vista diferentes; como una coordinación de políticas y programas entre las administraciones públicas, aunque cada una tenga reconocida su propio ámbito de actuación, y que dote de coherencia a toda la actuación de los poderes públicos independientemente del marco competencial reconocido a cada organismo; y como una verdadera colaboración en las que dos o más administraciones trabajen conjuntamente para garantizar unos servicios concretos.

En España, las administraciones territoriales tienen reconocidas una serie de competencias bajo el principio de descentralización. Las diferentes reformas que ha experimentado la Ley de Bases del Régimen Local[25] han puesto de manifiesto la necesidad de racionalizar tanto el sistema de atribución de competencias, como el de los procedimientos. Especial relevancia tiene la cooperación para facilitar que los municipios desarrollen sus competencias. Los municipios son la entidad local básica, cuya proximidad a la ciudadanía explica que tengan como competencias reconocidas la provisión de aquellos servicios considerados como básicos o esenciales (arts. 25 y ss. LBRL). En España hay un gran número de municipios de pequeño tamaño, lo que determina su escaso poder económico, que les impide llevar a cabo correctamente sus competencias[26]: más de 8.000 municipios cuentan con menos de tres mil habitantes, de ellos 1.379 están por

25 Ley 7/1985, de 2 de abril; destaca la reforma Ley 27/2013, de 27 de diciembre, de racionalización y sostenibilidad de la Administración Local.

26 Mateos Crespo, J. L., «Organización territorial, prestación de servicios públicos y despoblación: ¿una estrecha relación?», en Fernando Pablo, M. M., y Domínguez Álvarez, J. L. (Dirs.)., *Rural Renaissance: derecho y medio rural*, Thomson Reuters Aranzadi, Cizur Menor, 2020, págs. 264-268.

debajo de los 100 habitantes[27]. Ante esta situación, se ha optado por reconocer más autonomía a la Provincia para a que, a través de las Diputaciones, gestionen sus intereses que serán también los de aquellos municipios que no pueden satisfacer los suyos propios. Otra opción ha sido optar por la gestión compartida de servicios entre municipios a través de fórmulas muy empleadas como las mancomunidades, sin que ello afecte a su régimen competencial.

Pese a que la LDSMR ya apelaba a la cooperación entre AA.PP. en la puesta en práctica de sus programas de desarrollo (por ejemplo, art. 11 sobre convenios de colaboración LDSMR), uno de los obstáculos que frenaron su efectividad fue el complejo sistema de reparto de competencias vigente entonces[28]. Aunque el objetivo de la Ley de Familias no sea reorganizar la ordenación territorial, el hecho de establecer unos objetivos comunes y recordar la necesidad de protección de un bien constitucional como es la familia, puede contribuir a que todas las AA.PP., sin modificar el ámbito de sus competencias, cooperen y desarrollen planes de actuación capaces de alcanzar los resultados que se proponen.

IV. Reducción de las brechas de género

La igualdad de género es un objetivo trasversal presente en todas las actuaciones de los poderes públicos, y como no podría ser de otra manera, también lo es en el ámbito de la familia rural. El modelo de familia tradicional explica la desigualdad entre el trabajo productivo y reproductivo, el primero asociado a los varones y el segundo a las mujeres. Ya el artículo 30 puso en conexión que la consecución de la igualdad de género pasa por el desarrollo rural, manifestando indirectamente que la mujer rural sufre una doble discriminación, por el hecho de ser mujer y por vivir en un entorno más complejo[29].

1. Fomento de la corresponsabilidad

La provisión de cuidados a la familia se ha concebido como una responsabilidad privada asumida por las mujeres, que deriva de su rol socialmente asignado como madres, ligado a su capacidad reproductiva[30]. Con el paso del tiempo, las mujeres han reclamado una mayor presencia en la vida pública

27 Datos oficiales de población resultantes de la revisión del Padrón municipal a 1 de enero 2021, INE (Instituto Nacional de Estadística).

28 *Vid.* op. cit. DOMÍNGUEZ ÁLVAREZ, J. L., « El agotamiento de...», págs. 233 y siguientes.

29 GARCÍA NINET, J. I. y GARRIGUES GIMÉNEZ, A., *Comentarios a la ley de igualdad: Ley Orgánica 3/2007, de 22 de marzo para la igualdad efectiva de mujeres y hombres*, Wolters Kluwer, Valencia, 2007.

30 FERNÁNDEZ GALIÑO, M. D. y LOUSADA AROCHENA, J. F., «Prejuicios de género en las relaciones laborales», en *Revista Derecho social y empresa*, núm. 16, 2022.

y productiva, lo que ha propiciado su incorporación al mercado laboral, aunque no ha ocurrido en las mismas condiciones que las de sus compañeros varones. Uno de los obstáculos que ha impedido su plena participación laboral y social tiene que ver con que la realización de las tareas familiares aún sigue recayendo sobre las mujeres[31]. Además de las necesidades de cuidados propias de la infancia, el envejecimiento de la población que cada vez presenta mayor tasa de esperanza de vida ha hecho que cada vez sean más las demandas de cuidados[32], y que también sean asumidas por las mujeres[33]. La diferencia de cuidados realizados por los hombres en los hogares se manifiesta a lo largo de todo el territorio nacional, pero en las dificultades propias del ámbito rural, la demografía envejecida, el empleo masculinizado y los servicios públicos deficitarios, hacen que la mujer rural sea especialmente vulnerable a la brecha de cuidados, o lo que es lo mismo, la diferencia de tiempo que ellas dedican a las actividades no remuneradas de cuidado, en comparación a ellos.

Por esta razón, a lo largo de toda la Ley de Familias, la corresponsabilidad aparece nombrada en numerosas ocasiones, destacándose como un valor fundamental de la misma (art. 4. e) y como un principio rector en materia de conciliación (art. 11). El artículo 57 de la Ley de Familias señala, en relación con las actividades de las AA.PP. en el ámbito rural, que «se promoverán medidas para fomentar la corresponsabilidad en el reparto de los cuidados y otras tareas familiares», algo que se prevé también en términos generales en el artículo 16. Asimismo, en el artículo 59 sobre de la perspectiva de género señala que una de las causas que explican la necesidad de observar su aplicación deriva de la alta proporción de mujeres implicadas en actividades de cuidado.

En general, la Ley de Familias avanza en términos de corresponsabilidad, continuando la senda que ya había abierto la Directiva 1158/2019 y el Real Decreto-ley 6/2019, de medidas urgentes para garantía de la igualdad de trato y oportunidades entre mujeres y hombres en el empleo y la ocupación, que se había encargado de su trasposición. Corresponsabilidad no solo implica facilitar al trabajador compaginar sus responsabilidad familiares y laborales, sino que busca hacerlo en igualdad de condiciones entre mujeres y hombres, fomentando que ambos sexos participen por igual en el cuidado del hogar y la familia. Además, la corresponsabilidad también tiene por

31 Grau Pineda, C., «De sirvientas a trabajadoras: la necesaria ratificación del Convenio 189 OIT sobre trabajo decente para las trabajadoras y los trabajadores domésticos», en *Lex Social: Revista de Derechos Sociales*, vol. 9, núm. 2, 2019, pág. 52.

32 López Álvarez, M. J., «Los mayores, sujetos pasivos y activos de la conciliación familia», en *Mayores y postpandemia. Derechos, riesgos y oportunidades*, La Ley, Madrid, 2020, pág. 145.

33 Según el *Diagnóstico de la Igualdad de Género en el Medio Rural 2021*, Ministerio de Agricultura, Pesca y Alimentación, pág. 132.

objetivo que la sociedad en general, especialmente los poderes públicos, se impliquen en las actividades de cuidado[34]. Así, el artículo 4 sobre los valores fundamentales de la Ley de Familias señala en su apartado e): «el derecho de la conciliación corresponsable de la vida personal, familiar y laboral en el ámbito familiar, y de la corresponsabilidad empresa y social».

A estos efectos, la Ley de Familias introduce modificaciones en la regulación vigente de los instrumentos y derechos de conciliación. Destacan, por ejemplo, algunos d los cambios en la regulación laboral (Disposición final tercera): el establecimiento de un nuevo permiso parental, de titularidad individual, para el cuidado de hijos o hijas hasta que cumplan los ocho años de edad y de una duración no superior a 8 semanas cuyo disfrute puede fragmentarse; el aumento de los supuestos de hecho sobre los que puede solicitarse un permiso retribuido, y de su duración; la excepcionalidad de la solicitud de la reducción de jornada o de la excedencia para el cuidado de familiares hasta el segundo grado por afinidad, y la declaración de nulidad de las decisiones extintivas de personas que hayan solicitado o estén disfrutando de las adaptaciones de jornada. Asimismo, una verdadera corresponsabilidad exige también un cambio en el reparto de roles que predomina en la sociedad actual, mediante acciones de sensibilización y una educación en igualdad de género desde la infancia (art. 16 Ley de Familias).

Estas, y otras modificaciones, que introduce la Ley de Familias pueden contribuir a que el trabajador encuentre más facilidades para compaginar su vida profesional y familiar. Sin embargo, el tejido empresarial del medio rural donde destacan las pequeñas y medianas empresas, y son muy escasas las empresas de gran tamaño[35], dificulta el disfrute de algunos instrumentos de conciliación, como puede ser la adaptación de jornada ex art. 34.8 ET[36], que pese a conllevar grandes ventajas como instrumento de conciliación por cuanto no se reduce ni la presencia en el trabajo ni el salario, su uso está ligado a las circunstancias organizativas y productivas de la empresas[37]. Las opciones de hacer uso de estos derechos son limitadas porque a menor

34 Ballester Pastor, M. A., «La era de la corresponsabilidad: los nuevos retos de la política antidiscriminatoria», en *Lan harremanak: Revista de relaciones laborales*, núm. 25, Servicio de Publicaciones, 2011, pág. 54.

35 «El tejido empresarial de las áreas rurales se caracteriza, al igual que en el conjunto del territorio español, por un peso mayoritario de pymes y, especialmente de microempresas, si bien, la importancia en las economías rurales de las actividades relacionadas con el sector agroalimentario implica un tamaño medio empresarial aún más reducido y con una mayor presencia de empleo autónomo, como se verá más adelante» *vid*. CES, *Un mundo rural vivo y sostenible,* 2021, pág. 35.

36 Real Decreto Legislativo 2/2015, de 23 de octubre, por el que se aprueba el texto refundido de la Ley del Estatuto de los Trabajadores.

37 Meléndez Morillo-Velarde, L., «El derecho a solicitar la adaptación de jornada: Una aproximación legal y judicial», en *Anuario jurídico y económico escurialense*, 56, 2023, pág. 101.

tamaño empresarial, mayor posibilidad de alegar un perjuicio empresarial para la denegación de su disfrute[38].

En otro orden de cosas, el envejecimiento de la población ha supuesto uno de los de los mayores retos a los que el Estado de Bienestar ha tenido que enfrentarse en los últimos tiempos[39]. Las necesidades de cuidado que demanda esta población y que cada vez son más especializadas, han puesto de manifiesto que los servicios de cuidado previstos por el sector público son muy escasos, pues tradicionalmente se han considerado como una parte más del trabajo doméstico, desprofesionalizado e infravalorado[40]. La Ley de Promoción de la Autonomía Personal y Atención a las personas en situación de dependencia (LPAP), aunque no se destina directamente a la atención de la vejez, sí lo hace de la dependencia entendida como «el estado de carácter permanente en que se encuentran las personas que, por razones derivadas de la edad, la enfermedad o la discapacidad, y ligadas a la falta o a la pérdida de autonomía física, mental, intelectual o sensorial, precisan de la atención de otra u otras personas o ayudas importantes para realizar actividades básicas de la vida diaria (...)» (art. 2.2 LPAP), de manera que a mayor edad, mayor probabilidad tener la consideración de persona dependiente. La protección que confiere la LPAP comprende prestaciones asistenciales o de servicios, y prestaciones económicas. Pese a que la aprobación de esta ley generó grandes expectativas, los resultados de su aplicación no han sido los esperados. Las prestaciones económicas han ocupado un lugar principal, en detrimento de aquellas que suponían la provisión de algún tipo de servicio. Diversos estudios han confirmado que también son las mujeres quienes proveen de cuidados y atención a la dependencia, motivado además por la obtención de un apoyo económico para ello que debería haber sido una considerado como una alternativa subsidiaria. En cambio, la red de servicios prevista ha pasado a ser un sistema subsidiario, al que se han dedicado escasos recursos financieros y cuya implementación se ha visto dificultada por los conflictos competenciales entre CC.AA[41].. La Ley de Familias no ha perdido la oportunidad de incidir en la necesidad de que las AA.PP. desarrollen la LPAP, aunque lo hace de manera general y sin concretar en ningún aspecto

---

38 «La hipotética modificación de la jornada de trabajo a que la adaptación solicitada por la persona trabajadora sea razonable y proporcionada en relación con sus necesidades de conciliación y con las necesidades organizativas o productivas de la empresa. La norma exige ponderar los intereses de ambas partes (...)» (STSJ Galicia, de 2 de octubre de 2020).

39 *Vid*. op. cit. Rodríguez Escanciano, S. «Dificultades de los...», págs. 121-123.

40 Molero Marañón, M. L., «Un replanteamiento del modelo español de atención a la dependencia (long term) en el contexto europeo», en *Dependencia (Long Term Care) y empleo en el Estado de Bienestar*, Aranzadi-Thomson Reuters, Cizur Menor, 2017, págs. 39 y siguientes.

41 Sanjosé, J., «Logros y carencias de la Ley de dependencia», en *Razón y fe*, vol. 260, 2009, págs. 1330-1329.

(art. 14.4 Ley de Familias[42]). Por ello, consideramos que, dada la imperante necesidad del desarrollo de un sistema público de provisión de cuidado profesionalizado que llegue a las zonas rurales, podrían haberse aprovechado los artículos dedicados a la situación de las familias residentes en el medio rural para impulsar alguna medida que pudiese traer cambios en la atención a la dependencia. En el artículo 14 de la Ley de Familias, por ejemplo, se anuncia el aumento de plazas de guardería para los niños de cero a tres años. En relación con el catálogo de servicios diseñado en el art. 15 LPAP, y que no está completamente desarrollado por las CC.AA., ¿no hubiese sido una buena oportunidad para proteger el desarrollo de la familia anunciando el tan deseado aumento de las plazas en centros de día y no che para personas mayores?

2. Fomento de la empleabilidad de la mujer

Las tasas de empleabilidad de la mujer en las áreas rurales son más bajas que en las zonas urbanas[43]. Dos factores pueden estar implicados en este hecho: que sean ellas quienes cargan con las responsabilidades familiares, como ya hemos explicado; y que las actividades económicas que prevalecen en el medio rural estén masculinizadas[44]. Para garantizar la igualdad de género dentro de la familia, es necesario que todos sus miembros gocen de las mismas oportunidades de incorporarse al mercado laboral. El artículo 57 de la Ley de Familia señala que «se promoverán medidas para fomentar (...) el acceso de las mujeres al mercado laboral, con políticas activas específicas para fomentar su capacitación y empleabilidad».

Sin embargo, que las mujeres hayan dedicado más tiempo al cuidado del hogar realizando el trabajado reproductivo sin obtener remuneración por ello, no quiere decir que no hubiesen participado en el empleo productivo, ya que lo han hecho de manera irregular y sin remuneración por ello. De obligada mención en este punto es la regulación del régimen jurídico de titularidad compartida de las explotaciones agrarias (Ley 35/2011, de 4 de octubre,

42 «Las familias en las que convivan personas mayores, personas con discapacidad o en situación de dependencia tienen derecho a medidas de apoyo para su cuidado y atención. Las Administraciones Públicas, en el ámbito de sus respectivas competencias, adoptarán las medidas oportunas para desarrollar este derecho, en el marco del Sistema de Autonomía y Atención a la Dependencia y del sistema público de servicios sociales, entre otros».

43 «Donde sí se aprecian diferencias significativas con el resto de los territorios es en el caso de las mujeres rurales, que además de mostrar en prácticamente todos los grupos de edad menores tasas de empleo y mayores tasas de paro que las mujeres del resto de áreas, arrojan mayores diferenciales negativos respeto a las tasas de los hombres del medio rural» *vid*. CES, *Un medio rural vivo y sostenible,* 2021, págs. 49-50.

44 González Bustos, M. A., «El destacado papel de la mujer en el desarrollo rural», en Fernando Pablo, M. M. y Domínguez Álvarez, J. L. (Dirs.), *Rural Renaissance: derecho y medio rural*, Thomson Reuters Aranzadi, Cizur Menor, 2020, pág. 177.

sobre titularidad compartida de las explotaciones agrarias). Gracias a esta figura jurídica se ha reconocido el trabajo que realizan muchas mujeres, ante la generalizada invisibilización a la que se veían sometidas[45], ya que era frecuente que, pese a que ambos sujetos de la relación matrimonial o análoga trabajasen en una misma explotación agraria, solo él apareciese como titular. De esta manera, una vez reconocidas como titulares, las mujeres gozan de los mismos derechos en cuanto a la responsabilidad, administración, representación y reparto de rendimientos que su pareja, y quedan integradas en el régimen especial agrario de la seguridad social.

Por otro lado, la falta de opciones de empleo en el sector agrario predominante en las áreas rurales ha favorecido el éxodo rural femenino hacia las zonas urbanas. No se trata de una falta de formación femenina, pues se ha estudiado que ellas cuentan con un nivel educativo alto, sino de articular fórmulas para retener el talento en el ámbito rural y frenar la tendencia predominante, en la que la «la educación se convierte en la principal vía para alejarse del medio rural (...) hacia el medio urbano, donde se encuentran mayores recursos educativos y oportunidades laborales»[46]. La Ley de Familias reitera la necesidad de fomentar la capacitación y empleabilidad, pero consideramos que el verdadero problema está en las dificultades de acceso al mercado de trabajo.

Ante la dificultad de encontrar trabajo asalariado y cualificado en el medio rural, el emprendimiento se ha planteado como una opción para fomentar el trabajo de las mujeres y contener el éxodo rural. Gracias a los programas públicos que fomentan en el emprendimiento femenino, la tasa de mujeres autoempleadas en el medio rural ha aumentado[47]. No obstante, no puede establecerse una total correlación entre el aumento del emprendimiento femenino y la igualdad de condiciones laborales entre hombres y mujeres[48]. Muchas de las mujeres que se autoemplean lo hacen en actividades de servicios relacionadas con el trabajo de cuidados, el turismo o la educación, que son sectores fuertemente feminizados[49], mientras que el sector primario e industrial continúa masculinizado. En otras muchas ocasiones se elige esta forma de trabajo por las mayores opciones de conciliación que ofrece, fomentado los desequilibrios ya existentes en la distribución de las tareas domésticas.

45 Blázquez, E. M., «La titularidad compartida: un derecho de la mujer rural», en *Aequalitas: Revista jurídica de igualdad de oportunidades entre mujeres y hombres*, 28, 2011.

46 CES, *Informe rural y su vertebración social y territorial,* 2018, pág. 34.

47 Alario Trigueros, M. y Morales Prieto, E., «Iniciativas de las mujeres: emprendimiento y oportunidades en el espacio rural de Castilla y León», en *Documents d'anàlisi geogràfica*, vol. 62, núm. 3, 2016.

48 Bock, B. B., «Gender mainstreaming and rural development policy; the trivialisation of rural gender issues», cit., pág. 735.

49 *Vid.* op. cit. Alario Trigueros, M. y Morales Prieto. E., «Iniciativas de las mujeres...», pág. 58.

V. Conclusiones

El proyecto de Ley de Familias que actualmente está en tramitación tiene como objetivo modernizar el mandato constitucional sobre la protección de la familia para adaptarlo a todas las realidades familiares que se dan en nuestra cambiante sociedad. Además, también destaca por aplicar en todo su contenido la perspectiva de género, de manera que la consecución de la igualdad entre hombres y mujeres se convierte también en un objetivo fundamental de la misma, especialmente si tenemos en cuenta la desigual asunción de cargas familiares según los roles de género.

Para asegurar la garantía del mandato constitucional sobre la protección de la familia en igualdad de condiciones y en todos los contextos, identifica las familias que habitan el medio rural como una realidad que merece una especial consideración. Sin perjuicio de que todo el contenido de la Ley resulta de aplicación, los artículos 57, 58 y 59 de la misma se dirigen únicamente a las familias que habitan en el medio rural. La finalidad es garantizar su protección por parte de las administraciones públicas, teniendo en cuenta que la realidad social, demográfica y económica de las zonas rurales, caracterizada por la despoblación y el envejecimiento, puede afectar negativamente a su desarrollo. Con esto, el legislador, hace un llamamiento a la cooperación de todas las administraciones públicas para que, en el marco de sus competencias, dediquen recursos a garantizar el acceso a los servicios e infraestructuras necesarias para la protección de la familia también en el medio rural. Mejorar sus condiciones de vida mediante puede contribuir a su asentamiento, y a largo plazo a revitalizar las zonas rurales contra el abandono, paliando la despoblación y aumentando la tasa de natalidad en estas zonas. Aunque es probable que sus efectos sean limitados, ya que esta ley se presenta como una ley de contenidos mínimos cuya efectividad dependerá del posterior desarrollo que hagan las administraciones en sus correspondientes ámbitos de actuación y los recursos que inviertan a estos efectos.

VI. Bibliografía

Alario Trigueros, M. y **Morales Prieto, E.**, «Iniciativas de las mujeres: emprendimiento y oportunidades en el espacio rural de Castilla y León», en *Documents d'anàlisi geogràfica*, vol. 62, núm. 3, 2016, págs. 613-637.

Ballester Pastor, M. A., «La era de la corresponsabilidad: los nuevos retos de la política antidiscriminatoria», en *Lan harremanak: Revista de relaciones laborales*, núm. 25, 2011, págs. 53-77.

Blázquez, E. M., «La titularidad compartida: un derecho de la mujer rural», en *Aequalitas: Revista jurídica de igualdad de oportunidades entre mujeres y hombres*, núm. 28, 2011, págs. 34-45.

Bock, B. B., «Gender mainstreaming and rural development policy; the trivialisation of rural gender issues», en *Gender, Place & Culture*, vol. 22, núm. 15, 2015, págs. 731-745.

Fernández Galiño, M. D. y **Lousada Arochena, F.**, «Prejuicios de género en las relaciones laborales», en *Revista Derecho social y empresa*, núm. 16, 2022.

Fernando Pablo, M. M., **Domínguez Álvarez, J. L.** (Dirs.) y **Tomé Domínguez. P. M.** (Coord.), *Rural Renaissance: derecho y medio rural*, Aranzadi-Thomson Reuters, Cizur Menor, 2020.

García Ninet, J. I. y **Garrigues Giménez, A.**, *Comentarios a la ley de igualdad: Ley Orgánica 3/2007, de 22 de marzo para la igualdad efectiva de mujeres y hombres*, Wolters Kluwer, Valencia, 2007.

Gil Ruiz, J. M., «El derecho internacional de los derechos humanos y su apertura al principio del Gender Mainstreaming: el caso español», en *IUS : revista del Instituto de Ciencias Jurídicas de Puebla*, núm. 28, 2011, págs. 243-277.

Grau Pineda, C., «De sirvientas a trabajadoras: la necesaria ratificación del Convenio 189 OIT sobre trabajo decente para las trabajadoras y los trabajadores domésticos», en *Lex Social: Revista de Derechos Sociales*, vol. 9, núm. 2, 2019, págs. 47-90.

Linacero de la Fuente, M., *Tratado de derecho de familia: aspectos sustantivos: procedimientos*, jurisprudencia, formularios, 2.ª ed., Tirant lo Blanch, Valencia, 2020.

López Álvarez, M. J., «La adaptación de la directiva de conciliación de la vida familiar y profesional al ordenamiento español», en *FEMERIS: Revista Multidisciplinar de Estudios de Género*, vol. 7, núm. 2, 2022, págs. 64-85.

López Álvarez, M. J., *Mayores y postpandemia. Derechos, riesgos y oportunidades*, La Ley, Madrid, 2020.

Meléndez Morillo-Velarde, L., «El derecho a solicitar la adaptación de jornada: Una aproximación legal y judicial», en *Anuario jurídico y económico escurialense*, núm. 56, 2023, págs. 95-120.

Molero Marañón, M. L., *Dependencia (Long Term Care) y empleo en el Estado de Bienestar*, Aranzadi-Thomson Reuters, Cizur Menor, 2017.

Navarro Sanz, B., y **Sanz Gómez, M. M.**, «La transversalidad de género y su poder de influencia: ¿hacia una igualdad efectiva en la UE?», en *Revista CIDOB d'Afers Internacionals*, núm. 127, 2021, págs. 39-61.

Olarte Encabo, S., «Brecha digital, pobreza y exclusión social», en *Temas laborales: Revista andaluza de trabajo y bienestar social*, núm. 138, 2017, págs. 285-313.

Rodríguez Escanciano, S. y **Álvarez Cuesta, H.**, *La economía social como palanca para la sostenibilidad en los territorios rurales*, Tirant lo Blanch, Valencia, 2021.

Rodríguez-Piñero y Bravo Ferrer, M. y **Casas Baamonde, M. E.**, *Comentarios a la Constitución Española*. Tomo I., Boletín Oficial del Estado, 2018.

Sanjosé, J., «Logros y carencias de la Ley de dependencia», en *Razón y fe*, vol. 260, núm. 1330-1329, 2009, págs. 5-10.

CAPÍTULO IV

MUJER RURAL, CONCILIACIÓN Y CUIDADOS: LA IMPORTANCIA DE LA PROVISIÓN DE SERVICIOS PÚBLICOS[1]

Pilar Talavera Cordero
Personal Investigador en Formación (FPU)
Universidad de Salamanca

«El feminismo, y por ende, las feministas; no cuestionan las decisiones individuales de una mujer, sino las razones que las obligan a tomarlas.
Si conceptualizamos mal, politizamos mal».

Celia Amorós

I. «Interseccionalidad»: género y territorio

El término «interseccionalidad» posee múltiples matices y definiciones, muchas de ellas contradictorias entre sí. Por lo que en este estudio partiremos de una descripción general ofrecida por HILL COLLINS y BILGE[2]:

---

1 Esta investigación forma parte de los resultados del Proyecto de Investigación «Agricultura climática: marco regulatorio para la transición» (TED2021-129553B-I00).

2 HILL COLLINS, P. y BILGE, S., *Interseccionalidad*, Morata, San Sebastián de los Reyes, 2016, págs. 13 y 14.

> «La interseccionalidad es una forma de entender y analizar la complejidad del mundo, de las personas y de las experiencias humanas. Los sucesos y las circunstancias de la vida social y política y la persona raramente se pueden entender como determinadas por un solo factor. En general están configuradas por muchos factores y de formas diversas que se influyen mutuamente. En lo que se refiere a la desigualdad social, la vida de las personas y la organización del poder en una determinada sociedad se entienden mejor como algo determinado, no por un único eje de la división social, sea este la raza, el género o la clase, sino por muchos ejes que actúan de manera conjunta y se influyen entre sí».

Partiendo de este concepto es conveniente realizar estudios de género que analicen cómo afectan diferentes variables. Pues sin ellos, estaríamos centrando las investigaciones de género en un único perfil de mujer, que no ahondaría en las distintas discriminaciones que pueden darse, provocando que las medidas aprobadas fueran ineficientes, por no ser inclusivas con todas las mujeres, ya que existen múltiples ejes que actúan de forma conjunta configurando situaciones de discriminación, desigualdad y opresión.

En este trabajo nos centraremos en analizar dos de estos ejes: el género y el territorio. Este último es elegido porque el medio rural presenta unas condiciones de hábitat, familiares y socioeconómicas[3], que generan un empeoramiento de la situación vital respecto a las mujeres que habitan el medio urbano.

Entre ellas podríamos destacar dos principales: la falta de provisión de servicios y una menor oferta laboral y empresarial. En primer lugar, la falta de provisión de servicios provoca una agravación del rol de los cuidados y un empeoramiento de la situación de las víctimas de violencia de género.

Respecto a la primera, hablamos de agravamiento porque en el medio rural, las mujeres deben asumir mayores tareas de cuidados por la escasez de cuidados formales por parte de las instituciones públicas. En cuanto a la segunda, la configuración centralizada de los servicios de atención a las víctimas sitúa a las mujeres rurales en una situación de mayor vulnerabilidad[4].

---

3 Martínez García, M. A. y Camarero, L., «La reproducción de la violencia de género: una lectura desde las áreas rurales», en *Revista de Estudios sobre Despoblación y Desarrollo Rural*, núm. 19, 2015, pág. 120.

4 El medio rural agrava la situación que atraviesan las víctimas de violencia de género, esto es así por las características propias del entorno rural como son: la distancia física a los núcleos urbanos, el menor tamaño del hábitat y los mercados laborales más restrictivos. La distancia física origina problemas s de movilidad, además de una mayor dependencia familiar a la hora de acceder a los distintos servicios que pueden atender a situaciones de violencia, facilitando así la reproducción de la misma; el tamaño reducido de los núcleos rurales, donde todas las personas se conocen, desalienta el hacer público los asuntos privados de maltrato; además, los mercados laborales más restrictivos provocan una mayor dependencia económica de las mujeres a sus maridos, que agrava la situación de maltrato y dificulta pedir ayuda, *vid.* Sampedro Gallego, R. y Martínez García, M. A., *Estudio de sobre la violencia de género en el medio rural de Castilla y León*, Junta de Castilla y León, Valladolid, 2018, pág. 4.

En segundo lugar, las mujeres del ámbito rural tienen una peor situación en el ámbito laboral. Las mujeres rurales tienen una tasa de actividad inferior a la media de la sociedad y un paro más elevado. Esto se debe a que el tejido empresarial está configurado mayoritariamente por empresas familiares en las que las mujeres ocupan una posición de ayuda no reconocida oficialmente, una menor oferta de puestos de trabajo en las administraciones públicas y de trabajo cualificado, entre otras[5].

A lo que hay que sumar, el gran protagonismo del sector primario en el medio rural, en el cual las mujeres están infrarrepresentadas, pues la presencia de mujeres titulares es de tan solo un 30 %[6] [7]. Es conveniente añadir que en muchas ocasiones esta falta de participación en el mercado laboral se debe a la asunción del rol de cuidados[8].

Este trabajo pretende explorar el papel que desempeña la provisión de servicios por parte de las Administraciones públicas en la generación de la doble discriminación por razón de género y territorio. A su vez, señalaremos algunas acciones emprendidas que tiene como objetivo paliar esta situación. Todo ello centrándonos en una de las brechas de género más determinantes en la vida de las mujeres: la conciliación de la vida familiar.

---

5 Langreo Navarro, A., «Las mujeres en el medio rural y en la agricultura», en *Desarrollo rural y sostenible,* núm. 4, 2010, pág. 6.

6 Dicho porcentaje representa el porcentaje de mujeres titulares de explotaciones agrícolas en propiedad, respecto al total de titulares de explotaciones agrícolas en propiedad, *vid.* Instituto Nacional de Estadística, *Indicadores de la Agenda 2030 para el Desarrollo Sostenible*, 2021, pág. 56.

7 Estos datos, que no han variado significamente en la última década, se dan incluso tras la aprobación de la Ley 35/2011, de 4 de octubre, sobre titularidad compartida de las explotaciones agrarias, cuyo objeto y finalidad tal como establece su primer artículo es el de regular la titularidad compartida de las explotaciones agrarias con el fin de promover y favorecer la igualdad real y efectiva de las mujeres en el medio rural, a través del reconocimiento jurídico y económico de su participación en la actividad agraria.

8 Un estudio del Ministerio de Agricultura, Alimentación y Medio Ambiente señala que existen tres situaciones en las que las mujeres del medio rural renuncian a la participación laboral, todas ellas responden a una priorización de la esfera reproductiva, familiar o privada sobre la productiva o remunerada. A saber: la dedicación exclusiva a las tareas domésticas y de cuidado, conocida popularmente con la figura de «ama de casa»; la renuncia laboral temporal por motivos de crianza, los llamados «parones reproductivos» que se corresponden con «huecos o vacíos» en la vida laboral de las mujeres y; la figura de «ayuda familiar», que puede definirse como una posición de falsa renuncia, ya que en realidad sí se está realizando un trabajo productivo aunque éste sea considerado una extensión de las tareas domésticas, esté invisibilizado y no sea reconocido ni valorado socialmente. Más sobre esta cuestión véase Ministerio de Agricultura, Alimentación y Medio Ambiente, *Medio rural: trabajando en femenino*, Centro de publicaciones del Ministerio de Agricultura, Alimentación y Medio Ambiente, Madrid, 2013, pág. 50.

II. La «feminización» de los cuidados

Una de las consecuencias más latentes del sistema patriarcal es la *feminización de los cuidados* o *división sexual del trabajo*, la cual provoca una división clara entre el mundo de la producción y el trabajo, y el de la casa y la familia[9]. Este binomio es la piedra angular de la discriminación laboral y de la desigualdad social, económica y política existente entre hombre y mujeres[10].

Pese a que en las últimas décadas la participación de los hombres en el ámbito de los cuidados ha aumentado, en particular en el cuidado de los hijos e hijas[11], aunque no ha sucedido de igual manera con las personas mayores o dependientes[12]; aún no podemos hablar de una corresponsabilidad en los cuidados.

Así las cosas, las mujeres siguen soportando la carga fundamental de los cuidados, tanto de menores como de mayores. A esta distribución desigual del tiempo dedicado a los cuidados, hay que sumar que el tipo de tareas que se desarrolla también es diferente. Las mujeres siguen asumiendo la labor fundamental de planificación y organización de la provisión de cuidados[13], la denominada carga mental. Incluso la forma en la que se asume es distinta, ya que los hombres adoptan el rol de ayuda a la mujer, se concibe como una actividad voluntaria; mientras que las mujeres lo hacen como una responsabilidad intrínseca[14].

Esto se da incluso en las mujeres que poseen un empleo remunerado, en estos casos la situación se agrava, pues se genera lo que diversos estudios feministas han conceptualizado como carga total de trabajo[15]. Así, según los datos en España las mujeres dedican de media más del doble de tiempo a las tareas domésticas y de cuidados que los hombres[16].

9 Leone, A. y Couselo, D., «Envejecimiento poblacional y políticas de cuidado: tensiones en torno a la formulación de políticas sociales», en *Itinerarios de Trabajo Social,* núm. 2, 2022, pág. 83.

10 *Vid.* op. cit. Ministerio de Agricultura, Alimentación y Medio Ambiente, *Medio rural: ...*, pág. 22.

11 Abril, P., «Los hombres y las masculinidades cuidadoras», en *Revista Idees*, núm. 54, 2021.

12 Martín Palomo, M. T., *Los cuidados en las familias: estudio a partir de tres generaciones de mujeres en Andalucía*, Instituto de Estadísticas de Andalucía, Sevilla, 2010.

13 Muñoz Terrón, J. M. y Martín Polomo, M. T., «Hombres y mujeres en los cuidados: viejos y nuevos modelos para la igualdad», en *Cuadernos Kóre*, núm. 8, 2013, pág. 170.

14 Ibidem, pág. 156.

15 Torns, T., «El trabajo y el cuidado: cuestiones teórico-metodológicas desde la perspectiva de género», en *EMPIRIA: Revista de Metodología de Ciencias Sociales*, núm. 15, 2008, pág. 54.

16 Altuzarra Artola, A., Gálvez Gálvez, C. y González Flores, A., «Diferencias de género en la distribución del tiempo de trabajo en las regiones españolas», en *Revista internacio-*

Esto provoca en las mujeres una contradicción difícil de solucionar, acompañada de estrés, culpa, inestabilidad y sensación de tener que elegir entre los requerimientos de ambos mundos (el profesional y el familiar)[17]. El nuevo modelo laboral, caracterizado por la incorporación de la mujer a los trabajos remunerados, se ha superpuesto al viejo modelo familiar, en lugar de integrar con él un nuevo sistema de cuidados corresponsable[18].

Esta feminización de los cuidados es más acusada en el medio rural. Las mujeres rurales soportan cargas de cuidado más elevadas que las mujeres del ámbito urbano. Entre las causas de este agravamiento del rol de cuidados se encuentran la escasez de oportunidades laborales y una menor dotación de recursos de cuidado formales[19].

III. El papel de la provisión de servicios de cuidados formales

Esping Andersen clasifica los sistemas de cuidados en tres «modelos» o «regímenes» según el proveedor de estos (el estado, el mercado y la familia), distinguiendo tres regímenes diferentes: el liberal, el conservador y el socialdemócrata.

El liberal limita sus ayudas sociales a los casos en los que se comprueba que apenas hay medios, se trata de transferencias universales modestas o planes modestos de seguros sociales. En el conservador el Estado es el único proveedor de políticas de bienestar y se caracterizan por no tener un carácter redistributivo. El social demócrata se basa en el principio de universalismo y desmercantilización de los derechos sociales, que en este caso sí se extiende a las clases medias[20].

El sistema de cuidados español, a diferencia de lo que ocurre en otros países de nuestro entorno, delega en las familias, de forma mayoritaria, los cuidados de niños y mayores. Este familismo se vincula con la ausencia de

---

nal de sociología, vol. 76, núm. 3, 2018. Dicho artículo basa sus resultados en la Encuesta de Empleo de Tiempo (EET) para España, realizada por el Instituto Nacional de Estadística (INE).

17 *Vid.* op. cit. Muñoz Terrón, J. M. y Martín Polomo, M. T., «Hombres y mujeres ..., pág. 165.

18 Tobío Soler, C., *Madres que trabajan: dilemas y estrategias*, Ediciones Cátedra, Madrid, 2005, pág. 19.

19 Morcillo Martínez, J. M., Fernández Morcillo, E., y Fernández Morcillo, A., «Cuidados formales y mujeres rurales en Andalucía: una aproximación a su realidad sociolaboral desde una perspectiva de género», en *EHQUIDAD. Revista Internacional de Políticas de Bienestar y Trabajo Social*, núm. 20, 2023, pág. 141.

20 Esping-Andersen, G., *Los tres mundos del estado de bienestar*, Alfons El Magnànim, Valencia, 1993, págs. 47 y 48.

una intervención pública fuerte y estable en el tiempo[21], la cual es aún más intensa en el medio rural.

Estos modelos no son compartimentos estancos y en un mismo sistema pueden combinarse cuidados provistos por el Estado, el mercado y la familia. Los dos primeros estarían dentro de los denominados cuidados formales y el último de los cuidados informales. El cuidado formal es aquella acción especializada, profesional, regularizada y con remuneración económica. Los cuidados informales son los asumidos por la red social más cercana (principalmente, mujeres), que no reciben retribución económica[22].

Los cuidados van en diversos sentidos, esencialmente, a descendientes y ascendientes por parte de la generación soporte. En este trabajo nos centraremos en el cuidado de los hijos y la conciliación de éste con la vida personal y laboral.

El Estado prevé una serie de medidas para facilitar dicha conciliación que van en tres direcciones: económicas, laborales y de servicio. En las económicas el Estado dota de una cantidad económica a las familias ya sea de forma directa o indirecta a través de beneficios fiscales. Las laborales incluyen permisos obligatorios, individuales e intransferibles por nacimiento y cuidado, excedencias con reserva de puesto de trabajo, reducción de jornada, etc. Los servicios se refieren a instituciones o personas cualificadas proveedoras de cuidados formales de muy diversa índole (guarderías, centros de día, hospitales, residencias de mayores...).

Las dos primeras dependen de las políticas estatales o bien de las CC.AA. y llegan a toda la ciudadanía de forma similar sin distinción territorial. Sin embargo, los servicios de cuidados formales no llegan de igual manera a todo el territorio. Estos servicios son prestados en el medio rural de forma principal por las Administraciones públicas. Esto es así, porque las lógicas capitalistas provocan que el mercado privado no preste servicios en estos territorios por falta de rentabilidad económica. Las Administraciones públicas se convierten entonces en las principales proveedoras de cuidados formales en el medio rural[23].

---

21 Domínguez-Folgueras, M., González, M. J. y Lapuerta, I., «Brechas de género en tiempo de pandemia: empleo, trabajo doméstico y cuidados», en Blanco, A., Chueca, A., López Ruiz, J. A. y Mora, S., *Informe España 2020*, Universidad Pontificia de Comillas, Madrid, 2022, págs. 255 y 256.

22 Alzás García, T. y Fondón Ludeña, A., «Envejecimiento, dependencia y doble feminización en zonas rurales», en *Logros y retos: actas del III congreso universitario nacional Investigación y género*, 2011, pág. 96.

23 Talavera Cordero, P., «El rol de los cuidados en las mujeres del ámbito rural: especial referencia al cuidado de personas dependientes», en Del Pozo Pérez, M. y Ferrero García, E., *Análisis interdisciplinares sobre género e igualdad*, Aranzadi, Navarra, 2023, págs. 477-491.

Para demostrar el agravamiento del rol de cuidados de las mujeres del mundo rural hay que analizar dos cuestiones: la incidencia de los cuidados formales e informales y la provisión de cuidados formales en el medio rural. VILAPLANA PRIETO, JIMÉNEZ-MARTÍN y GARCÍA GÓMEZ estudiaron la relación entre cuidados formales e informales, concluyendo que a mayor gasto social en cuidados formales se produce una disminución de los cuidados informales[24].

El medio rural es muy diverso y heterogéneo, pero en este trabajo nos centraremos en la realidad rural presente en el interior peninsular que se caracteriza por una demografía muy débil y desequilibrada. Este modelo poblacional presenta desequilibrios en la prestación de servicios públicos esenciales, que son insuficientes y escasos con la excusa de su rentabilidad económica[25], justificación que enmascara la realidad de abandono institucional que sufren las áreas rurales.

IV. La conciliación en el medio rural: especial referencia a los programas de conciliación del plan corresponsables en la Comunidad Autónoma de Extremadura[26]

El derecho administrativo tiene un papel fundamental en la conciliación en el medio rural, en cuanto a disciplina reguladora de las relaciones entre Administración pública y ciudadano, especialmente en lo referido a la dotación de servicios públicos.

En el medio rural existe una mayor dispersión de los centros educativos, sanitarios, de servicios[27] y de actividades extraescolares, a lo que se suma una red de transporte público casi inexistente. Esto dificulta aún más la labor de los cuidados, ya que se aumentan los tiempos y la dependencia de trans-

24 VILAPLANA PRIETO, C., JIMÉNEZ-MARTÍN, S. y GARCÍA GÓMEZ, P., «*Trade-off* entre cuidados formales e informales en Europa», en *Gaceta Sanitaria*, vol. 25, núm. Extra 2, 2011, pág. 116.

25 DOMÍNGUEZ ÁLVAREZ, J. L., «Envejecimiento, dependencia y éxodo poblacional. La importancia de los servicios sociosanitarios como palanca transformadora de la España rural», en *Actas de Coordinación Sociosanitaria*, núm. 29, 2021, pág. 87.

26 Este apartado ha sido elaborado gracias a la información facilitada por el Ayuntamiento de Navas del Madroño, beneficiario de esta línea de ayudas. Asimismo, quiero agradecer especialmente a la Directora del Programa de Ludoteca Rural de esta localidad en el año 2023, Ariadna Duque Durán por sus opiniones y propuestas de mejora de esta medida de conciliación.

27 CONSEJO ECONÓMICO Y SOCIAL, «El medio rural y su vertebración social y territorial», en *Informe 01/2018*, 2018, pág. 144.

portes privados[28]. La labor de cuidados de pequeños y mayores se hace más difícil, especialmente de estos últimos, pues el medio rural se caracteriza por tener unas tasas de envejecimiento muy elevadas[29]. Sin embargo, en este trabajo nos centraremos en cuidados a niños.

La presión moral que se ejerce sobre las mujeres rurales es también mayor, ya que es un entorno en el que los roles de género están más marcados y además, la institución familiar está mucho más arraigada. La familia se construye como una identidad social que la convierte en un mecanismo de control social, el cual es sufrido principalmente por mujeres jóvenes[30].

En el trabajo de Sampedro Gallego[31] se ilustra con claridad el trinomio: mujer, cuidados y medio rural. En el cuidado de los niños no solo la madre tiene un papel fundamental, sino también la abuela cuidadora que se convierte en un recurso indispensable con ventajas en términos económicos, de flexibilidad y de confianza. Estos cuidados informales compiten con las guarderías públicas en un contexto en el que estos servicios se diseñan pensando en el usuario urbano, adaptándolos a unos horarios y unos recursos económicos alejados de la realidad rural. El hecho de optar por estos cuidados informales dificulta la incorporación plena en pie de igualdad de la mujer al mundo laboral, político, social y personal, ya que por su propia naturaleza no proporcionan seguridad, universalidad y continuidad de los recursos formales. Por otro lado, la no utilización de los recursos por su inadecuación a las necesidades, expectativas o capacidad económica de los usuarios provoca una disminución de la ya muy escasa oferta e incluso desaparición. Para evitar que esto suceda es necesario que se creen servicios de atención a la infancia adaptados a las necesidades de las familias del medio rural.

---

28 El medio rural de Castilla y León está caracterizado por tener grandes problemas de movilidad debido a que hay un sistema público de transporte escaso o inexistente que origina situaciones de dependencia familiar, al no tener autonomía en la movilidad. En el medio rural es más frecuente, en parte por los roles de género, que las mujeres no dispongan de coche propio y/o carné de conducir. Lo que dificulta las tareas de cuidados, *vid.* SAMPEDRO GALLEGO, R; MARTÍNEZ GARCÍA, M. A. y BARTOLOMÉ ESTEBAN, C. «Estudio sobre la violencia de género en el medio rural de Castilla y León», en *Iniciativa social de Mujeres Rurales*, 2018.

29 En otro trabajo anterior abordaba el agravamiento del rol de cuidados de las mujeres rurales centrándolo en el cuidado de personas mayores y dependientes, *vid.* TALAVERA CORDERO, P., «El rol de los cuidados en las mujeres del ámbito rural: especial referencia al cuidado de personas dependientes», en *Análisis interdisciplinares sobre género e igualdad*, obra colectiva, coordinadores Marta del Pozo Pérez y Emilio Ferrero García, Aranzadi, Navarra, 2023, págs. 477-491.

30 SAMPEDRO GALLEGO, R., «Mujeres jóvenes en el mundo rural», en *Revista de Estudios de Juventud*, núm. 18, 2000, págs. 83-90.

31 SAMPEDRO GALLEGO, R. «Conciliación de la vida familiar y laboral en el medio rural: género, trabajo invisible e «idilio rural»», en MAYA FRADES, V. (Ed.), *Mujeres rurales: Estudios multidisciplinares de género*, Ediciones Universidad de Salamanca, Salamanca, 2008, pág. 91.

A través de este prisma vamos a analizar un programa impulsado por la Junta de Extremadura Programa de Colaboración Económica Municipal de Conciliación y Corresponsabilidad para 2023, como herramienta para facilitar la conciliación de las familias rurales. Este programa tiene dos líneas: la de Ludotecas Rurales de Extremadura[32] y Diviértete Extremadura.

Comenzaremos con la línea de Ludotecas Rurales, la cual está financiada por el Ministerio de Igualdad dentro del Plan Corresponsables[33] a través de transferencias a la Comunidad Autónoma de Extremadura que será la que haga el reparto a las distintas entidades locales.

Los objetivos del programa son: favorecer la conciliación de las familias con niños entre 2 y 5 años desde un enfoque de igualdad entre hombres y mujeres, así como crear empleo de calidad en el sector de los cuidados, mediante la contratación de directores/as de actividades de ocio y tiempo libre y monitores/as de ocio y tiempo libre.

Serán beneficiarios de esta línea aquellos municipios extremeños que tengan población infantil comprendida entre los 2 y 5 años. En proporción de la cantidad de niños y jóvenes se establecerá el número de contrataciones estimados, de tal manera que: las entidades locales con población infantil y juvenil inferior a 100 niños/as/jóvenes les corresponderá un monitor/a de ocio y tiempo libre; entre 100 y 500, dos monitores; entre 501 y 1.500, tres monitores; entre 1.501 y 2.500, cuatro monitores y si es a 2.500, cinco monitores.

Esto implica que el número de monitores se hará teniendo en cuenta la población infantil y joven general, no la que tenga entre 2 y 5 años. Esto puede generar distorsiones entre el número de niños al cargo y los monitores. Hubiera sido más conveniente establecer el número de monitores según la población beneficiaria del programa, es decir, según los niños entre 2 y

32 Este programa se aprueba a través de la resolución de 16 de febrero de 2023, de la Consejería de Igualdad y Cooperación para el desarrollo (competencias asumidas actualmente por la Secretaria General de Igualdad y Conciliación). En dicha resolución se aprueba el Programa de Colaboración Económica Municipal de Conciliación y Corresponsabilidad para 2023, Línea Ludotecas Rurales. Disponible en: https://acortar.link/R3bqDx.

33 El Plan Corresponsables es una nueva política pública residenciada en la Secretaría de Estado de Igualdad y contra la Violencia de Género del Ministerio de Igualdad que tiene por objeto iniciar el camino hacia la garantía del cuidado como un derecho en España desde la óptica de la igualdad entre mujeres y hombres, al amparo del artículo 44 de la *Ley Orgánica 3/2007, de 22 de marzo, para la igualdad efectiva de mujeres y hombres* y desde un enfoque de garantía de derechos universales, al margen de la condición laboral de las personas beneficiarias. En Plan Corresponsables se desarrolla en colaboración con las Comunidades y Ciudades Autónomas, responsables competenciales de la puesta en marcha de tres de sus cinco ejes: la creación de bolsas de cuidado profesional que faciliten la conciliación de familias con hijas e hijos menores de 16 años, el fomento del empleo y la certificación de la experiencia profesional de cuidado no formal. La política pública analizada en este trabajo está dentro del primero de estos ejes. Disponible en: https://acortar.link/dvAx1v.

5 años. Además, el ratio niños/monitores se debería construir basándose en la evidencia pedagógica[34].

El dinero transferido a las entidades locales estaba destinado a la contratación del personal y la compra de material fungible para desarrollar actuaciones en materia de igualdad (hasta un máximo del 10 %). La contratación del personal deberá priorizar (según lo establecido en el artículo 7.3 de la resolución) la contratación siguiendo el siguiente orden:

> «- Mujeres en situación de desempleo de larga duración (...) - Mujeres mayores de 45 años. - Mujeres menores de 30 años que carezcan de experiencia laboral y de hombres menores de 30 años que carezcan de experiencia laboral (...)».

La priorización de la contratación de mujeres respecto a hombres, pese a que puede ser positiva en el sentido de que las mujeres sufrimos mayores altas de desempleo, especialmente en el medio rural, puede suponer un riesgo de reproducción de los roles de género tradicionales, que las agentes de igualdad que trabajan sobre el terreno perciben claramente. Es necesario que el cuidado no sea identificado como un sector de trabajo exclusivamente femenino[35].

La ejecución de estos programas debe desarrollarse en el ejercicio de 2023, especificándose en la convocatoria que se hará en períodos no lectivos o durante jornadas de tarde en períodos lectivos. La configuración de horarios y los meses de desarrollo recaerán en las propias entidades locales.

Esto tiene una doble vertiente: puede ser positivo porque los entes locales pueden conocer más las necesidades concretas de las familias de su municipio o bien pueden hacer una configuración de horarios sin la suficiente perspectiva de género, pudiéndose perder la razón de ser de esta medida: la conciliación de la vida familiar.

En general, esta línea de ayudas contribuye a la corresponsabilidad de las familias en el medio rural. Cumple con el requisito que establecía la profesora Sampedro Gallego de crear ludotecas de confianza y adaptadas a la idiosincrasia rural, pues, generalmente, las personas que se contratan son del propio municipio y las líneas de ayuda dejan un gran margen de actuación a las entidades locales. Sin embargo, quizá sería pertinente establecer obligaciones a las entidades locales de informarse de las distintas situacio-

34 En el estudio: Valdemoros San Emeterio, M. A. *et al.*, «Dificultades percibidas por el profesorado de infantil para el desarrollo de la educación motriz», en *Bordón: Revista de pedagogía*, vol. 66, núm. 2, 2014, pág. 67. Se señala como excesivos los grupos de entre 20 y 25 alumnos. Pese a que nuestro estudio trata sobre educación no reglada, los cuidados y la responsabilidad son equiparables, pues el tramo de edad estudiado en el artículo es el mismo que la política que se analiza en nuestro trabajo.

35 *Vid.* op. cit. Sampedro Gallego, R. «Conciliación de la ...», pág. 91.

nes familiares para poder adaptar el horario a estas, para no desvirtuar el fin último de estas ayudas.

El programa Diviértete tenía la misma finalidad que el anterior diferenciándose de éste en la edad de los beneficiarios, en este caso, de 6 a 16 años. Sin embargo, pese a que en el año de 2022 ambos programas fueron ejecutados y financiados por la Junta de Extremadura, en el 2023 la línea Diviértete no ha sido aprobada dentro del Programa de Conciliación. Aún así, muchos municipios de la provincia cacereña han puesto en marcha esta medida de conciliación con fondos propios.

Por tanto, para poder analizar esta línea de ayudas acudiremos a la convocatoria aprobada para el año de 2022[36]. En ella podemos observar que la única diferencia respecto a la línea de Ludotecas rurales es la edad de los niños beneficiarios (de 6 a 16 años) y el tamaño de los municipios que pueden optar a la ayuda, que pasa de todos los municipios y entidades locales menores (en el caso de las Ludotecas) a aquellos que tienen una población inferior a 17.000 habitantes.

Finalmente es pertinente aportar ciertos matices, pues pese a que en este trabajo se ha defendido un aumento en la provisión de cuidados formales por parte del Estado, no estamos refiriéndonos a una asunción total, ya que ello implicaría un choque frontal en los cuidados domésticos, afectivos y familiares[37]. Más allá de eso se busca equilibrar el papel de la familia, el Estado y el mercado. El rol de las familias debe ser repartido de forma equitativa entre hombres y mujeres, en este sentido, medidas como los permisos igualitarios e intransferibles contribuyen a caminar hacia la corresponsabilidad. Se tiene que avanzar hacia un nuevo contrato social entre hombres y mujeres, para romper con contrato de la división sexual del trabajo.

El Estado y el mercado deben contribuir dotando de servicios de cuidados formales, especialmente el primero, pues bien por insuficiencia de recursos económicos bien por habitar en territorios rurales, muchas familias no podrían acceder a recursos de conciliación si no fuera por la provisión del Estado.

V. Conclusiones

Los estudios de género deben enfocarse desde una perspectiva interseccional para no provocar sesgos en las investigaciones y ayudar a la creación de medidas feministas que incluyan a todas las mujeres. En este caso, he centrado mi estudio en la conciliación de las mujeres del medio rural.

Aún hoy el rol de los cuidados sigue siendo asumido por las mujeres, el cual tienen que compaginar con la vida laboral y personal. Esta conciliación,

36 Disponible en: https://acortar.link/CI2DIE (Fecha de última consulta: 10-10-2023)

37 Ibidem, pág. 85.

ya difícil, se ve agravada en el caso de las mujeres que viven en el medio rural. Esto se debe a que tienen menores oportunidades laborales y menos recursos de cuidados formales. Esta última cuestión es fundamental para la disciplina desde la que se escriben estas líneas, el derecho administrativo.

La provisión de servicios de cuidados formales se hace de forma casi exclusiva en el medio rural por parte de las Administraciones públicas, por lo que es fundamental que los planes y medidas de conciliación incluyan una perspectiva territorial para no olvidar esta situación particular.

En este sentido celebramos la inclusión dentro del Plan Corresponsables emprendido por el Ministerio de Igualdad de una perspectiva rural, al incluir dentro de sus actuaciones la creación de Ludotecas Rurales que faciliten la conciliación en el medio rural.

En este trabajo hemos estudiado su materialización en la Comunidad Autónoma de Extremadura, señalando que en el periodo de 2023 solo se había aprobado la línea de Ludotecas destinada a niños de entre 2 y 5 años. Sin embargo, la línea Diviértete para niños entre 6 y 16 años ha tenido que ser financiada con fondos propios de las entidades locales, caracterizadas por una insuficiencia de recursos en comparación con niveles territoriales superiores.

Entre las deficiencias encontradas en estas ayudas podemos señalar: la forma de cuantificar los monitores necesarios, la contratación preferente a mujeres y el margen de discrecional de los ayuntamientos (aunque puede ser positivo en ocasiones). En cuanto a los ratios de monitores son establecidos atendiendo al número total de niños y jóvenes del municipio, en lugar de hacerlo según el número de niños beneficiarios en ese tramo de edad. Lo cual considero que es ineficiente e incoherente. Existe una contratación preferente de mujeres, que supone una reproducción de los roles de género tradicionales al ámbito laboral.

Asimismo, se otorga un gran margen de discrecionalidad a los ayuntamientos. Esto es positivo por una parte, pues configura ludotecas con una visión rural y de confianza para las familias, que es fundamental. Pero de otro puede ser negativo, porque pueden darse situaciones de desorganización.

Por último, creo necesario recalcar que la línea de conciliación para niños de entre 6 y 16 años no ha sido aprobada por la Junta de Extremadura en el período de 2023. Esto ha provocado que solo los municipios que han podido sufragar los costes con fondos propios, hayan podido dotar a la ciudadanía de esta ayuda a la conciliación.

VI. Bibliografía

Abril, P., «Los hombres y las masculinidades cuidadoras», en *Revista Idees*, núm. 54, 2021.

Alzás García, T. y **Fondón Ludeña, A.**, «Envejecimiento, dependencia y doble feminización en zonas rurales», en *Logros y retos: actas del III congreso universitario nacional Investigación y género*, 2011, págs. 90-99.

Altuzarra Artola, A., **Gálvez Gálvez, C.** y **González Flores, A.**, «Diferencias de género en la distribución del tiempo de trabajo en las regiones españolas», en *Revista internacional de sociología*, vol. 76, núm. 3, 2018.

Consejo Económico y Social, «El medio rural y su vertebración social y territorial», en *Informe 01/2018*, 2018.

Domínguez Álvarez, J. L., «Envejecimiento, dependencia y éxodo poblacional. La importancia de los servicios sociosanitarios como palanca transformadora de la España rural», en *Actas de Coordinación Sociosanitaria*, núm. 29, 2021, págs. 84-109.

Domínguez-Folgueras, M.; **González, M. J.** y **Lapuerta, I.**, «Brechas de género en tiempo de pandemia: empleo, trabajo doméstico y cuidados», en **Blanco, A.**, **Chueca, A.**, **López Ruiz, J. A.** y **Mora, S.**, *Informe España 2020*, Universidad Pontificia de Comillas, Madrid, 2022, págs. 251-302.

Hill Collins, P. y **Bilge, S.**, *Interseccionalidad*, Editorial Morata, San Sebastián de los Reyes, 2016.

Langreo Navarro, A., «Las mujeres en el medio rural y en la agricultura», en *Desarrollo rural y sostenible,* núm. 4, 2010, págs. 6-7.

Leone, A. y **Couselo, D.**, «Envejecimiento poblacional y políticas de cuidado: tensiones en torno a la formulación de políticas sociales», en *Itinerarios de Trabajo Social,* núm. 2, 2022, págs. 79-86.

Llusía, M., «Hacia la igualdad entre hombres y mujeres (II). Mujeres, cuidados y dependencia», en *Página abierta,* núm. 171, 2006.

Martín Palomo, M. T., *Los cuidados en las familias: estudio a partir de tres generaciones de mujeres en Andalucía*, Instituto de Estadísticas de Andalucía, Sevilla, 2010.

Martínez García, M. A. y **Camarero, L.**, «La reproducción de la violencia de género: una lectura desde las áreas rurales», en *Revista de Estudios sobre Despoblación y Desarrollo Rural*, núm. 19, 2015, págs. 117-146.

Ministerio de Agricultura, Alimentación y Medio Ambiente, *Medio rural: trabajando en femenino*, Centro de publicaciones del Ministerio de Agricultura, Alimentación y Medio Ambiente, Madrid, 2013.

Morcillo Martínez, J. M., **Fernández Morcillo, E.**, y **Fernández Morcillo, A.**, «Cuidados formales y mujeres rurales en Andalucía: una aproximación a su realidad sociolaboral desde una perspectiva de género», en *EHQUIDAD. Revista Internacional de Políticas de Bienestar y Trabajo Social*, núm. 20, 2023, págs. 139-168.

Muñoz Terrón, J. M. y **Martín Polomo, M. T.**, «Hombres y mujeres en los cuidados: viejos y nuevos modelos para la igualdad», en *Cuadernos Kóre*, núm. 8, 2013, págs. 149-178.

Sampedro Gallego, R., «Mujeres jóvenes en el mundo rural», en *Revista de Estudios de Juventud*, núm. 18, 2000, págs. 83-90.

— «Conciliación de la vida familiar y laboral en el medio rural: género, trabajo invisible e "idilio rural"», en Maya Frades, V. (Ed.), *Mujeres rurales: Estudios multidisciplinares de género*, Ediciones Universidad de Salamanca, Salamanca, págs. 81-93.

Sampedro Gallego, R. y **Martínez García, M. A.**, *Estudio de sobre la violencia de género en el medio rural de Castilla y León*, Junta de Castilla y León, Valladolid, 2018.

Sampedro Gallego, R.; **Martínez García, M. A.** y **Bartolomé Esteban, C.**, «Estudio sobre la violencia de género en el medio rural de Castilla y León», en *Iniciativa social de Mujeres Rurales*, 2018.

Talavera Cordero, P., «El rol de los cuidados en las mujeres del ámbito rural: especial referencia al cuidado de personas dependientes», en del **Pozo Pérez, M.** y **Ferrero García, E.** (Coords.), *Análisis interdisciplinares sobre género e igualdad*, Aranzadi, Navarra, 2023, págs. 477-491.

Tobío Soler, C., *Madres que trabajan: dilemas y estrategias*, Ediciones Cátedra, Madrid, 2005.

Torns, T., «El trabajo y el cuidado: cuestiones teórico-metodológicas desde la perspectiva de género», en *EMPIRIA: Revista de Metodología de Ciencias Sociales*, núm. 15, 2008, págs. 53-73.

Valdemoros San Emeterio, M. A. et al., «Dificultades percibidas por el profesorado de infantil para el desarrollo de la educación motriz», en *Bordón: Revista de pedagogía*, vol. 66, núm. 2, 2014, págs. 155-174.

Vilaplana Prieto, C., **Jiménez-Martín, S.** y **García Gómez, P.**, «*Trade-off* entre cuidados formales e informales en Europa», en *Gaceta Sanitaria*, vol. 25, núm. extra-2, 2011, págs. 115-124.

CAPÍTULO V

ANÁLISIS DEL TRABAJO DOMÉSTICO Y DE CUIDADOS NO REMUNERADO EN EL ENTORNO RURAL. EL CASO DE CAMPO DE CRIPTANA Y ARENALES DE SAN GREGORIO

María Torres Lucas-Torres
Máster de género e igualdad en el Ámbito Público y Privado
Universidad Jaume I de Castellón y Universitat Miguel Hernández d 'Elx

I. Introducción

Trabajar, según define el Diccionario de la Lengua Española, es «ocuparse en cualquier ejercicio, obra o ministerio», definiendo trabajo como «el esfuerzo humano aplicado a la producción de riqueza». A primera vista, esta definición de trabajo no distingue entre trabajo remunerado y no remunerado, sin embargo, a lo largo del desarrollo de la literatura económica estos dos conceptos han ido diferenciándose principalmente por la importancia que tiene el dinero en nuestra sociedad tal y como señala Durán[1]. El trabajo

1 Durán, M. A., «El trabajo no remunerado en la familia», en *Arbor: Ciencia, pensamiento y cultura*, núm. 694, 2003, pág. 240.

remunerado es todo aquel que conlleva una contraprestación económica a cambio, mientras que el no remunerado como su propio nombre indica no la tiene, aunque en ocasiones supone un reconocimiento social, como por ejemplo el voluntariado. Por lo que a este trabajo se refiere, se utilizará la definición de trabajo doméstico y de cuidados no remunerado proporcionada por DURÁN[2], donde se define como «aquel que se realiza en los hogares para sí mismo o para otros miembros del hogar». Si bien es verdad que es importante diferenciar entre el trabajo doméstico y de cuidados remunerado y el no remunerado, este último es el objeto de análisis en este estudio. En palabras de Dolors Comas d'Argemir[3]:

> «El trabajo doméstico y de cuidados consiste en alimentar, proporcionar vivienda, criar a niños y niñas, asistir en la enfermedad, dar consejos, ayuda práctica o emocional a tu primo, sobrina o tu amiga. Agrupa actividades diversas y desiguales que pueden hacerse de forma continuada o esporádica según el ciclo vital de las personas o de coyunturas críticas. De manera genérica, hablar de cuidados es hacer referencia al trabajo reproductivo esencial e indispensable para la creación y el mantenimiento de las personas, de las familias y de las sociedades».

Es innegable que se están produciendo avances en materia de igualdad entre hombres y mujeres, pero la corresponsabilidad y la distribución equitativa del trabajo doméstico y de cuidados es aún un reto sin conseguir, aun cuando se oiga que la igualdad de género es una realidad puesto que muchas mujeres se han incorporado al mercado laboral. Sin embargo, a través de vivencias compartidas sabemos que nuestras madres, abuelas, tías, primas y amigas son las que realizan la mayor parte del trabajo doméstico y de cuidados no remunerado, o al menos, son las que soportan la mayor parte de la denominada «carga mental». Como consecuencia, las mujeres encuentran dificultades, en primer lugar, para acceder al mercado de trabajo remunerado o para conciliar su vida personal, profesional y social. En los entornos rurales la situación se agrava e incluso está mucho más presente tal y como señala el Diagnóstico de la Igualdad de Género en el Medio Rural[4]. Esto provoca, en primer lugar, absentismo doméstico en el caso de los hombres y mayores dificultades para incorporarse al mercado laboral en el caso de las mujeres. Es especialmente reseñable que la brecha de genero existente en el ámbito doméstico se encuentra estrechamente relacionada con el concepto de «suelo pegajoso» definido como:

---

2 DURÁN, M. A., *El trabajo no remunerado en la economía global*, Fundación BBVA, Bilbao, 2012, pág. 40.

3 COMAS D'ARGEMIR, D., «Cuidados y derechos. El avance hacia la democratización de los cuidados», en *Cuadernos de Antropología Social*, núm. 49, 2019, pág. 14.

4 DIRECCIÓN GENERAL DE DESARROLLO RURAL, INNOVACIÓN Y FORMACIÓN AGROALIMENTARIA., *Diagnóstico de la Igualdad de Género en el Medio Rural*, Catálogo de Publicaciones de la Administración General del Estado, Madrid, 2022, pág. 270.

«Obstáculo invisible derivado de que las mujeres asuman la mayor parte de las responsabilidades familiares sobre todo las referidas a los cuidados que son altamente demandantes de tiempo. El desarrollo y el ascenso profesional, la mayoría de las veces, conlleva a nivel personal una serie de esfuerzos que muchas veces las mujeres no pueden destinar, debido, principalmente, a la feminización del cuidado[5]».

Así, las mujeres en los entornos rurales se enfrentan a escenarios de desigualdad en todos los espacios de la vida cotidiana y en todos los niveles de la pirámide económica, que aumentan sobre todo, a partir de los 35 años, edad en que las mujeres dedican mayor tiempo a la carga de cuidados, ya sea por cuidado de menores o cuidado de mayores, dependientes o no. Esto hace que muchas mujeres se vean obligadas a aceptar reducciones de jornadas y contratos a tiempo parcial. No solo eso, sino que deriva en consecuencias físicas, profesionales, sociales y psicológicas en las vidas de las mujeres pues se ven obligadas a renunciar a aceptar trabajos de jornadas completas o a reducir su ocio y tiempo de descanso para «poder llegar a todo». De manera tradicional, el sistema socioeconómico patriarcal predominante en nuestra sociedad ha atribuido a las mujeres la responsabilidad de cuidar a la familia y el hogar, mientras que a los hombres se les asigna el rol de proveedor económico. Esta división sexual ha estado condicionada por estereotipos de género, haciendo creer a la sociedad que las mujeres son naturalmente más aptas y con dotes especiales para el cuidado, por lo tanto, se ha esperado, y se espera, que asuman el cuidado de manera gratuita y sin reconocimiento. Es verdad que la influencia de los estereotipos de género ha empezado a diluirse pero muchos de ellos siguen presentándose «con especial intensidad en el mundo rural suponiendo sin duda un importante obstáculo para la consecución de la igualdad de género» según el Diagnóstico de la Igualdad de Género en el Medio Rural[6]. Sin embargo, la falta de datos actualizados y la asimilación de que todos los municipios de los entornos rurales son iguales dificulta el análisis del reparto desigual de tareas domésticas y de cuidado no remuneradas. Por lo que el objetivo de este artículo es realizar un análisis cuantitativo del tiempo que hombres y mujeres dedican al trabajo doméstico y de cuidados no remunerado en los municipios Campo de Criptana y Arenales de San Gregorio de la provincia de Ciudad Real en Castilla-La Mancha, para posteriormente poder proponer medidas que permitan alcanzar una distribución mucho más igualitaria de los tiempos entre hombres y mujeres.

---

5 Red Española de Desarrollo Rural, *Estudio Mujer Rural. El Futuro se escribe en femenino II*, Madrid, 2021, pág. 79.

6 Dirección General de Desarrollo Rural, Innovación y Formación Agroalimentaria., *Diagnóstico de la Igualdad de Género en el Medio Rural*, Catálogo de Publicaciones de la Administración General del Estado, Madrid, 2022, pág. 270.

II. Metodología

Este trabajo se ha realizado considerando la categoría de género de forma transversal. Se ha utilizado una metodología mixta. En primer lugar, se ha realizado una búsqueda en distintas bases de datos a partir de palabras claves (trabajo doméstico no remunerado, cuidados...) con la intención de hallar la literatura científica más pertinente y precisa. Así, se han utilizado bases de datos como Dialnet, Redalyc, Science Direct, Google Académico, Scopus, entre otras bases vinculadas al empleo de operadores booleanos. Para posteriormente, caracterizar la comarca a través de datos del Instituto Nacional de Estadística y del Instituto de Estadística de Castilla-La Mancha, concretamente, el Padrón Municipal de Habitantes del año 2022. La información recogida ha ayudado a enmarcar de forma descriptiva las características demográficas, la estructura de la población, la actividad económica y las características laborales de los municipios objeto de estudio.

La principal aportación del trabajo viene derivada de la información obtenida en un cuestionario denominado «Medición del tiempo dedicado al trabajo doméstico y de cuidados no remunerado» dirigido a la población mayor de 16 años de los municipios rurales de Campo de Criptana y Arenales de San Gregorio. El diseño de este cuestionario ha sido fruto de la combinación de preguntas de diferentes encuestadas validadas previamente, aunque la principal ha sido el cuestionario online #VisibilizarloInvisible de Economistas sin Fronteras[7].

Es importante destacar que este artículo forma parte de una investigación mucho más completa que analiza los cinco municipios que conforman la subcomarca de la Mancha de Criptana. Concretamente se hace referencia a Pedro Muñoz, Socuéllamos, Tomelloso, Campo de Criptana y Arenales de San Gregorio. Se ha considerado que el tamaño mínimo de la muestra completa sea de 300 respuestas, aunque en este estudio solo se reflejarán las muestras estimadas iniciales de los municipios de Campo de Criptana y Arenales de San Gregorio. Utilizando la información del Padrón Municipal de Habitantes correspondiente al año 2022, se ha llegado al nivel de desagregación correspondiente a los municipios que conforman la subcomarca objeto de estudio (véase anexo 1, Tabla 1). Así, se ha tenido en cuenta el número de hombres y mujeres mayores de 16 años residentes en cada uno de los cinco municipios de la subcomarca, 34.702 hombres y 34.613 mujeres. En base a esto, la población criptanense supone el 19,17 % de la población total y Arenales de San Gregorio el 0,84 %[8], significando esto, que el cuestionario ha tenido que ser pasado a 57 personas en Campo de Criptana y 2 personas

7 Economistas Sin Fronteras., *#VisibilizarLoInvisible*, Madrid, 2023.

8 Puesto que es una cantidad insignificante, para que la muestra sea robusta, se ha establecido 4 como el número mínimo de encuestas a realizar en Arenales de San Gregorio; una por sexo y grupo de edad.

en Arenales de San Gregorio. Se ha utilizado un procedimiento de muestreo estratificado, dividiéndose la población por sexo y en dos grandes grupos de edad. Un primer grupo que recoge los hombres y las mujeres entre 16 y 64 años, y que por lo tanto se encuentra en edad de trabajar, mientras que el segundo grupo cuenta con personas de más de 64 años, una gran proporción de las cuales se encuentra ya jubilada. Puesto que no se pretende realizar ningún tipo de análisis estadístico predictivo, no ha sido necesario obtener una muestra aleatorio simple, y la elección de las personas a las que los cuestionarios ha sido utilizando la técnica de bola de nieve (véase Tabla 1). Los cuestionarios se han realizado mediante un formulario online, en la mayoría de los casos, en los meses de abril y mayo de 2023.

Tabla 1: N.º de encuestas estimadas mínimas y n.º de encuestas realizadas desagregado por municipio, edad y sexo.

Municipio	Grupo de edad	Muestra estimada mínima		Encuestas realizadas	
		Hombres	Mujeres	Hombres	Mujeres
Campo de Criptana	De 16 a 64 años	15	14	18	67
	Más de 65 años	12	16	12	16
Arenales de San Gregorio	De 16 a 64 años	1	1	9	18
	Más de 64 años	1	1	1	1
Total		28	32	40	102

Fuente: Elaboración propia a partir del análisis de las respuestas del Cuestionario «Medición del tiempo dedicado al trabajo doméstico y de cuidados no remunerado».

III. Caracterización socioeconómica de Campo de Criptana y Arenales de San Gregorio

Campo de Criptana y Arenales de San Gregorio son dos municipios que forman parte de la comarca regional de la Mancha Alta[9], más concretamente, de la subcomarca de la Mancha de Criptana. La historia de estos dos pueblos es bastante similar, puesto que entre 1991 y 1999, Arenales de San Gregorio

9 La comarca regional de la Mancha Alta es una comarca interprovincial de la Mancha formada por diferentes municipios de Toledo, Cuenca, Albacete y Ciudad Real, cuatro de las cinco provincias que forman la Comunidad Autónoma de Castilla la Mancha. La Mancha de Criptana, la Mancha Alta de Toledo, la Mancha Alta Albaceteña y la Mancha de Cuenca son las diferentes subcomarcas provinciales que conforman la comarca regional de la Mancha Alta.

era una Entidad de ámbito Territorial inferior al municipio (E.A.T.I.M)[10], dependiendo administrativa y políticamente de Campo de Criptana.

De acuerdo con la Estrategia Regional frente a la Despoblación en Castilla-La Mancha 2021-2031[11], esta comunidad autónoma se caracteriza por ser predominantemente una zona rural y en riesgo de despoblación. Por ello, la Ley 2/2021, de 7 de mayo, de Medidas Económicas, Sociales y Tributarias frente a la Despoblación y para el Desarrollo del Medio Rural en Castilla-La Mancha, realiza una tipología de los diferentes municipios de la Comunidad Autónoma en sus artículos 11 y 14. Según el artículo 11 recoge que:

> «Las zonas que integran el medio rural de Castilla-La Mancha, se clasifican en alguna de las siguientes categorías: zonas escasamente pobladas, zonas en riesgo de despoblación, zonas rurales intermedias, y zonas rurales periurbanas».

El artículo 14 de esta misma Ley describe las zonas rurales intermedias:

> «Como aquellas agrupaciones de municipios o núcleos de población, con una densidad de población superior a 20 habitantes por km^2 e inferior a 50 habitantes por km, fuera del ámbito directo de influencia de las áreas urbanas y una accesibilidad media a los mismos, con una densidad de población en torno a la media regional, población estable o en ascenso y con más del 75 % de su población residiendo en municipios de más de 2.000 habitantes».

En función de este mismo artículo y atendiendo a la actividad económica, se establecen dos zonas intermedias: en primer lugar, con predominio de la actividad agrícola y, en segundo lugar, con actividad económica diversificada. Cabe destacar que El Decreto 108/2021 agrupa los diferentes municipios castellanomanchegos en función de lo definido en los artículos previamente citados, de manera que Campo de Criptana y Arenales de San Gregorio quedan clasificadas como zonas rurales intermedias diversificadas. Según el Padrón Municipal del año 2022, Campo de Criptana y Arenales de San Gregorio, cuentan con una población conjunta de 13.714 personas, 13.142 en Campo de Criptana y 571 en Arenales de San Gregorio. De manera genérica, ambos municipios siguen un patrón más o menos similar en cuanto a la distribución por sexo y edad (Véase anexo, Tabla 1); Entre los 0 y 64 años, hay un número más o menos equilibrado entre hombres y mujeres, mientras que, a partir de los 64 años, la distribución cambia ya que hay una mayor presencia de mujeres mayores que hombres.

---

10 EATIM es una entidad de ámbito territorial inferior al municipio que se define por ser una unidad administrativa, de carácter local, con carácter infra municipal. Estaba regida por un alcalde pedáneo, en el caso de Arenales de San Gregorio, regida por el alcalde de Campo de Criptana y una junta vecinal.

11 Castilla-La Mancha., *Estrategia Regional frente a la despoblación en Castilla-La Mancha 2021-2031*, Castilla-La Mancha, 2021.

1. Indicadores de estructura de la población

Los indicadores de estructura de la población definen las características de un municipio, en este caso, de la subcomarca de la Mancha de Criptana. La información procede del portal de estadística de Castilla la Mancha.

1.1. Estructura de la población por sexo

El índice de masculinidad cuantifica la presencia relativa de los hombres en comparación con las mujeres en un municipio concreto. Según el Ministerio de Agricultura[12], las áreas rurales se encuentran mucho más masculinizadas principalmente, porque las mujeres abandonan los entornos rurales en mayor proporción que los hombres por las continuas desigualdades y pocas expectativas de futuro que muchas veces se encuentran[13]. Sin embargo, la cifra correspondiente al índice de masculinidad de Campo de Criptana es del 100,52 %, (cifra prácticamente equilibrada entre hombres y mujeres) mientras que en Arenales de San Gregorio el índice de masculinidad toma un valor de 106,14 %, es decir, hay 106 hombres por cada 100 mujeres siendo la media nacional del 96,04 %. Por lo tanto, no se puede apreciar un gran desequilibrio entre número de mujeres y hombres habitando en estos municipios.

1.2. Estructura de la población por edad

La tasa de dependencia de la población mayor se define como el cociente personas mayores de 64 años sobre la población activa según el INE. A pesar de que cualquier persona necesita unos cuidados, en general, la población mayor requiere de unos mayores o más intensivos cuidados y esta variable nos puede dar una señal de cuanto tienen que soportar de carga la población activa frente a la que en condiciones normales ya ha dejado o está a punto de hacerlo el mercado de trabajo remunerado. La tasa de dependencia a nivel estatal se sitúa en torno al 30,96 %, mientras que la correspondiente al Campo de Criptana es de 32,37 %% (27,89 % para los hombres y 37,13 % para las mujeres) y la de Arenales del 52,34 % (45,93 % para los hombres y 59,73 % para las mujeres). La tasa de dependencia tan elevada de Arenales de San Gregorio indica que la población activa del municipio tendrá que hacer un esfuerzo mayor que en otros municipios para mantener a la población mayor de 64 años. Ambos municipios cuentan con una población bastante envejecida, sin embargo, conviene señalar una diferencia bastante notable; Campo de Criptana dispone de recursos públicos complementarios para el cuidado

12 Ministerio de Agricultura, Pesca y Alimentación., «Demografía de la población rural en 2020», en *ArgInfo,* núm. 31, 2020, págs. 1-7.

13 Closing Gap., *Coste oportunidad de la brecha de género en el medio rural*, Women for a Healthy Economy, Madrid, 2022.

de personas mayores como es el caso de un Centro de Mayores o Servicio de Ayuda a Domicilio. Sin embargo, Arenales de San Gregorio, debido al tamaño de su población, no dispone de ningún recurso, ni público ni privado, lo que implica, que el cuidado de las personas mayores provendrá principalmente de la familia, y sobre todo, de las mujeres. Además, únicamente se dispone de un consultorio local que no puede atender todas las necesidades que en ocasiones tienen las personas mayores, por lo que las personas cuidadoras necesitan disponer de tiempo para desplazarse mínimo 15 kms. para poder asistir al médico para cosas más complejas, farmacia, fisioterapia o cualquier servicio más asistencial. Por otro lado, también se puede definir la tasa de dependencia infantil como el cociente entre las personas jóvenes (menores de 16 años) y la población activa. Esta tasa en ambos pueblos es ligeramente inferior a la tasa de dependencia de la población envejecida, 23,12 % en Campo de Criptana y 25,55 % en Arenales de San Gregorio.

El Índice de envejecimiento, porcentaje que representa la población mayor de 64 años sobre la población menor de 16 años. Castilla-La Mancha ha experimentado en el año 2022 un envejecimiento imparable fruto de un menor nacimiento de niños y niñas y una mayor esperanza de vida. A nivel autonómico, la tasa de envejecimiento es del 123,6 %, lo que se traduce en 123 personas mayores de 64 años por cada 100 menores de 16 años. A nivel provincial, la tasa de envejecimiento se sitúa en un 139,8 %. En línea con esto, Campo de Criptana y Arenales de San Gregorio pueden definirse como dos municipios envejecidos, puesto que la tasa de envejecimiento en Campo de Criptana se sitúa en torno a un 140 %, es decir, hay 140 mayores de 64 años por cada 100 menores de 16 años y Arenales de San Gregorio presenta la preocupante tasa de 204,88 %. Si se desagrega por sexo, los datos son aún más alarmantes ya que Campo de Criptana presenta una tasa de envejecimiento femenino de 163,13 % mientras que Arenales de San Gregorio presenta una tasa de 228,21 %. Esto es muy relevante, por el hecho de que el rol de cuidadora no desaparece de las mujeres, independientemente de la edad que tengan, es decir, las mujeres van a seguir cuidado hasta que ellas mismas sean dependientes o fallezcan, ya sea a otros familiares mayores de 64 dependientes o no o a nietos/as, sobrinos/as...

2. Caracterización económica y productiva

Campo de Criptana y Arenales de San Gregorio se caracterizan por su vinculación a la agricultura, sobre todo, a la actividad vinícola. Concretamente, Arenales de San Gregorio es un municipio que vive, principalmente, del sector agrícola mientras que Campo de Criptana tiene una actividad económica ligeramente más diversificada, entre el sector servicios y la agricultura. Previo a la «crisis del ladrillo», el sector de la construcción y la industria representaban el grueso del tejido empresarial. Según el Instituto de Estadística castellanomanchego, en 2008, Campo de Criptana contaba con más de 170 empresas de construcción, sin embargo, a finales de 2021 quedaban únicamente 83, lo que implica una destrucción de más de 80 empresas en 16 años. En Campo de Criptana, a pesar de que el sector servicios es el protagonista, hay que destacar que hay mucha gente que tiene sus parcelas de viña y las tardes y los fines de semana se encargan de labrar y cuidar estas tierras, por lo que, aunque no es su empleo principal, sí que es podría decirse que es su fuente secundaria de ingresos. En otro orden de cosas, y según el Instituto de Estadística castellano manchego, las mujeres son las más afectadas por el desempleo. En diciembre de 2022, 871 personas se encontraban en desempleo en Campo de Criptana (280 hombres y 591 mujeres) y 30 personas en Arenales de San Gregorio (7 hombres y 23 mujeres).

IV. Resultados del cuestionario «medición del tiempo dedicado al trabajo doméstico y de cuidados no remunerado» en Campo de Criptana y Arenales de San Gregorio

El Informe Diagnóstico de Igualdad de Género en el Medio Rural (2021) señala que las mujeres en los entornos rurales dedican más tiempo al trabajo doméstico y de cuidados no remunerado. Con el propósito de analizar si esta es la realidad en los municipios de Arenales de San Gregorio y Campo de Criptana se va a proceder en este trabajo a la medición del tiempo que hombres y mujeres dedican a las tareas que conforman el trabajo doméstico y de cuidados no remunerado a través del cuestionario «Medición del tiempo dedicado al trabajo doméstico y de cuidados no remunerado» (véase Anexo 2).

142 personas (40 hombres y 102 mujeres) han participado en el cumplimentado del cuestionario en los municipios de Arenales de San Gregorio y Campo de Criptana. Hay que destacar que, a pesar de que se ha conseguido la población masculina (mínima) y femenina, se encuentran grandes diferencias en la participación, confirmación de que las mujeres muestran más interés por este tipo de temas, fruto de que ellas son las que lo realizan. Como se ha mencionado en el apartado de Metodología, se ha realizado un muestreo estratificado dividiendo la población por sexo y edad, resultando dos grupos de edad, uno que recoge a la población entre 16 y 64 años, y que por lo tanto se encuentra en edad de trabajar, mientras que el segundo grupo cuenta con personas de más de 64 años, una gran proporción de las cuales se encuentra ya jubilada.

Para caracterizar a la población encuestada, se ha preguntado sobre la edad, ocupación laboral y tipo de convivencia. En función de estos grupos de edad, es importante señalar que, dentro del grupo menor de 64 años, la edad más frecuente es entre 45 y 64 años, contando con 8 hombres y 36 mujeres en Campo de Criptana y 3 hombres y 9 mujeres en Arenales de San Gregorio. Sobre el modelo de convivencia, la mayoría de las personas encuestadas menores de 64 años viven en familia o pareja con hijos e hijas (8 hombres y

34 mujeres en Campo de Criptana, 4 hombres y 12 mujeres en Arenales de San Gregorio), mientras que la mayoría de las personas encuestadas mayores de 64 años viven en familia o pareja sin hijos e hijas, puesto que sus hijos e hijas se han independizado y han formado su propia familia.

El trabajo doméstico y de cuidados y la ocupación en el mercado de trabajo están estrechamente relacionados. Se pasó el cuestionario a 112 personas (27 hombres y 85 mujeres) que se encuentran edad de trabajar entre ambos municipios (Véase anexo 1, Tabla 2). De estas 112 personas, el 66 % de las personas encuestadas menores de 64 años tienen un empleo remunerado. En Campo de Criptana, el sector privado ocupa a más personas (7 hombres y 19 mujeres), seguido del sector público (1 hombre, 17 mujeres). Respecto al desempleo, Campo de Criptana se desliga de la tendencia estatal, y a pesar de que hay mayor número absoluto de mujeres en desempleo, si se compara con las mujeres encuestadas, la tasa femenina es menor que la masculina (10,4 % frente a 11,1 %). Respecto al mercado de trabajo en Arenales de San Gregorio, ser autónomo es lo más frecuente entre los hombres encuestados (5), mientras que la ocupación femenina se reparte entre el sector privado (2 mujeres), el sector público (3) y el régimen de autónomo (2). Arenales de San Gregorio replica la tendencia a nivel estatal presentando mayores tasas de desempleo femenino, 2 de las mujeres encuestadas se encuentran en desempleo (11 % de las mujeres encuestadas) frente a ningún hombre en situación de desempleo.

Cabe destacar especialmente que en ambos municipios son únicamente mujeres las que se dedican al trabajo doméstico y de cuidados no remunerado de entre las personas a las que se les ha pasado el cuestionario. En Arenales de San Gregorio, el 39 % de las 18 mujeres encuestadas en el grupo de edad entre 16 y 64 años se dedican única y exclusivamente a esa actividad. En Campo de Criptana, la cifra es ligeramente inferior, pero es destacable que, 9 mujeres se dediquen única y exclusivamente al trabajo doméstico y de cuidados no remunerado (13,4 % de las mujeres encuestadas se dedican a esta actividad). Esto entraña diferentes peligros, ya que para el Sistema de Seguridad Social estas personas son consideradas inactivas y, por tanto, no tienen derecho a una prestación contributiva cuando llegue la edad de jubilación; por lo que, tienen riesgo de sufrir doble vulnerabilidad, por ser mujeres mayores y por bajos ingresos.

El mercado de trabajo de ambos municipios confirma la presencia de estereotipos y roles de género, ya que, por ejemplo, en Arenales de San Gregorio, la principal ocupación masculina es en régimen de autónomo, lo que se debe principalmente, al hecho de que este municipio es esencialmente agrícola y los hombres son los titulares de las explotaciones. Mientras que la presencia femenina en el sector público también es destacable ya que son 20 las mujeres que realizaron el cuestionario entre los dos municipios. El trabajo en el sector público aglutina las profesiones de cuidador o cuidadora de guardería, profesora, enfermera, trabajadora social... profesiones más relacionadas con el cuidado que por tanto son ocupadas, como se mencionaba al principio del estudio, por mujeres. La incorporación de las mujeres al mercado de trabajo remunerado no las exime de realizar el trabajo doméstico y de cuidado no remunerado en los hogares, sufriendo, lo que se denomina «la doble jornada» o «doble presencia».

El perfil sociodemográfico más común en ambos municipios es mujer entre 45 y 64 años, que convive en familia o pareja con hijos e hijas, aunque, en Campo de Criptana la mayoría de las encuestadas trabajan en el sector público (7 mujeres), en Arenales de San Gregorio lo hacen en el trabajo doméstico y de cuidados no remunerados (7 mujeres). Esta franja de edad es muy interesante, pues es la edad donde el rol de persona cuidadora cobra mucha más importancia, principalmente por qué los progenitores (madre, padre) empiezan a envejecer a la vez que todavía puede haber menores a los que cuidar.

Caracterizada la población encuestada, se realiza un análisis descriptivo de las horas semanales que las personas encuestadas dedican a trabajo doméstico, cuidado, ocio y satisfacción de necesidades básicas.

1. Trabajo doméstico

Este bloque comprende las tareas más materiales, por ejemplo, pensar el menú semanal, hacer la comida, fregar, limpiar la casa o las reparaciones de esta. La mayoría de las personas encuestadas afirmaban que «calcular este tiempo era más sencillo que calcular las horas dedicadas al cuidado».

En relación con las tareas relacionadas con la alimentación (véase anexo 1, Tabla 3), la mayoría de los hombres encuestados en ambos municipios menores de 64 años (21 hombres) dedican menos de 14 horas semanales a estas tareas, mientras que prácticamente la mayoría de las mujeres encuestadas en el mismo grupo de edad, realizan más de 15 horas a la semana. Esto implica, que, de media, destinan 2 horas de su día a realizar estas tareas. En Campo de Criptana, por ejemplo, el 35 % de las mujeres encuestadas en esta franja de edad, es decir, 24 mujeres tienen un empleo remunerado y dedican más de 15 horas a las tareas relacionadas con la alimentación. De estas 21 mujeres, 13 tienen un trabajo a jornada completa, por lo que, mínimo dedican 7 horas al trabajo remunerado y 2 horas diarias a la realización de tareas con la alimentación. En Arenales de San Gregorio, hay 6 mujeres ocupadas, 5 en el trabajo doméstico y de cuidados no remunerado y 1 desempleada que dedican más de 15 horas a la semana.

Es importante reseñar que los estereotipos y roles de género siguen presentes en las edades más jóvenes ya que, de las 15 mujeres encuestadas en Campo de Criptana. en el grupo de edad entre 21 y 29 años, el 73,3 % dedican más de 15 horas a este tipo de tareas, mientras que, en este mismo grupo de edad, de los 10 hombres encuestados, 8 dedican menos de 14 horas a la semana. En Arenales de San Gregorio, de las 14 personas encuestadas en ese grupo de edad, el 28,57 % de las mujeres y el 14,28 % de hombres dedican más de 15 horas.

Con relación al grupo de hombres y mujeres mayores de 64 años, encontramos ligeras diferencias entre Campo de Criptana y Arenales de San Gregorio. En Campo de Criptana, tanto hombres como mujeres a partir de esta edad realizan más o menos una distribución equitativa de las tareas, ya que 6 de los hombres encuestados en esa franja de edad y 8 mujeres encuestadas de la misma franja de edad dedican entre 15 y 40 horas semanales a la realización de estas tareas. En Arenales de San Gregorio, las diferencias entre ambos sexos son mucho más notables, pues la mujer encuestada destina más de 15 horas semanales, mientras que el hombre encuestado destina menos de 14 horas semanales.

La limpieza del hogar recae sobre las mujeres en ambos municipios ya que la mayoría de las mujeres encuestadas, independientemente de la edad, dedican más 8 horas semanales a la limpieza. De media, esto implica la dedicación de 1 hora y 10 minutos al día, mientras que la mayoría de los hombres encuestados dedican menos de 7 horas, o ninguna (Véase anexo 1, Tabla 4). En Campo de Criptana, por ejemplo, el 67 % de las mujeres encuestadas en el grupo de edad entre 16 y 64 años dedican más de 8 horas, incluso, más del 10 % señalan dedicar más de 20 horas a la semana, lo que implicaría, dedicar más de 3 horas a este tipo de tareas. En Arenales de San Gregorio, el 88 % de las mujeres encuestadas en este grupo de edad dedican más de 8 horas al día.

Por otra parte, en Campo de Criptana, de las 67 mujeres encuestadas en edad de trabajar, un 12 % de ellas tienen un empleo remunerado a jornada completa y destinan más de 15 horas a todas las tareas relacionadas con la alimentación y más de 8 horas a tareas relacionadas con la limpieza del hogar. En un día promedio, dedican 7 horas al trabajo remunerado y, mínimo, 3:28 al trabajo doméstico no remunerado, lo que implica una jornada total de 10 horas. Comparando con los hombres del mismo grupo de edad, solo uno de los 18 encuestados dedica más de 15 horas a alimentación y más de 8 a la limpieza del hogar. Respecto a las reparaciones y el mantenimiento del hogar, en ambos municipios, al contrario de lo habitual, la realización de reparaciones y el mantenimiento del hogar, se encuentra más o menos equilibrado ya que tanto las mujeres encuestadas como los hombres realizan de manera esporádica estas tareas (26 hombres y 75 mujeres).

2. Cuidado

El cuidado es mucho más difícil de cuantificar puesto que, de acuerdo con Borderías, Carrasco y Torns[14], «el cuidado engloba una notable carga de

14 Carrasco, C., Borderías, C. y Torns, T., «Introducción. El trabajo de cuidados: Antecedentes históricos y debates actuales», en Carrasco, C., Borderías Mondejar, C., Torns,

subjetividad, traducida en emociones, sentimientos, afectos o desafectos, amores o desamores». Esto supone un peligro puesto que muchas veces las mujeres no son conscientes de que las tareas de cuidado a hijos e hijas o progenitores, u otras personas familiares o amigas debe pasar por un reparto equitativo con sus parejas, hermanos y hermanas, amistades o incluso con la sociedad en su conjunto. En esta sección se realiza un análisis de tres tipos de cuidados principales, el cuidado a menores, el cuidado emocional y/o físico a personas no dependientes y el cuidado a personas dependientes y/o enfermas.

En relación con el cuidado de menores, en ambos municipios hay una parte importante de la población menor de 64 años que destina menos de 7 horas al cuidado de menores. Concretamente, 16 hombres y 49 mujeres en Criptana y 6 hombres y 10 mujeres en Arenales de San Gregorio (Véase anexo 1, Tabla 5). En ambos municipios el cuidado de menores sigue recayendo sobre las mujeres ya que, en Campo de Criptana, 8 mujeres destinan entre 8 y 20 horas, 2 mujeres destinan entre 21 y 30 horas semanales y 8 mujeres (11,94 % de las mujeres encuestadas en ese municipio y en ese grupo de edad) dedican más de 31 horas semanales. Esto implica, que, de media, al día, dedican, al menos, 4 horas y media al cuidado de menores. Es cierto que este cuidado puede ser mucho más intensivo en el fin de semana, aunque, independientemente del día que se realice, es una obviedad que las mujeres en Criptana son las que se encargan del cuidado de menores. En Arenales de San Gregorio, el patrón se repite, ya que el 22,22 % de las mujeres encuestadas en ese grupo de edad dedican más de 31 horas a la semana (4 mujeres). Respecto al grupo mayor de 64 años, no se observa que los abuelos y las abuelas sean los que se encargan del cuidado mayoritariamente de menores pero sí que complementan las tareas de cuidado de los progenitores de los y las menores. El 83 % de las personas encuestadas (9 hombres y 15 mujeres en Campo de Criptana y una mujer en Arenales de San Gregorio) en este grupo de edad afirma que dedican menos de 7 horas al cuidado de menores.

Cuando se habla en el trabajo de cuidado físico y emocional de personas no dependientes se hace referencia a «estar pendiente», por ejemplo «estar pendiente de que el abuelo que se ha quedado viudo recientemente se duche»[15]. Cuantificar este tiempo es bastante complicado, pues a veces, una persona cuida prácticamente las 24 horas de su día, pero, aun así, se ha incluido en el cuestionario con el fin de que las personas reflexionen sobre el concepto de cuidado (Véase anexo 1, Tabla 6). La mayoría de las personas encuestadas, independientemente de la edad, 45 personas (15 hombres, 63 mujeres) dedican menos de 7 horas, es decir, 1 hora al día. Si analizamos las

T. y Bofill Abelló, M. (Coords.), *El trabajo de cuidados: historia, teoría y políticas*, Los libros de la Catarata, Madrid, 2011, pág. 72.

15 Palabras textuales de una mujer al realizar la encuesta en Campo de Criptana.

personas del grupo de edad entre 16 y 64 años, susceptibles de «ser cuidador o cuidadora», las mujeres dedican más horas semanales que los hombres. Así, en Campo de Criptana, 15 mujeres encuestadas dedican entre 8 y 15 horas y 12 de ellas dedican más de 16 horas mientras que en Arenales de San Gregorio, 3 mujeres dedican entre 8 y 15 horas semanales y 4 dedican más de 16 horas a la semana. Estas cifras confirman la teoría de la mística del cuidado definida como:

> «utilización del cuidado para la construcción de una identidad femenina basada en el cuidado o la maternidad. Las mujeres tienen esa necesidad, que en realidad es una obligación moral socialmente construida que las presiona, de cuidar a todas aquellas personas que les rodean»[16].

Por otro lado, respecto al cuidado de personas dependientes y/o enfermas, la mayoría de las personas encuestadas no se encargan del cuidado de ninguna persona dependiente y/o enferma (Véase anexo 1, Tabla 7). En Campo de Criptana, 17 personas (5 hombres y 12 mujeres) tienen familiares dependientes y/o enfermos a su cargo, 16 de estas personas señalan que son sobre las que recae la mayor carga de cuidado de personas dependientes (1 hombre, 15 mujeres). Respecto al tiempo y la edad es interesante destacar, que la edad más frecuente de mujeres cuidadoras es de 45 a 64 años, como se mencionaba anteriormente, mientras que en hombres, la edad más frecuente es más de 76 años. El cuidado que, por lo general, realizan los hombres es a sus parejas que, debido al envejecimiento, no pueden valerse por sí solas, mientras que las mujeres, lo más normal, es que tengan que cuidar de sus ascendientes (padre, madre, tío, tía...). Señalar, que, en Campo de Criptana, de los 8 hombres encuestados en ese grupo de edad, entre 45 a 64 años, dedican menos de 7 horas al cuidado de personas dependientes. Esto es bastante reseñable porque en un municipio envejecido lo más habitual es que las personas mayores a partir de 80 años necesiten de unos cuidados más intensivos, por lo que estos hombres en este grupo de edad, lo normal, es que tengan ascendientes, pero sean las hermanas, generalmente, las que realicen ese tipo de cuidados. Analizando el tiempo dedicado, 8 personas (2 hombres y 6 mujeres) dedican entre 8 y 15 horas, y 5 mujeres de las encuestadas en la franja de edad entre 16 y 64 años dedican entre 16 y 20 horas. En Arenales de San Gregorio, más del 82 % de personas encuestadas no tienen a ninguna persona dependiente y/o enferma a su cargo (8 hombres, 12 mujeres). Las 5 personas restantes que tienen personas dependientes y/o enfermas a su cargo son sobre las que cae la mayor carga de cuidado de estas personas (2 hombres y 3 mujeres). Es destacable que el intervalo de edad en el que se centra el cuidado en las mujeres cuidadoras (3), al igual que en Campo de Criptana, es entre 45 y 64 años, mientras que los hombres cuidadores (2) se encuentran entre los 21 y los 44 años. 3 de estas 5 per-

16 *Vid.* op. cit. Carrasco, C., Borderías, C. y Torns, T., «Introducción. El trabajo ...», pág. 72.

sonas dedican entre 8 y 15 horas (1 hombre, 2 mujeres), mientras que una mujer dedica más de 31 horas.

3. Ocio y satisfacción de necesidades personales

La satisfacción de necesidades personales y el ocio no se entiende como trabajo doméstico y de cuidados, pero es importante analizarlo teniendo en cuenta el sexo y la edad, pues la dedicación al trabajo ya sea remunerada o no, no deja mucho espacio para otro tipo de actividades, como pueden ser la satisfacción de necesidades personales o el ocio (Véase anexo 1, Tablas 8 y 9).

En Arenales de San Gregorio, el 50 % de las mujeres encuestadas entre los 16 y 64 años (9) destinan entre 45 y 50 horas semanales a la satisfacción de necesidades personales, esto es 7 horas y 15 minutos de media al día para dormir, comer, higiene personal. Si analizamos el ocio en ese mismo grupo de edad, el 11 % de las mujeres encuestadas (61,1 %) destinan entre 1 y 7 horas semanales. Por otro lado, el 55,56 % de los hombres encuestados del grupo de edad entre 16 y 64 años, destinan entre 51 y 60 horas a la satisfacción de necesidades personales. Si se analiza el grupo de edad mayor de 64 años en Arenales de San Gregorio, también, se encuentran diferencias. El 100 % de los hombres encuestados en esta franja de edad dedica más de 70 horas, mientras que la mujer encuestada dedica entre 51 y 70 horas. En Campo de Criptana, el reparto de este tiempo es similar, el 50,75 % de las mujeres y el 38,89 % de los hombres encuestados entre 16 y 64 años dedican entre 45 y 50 horas semanales al ocio y la satisfacción de necesidades personales. Es cierto que el 27,78 % de los hombres encuestados en este mismo grupo de edad dedica entre 61 y 70 horas frente al 11,94 % de mujeres de la misma franja de edad que dedica las mismas horas. Si analizamos el ocio en esta misma franja de edad, el 49,25 % de las mujeres encuestadas dedican entre 1 y 7 horas a la semana, frente al 55,56 % de los hombres que dedican entre 8 y 14 horas, de media, al ocio. En el grupo de personas mayores de 64 años, los hombres se caracterizan por dedicar menos tiempo a la satisfacción de necesidades personales, entre 51 y 60 horas, frente al 43,75 % de mujeres encuestadas que dedica más de 70 horas. Si se analiza el grupo de edad mayor de 64 años, encontramos diferencia entre el reparto del tiempo en el ocio y la satisfacción de necesidades básicas entre hombres y mujeres, el hombre encuestado de arenales dedica más de 15 horas a dormir.

V. Conclusión

El trabajo doméstico y de cuidados no remunerado en los municipios de Campo de Criptana y Arenales de San Gregorio se encuentra feminizado, independientemente de la edad, municipio, nivel de estudios y situación laboral analizada. Éste se sigue considerando como una obligación para las familias, y, en especial, de las mujeres, evitando su externalización, la cual suele tener matices negativos pues se relaciona con una dejadez de los roles establecidos que una mujer tiene que cumplir. De hecho, el estudio confirma esta realidad, pues de las 142 personas encuestadas, solo dos mujeres en Campo de Criptana afirman tener una persona contratada para la realización de las tareas domésticas y de cuidado.

Los resultados muestran que existen grandes diferencias en la distribución del tiempo en Campo de Criptana y Arenales de San Gregorio, ya que, las mujeres en Campo de Criptana tienen dos trabajos, el remunerado y el no remunerado, mientras que en Arenales de San Gregorio la mayoría de las mujeres encuestadas en edad de trabajar se dedican al trabajo doméstico y de cuidados no remunerado. Dos conclusiones principales se desprenden de este hecho que provoca que las mujeres de ambos municipios sufran situaciones de desigualdad con respecto a sus homólogos.

En primer lugar, tras el análisis de los datos de Campo de Criptana, se puede afirmar que en este municipio la introducción de la mujer al mercado de trabajo, en igualdad de condiciones que el hombre, no ha supuesto cambios en la misma magnitud en el ámbito del hogar, es decir, no ha supuesto una corresponsabilidad efectiva. Las mujeres criptanense se ven sometidas a dobles jornadas de trabajo, lo que las hace más vulnerables a sufrir enfermedades mentales, como pueden ser la ansiedad o la depresión. Estas dobles jornadas les dificultan destinar tiempo al ocio y a compartir sus vivencias con otras mujeres. Por otro lado, muchas de las mujeres de Arenales de San Gregorio no han accedido al mercado de trabajo remunerado, debido principalmente a la importancia del sector agrícola entre las actividades productivas. Sector que todavía se encuentra muy masculinizado sobre todo cuando se trata de pequeñas explotaciones en el que solo existe un titular de la explotación. Las mujeres trabajan en las explotaciones de sus maridos o padres de forma importante bajo el epígrafe de ayuda familiar. Concepto éste que estadísticamente implica que las mujeres pueden trabajar incluso a tiempo completo (por lo que se les considera activas) pero pueden hacerlo sin recibir ninguna contraprestación ni en dinero ni en especie. Aun así, en demasiadas ocasiones las mujeres solo se identifican como colaboradoras por lo que, a la hora de realizar el cuestionario la mayoría de las mujeres ha señalado que se dedican a realizar trabajos domésticos y de cuidados.

Para finalizar, hay que señalar que en ambos municipios se observa un ligero cambio, pero en la actualidad, no existe una corresponsabilidad entre hombres y mujeres lo que contribuye a perpetuar los estereotipos de género en el mundo rural y lo que fomenta que muchas mujeres sientan la necesidad de salir de estos pueblos para poder seguir desarrollando sus carreras profesionales y sus vidas personales y sociales.

VI. Bibliografía

Carrasco, C., **Borderías, C.** y **Torns, T.**, «Introducción. El trabajo de cuidados: Antecedentes históricos y debates actuales» en **Carrasco, C.**, **Borderías Mondejar, C.**, **Torns, T.** y **Bofill Abelló, M.** (Coords.), *El trabajo de cuidados: historia, teoría y políticas*, Los libros de la Catarata, Madrid, 2011, págs. 13-97.

Castilla-La Mancha., *Estrategia Regional frente a la despoblación en Castilla-La Mancha 2021-2031*, Castilla-La Mancha, 2021.

Closing Gap., *Coste oportunidad de la brecha de género en el medio rural*, Women for a Healthy Economy, Madrid, 2022.

Comas D'argemir, D., «Cuidados y derechos. El avance hacia la democratización de los cuidados», en *Cuadernos de Antropología Social*, núm. 49, 2019, págs. 13-29.

Dirección General de Desarrollo Rural, Innovación y Formación Agroalimentaria., *Diagnóstico de la Igualdad de Género en el Medio Rural*, Catálogo de Publicaciones de la Administración General del Estado, Madrid, 2022.

Durán, M.ª A., «El trabajo no remunerado en la familia», en *Arbor: Ciencia, pensamiento y cultura*, núm. 694, 2003, págs. 239-268.

— *El trabajo no remunerado en la economía global*, Fundación BBVA, Bilbao, 2012.

Economistas Sin Fronteras., #VisibilizarLoInvisible, Madrid, 2023.

Ministerio de Agricultura, Pesca y Alimentación., «Demografía de la población rural en 2020», en *ArgInfo*, núm. 31, 2020, págs. 1-7.

Red Española de Desarrollo Rural, *Estudio Mujer Rural. El Futuro se escribe en femenino II*, Madrid, 2021.

VII. Anexo 1

Tabla 1: Distribución de la población desagregada por sexo, grupos de edad y municipio

Municipio	Grupo de edad	Total	Hombres	Mujeres	% de mujeres
Campo de Criptana	De 0 a 15 años	1.954	1.021	933	47,75 %
	De 16 a 64 años	8.452	4.353	4.099	48,50 %
	Más de 65 años	2.736	1.214	1.522	55,63 %
Arenales de San Gregorio	De 0 a 15 años	82	43	39	47,56 %
	De 16 a 64 años	321	172	149	46,42 %
	Más de 64 años	168	79	89	52,98 %

Fuente: Elaboración propia a partir del Padrón Municipal, Instituto de Estadística de Castilla la Mancha.

Tabla 2: Ocupación de las personas encuestadas en función del sexo, grupo de edad y municipio

Ocupación	Campo de Criptana				Arenales de San Gregorio			
	Hombres	% de hombres	Mujeres	% de mujeres	Hombres	% de hombres	Mujeres	% de mujeres
Estudiante	3	16,67 %	4	5,97 %	0	0,00 %	2	11,11 %
Persona desempleada	2	11,11 %	7	10,45 %	0	0,00 %	2	11,11 %
Trabajo doméstico y de cuidados no remunerado	0	0,00 %	9	13,43 %	0	0,00 %	7	38,89 %
Trabajo doméstico y de cuidados no remunerado	1	5,56 %	3	4,48 %	0	0,00 %	0	0,00 %
Régimen autónomo	3	16,67 %	7	10,45 %	5	55,56 %	2	11,11 %
Sector privado	3	16,67 %	19	28,36 %	4	44,44 %	2	11,11 %
Sector público	5	27,78 %	17	25,37 %	0	0,00 %	3	16,67 %
Jubilado/a	1	5,56 %	1	1,49 %	0	0	0	0

Fuente: Elaboración propia a partir del análisis de las respuestas del Cuestionario «Medición del tiempo dedicado al trabajo doméstico y de cuidados no remunerado».

Tabla 3: Distribución de las horas semanales en relación con las tareas de alimentación desagregado por sexo, grupo de edad y municipio

Grupo de edad	Horas semanales	Campo de Criptana				Arenales de San Gregorio			
		Hombres	% de hombres	Mujeres	% de mujeres	Hombres	% de hombres	Mujeres	% de mujeres
Entre 16 y 64 años	Menos de 14	14	77,78 %	25	37,31 %	7	77,78 %	8	44,44 %
	Entre 15 y 40 horas	4	22,22 %	35	52,24 %	2	22,22 %	6	33,33 %
	Más de 41 horas	0	0,00 %	7	10,45 %	0	0,00 %	4	22,22 %
Más de 64 años	Menos de 14	5	41,67 %	1	6,25 %	1	100 %	0	0,00 %
	Entre 15 y 40 horas	6	50,00 %	8	50,50 %	0	0,00 %	1	100 %
	Más de 41 horas	1	8,33 %	7	43,75 %	0	0,00 %	0	0,00 %

Fuente: Elaboración propia a partir del análisis de las respuestas del Cuestionario «Medición del tiempo dedicado al trabajo doméstico y de cuidados no remunerado».

Tabla 4: Distribución de las horas semanales de limpieza del hogar desagregado por sexo, grupo de edad y municipio

Grupo de edad	Horas semanales	Campo de Criptana				Arenales de San Gregorio			
		Hombres	% de hombres	Mujeres	% de mujeres	Hombres	% de hombres	Mujeres	% de mujeres
Entre 16 y 64 años	Ninguna	5	27,78 %	0	0,00 %	2	22,22 %	1	5,56 %
	Menos de 7 horas	11	61,11 %	22	32,84 %	6	66,67 %	4	22,22 %
	Entre 8 y 15 horas	2	11,11 %	28	41,79 %	0	0,00 %	4	22,22 %
	Entre 16 y 20	0	0,00 %	10	14,93 %	1	11,11 %	3	16,67 %
	Más de 20 horas	0	0,00 %	7	10,45 %	0	0,00 %	6	75,00 %
Más de 64 años	Ninguna	2	16,67 %	0	0,00 %	1	100,00 %	0	0,00 %
	Menos de 7 horas	6	50,00 %	3	18,75 %	0	0,00 %	0	0,00 %
	Entre 8 y 15 horas	4	33,33 %	5	31,25 %	0	0,00 %	0	0,00 %
	Entre 16 y 20	0	0,00 %	2	12,50 %	0	0,00 %	1	100,00 %
	Más de 20 horas	0	0,00 %	6	37,50 %	0	0,00 %	0	0,00 %

Fuente: Elaboración propia a partir del análisis de las respuestas del Cuestionario «Medición del tiempo dedicado al trabajo doméstico y de cuidados no remunerado».

Tabla 5: Distribución de las horas semanales de cuidado de menores desagregado por sexo, grupos de edad y municipio

Grupo de edad	Horas semanales	Campo de Criptana				Arenales de San Gregorio			
		Hombres	% de hombres	Mujeres	% de mujeres	Hombres	% de hombres	Mujeres	% de mujeres
Entre 16 y 64 años	Ninguna	14	77,78 %	42	62,69 %	3	33,33 %	7	38,89 %
	Menos de 7 horas	2	11,11 %	7	10,45 %	3	33,33 %	3	16,67 %
	Entre 8 y 15 horas	2	11,11 %	6	8,96 %	0	0,00 %	4	22,22 %
	Entre 16 y 20 horas	0	0,00 %	2	2,99 %	2	22,22 %	0	0,00 %
	Entre 20 y 30 horas	0	0,00 %	2	2,99 %	1	11,11 %	0	0,00 %
	Más de 31 horas	0	0,00 %	8	11,94 %	0	0,00 %	4	22,22 %
Más de 64 años	Ninguna	7	58,33 %	10	62,50 %	0	0,00 %	1	100,00 %
	Menos de 7 horas	2	16,67 %	5	31,25 %	0	0,00 %	0	0,00 %
	Entre 8 y 15 horas	1	8,33 %	0	0,00 %	0	0,00 %	0	0,00 %
	Entre 16 y 20 horas	0	0,00 %	0	0,00 %	0	0,00 %	0	0,00 %
	Entre 20 y 30 horas	1	8,33 %	1	6,25 %	1	100,00 %	0	0,00 %
	Más de 31 horas	1	8,33 %	0	0,00 %	0	0,00 %	0	0,00 %

Fuente: Elaboración propia a partir del análisis de las respuestas del Cuestionario «Medición del tiempo dedicado al trabajo doméstico y de cuidados no remunerado».

Tabla 6: Distribución de las horas de cuidado emocional o físico de personas no dependientes por sexo, grupos de edad y municipios

Grupo de edad	Horas semanales	Campo de Criptana				Arenales de San Gregorio			
		Hombres	% de hombres	Mujeres	% de mujeres	Hombres	% de hombres	Mujeres	% de mujeres
Entre 16 y 64 años	Ninguna	4	22,22 %	11	16,42 %	1	11,11 %	4	22,22 %
	Menos de 7 horas	9	50,00 %	29	43,28 %	6	66,67 %	7	38,89 %
	Entre 8 y 15	4	22,22 %	15	22,39 %	1	11,11 %	3	16,67 %
	Más de 16 horas	1	5,56 %	12	17,91 %	1	11,11 %	4	22,22 %
Más de 64 años	Ninguna	2	16,67 %	5	31,25 %	1	100,00 %	0	0,00 %
	Menos de 7 horas	5	41,67 %	8	50,00 %	0	0,00 %	1	100,00 %
	Entre 8 y 15	4	33,33 %	2	12,50 %	0	0,00 %	0	0,00 %
	Más de 16 horas	1	8,33 %	1	6,25 %	0	0,00 %	0	0,00 %

Fuente: Elaboración propia a partir del análisis de las respuestas del Cuestionario «Medición del tiempo dedicado al trabajo doméstico y de cuidados no remunerado».

Tabla 7: Distribución de las horas semanales de cuidado de personas dependientes y/o enfermas por sexo, grupos de edad y municipios

Grupo de edad	Horas semanales	Campo de Criptana				Arenales de San Gregorio			
		Hombres	% de hombres	Mujeres	% de mujeres	Hombres	% de hombres	Mujeres	% de mujeres
Entre 16 y 64 años	Ninguna	14	77,78 %	46	68,66 %	7	77,78 %	11	61,11 %
	Menos de 7 horas	2	11,11 %	8	11,94 %	0	0,00 %	3	16,67 %
	Entre 8 y 15 horas	1	5,56 %	5	7,46 %	0	0,00 %	2	11,11 %
	Entre 16 y 20 horas	0	0,00 %	5	7,46 %	1	11,11 %	1	5,56 %
	Entre 20 y 30 horas	0	0,00 %	1	1,49 %	0	0,00 %	0	0,00 %
	Más de 31 horas	1	5,56 %	2	2,99 %	0	0,00 %	1	5,56 %
Más de 64 años	Ninguna	8	66,67 %	14	87,50 %	1	100,00 %	1	100,00 %
	Menos de 7 horas	2	16,67 %	0	0,00 %	0	0,00 %	0	0,00 %
	Entre 8 y 15 horas	1	8,33 %	1	6,25 %	0	0,00 %	0	0,00 %
	Entre 16 y 20 horas	0	0,00 %	0	0,00 %	0	0,00 %	0	0,00 %
	Entre 20 y 30 horas	0	0,00 %	0	0,00 %	0	0,00 %	0	0,00 %
	Más de 31 horas	1	8,33 %	1	6,25 %	0	0,00 %	0	0,00 %

Fuente: Elaboración propia a partir del análisis de las respuestas del Cuestionario «Medición del tiempo dedicado al trabajo doméstico y de cuidados no remunerado».

Tabla 8: Distribución de las horas semanales dedicadas al ocio por sexo, grupos de edad y municipio

Grupo de edad	Horas semanales	Campo de Criptana				Arenales de San Gregorio			
		Hombres	% de hombres	Mujeres	% de mujeres	Hombres	% de hombres	Mujeres	% de mujeres
Entre 16 y 64 años	Ninguna	0	0,00 %	1	1,49 %	0	0,00 %	0	0,00 %
	Entre 1 y 7 horas	4	22,22 %	33	49,25 %	8	88,89 %	11	61,11 %
	Entre 8 y 14 horas	10	55,56 %	24	35,82 %	1	11,11 %	5	27,78 %
	Más de 15 horas	4	22,22 %	9	13,43 %	0	0,00 %	2	11,11 %
Más de 64 años	Ninguna	1	8,33 %	0	0,00 %	0	0,00 %	0	0,00 %
	Entre 1 y 7 horas	2	16,67 %	6	37,50 %	0	0,00 %	0	0,00 %
	Entre 8 y 14 horas	5	41,67 %	3	18,75 %	0	0,00 %	1	100,00 %
	Más de 15 horas	4	33,33 %	7	43,75 %	1	100,00 %	0	0,00 %

Fuente: Elaboración propia a partir del análisis de las respuestas del Cuestionario «Medición del tiempo dedicado al trabajo doméstico y de cuidados no remunerado».

Tabla 9: Distribución de las horas semanales dedicadas a la satisfacción de necesidades personales por sexo, grupos de edad y municipio

Grupo de edad	Horas semanales	Campo de Criptana				Arenales de San Gregorio			
		Hombres	% de hombres	Mujeres	% de mujeres	Hombres	% de hombres	Mujeres	% de mujeres
Entre 16 y 64 años	Entre 45 y 50 horas	7	38,89 %	34	50,75 %	2	22,22 %	9	50,00 %
	Entre 51 y 60 horas	3	16,67 %	18	26,87 %	5	55,56 %	6	33,33 %
	Entre 61 y 70 horas	5	27,78 %	8	11,94 %	1	11,11 %	2	11,11 %
	Más de 70 horas	2	11,11 %	7	10,45 %	1	11,11 %	1	5,56 %
Más de 64 años	Entre 45 y 50 horas	2	16,67 %	1	6,25 %	0	0,00 %	0	0,00 %
	Entre 51 y 60 horas	5	41,67 %	2	12,50 %	0	0,00 %	1	100,00 %
	Entre 61 y 70 horas	2	16,67 %	5	31,25 %	0	0,00 %	0	0,00 %
	Más de 70 horas	3	25,00 %	8	50,00 %	1	100,00 %	0	0,00 %

Fuente: Elaboración propia a partir del análisis de las respuestas del Cuestionario «Medición del tiempo dedicado al trabajo doméstico y de cuidados no remunerado».

VIII. Anexo 2

Encuesta «Medición del tiempo dedicado al trabajo doméstico y de cuidados no remunerado»

El objetivo de esta encuesta es reflejar el tiempo que dedicas al trabajo doméstico y de cuidados no remunerado. *«Las tareas que comprende el trabajo doméstico y de cuidados no remunerado abarcan desde la alimentación propia y de otros, criar a niños y niñas, proporcionar vivienda, asistir en la enfermedad, limpiar los cubiertos, dar consejos, ayuda práctica y emocional, llamar a tu prima a ver que tal la entrevista y acordarse de que tu madre tenía médico ese día»* (Dolors Comas d'Argemir).

1. **Sexo**
   - Hombre
   - Mujer
   - Otro
2. **Edad**
   - Entre 16 y 20 años
   - Entre 21 y 29 años
   - Entre 30 y 44 años
   - Entre 45 y 64 años
   - Entre 65 y 75 años
   - Más de 76
3. **Nivel de estudios**
   - Sin estudios
   - Primaria
   - Secundaria
   - FP/Grados formativos
   - Estudios universitarios
   - Otros
4. **Municipio de residencia**
   - Campo de Criptana
   - Tomelloso
   - Arenales de San Gregorio
   - Pedro Muñoz
   - Socuéllamos

5. **¿Con quién convives?**
   - Vivo sola/o
   - En familia o pareja con hijos/as
   - En familia o pareja sin hijos/as
   - En familia o pareja sin hijos/as y con ascendientes
   - En familia o pareja sin hijas/os y con ascendientes
   - Familias monoparental o familia monomarental
   - Compartiendo piso
   - Otro
6. **¿Cuál es tu situación laboral?**
   - Trabajando en el sector privado
   - Trabajando en el sector público
   - Empleado por cuenta propia (Autónomo/a)
   - Persona dedicada a labores domésticas o de cuidado no remunerado
   - Persona dedicada a labores domésticas o de cuidado remunerado
   - Desempleado/a
   - Jubilado/a
   - Estudiante
7. **En caso de empleo por cuenta ajena (privado o público)**
   - Jornada completa
   - Jornada parcial
8. **¿Cuántas horas a la semana dedicas al trabajo remunerado? (Escribe tu respuesta)**
9. **¿Cuántas horas a la semana dedicas a la formación (presencial/ online) (Escribe tu respuesta)**
10. **¿Cuántas horas a la semana dedicas a tareas relativas a la preparación de la alimentación? (Comprar, guardar y preparar alimentos, cocinar, fregar la vajilla, pensar el menú semanal)**
    - Ninguna
    - Menos de 14 horas
    - Entre 15 y 20 horas
    - Entre 21 y 30 horas
    - Entre 31 y 40 horas
    - Más de 41 horas

11. **¿Cuántas horas a la semana dedicas a la limpieza del hogar?**
    - Ninguna
    - Menos de 7 horas
    - Entre 8 y 15 horas
    - Entrc 16 y 20 horas
    - Más de 20 horas
12. **¿Cuántas horas a la semana dedicas a realizar gestiones? (Bancos, gestiones administrativas...) (Escribe tu respuesta)**
13. **¿Con qué frecuencia realizas reparaciones y mantenimiento de la casa?**
    - Nunca
    - Esporádicamente
    - Una vez a la semana
14. **¿Cuántas horas a la semana dedicas al cuidado de menores?**
    - Ninguna
    - Menos de 7 horas
    - Entre 8 y 15 horas
    - Entre 16 y 20 horas
    - Entre 20 y 30 horas
    - Más de 31 horas
15. **¿Cuántas horas a la semana dedicas al cuidado físico o emocional de mayores (No dependientes)?**

    Cuidado físico y emocional se refiere a llamar a tu sobrino/a para ver que tal esa entrevista de trabajo, a tu primo para ver qué tal la operación, acompañar a tu padre/madre al médico, escuchar el drama de tu hijo/a
    - Ninguna
    - Menos de 7 horas
    - Entre 8 y 15 horas
    - Entre 16 y 20 horas
    - Entre 20 y 30 horas
    - Más de 31 horas
16. **¿Tienes familiares dependientes y/o enfermos a tu cargo?**
    - Si
    - No

17. **¿Cuántas horas a la semana dedicas al cuidado de familiares dependientes y/o enfermos a tu cargo?**
    - Ninguna
    - Menos de 7 horas
    - Entre 8 y 15 horas
    - Entre 16 y 20 horas
    - Entre 20 y 30 horas
    - Más de 31 horas
18. **¿Eres la persona sobre la que recae la mayor carga de cuidado de una persona dependiente y/o enferma?**
    - Si
    - No
19. **¿Cuántas horas a la semana dedicas a ocio? (Deporte, lectura, redes sociales, ver películas, amigos/as)**
    - Ninguna
    - Entre 1 y 7 horas
    - Entre 8 y 14 horas
    - Más de 15 horas
20. **¿Cuántas horas a la semana dedicas a cubrir necesidades básicas? (Comer, dormir, higiene personal...)**
    - Entre 45 y 50 horas
    - Entre 51 y 60 horas
    - Entre 61 y 70 horas
    - Más de 70 horas
21. **En caso de convivir con alguien (pareja, hijos, ascendientes...) ¿Cómo se distribuyen las tareas de trabajo doméstico y de cuidados?**
    - Todas las personas que convivimos tenemos la misma responsabilidad.
    - Soy yo la persona que realiza la mayoría de las tareas domésticas y de cuidados
    - Es mi pareja / otra persona del núcleo familiar (madre/ padre) la que realiza la mayoría de las tareas domésticas y de cuidados
    - Soy yo la persona que planifica las tareas de trabajo doméstico y de cuidados
    - Es mi pareja/otra persona del núcleo familiar la que planifica las tareas de trabajo doméstico y de cuidados

- Se cuenta con una persona contratada únicamente para la realización de estas tareas.

CAPÍTULO VI

LAS MUJERES (EN PLURAL) Y SU CONTRIBUCIÓN AL DESARROLLO RURAL

José Manuel del Barrio Aliste
Profesor Titular de Sociología y Comunicación
Universidad de Salamanca

I. Mujeres y desarrollo rural: premisas de partida

Mi tesis de partida es que la participación de las mujeres es una herramienta clave para animar, fomentar y poner en marcha proyectos de desarrollo en las zonas rurales con el objetivo de, entre otros, mejorar, reforzar e incrementar la calidad de vida y el bienestar de la ciudadanía. Soy consciente de que esta declaración de buenas intenciones debe argumentarse y justificarse de manera científica y racional, entre otras razones porque construir y promover el desarrollo en cualquier ámbito y comunidad no es una simple cuestión de buena voluntad ni de varitas mágicas.

Para favorecer y promover el desarrollo de un territorio, de una comarca o de un colectivo social específico, como puede ser el de las mujeres rurales de cualquier zona de la España Vaciada, se requiere, en primer lugar, debatir o reflexionar sobre el significado de la palabra «desarrollo». Algunos pueden pensar que estoy introduciendo una cuestión excesivamente teórica; sin embargo, no lo es. Por ejemplo, cuando un actor social (individuo, grupo, asociación, empresa, gobierno local, regional o central, etc.) dice que «pretende desarrollar algo», muchas veces, sin saberlo, tiene una idea previa (aunque no la haya expresado públicamente) sobre lo que entiende por la palabra «desarrollo».

Probablemente, unos entenderán el desarrollo como el incremento del Producto Interior Bruto (PIB), es decir, que se produzcan más bienes y servicios durante equis años; otros, por el contrario, pensarán que habrá desarrollo si la ciudadanía, es decir, las mujeres y los hombres pueden acceder en igualdad de condiciones a los mismos servicios o equipamientos que pueden disponer quienes residen en otros territorios; incluso habrá algunas personas que posean conocimientos un poco más sofisticados y hablen del desarrollo humano, del desarrollo sostenible, de la satisfacción de las necesidades básicas, del desarrollo entendido como seguridad humana o incluso de la felicidad; y, tal vez, otras se conformarán con reducir los índices de pobreza o de exclusión social de una zona para que efectivamente se pueda hablar de desarrollo.

Ahora bien, para favorecer o promover el desarrollo de las mujeres rurales y, por extensión, el de cualquier ciudadano no es suficiente con tener una idea previa sobre la calidad de vida y el bienestar que se desea conseguir para un territorio, dado que, como se irá viendo, todos los procesos sociales están influidos por una pluralidad de factores y condicionantes, que deben conocerse e identificarse con suficiente claridad. Y tampoco podemos pasar por alto otra premisa básica: las necesidades y los problemas de las mujeres rurales, al igual que los de cualquier otro ciudadano, brotan en circunstancias muy especiales, es decir, en contextos y escenarios que se están modificando permanentemente, contribuyendo no solo a la irrupción de nuevos problemas sino también a la aparición de nuevas oportunidades. De ahí que los diseñadores de programas, planes o proyectos de desarrollo rural deban tener una visión tanto de los desafíos como de los retos y las oportunidades de las mujeres y, por extensión, el conjunto de la ciudadanía en el contexto de la nueva ruralidad ampliada, itinerante y postindustrial.

Entiendo, por tanto, que sólo cuando estas premisas de partida han sido suficientemente aclaradas se pueden dar pistas, recomendaciones o alternativas para incrementar el desarrollo o el bienestar de las mujeres en las zonas rurales.

II. La participación de la población: algo más que una moda

Si lo escrito son aspectos teóricos que no deben quedar en el olvido, lo que viene a continuación es un aspecto clave que no puede pasarse por alto. Se sintetiza en dos preguntas: ¿Qué relevancia tiene la participación de la población en el diseño, gestión y evaluación de los proyectos de desarrollo? ¿Y en los contextos rurales? Porque sabemos que durante las últimas décadas se ha observado un creciente interés en los organismos nacionales e internacionales sobre la necesidad de promover e impulsar la participación de la ciudadanía y de asegurar un papel activo de las personas que van a beneficiarse de la ejecución de proyectos de desarrollo. No obstante, la experiencia demuestra que se han acometido numerosos planes, programas y proyectos que pretendían ser participativos y que, sin embargo, faltaban objetivos claros y metodologías que aseguraran la tan ansiada participación a lo largo de todo el proceso.

Además, en muchas ocasiones se olvida que los actores sociales que operan en un territorio son diferentes y que defienden estrategias diversas e incluso contradictorias. Pero también hay otra cuestión que suele aparcarse con relativa facilidad: no se pueden transferir resultados de unos territorios a otros de manera automática, dando por hecho que lo que funciona en una zona puede y debe trasladarse a otras. Pero, sobre todo, en muchas ocasiones se ha olvidado que la participación de la población no quiere decir consultar a los actores, tal como entienden algunos de forma simplista. Porque, a mi modo de ver, la participación es mucho más. Por ejemplo:

a) Si la participación en los programas de desarrollo pretende ser algo más que una frase de moda, los planificadores, gestores y administradores deberán enfrentar la tarea de organizar la participación.

b) Ahora bien, podemos y debemos aclarar a quiénes esperamos beneficiar, y cómo, pero no podemos estar seguros de que nuestros esfuerzos darán los frutos deseados.

c) Deben existir objetivos realistas para la participación y debe tenerse muy en cuenta que algunas etapas de la planificación serán relativamente más lentas, mientras que otras serán más rápidas.

d) Debe haber un compromiso financiero adecuado y explícito con la participación de la población. Porque no basta con la simple buena voluntad e imaginar que con su nombramiento ya está todo conseguido.

e) Para que se puedan alcanzar los objetivos deseados, es imprescindible elaborar planes específicos para compartir las responsabilidades en todas las etapas del ciclo del proyecto que vaya a implementarse.

f) Sabemos que algunas instituciones son más idóneas que otras para llevar a cabo los programas de desarrollo y fomentar la participación.

g) Entre las principales trampas potenciales está el peligro de que la élite de la comunidad y otros actores sociales se adueñen del programa de desarrollo para su propio beneficio.

h) Otro problema, casi tan difícil como el anterior, es cómo evitar la burocratización y las rigideces de la gobernanza. Porque llevar adelante y mantener en el tiempo los proyectos participativos puede resultar mucho más difícil que iniciarlos, requiriendo esfuerzos y energías permanentes.

i) Y no se olvide que una deficiencia común en muchos disenadores consiste en subestimar los conocimientos técnicos de la población local. Hay que recordar la desafortunada tendencia de ver a la ciudadanía como «el problema» y a los técnicos, burócratas y planificadores como «la solución». Semejante actitud refleja una perspectiva preconcebida sobre quienes deben beneficiarse del proyecto, excluyendo las contribuciones que pueden y deben hacer las personas con recursos limitados.

III. La sociedad rural: un viaje de ida y vuelta

Si lo escrito debe tenerse muy presente, hablar de los problemas y muy especialmente de los retos y las oportunidades para las mujeres de las zonas rurales exige ir algo más allá. Por ejemplo, es fundamental conocer las características de «los nuevos escenarios de la ruralidad», ámbito donde se supone que es urgente implementar acciones que palíen, de algún modo, las circunstancias adversas y los negros nubarrones que, en muchas ocasiones, se filtran en muchas zonas. A estas cuestiones dedicaré los siguientes párrafos.

En primer lugar, conviene no perder de vista que en las sociedades tecnológicamente avanzadas el medio rural ha experimentado mutaciones muy profundas, que se explican, entre otras razones, por los cambios en la lógica de localización de las actividades productivas, la inversión del sentido clásico de las migraciones y por lo que yo he denominado «la moda de lo rural», es decir, el consumo de signos y símbolos de la cultura tradicional. Aunque estos procesos son más visibles en unas zonas rurales que en otras, sin embargo, no se puede negar que están conformando el escenario de una nueva ruralidad, donde nuevas y viejas políticas, nuevos y viejos actores, nuevas y viejas formas de relación social, nuevos movimientos sociales y grupos de interés compiten en la defensa y construcción de lo rural. Por tanto, estas transformaciones espaciales, funcionales y socioeconómicas han afectado a la propia delimitación del ámbito rural y, por consiguiente, han afectado muy directamente al diseño y ejecución de los programas de desarrollo.

Pero, además, es muy dudoso que la pervivencia de las zonas rurales se fundamente única y exclusivamente en las actividades del sector primario, cuestión que debe tenerse muy en cuenta en el diseño de planes, programas y proyectos de desarrollo rural. Porque conviene insistir, una vez más, en que la agricultura ya no tiene la relevancia económica y el significado social de otras épocas, están apareciendo nuevas actividades económicas distintas a las de antaño, se observa una revitalización de símbolos y signos de la cultura tradicional y algunos grupos de población regresan a los pueblos.

Estos procesos tienen una gran relevancia en algunas zonas de España y, como constatan algunas investigaciones, todo apunta a que estas tendencias se van a acentuar en el futuro. Así, durante los próximos años vamos a presenciar cambios muy intensos en la industria agroalimentaria, la conectividad habrá dejado de ser una rémora para impulsar nuevas iniciativas de desarrollo y, por consiguiente, seremos espectadores de nuevos cambios sociodemográficos, de nuevos modos de acción colectiva y, por supuesto, de nuevas relaciones y conflictos sociales que habrá que asumir y gestionar del mejor modo posible.

En resumen, la sociedad rural, tal y como trata de interpretarse en estas líneas, ha sido y sigue siendo muy importante, tanto en términos cuantitativos como desde una perspectiva cualitativa. El mundo rural no está muerto, aunque parece que muchos se empeñan en enterrarlo o en que desaparezca. No está muerto porque en él se perciben ciertos procesos demográficos emergentes. Estos procesos van a determinar el papel y la función que va a jugar nuestro mundo rural en los próximos años. Pero, al mismo tiempo, el espacio rural es una realidad que se valora (y se hará aún mucho más en las próximas décadas) no sólo en términos de producción, sino como soporte de nuevas actividades estratégicas (plantas de residuos sólidos y urbanos, embalses, parques eólicos, plantas solares, centros penitenciarios) y como escenario de nuevos usos y funciones sociales: segundas residencias, ocio y tiempo libre, turismo rural, reserva medioambiental, etc.

En fin, nadie puede negar el papel que ha jugado y sigue teniendo el sector primario en el sostenimiento de las zonas rurales. Pero de ahí a pensar que este sector tendrá la misma relevancia en el futuro va un abismo. Que quede claro que no discuto ni pongo en entredicho la importancia de estas actividades para la defensa de todo el entramado de la sociedad rural, pero sería un error hacer depender el futuro de los pueblos solamente de este sector de actividad.

IV. Las mujeres en el entramado de la sociedad rural

Ya se ha escrito que uno de los rasgos más distintivos de los cambios y transformaciones de la sociedad rural durante las últimas décadas ha sido la pérdida de centralidad de la actividad agraria en dos dimensiones fundamentales de la vida cotidiana: la económica y la simbólica. Como es lógico, las mujeres han sido y siguen siendo artífices y receptoras de este proceso de cambio. Y lo han hecho como debe hacerse: actuando y desplegando estrategias de género con el fin de incrementar sus cuotas de participación y poder social. No está de más repasar algunos elementos clave de este proceso.

La dependencia de las mujeres frente a los hombres «cabezas de familia» ha sido, y todavía lo es en muchas ocasiones, muy intensa. La apropiación masculina del trabajo productivo (el que proporciona reconocimiento social y remuneración económica) adopta una forma peculiar en el mundo rural. Las mujeres rurales han vivido y trabajado mayoritariamente en negocios familiares, no solo agrarios, sino también no agrarios (pequeños comercios, fábricas o talleres artesanales).

Para muchas mujeres, trabajar en familia ha tenido consecuencias muy negativas: a efectos prácticos, el trabajo que se realiza en una empresa familiar es un trabajo que va a engrosar una bolsa común cuya titularidad ostenta el «cabeza de familia». Es un trabajo que, contribuyendo de forma muy importante a la marcha del negocio familiar, no reporta de forma directa y personal remuneración, derechos sociales e identidad profesional. Suele ser un trabajo invisible, como se ha dicho multitud de veces.

Repetidamente se ha señalado también lo inadecuado de utilizar fuentes estadísticas oficiales para evaluar la remuneración del trabajo en la agricultura, por las graves subestimaciones que se producen. Por esta razón se ha recurrido principalmente al análisis de tipo cualitativo en áreas geográficas de una extensión reducida.

Las mujeres, en cuanto «ayudas familiares», forman parte de la población activa, pero son una categoría de activas de segunda clase, hasta el punto de que muchas veces no existe conciencia de serlo. Muchas agricultoras o ayudas familiares en negocios no agrarios se autodefinen como «amas de casa», porque de hecho, a efectos prácticos, no son otra cosa (personas que trabajan para su familia sin categoría laboral, ni remuneración directa). Pero son amas de casa peculiares, que no sólo cocinan, limpian, lavan, cuidan de los niños y de las personas mayores, sino que además atienden la huerta, participan en la recolección, se ocupan del ordeño de los animales y de mil tareas más que pasan desapercibidas o que no son suficientemente reconocidas socialmente.

Por tanto, las mujeres rurales se han encontrado en una posición curiosa: han padecido todos los inconvenientes de trabajar y casi ninguna de sus ventajas, en la medida en que su trabajo en el seno de la empresa familiar les «ha lucido» tan poco como el trabajo doméstico al ama de casa urbana.

La débil integración de las mujeres en la economía formal y el elevado nivel de paro femenino son el resultado de una serie de fenómenos que se van interrelacionando. Destacan las actitudes tradicionales en lo que se refiere a los roles establecidos para hombres y mujeres, una grave falta de empleos para las mujeres en el medio rural y cierto número de obstáculos —ausencia de medios de transporte, de servicios de guardería, etc.— que hacen que a las mujeres les resulte difícil tener acceso al mercado laboral. Y, en muchos casos, la tendencia actual agrava aún más la situación: la disminución de los efectivos en los servicios públicos y la centralización de éstos, tanto en el sector privado como en el público, las castigan doblemente, de manera que les resulta más difícil tener acceso al trabajo y a los servicios, algo que tanto ellas como sus familias necesitan. Sin olvidar que el rechazo a la agricultura y al mundo rural que expresa la huida generalizada de mujeres jóvenes en las últimas décadas ha tenido mucho de rechazo a una determinada forma de vincularse al trabajo.

V. La importancia de las mujeres en el desarrollo rural

No obstante, las mujeres han tenido y siguen teniendo un papel clave en la vida cotidiana de las comunidades rurales. En todas partes las mujeres rurales emplean su tiempo en tareas múltiples: en casa, administran el hogar y cuidan a los hijos; en el pueblo, cubren los servicios sociales y culturales, a menudo voluntariamente; económicamente, cuando no cobran un salario ni son trabajadoras autónomas pero colaboran activamente en la explotación agrícola o en la empresa familiar. Sin embargo, las políticas de desarrollo rural a menudo no reconocen la ayuda y la función de las mujeres en su justa medida, de ahí que se produzca una falta de eficacia y de solidaridad, contribuyendo a mantener la discriminación social. Esto ocurre porque sus responsabilidades domésticas y familiares no sólo les impiden participar en la toma de decisiones sino que, al liberar a los hombres de muchas tareas, facilitan la participación masculina. Por tanto, el reparto desigual de las tareas es un obstáculo para conseguir una participación igualitaria entre las mujeres y los hombres en el desarrollo rural. Algunos ejemplos de iniciativas a favor de las mujeres y destinadas a alentar su participación muestran que, de todos modos, existen soluciones posibles.

Teniendo en cuenta la diversidad de los contextos socioculturales en los que operan los programas y las iniciativas de desarrollo, el medio rural es más bien conservador en lo que se refiere a las funciones sociales desarrolladas por ambos sexos. No obstante, las mujeres juegan de hecho una función principal en los programas de desarrollo. Así, demográficamente, tienen una presencia muy significativa en las zonas afectadas por las iniciativas comunitarias, a pesar de que el éxodo rural y la emigración de los hombres han sido importantes; obligadas o deseosas de crear su propia fuente de ingresos, las mujeres se lanzan a nuevas actividades a menudo innovadoras; son agentes esenciales en el sector del turismo rural; las acciones de formación y de inserción sociolaboral afectan, sobre todo, a las mujeres deseosas de lanzar una empresa, de regresar al mercado laboral; la instalación de telecentros y otros equipamientos ligados a las nuevas tecnologías de la información facilitan el teletrabajo, que puede ofrecer nuevas perspectivas de empleo, sobre todo, a las mujeres.

El aislamiento y la falta de servicios adaptados (servicios de salud, guarderías y actividades de formación) afectan considerablemente a la calidad de vida de las mujeres rurales. La tarea de ocuparse de los hijos, que les incumbe la mayoría de las veces, hace que sea más difícil ejercer una actividad profesional. Este problema se acentúa en la mayoría de las zonas rurales, ya que las guarderías y otros servicios de proximidad para la infancia están alejados, no son muy numerosos o simplemente no existen.

VI. Algunas reflexiones e ideas para la acción

¿Qué se puede hacer para facilitar la calidad de vida, el bienestar, la inserción laboral y la participación de las mujeres en las zonas rurales? Conviene insistir una vez más en que la complejidad de la pregunta requiere analizar con rigor los contextos en donde las mujeres residen, trabajan y construyen sus proyectos de vida. Lo que está claro es que la supervivencia de lo que llamamos «mundo rural» depende hoy más que nunca de su capacidad para proporcionar modelos de participación social, laboral y no laboral, lo suficientemente atractivos no sólo para las mujeres sino también para el conjunto de la ciudadanía.

Estoy convencido de que el logro de una estrategia de desarrollo rural depende de la movilización de los conocimientos, competencias, recursos y habilidades de todos los ciudadanos, así como de la puesta en marcha de acciones que respondan a sus necesidades. Ahora bien, en cuanto a la eficacia de una gestión integral del desarrollo, hay dos principios esenciales: 1) hay que tener en cuenta la igualdad entre hombres y mujeres y 2) es básica la participación de todas y todos.

Entre los retos más urgentes, la creación de empleo debería ser una tarea ineludible. La experiencia de los últimos años nos recuerda que en el medio rural los empleos se ganan uno a uno: en unos casos gracias a una nueva combinación de actividades; en otros, por la unión de actividades complementarias, por una cooperación ejemplar entre administraciones y empresas o asociaciones, o, como ocurre con frecuencia, por una iniciativa colectiva que permite proponer un nuevo servicio, comercializar los productos locales de otra forma o crear una oferta turística nueva. Es en lo más próximo al terreno, en el acompañamiento cotidiano de las iniciativas de la población, empresas, asociaciones y autoridades locales, donde, poco a poco, se van ganando puntos en esta difícil y permanente batalla por el empleo.

En lo que respecta al paro femenino, por ejemplo, los proyectos de desarrollo rural exigen enfoques estratégicos particulares, lo que no necesariamente significa que estén dirigidos únicamente a las mujeres. El apoyo al empleo independiente y a la creación de empresas es también importante. Las mujeres rurales, a menudo, saben identificar bien los recursos y las necesidades locales que pueden convertirse en mercados potenciales. Sin embargo, hace falta una asistencia técnica y un acompañamiento de calidad si lo que realmente se busca es que aumente la confianza de las mujeres en sí mismas y mejorar sus competencias de manera que se garantice el éxito de las iniciativas empresariales.

Si bien las iniciativas de mujeres cumplen una función fundamental, también es necesario que los organismos de apoyo a las empresas velen por que sus servicios sean tan accesibles para los hombres como para las mujeres. Esto implica, entre otras cosas, que se sensibilice a los consejeros de las empresas sobre la cuestión de la igualdad de oportunidades entre mujeres y hombres, que se forme y se nombre a consejeros del sexo femenino, que se garantice que los contratos de financiación o de crédito no sean discriminatorios para las mujeres, que la publicidad para las formaciones y los servicios de asesoría de las empresas incite de igual manera a mujeres y a hombres.

Las iniciativas para el empleo y la creación de empresas tienen que conseguir la mejora del estatuto profesional de las mujeres. Son numerosas las que trabajan en la granja o en la empresa familiar y no se les reconoce su estatuto de trabajadoras independientes ni tienen tiempo libre para seguir una formación que les permita tener acceso a una profesión de manera oficial.

Conviene velar porque las actividades creadas no aumenten el aislamiento y la carga de trabajo de las interesadas: aunque el teletrabajo a domicilio o el turismo rural sirven para aumentar las rentas, también pueden reforzar el aislamiento de las mujeres rurales y el reparto desigual de las tareas domésticas y familiares.

Los nuevos sectores económicos ofrecen también posibilidades a las mujeres rurales, no sólo en términos de empleo sino también como solución al problema de los transportes y de los servicios de proximidad en las zonas rurales. Aunque muchas mujeres necesitan adquirir confianza en sí mismas para poder crear una empresa, muchas agencias o grupos de desarrollo tienen que aprender a confiar en las ideas y en las capacidades de las mujeres. Muchas ideas dadas por las mujeres rurales se refieren a actividades no convencionales con las que persiguen varios objetivos a la vez: ingresos adicionales, empleo, mejora de la calidad de vida, protección del medio ambiente, mantenimiento de la cultura local, etc.; esto hace que en algunos casos la reacción de las agencias de desarrollo sea la de no tomarse en serio estos proyectos o la de proporcionarles un apoyo técnico y financiero inadecuados.

Las mujeres pueden iniciar y realizar proyectos individualmente pero se constata que, a menudo, las iniciativas aportadas por grupos o redes de mujeres son las que aportan más beneficios a las comunidades locales. Para responder a las esperanzas y a las necesidades de las mujeres, las agencias de desarrollo podrían hacer muchas más cosas de lo que hacen y no sólo promocionar proyectos concebidos por y para mujeres.

Implicar a las mujeres en el desarrollo rural significa también garantizar su participación en la elaboración de los proyectos y en la toma de decisiones, en lo que respecta a la elección de los objetivos, de las estrategias o de las acciones que llevar a cabo. Informar a las mujeres sobre la estrategia de desarrollo rural, mostrarles que se está abierto a sus ideas y a su participación, ya es un primer paso muy importante. Acciones como éstas refuerzan la solidaridad de las mujeres rurales y las empujan a buscar soluciones.

Es importante que las mujeres participen activamente en la gobernanza de las estrategias dirigidas por las agencias de desarrollo y los poderes públicos.

Formar y promover a las mujeres para que ocupen puestos de responsabilidad, mejorar la representación de las mujeres y de sus asociaciones en los comités de orientación y en los consejos de administración son medidas que pueden tener un impacto muy positivo.

Habría que efectuar un control sistemático de las políticas, de las estrategias y de los proyectos de desarrollo antes de su adopción, con el fin de velar porque no sean discriminatorios para las mujeres o por lo menos para que se tenga en cuenta y se persiga una mayor igualdad entre mujeres y hombres. Esto implica un diagnóstico de la situación, de las funciones, de las necesidades y de las motivaciones de mujeres y hombres, así como una estrategia que tenga en cuenta este diagnóstico. Algunas organizaciones están poniendo en marcha métodos que permiten la elaboración y el seguimiento de proyectos que integran la igualdad de género. Sus experiencias no deberían caer en saco roto.

En resumen, promover la igualdad de oportunidades es una prioridad que tiene que ir pareja al conjunto de los programas de desarrollo. Ahora bien, es indispensable que estos compromisos se traduzcan en objetivos e indicadores concretos, tomándose muy en cuenta en el seguimiento y la evaluación de los proyectos. Porque diseñar proyectos es tan relevante como comprobar que estos han producido los efectos esperados en lo referente a la igualdad y la calidad de vida para las mujeres (en plural) y toda la ciudadanía de las zonas rurales.

VII. Bibliografía

Alario Trigueros, M., *Las mujeres en el medio rural de Castilla y León*, Consejo Económico y Social de Castilla y León, Valladolid, 2004.

Barrio Aliste, J. M. Del., *Desarrollo y desigualdad territorial en Zamora en los inicios del siglo XXI,* Instituto de Estudios Zamoranos Florián de Ocampo, Zamora, 2009.

Camarero Rioja, L. A., *La población rural de España. De los desequilibrios a la sostenibilidad social*, Fundación La Caixa, Barcelona, 2009.

Díaz Méndez, C., «Modelos de inserción sociolaboral de las jóvenes rurales», en *Papers*, núm. 54, 1998, págs. 113-128.

Franco Rebollar, P. y **Guilló Girard, C. I.**, «¿Qué pasa fuera de las ciudades? Violencia de género y ruralidad», en *Revista Europea de Derechos Fundamentales*, núm. 19, 2012, págs. 215-244.

Gálvez Muñoz, L. y **Matus López, M.**, «Género y ruralidad en Andalucía: un diagnóstico regional», en *Revista de Estudios Regionales*, núm. 94, 2012, págs. 195-218.

García de León Álvarez, M. A. (ed.), *El campo y la ciudad. Sociedad rural y cambio social*, Ministerio de Agricultura, Pesca y Alimentación, Madrid, 1996.

García Sanz, B., «Nuevas claves para entender la recuperación de la sociedad rural», en *Papeles de Economía Española*, núm. 60/61, 1994, págs. 204-218.

Gómez Benito, C. y **González Rodríguez, J. J.** (eds.), *Agricultura y Sociedad en la España Contemporánea*, Ministerio de Agricultura, Pesca y Alimentación, Madrid, 1997.

Martín Patino, J. M. y otros, *Recuperación de lo rural. Un mundo distinto cada vez más cercano*, Fundación Encuentro, Madrid, 1998.

Maya Frades, A., *El desarrollo rural como estrategia territorial: las perspectivas de los espacios rurales de Castilla y León,* Universidad de León, León, 2008.

Molinero Hernando, F. y otros, *Atlas de la España rural*, Ministerio de Agricultura, Pesca y Alimentación, Madrid, 2005.

Monferrer Palmer, A., «Nuevas y viejas ruralidades. Representación sobre la representación cinematográfica de la ruralidad española», en *Rassegna Iberistica*, vol. 38, núm. 104, 2015, págs. 255-274.

Moyano Estrada, E., «La agricultura familiar revisitada. Una mirada a la agricultura como factor de desarrollo social y económico», en *Ambienta,* núm. 7, 2014, págs. 6-18.

Nogué i Font, J., «El reencuentro con el lugar: nuevas ruralidades, nuevos paisajes y cambio de paradigma», *Documents d'anàlisi geogràfica*, vol. 62, núm. 3, 2016, págs. 489-502.

Ramos Real, E. (coord.), *El desarrollo rural en la Agenda 2000*, Ministerio de Agricultura, Pesca y Alimentación, Madrid, 1999.

Regidor, J. G. (coord.), *Desarrollo rural sostenible: un nuevo desafío. Ley para el Desarrollo Sostenible del Medio Rural*, Ministerio de Medio Ambiente, Medio Rural y Marino / Mundi Prensa, Madrid, 2009.

Rodríguez González, R. y **Pérez Correas, E.** (coords.), *Espacios y desarrollo rurales. Una visión múltiple desde Europa y Latinoamérica*, Ediciones Trea, Oviedo, 2004.

Sampedro Gallego, M. R., *Género y ruralidad. Las mujeres ante el reto de la desagrarización*, Instituto de la Mujer, Madrid, 1996.

Sanz Cañada, J. (ed.), *El futuro del mundo rural. Sostenibilidad, innovación y puesta en valor de los recursos locales*, Síntesis, Madrid, 2007.

Valero, D., **Escribano Pizarro, J.** y **Pérez-Cosín, J. V.**, «Las percepciones de la exclusión social en el medio rural durante la Gran Recesión: una historia de marcos neoliberales, patriarcales e idilio rural», en *Revista Española de Investigaciones Sociológicas*, núm. 179, 2022, págs. 125-144.

CAPÍTULO VII

DERECHO AL TRABAJO, PERSPECTIVA DE GÉNERO Y RETO DEMOGRÁFICO: POLÍTICAS PÚBLICAS DE EMPLEO FEMENINO EN CLAVE TERRITORIAL

Ana García-García
Personal Investigador en Formación (Junta Castilla y León)
Universidad de Salamanca

I. Trabajo, género y territorio

Como en el juego tradicional del «Tira y afloja», a cada paso que el sistema dé hacia lo fácil y lo rentable siempre habrá quién clave los pies en el suelo y se resista a dejar que la mitad de la soga cruce la línea. En ese equipo están las personas con sensibilidad rural que se preocupan y se ocupan de, no solo cómo resistir, sino también cómo tirar de la soga hacia el lado humanista y amable de la vida, ese que combine con justicia y equidad el trabajo, el género y el territorio.

Fruto de la Primera Revolución Industrial se produjeron grandes cambios en el sistema de producción agrícola que expulsaron del medio rural a una población que buscaba en las ciudades la supervivencia —incluso el progreso— al servicio de las nuevas fábricas de producción. A las consecuencias que de ello derivaron (pésimas condiciones de trabajo y de vida) se le conoce como «la cuestión social[1]» que llega hasta nuestros días.

Las dinámicas productivas, económicas, políticas y sociales que se fueron instalando en consecuencia respondían a los principios de un modelo económico y social de rentabilidad y éxito que no pasaban por la vida en medio rural:

> «La necesidad de mano de obra en las ciudades industriales fue acompañada de la promoción de los valores de la modernidad, anclada en los antagonismos con los estilos de vida pueblerinos y la desvalorización de estos últimos, incluso su ridiculización[2]».

Dinámicas que han ido vaciando los municipios rurales dando origen a «la cuestión rural[3]».

La discriminación estructural hacia las mujeres que nace de una sociedad patriarcal arraigada las ha condenado históricamente a estar subposicionadas en todos los ámbitos de la vida. Esta «cuestión del género», se ha en el ámbito laboral en mayores dificultades para acceder a un trabajo remunerado y mayor precariedad cuando se consigue un empleo. Es decir, por un lado, la división sexual del trabajo ha posicionado a las mujeres en actividades no remuneradas y de cuidados en el espacio doméstico, entorpeciendo o directamente negando su ingreso igualitario al espacio público del trabajo productivo. Por otro lado, la histórica posición de subordinación de la mujer al hombre —y al sistema patriarcal— se alinea con la subordinación o dependencia intrínseca a las relaciones de trabajo reconocida por el Derecho del Trabajo: el contrato de trabajo legaliza una relación de jerarquía, pues una parte tiene derecho a crear órdenes y la otra el deber de cumplirlas, germen, ambas posiciones, de la precariedad laboral de las mujeres en el empleo.

«Hacia la institucionalización de la perspectiva de género en el medio rural», significa en este trabajo aproximarse a la observación del mercado laboral en el medio rural desde un enfoque de género como el camino hacia una comprensión de la realidad a través de herramientas sensibles a las diferencias —y desigualdades— entre mujeres y hombres para así diseñar accio-

1 Díaz Martínez, J. A., Nova Melle, P., «La perspectiva sociológica: su naturaleza e institucionalización», en Vallés, J. M., Martí i Puig, S. (Dirs.), *Introducción a la Sociología para las Ciencias Sociales*, UNED, Madrid, 2018, pág. 25.

2 Cruz Souza, F., *Género, psicología y desarrollo rural: La construcción de nuevas identidades. Las representaciones sociales de las mujeres en el medio rural,* Serie Estudios núm. 163, Ministerio de Agricultura, Pesca y Alimentación, Madrid, 2006, pág. 81.

3 García García, A, «De «la cuestión social» a «la cuestión rural». La contribución del sindicalismo al desarrollo rural sostenible», en Fernando Pablo, M. M. y Domínguez Álvarez, J. L. (Dirs.), *Rural Renaissance: acción, promoción y resiliencia*, Thomson Reuters Aranzadi, Cizur Menor, 2022, págs. 451-465.

nes desde los poderes públicos que permitan avanzar hacia una sociedad más equitativa, en este caso, especialmente en el ámbito de las relaciones laborales. Se trata de situar el género como herramienta conceptual condicionante en el estudio de la diferente socialización de mujeres y de hombres y su repercusión en la inserción laboral femenina, pues es este factor el que a lo largo de la historia ha infraposicionado a las mujeres en cualquier ámbito y contexto, especialmente dentro del grupo familiar y en su permanencia o retirada del mundo laboral[4]. De esta manera, la actitud de los poderes públicos para propiciar las medidas necesarias para revertir las situaciones de discriminación, así como del Derecho del Trabajo para armar un sistema garantista de los derechos de las mujeres en el ámbito laboral, gozarán de una fundamentación sólida que avance hacia la igualdad real. En este sentido:

> «El Derecho en los distintos ámbitos en que se desenvuelve la actividad de las personas, y el Derecho del Trabajo y de la Seguridad Social en el suyo propio, se encuentran comprometidos, siendo la igualdad del género humano el fundamento mismo de su legitimación política democrática[5]».

En definitiva, se trata de observar la realidad que se pretende mejorar teniendo en cuenta las necesidades de mujeres y hombres y las relaciones que propician una redistribución más equitativa y democrática de responsabilidades y recursos. Diseñar con enfoque de género las políticas públicas contribuye a fomentar el desarrollo de habilidades de participación, replantea la distribución de roles productivos y reproductivos para reorganizar la carga de trabajo de las mujeres y hombres dentro y fuera del hogar e impulsan y da apoyo a los procesos de emprendimiento que contribuyen al empoderamiento de las mujeres en todos los ámbitos.

Ahora bien, esa inserción laboral de las mujeres en el medio rural debe ser respetuosa con el desarrollo sostenible: «aquel que satisface las necesidades de la generación presente sin comprometer la capacidad de las generaciones futuras para satisfacer sus propias necesidades[6]». Y precisamente se han

---

4 AGUILAR, E., PÉREZ, A., LOZANO, C. y MORENO, I. L., «Políticas de empleo femenino y desarrollo rural», en *Revista: Agricultura Familiar en España*, 2009, págs. 169-178.

5 CASAS BAAMONDE, M. E., «Igualdad de género y Derecho del trabajo y de la Seguridad Social: una integración inaplazable», en *Femeris*, vol. 4, núm. 2, 2019, págs. 5-8.

6 Definición del *Informe Brundtland* para Naciones Unidas en 1987. Además, La Organización de las Naciones Unidas para la Agricultura y la Alimentación define agricultura y desarrollo rural sostenibles como un proceso que: 1) Garantiza que los requerimientos nutricionales básicos de las generaciones presentes y futuras sean atendidos cualitativa y cuantitativamente, al tiempo que provee una serie de productos agrícolas. 2) Ofrece empleo estable, ingresos suficientes y condiciones de vida y de trabajo decentes para todos aquellos involucrados en la producción agrícola. 3) Mantiene, y allí donde sea posible, aumenta la capacidad productiva de la base de los recursos naturales como un todo, y la capacidad regenerativa de los recursos renovables, sin romper los ciclos ecológicos básicos y los equilibrios naturales. 4) Reduce la vulnerabilidad del sector agrícola

identificado como problemas principales la falta de oportunidades laborales y de servicios e infraestructuras, así como la masculinización y envejecimiento de la población[7]. Por lo tanto, las políticas públicas que persigan ese desarrollo sostenible del medio rural deberán caminar hacia una mejora la calidad de vida a través de medidas económicas, sociales y ambientales responsables hacia todas las generaciones que habitan en él. Pero ese desarrollo no puede ser a cualquier precio. Conseguir la plena igualdad de oportunidades entre mujeres y hombres es una cuestión de justicia, de derechos fundamentales y de responsabilidad ética, pero también es un importante soporte para el desarrollo económico y un elemento esencial en la vertebración y cohesión social de los territorios[8].

Por todo ello, esta propuesta de esta comunicación persigue iniciar una reflexión sobre la garantía del derecho al trabajo de las mujeres en el medio rural a través de un repaso crítico y propositivo por las políticas públicas de empleo femenino y en clave territorial como instrumentos para afrontar de manera exitosa el reto del pleno empleo y el reto demográfico.

II. Derecho al trabajo de la mujer y sus dificultades en los territorios rurales

1. Derecho a trabajar y su repercusión social

Más allá de acceder a los bienes de consumo y demás necesidades materiales, poseer un empleo tiene un importante impacto social, ya que proporciona un sentido de pertenencia y contribuye a la cohesión de la sociedad. Es decir, el trabajo, en su condición moderna de empleo, se ha convertido en el medio fundamental de integración social, de manera que no poseer un empleo conlleva importantes consecuencias en la garantía de una ciudadanía plena y en la calidad de vida.

Así pues, el artículo 35 de la Constitución Española recoge el trabajo como un derecho y como un deber:

> «Todos los españoles tienen el deber de trabajar y el derecho al trabajo, a la libre elección de profesión u oficio, a la promoción a través del trabajo y a una remu-

---

frente a factores naturales y socioeconómicos adversos y otros riesgos, y refuerza la autoconfianza.

7 Ministerio de Medio Ambiente, Medio Rural y Marino, Dirección General de Desarrollo Sostenible en el Medio Rural, *Condiciones de vida y posición social de las mujeres en el medio rural*, 2009, pág. 32.

8 Ministerio de Sanidad, Servicios Sociales E Igualdad, *Plan para la promoción de las mujeres en el medio rural (2015-2018),* 2018, pág. 3.

neración suficiente para satisfacer sus necesidades y las de su familia, sin que en ningún caso pueda hacerse discriminación por razón de sexo».

Se trata de un derecho laboral «dinámico», pues incluye el reconocimiento formal y el deber de los Poderes públicos de promover su realización efectiva[9]. Esa garantía jurídica al máximo nivel del derecho al trabajo supone su instrumentación y materialización a través de políticas públicas orientadas hacia la consecución del pleno empleo, creadoras de puestos de trabajo de calidad, con evidentes repercusiones en la participación en la creación del producto social y en el proceso de integración de la persona que trabaja en el sistema social[10].

Ahora bien, en una economía de mercado los poderes públicos solo disponen limitadamente y en forma indirecta del objeto del derecho al trabajo. Es decir, este derecho supone para el Estado el deber de fijar las condiciones más adecuadas para evitar o corregir el desempleo, pero no se trata de un derecho a acceder a un puesto de trabajo concreto, sino a una organización de servicios predispuesta por los poderes públicos que faciliten esa ocupación[11]: las políticas públicas de empleo.

Para llevar a cabo esa labor de intervención en el empleo es necesario conocer el diagnóstico de la realidad social que compone el mercado laboral, para lo cual, es inevitable tener en cuenta la desigual posición de hombres y mujeres como resultado de la interacción tanto del conjunto de conocimientos, recursos y valores que modelan sus distintas trayectorias vitales y laborales como de las oportunidades externas que los mercados de trabajo les otorgan[12]. Sobre ello se ha señalado que la falta de alternativas a la actividad agraria, tradicionalmente preponderante en el medio rural, así como la infravaloración del papel que la mujer puede desempeñar en el ámbito laboral, han convergido en una situación de elevado desempleo y consecuente éxodo masivo de la población más joven —en mayor medida femenina— hacia las ciudades.

2. El mercado de trabajo de las mujeres rurales

Para diseñar leyes y medidas coherentes con la realidad, se ha señalado que disponer de estadísticas desagregadas por sexo y municipio e indica-

9 STC núm. 22/1981, de 2 de julio (ECLI:ES:TC:1981:22).

10 Monereo Pérez, J. L.; Fernández Bernat, J. A.; López Insua, B. M., *Las políticas activas de empleo: configuración y estudio de su regulación jurídica e institucional*, Thomson Reuters Aranzadi, Cizur Menor, 2016, pág. 46.

11 Ibidem, 58.

12 Aguilar, E., Pérez, A., Lozano, C., Moreno, I. L., «Políticas de empleo femenino y desarrollo rural», en *Revista Agricultura Familiar en España*, 2009, págs. 169-178.

dores de género en el medio rural es la fase previa para un necesario diagnóstico territorial desde un enfoque de género. De esta manera se pueden identificar situaciones problemáticas o imprevistas y cuantificar los recursos disponibles y necesarios para garantizar la eficacia de las políticas públicas de empleo[13]. Además, analizar también el impacto de género en la planificación de las acciones para fomentar el desarrollo rural en términos de fomento del empleo supone un criterio de calidad y eficiencia al garantizar que las medidas a implementar no contribuirán a reproducir las desigualdades entre hombres y mujeres[14].

El reto demográfico, el pleno empleo y la igualdad de oportunidades entre mujeres y hombres tienen en común la búsqueda de la sostenibilidad del sistema en términos intra e intergeneracionales. Un país con grandes desequilibrios territoriales no es sostenible ni eficiente ni puede garantizar la igualdad en el acceso a los recursos y en la calidad de vida de su ciudadanía. Actualmente, casi la mitad de los municipios en España están por debajo de 12,5 habitantes por kilómetro cuadrado, situación considerada por la Unión Europea como territorios en riesgo de despoblación, siendo casi su mayoría municipios con menos de 500 habitantes[15]. Un país con una pirámide poblacional invertida que adolece de serios problemas de empleo no es sostenible, pues con un índice de envejecimiento del 120 %[16] las prestaciones por jubilación superan el margen de aportación de las personas activas que contribuyen con sus cotizaciones al mantenimiento del sistema. Además, el 85 % de los municipios con menos de 1000 habitantes tienen más hombres que mujeres[17], lo que supone una presencia muy desigual en el territorio y, en consecuencia, unas dinámicas sociales, económicas y asistenciales distintas, que pueden repercutir muy negativamente en la igualdad de oportunidades en general y particularmente en el ámbito laboral.

Sobre el último de estos rasgos característicos de la fotografía actual del medio rural, la masculinización de la población laboralmente activa, se han identificado, al menos, dos fenómenos relevantes. Por un lado, la «huida ilustrada[18]» emprendida por aquellas mujeres rurales que, ante la falta de

13 Ministerio de Medio Ambiente, Medio Rural y Marino, Dirección General de Desarrollo Sostenible en el Medio Rural, *Condiciones de vida y posición social de las mujeres en el medio rural*, 2009, pág. 20.

14 Ministerio de Agricultura, Pesca y Alimentación, Dirección General de Desarrollo Rural, Innovación y Formación Agroalimentaria, *Diagnóstico de la igualdad de género en el medio rural 2021*, 2022, pág. 25.

15 Ibidem, pág. 7.

16 Ibidem, pág. 9.

17 Ibidem, pág. 13.

18 Camarero, L., «¿Por qué se van las mujeres? El continuum de movilidad como hipótesis explicativa de la masculinización rural», en *Revista Española de Investigaciones Sociológicas (Reis)*, núm. 124, 2008, págs. 73-105. Este autor define «huida ilustrada» como la

oferta formativa y laboral en sus municipios de origen, emigran a ciudades o núcleos poblacionales de mayor tamaño, donde el abanico de oportunidades formativas, de cualificación y laborales es más amplio[19]. Por otro lado,

> «la tradicional distribución de roles entre hombres y mujeres ha determinado que las mujeres desarrollen las actividades relacionadas con la crianza de los hijos e hijas, la gestión del hogar y el cuidado de las personas mayores o dependientes en la esfera privada o doméstica, en subordinación a los hombres, que asumen el papel de «mantenedores» de la familia a través de la realización de un trabajo productivo remunerado y que se realiza principalmente en la esfera de lo público[20]».

Es decir, la infrarrepresentación femenina en el mercado de trabajo constituye una manifestación concreta de la discriminación histórica de la mujer en todos los ámbitos. En el ámbito laboral, las mujeres se incorporaron, de manera generalizada, mucho más tarde que los hombres, y lo hicieron para dedicarse, principalmente, a lo mismo que en sus casas. La división sexual del trabajo es la asignación diferenciada de roles y atribuciones entre hombres y mujeres y, en consecuencia, la diferente asignación de tareas según géneros: por un lado, el trabajo productivo —o empleo— para los hombres, como actividad reglada reconocida jurídica y socialmente que se da en el espacio público y que tiene como contraprestación una remuneración económica; por otro lado, el trabajo derivado del sostenimiento de la vida (reproductivo o de cuidados) para las mujeres: la actividad no remunerada y dentro del espacio doméstico que implica la reproducción de la vida, el cuidado de las personas dependientes y el resto de gestiones relacionadas con el hogar.

Pero ha de tenerse en cuenta también en el análisis de la inserción laboral de las mujeres la estructura del mercado laboral del ámbito rural, pues la menor participación laboral femenina, además de condicionamientos de género, está condicionada por las características del mercado de trabajo rural, menos dinámico y diversificado que el urbano y en el que no abundan las oportunidades laborales, sobre todo aquellas que requieren de una cualificación superior y ofrecen continuidad en el tiempo. En general, las escasas ofertas laborales existentes están relacionadas o con la demanda de mano de obra de la agricultura temporal o con las necesidades de cuidado origina-

estrategia formativa utilizada por las mujeres del medio rural, que consiste en abandonar su residencia —en municipios rurales— y vincularse con el modo de vida y oportunidades laborales y formativas que ofrecen las ciudades, desvinculadas de las connotaciones de lo agrario. El objetivo de la huida ilustrada es conseguir tanto el reconocimiento social como la movilidad social.

19 Ministerio de Agricultura, Pesca y Alimentación, Dirección General de Desarrollo Rural, Innovación y Formación Agroalimentaria, *Diagnóstico de la igualdad de género en el medio rural 2021*, 2022, pág. 29.

20 Ministerio de Agricultura, Alimentación y Medio Ambiente, Madrid, *Medio rural: trabajando en femenino*, 2013, pág. 9.

das por la débil situación demográfica del medio rural caracterizada (elevado envejecimiento y la masculinización de la población)[21].

El último informe[22] del Ministerio de Agricultura, Pesca e Innovación sobre el diagnóstico de la igualdad de género en el medio rural en 2021 arrojaba los siguientes datos:

- La tasa de empleo total del medio rural se situaba en el 56,8 %, siendo la femenina del 51,6 % y la masculina del 60,6 %, con una brecha de género de 9 puntos porcentuales a favor de los hombres (la brecha era de 23 puntos en 2011).
- La tasa de inactividad (personas que se encuentran fuera del mercado laboral, que ni están ocupadas ni buscan empleo) era del 29,6 % para las mujeres, mientras que la de los hombres era el 12 %.
- Dentro de la población inactiva, la mayor parte de las mujeres se dedicaban al trabajo doméstico no remunerado (64,4 %), mientras que la proporción de hombres en esta situación era 10 veces inferior.
- Respecto de la población empleada en el medio rural, persiste la segregación horizontal, pues el sector servicios y el sector industrial se encuentran feminizados mientras que en el sector agrario y el sector de la construcción hay un claro predominio de los hombres sobre las mujeres.
- En relación con los salarios, la brecha salarial de género disminuye, pero las mujeres continúan sobrerrepresentadas en salarios inferiores a 600 euros y los hombres en los superiores a 1.601 euros.

Por lo tanto, se observa como principales rasgos del mercado laboral femenino en el medio rural la falta de oportunidades laborales y a la precariedad cuando sí se logra acceder a un empleo (junto con la falta de infraestructuras y servicios, la falta de acceso a las tecnologías de la información y la comunicación y la escasa afiliación a la Seguridad Social de las mujeres trabajadoras). Especialmente la falta de oportunidades laborales para las mujeres supone un obstáculo estratégico que condiciona su permanencia o abandono del medio rural, mientras que la precariedad de la escasa oferta laboral disponible para las mujeres se manifiesta en empleos feminizados con alta temporalidad e inestabilidad (agricultura, industria agroalimentaria, actividades ligadas al turismo rural), informalidad (actividades desarrollas en el propio domicilio sin contratación) e invisibilidad (negocios familiares como «ayuda familiar»)[23].

---

21 Ibidem, pág. 118.

22 Ministerio de Agricultura, Pesca y Alimentación, Dirección General de Desarrollo Rural, Innovación y Formación Agroalimentaria, *Diagnóstico de la igualdad de género en el medio rural 2021*, 2022, pág. 67.

23 Ministerio de Medio Ambiente, Medio Rural y Marino, Dirección General de Desarrollo Sostenible en el Medio Rural, *Condiciones de vida y posición social de las mujeres en el medio rural*, 2009, pág. 36.

III. Políticas públicas de empleo femenino en el medio rural

En definitiva, la realidad laboral de las mujeres en el medio rural está condicionada principalmente por dos factores: su condición de mujer y de habitante del medio rural. Por lo tanto, el colectivo femenino se convierte en uno de los que atender de manera preferente desde las políticas públicas de fomento del empleo. Si las políticas públicas de empleo están formadas por el conjunto de medidas adoptadas por los poderes públicos con la finalidad de alcanzar el pleno empleo, la calidad en el empleo, la adecuación cuantitativa y cualitativa de la oferta y demanda de empleo, la reducción, prevención y la debida protección de las situaciones de desempleo (art 1 Ley 3/2023, de 28 de febrero, de Empleo y artículos 40 y 41 Constitución Española)[24], las políticas públicas de empleo femenino persiguen el incremento de la presencia femenina en el mercado de trabajo y la mejora de sus condiciones de trabajo, equiparándolas a las de los trabajadores de sexo masculino (evitando y corrigiendo su discriminación por el mero hecho de ser mujeres y tratando de compensar su posición histórica de desventaja).

Ante la tesis liberal clásica que rechaza la intervención estatal en el mercado de trabajo, abogando por su autorregulación, la cláusula del Estado social[25] que recoge la Constitución Española no solo avala, sino que compele a los poderes públicos a intervenir en el mercado de trabajo, asumiendo la existencia de problemas estructurales que deben ser afrontados mediante la configuración de un modelo de economía social de mercado, el cual compartimos con el resto de Europa. Así se compatibiliza la autonomía en la contratación y la libertad de empresa reconocida constitucionalmente con el mandato a los poderes públicos para garantizar a la ciudadanía el ejercicio pleno de sus derechos. Puesto que la dinámica de funcionamiento del mercado de trabajo privado presenta disfunciones, cuando no desigualdades y discriminaciones, se requiere una corrección a través de una intervención pública sistemática y planificada, pues la realidad es que no todos los grupos de trabajadores tienen

24 Monereo Pérez, J. L., Fernández Bernat, J. A., López Insua, B. M., *Las políticas activas de empleo: configuración y estudio de su regulación jurídica e institucional*, Thomson Reuters Aranzadi, Cizur Menor, 2016, pág. 46.

25 La cláusula del Estado social se concreta en esta materia en una interpretación sistemática del artículo 9.2, que asigna a los poderes públicos la obligación de promover las condiciones para que la igualdad del individuo y de los grupos en que se integra sean reales y efectivas, así como a remover los obstáculos que impidan o dificulten su plenitud; el artículo 35.1, que recoge el derecho y el deber de todos los españoles a trabajar, sin que en ningún caso pueda hacerse discriminación por sexo; así como del artículo 40.1, que compele a los poderes públicos para promover condiciones favorables hacia el progreso social y económico y de manera especial, mediante una política orientada al pleno empleo.

las mismas oportunidades (desequilibrios subjetivos), así como no todos los territorios presentan situaciones de relativo equilibrio (desequilibrios territoriales).

1. Instrumentos políticos frente al reto demográfico con impacto en el empleo femenino

En la IV Conferencia de Presidentes celebrada en enero de 2017, los presidentes de las Comunidades Autónomas y del Gobierno central acordaron afrontar los cambios demográficos que afectan a España, por lo que a través del Real Decreto 40/2017 se creó el Comisionado del Gobierno frente al reto demográfico, encargado de diseñar una Estrategia nacional frente al reto demográfico. La Estrategia nacional es un instrumento que pretende dotar a España de una política de Estado en materia demográfica, que implique en sus objetivos a la Unión Europea, al conjunto de poderes públicos y otras entidades a través de una alianza de lo público y de lo privado, con la finalidad de conectar el medio urbano con el rural, de buscar soluciones que contribuyan a la protección del entorno y a fijar una población a la que puedan ofrecerse oportunidades de desarrollo social y económico sostenible.

Al mismo tiempo, la Estrategia nacional persigue garantizar la igualdad de derechos y oportunidades de las mujeres y los hombres en España sin que puedan existir diferencias por la edad o el lugar en el que residan. El objetivo, por tanto, es sentar las bases de un proyecto de país que garantiza la igualdad de oportunidades y el libre ejercicio de derechos de ciudadanía en todo el territorio a través de la coordinación de las Administraciones Públicas, el aprovechamiento sostenible de los recursos y la estrecha conexión público-privada[26]. En definitiva, se trata de que el progreso económico y social venga en condiciones de igualdad entre territorios y entre mujeres y hombres, porque solo así el sistema será sostenible.

A nivel europeo, la población femenina también es uno de los colectivos de atención preferente de las políticas de desarrollo rural[27]. Ya en los 2000, el Reglamento 1257/1999 del Consejo, de 21 de junio de 1999, sobre ayuda al desarrollo rural, promovía «la eliminación de las desigualdades entre hombres y mujeres y el fomento de iguales oportunidades para ambos mediante el apoyo a proyectos cuya iniciativa y ejecución corra a cargo de mujeres». Hasta ese momento, importantes programas europeos como las iniciativas de desarrollo rural LEADER I (1991-1993) y LEADER II (1994-1999) no tenían

---

26 Ministerio de Política Territorial y Función Pública, Comisionado del Gobierno Frente Al Reto Demográfico, *Directrices Generales de la Estrategia Nacional frente al Reto Demográfico*, 2019, pág. 37.

27 Aguilar, E., Pérez, A., Lozano, C. y Moreno, I. L., «Políticas de empleo femenino y desarrollo rural», en *Revista Agricultura Familiar en España*, 2009, págs. 169-178.

ninguna mención especial a la igualdad de género. De hecho, en España, sólo una minoría de grupos LEADER II contaban con alguna mujer en su órgano de decisión (generalmente eran alcaldesas o concejalas de los municipios integrantes del mismo) y apenas un 10 % de los proyectos empresariales financiados eran de mujeres[28]. Pero, a partir de entonces, por ejemplo, LEADER + 2001-2006 comenzó a incluir como prioritarias las «estrategias que tengan por objetivo un incremento de empleo y de las actividades destinadas a las mujeres y los jóvenes», y al conceder una valoración extra a los proyectos promovidos por mujeres[29].

Actualmente, tras haber identificado que las mujeres reciben un tercio menos de ayudas directas de la PAC (72,74 % de las mismas destinadas a hombres[30]) y a iniciativa de España, la Unión Europea ha incorporado la perspectiva de género introduciendo cambios en la política agraria común para tratar de fomentar la presencia de las mujeres este sector en el medio rural. Por ejemplo, prevé el pago complementario de la ayuda básica a la renta para jóvenes de hasta 40 años, con la intención de favorecer el relevo generacional, el cual se incrementará en un 15 % si la persona beneficiaria es mujer.

2. Instrumentos legislativos frente al reto demográfico con impacto en el empleo femenino

En España, la Ley Orgánica 3/2007, de 22 de marzo, para la igualdad efectiva de mujeres y hombres, estableció como obligación de los poderes públicos el diseño e implementación de medidas en clave de igualdad, también en el desarrollo rural, respecto al cual, en su artículo 30, hace referencia al principio de igualdad en la política de desarrollo rural, donde se establecen cinco medidas para transversalizar el enfoque de género y favorecer la igualdad entre varones y mujeres en el medio rural, mencionado expresamente el mandato a las Administraciones públicas para promover nuevas actividades laborales que favorezcan el trabajo de las mujeres en el mundo rural.

Ese mismo año, Ley 45/2007, de 13 de diciembre, para el Desarrollo Sostenible del Medio Rural, entraba en vigor con el objetivo de asegurar mantenimiento de la población rural a través de la mejora de su situación

28 Ministerio de Medio Ambiente, Medio Rural y Marino, Dirección General de Desarrollo Sostenible y Medio Rural, *Desarrollo rural e igualdad de género en la Unión Europea*, 2010, pág. 27.

29 Ministerio de Medio Ambiente, Medio Rural y Marino, Dirección General de Desarrollo Sostenible y Medio Rural, *Buenas prácticas en desarrollo rural e igualdad*, 2010, pág. 11.

30 Ministerio de Agricultura, Pesca y Alimentación, Fondo Español de Garantía Agraria, *Ayudas Directas y Desarrollo Rural: Análisis de la edad y el sexo de los perceptores a nivel nacional y por comunidades autónomas 2020*, 2020.

socioeconómica y el acceso a unos servicios públicos de calidad, poniendo especial énfasis en la incorporación de los y las jóvenes rurales al mercado laboral, fomentando la igualdad de género y la participación de las mujeres en todos los ámbitos de la vida del medio rural. En concreto, su artículo 8 establece que todas las medidas contenidas en el Programa de Desarrollo Rural Sostenible, —instrumento principal a través del cual tanto Administración General del Estado como las Comunidades Autónomas desarrollarán la citada ley—, deberán respetar el principio de igualdad de trato y oportunidades entre mujeres y hombres, e incluso contempla la posibilidad de establecer medidas de acción positiva a favor de las mujeres rurales. En su artículo 20.f) contempla el diseño de programas específicos de apoyo a las iniciativas locales de desarrollo rural, según los enfoques LEADER de la Unión Europea, que contemplen como beneficiarios prioritarios a las mujeres, los jóvenes, las personas con discapacidad, los profesionales de la agricultura, las cooperativas y las entidades asociativas agrarias. Y en su artículo 22, respecto a la creación y mantenimiento del empleo, hace mención especial al empleo de las mujeres en el medio rural.

Para proceder al desarrollo e implementación de las medidas previstas en la Ley 45/2007, se impulsaron posteriormente el I Plan para favorecer la Igualdad entre Mujeres y Hombres en el Medio Rural (2007-2010), el Plan Estratégico para la Igualdad de género en el Desarrollo sostenible del medio rural (2011-2014) y el Plan para la Promoción de las Mujeres en el Medio Rural 2015-2018 (también enmarcado dentro del Plan Estratégico de Igualdad de Oportunidades 2014-2016).

3. Especial referencia al Plan de recuperación de 130 medidas frente al reto demográfico

Actualmente, desde 2021, se está implementando el Plan de Recuperación con 130 medidas frente al reto demográfico, orientado a impulsar la igualdad de oportunidades y la vertebración territorial mediante la diversificación económica de las zonas más desfavorecidas, el impulso de la innovación; la plena conectividad digital; el reforzamiento de los vínculos rurales y urbanos; la puesta en valor del territorio y de sus posibilidades endógenas de crecimiento; la adecuada prestación de los servicios básicos; o la incorporación de la perspectiva demográfica en el proceso de toma de decisiones del Gobierno[31]. El Plan aborda de forma específica la cohesión territorial con perspectiva de género, pues el Gobierno ha declarado prioridad la eliminación de las brechas de género derivadas de la falta de cohesión territorial, en relación con la masculinización del

31 Ministerio para la Transición Ecológica y el Reto Demográfico, *Plan de recuperación: 130 medidas frente al reto demográfico*, 2021, pág. 16.

territorio, la falta de oportunidades para las mujeres en el ámbito rural y las zonas en declive demográfico, la carga de cuidados hacia la mujer derivada del envejecimiento de la población, así como la violencia de género.

Cohesión y mujer son dos ejes prioritarios en el Plan de Recuperación y por ello la igualdad de derechos y oportunidades de las mujeres en el territorio, además de ser un objetivo transversal, también es uno de los ejes de actuación de este Plan. De hecho, su Ejes 5 (Igualdad de derechos y oportunidades de las mujeres y de los jóvenes) y Eje 6 (Fomento del emprendimiento y de la actividad empresarial) son principales para la cuestión que en este trabajo se aborda, pero a lo largo de todos los demás ejes se incluyen medidas que tienen impacto, en mayo o en menor medida, en el mercado de trabajo femenino en el medio rural. A modo de ejemplo:

- Líneas de apoyo financiero (préstamo participativo) al emprendimiento y al crecimiento de la pyme innovadora a proyectos empresariales innovadores y de alto contenido tecnológico liderados por mujeres
- Proyectos piloto de inserción laboral a través de cooperativas y empresas de inserción, con la intención de fomentar proyectos piloto de inserción laboral, sobre todo de mujeres y mujeres jóvenes.
- Apoyo al relevo generacional en la actividad agraria de jóvenes y mujeres rurales.
- Impulso a las actuaciones de conciliación y corresponsabilidad en el medio rural.
- Apoyo al emprendimiento de las mujeres para lograr el empoderamiento y la igualdad de género en el ámbito rural.
- Incremento de la presencia de mujeres en los ámbitos de toma de decisiones de las cooperativas agroalimentarias.

IV. Evaluación integral de las políticas públicas de empleo: perspectiva de género e impacto demográfico

No obstante, si se quiere ser eficiente y alcanzar el objetivo de la igualdad real en el ámbito laboral en el medio rural, se debe evaluar el impacto de cada medida. Evaluar significa medir el logro de los objetivos y las metas planteadas y permite determinar el grado de eficacia y eficiencia con que se emplean los recursos para así evidenciar posibles desviaciones, además de adoptar medidas correctivas que garanticen el cumplimiento adecuado de las metas programadas.

Puesto que este trabajo resalta la importancia cualificada de aplicar el enfoque de género en la evaluación de los planes, medidas e instrumentos legales en el ámbito laboral, especialmente en el marco del fomento del empleo y teniendo en cuenta las diferentes necesidades, intereses y situaciones de partida de mujeres y hombres, se pone de relieve la necesidad de diseñar objetivos comunes a ambos espacios y evaluar conjuntamente las medidas compartidas con un enfoque de género. De hecho, se insiste en que esta es la metodología necesaria para concluir si las políticas públicas implementadas no solo no refuerzan las desigualdades existentes, sino que contribuyen efectivamente a superarlas. En este sentido se ha señalado que:

> «si los mecanismos jurídicos que persiguen la igualdad laboral se traducen en un aumento de las cargas económicas empresariales junto con una minoración del tiempo de trabajo con el argumento de favorecer la conciliación, quizá tales instrumentos de mejora de la condición femenina pueden resultar a la postre factores disuasorios de la contratación de mujeres[32]».

Solo así, identificando los aciertos y los errores, se podrá avanzar hacia las transformaciones normativas e institucionales que la igualdad precisa para ser real, y no solo formal, y para revertir los problemas demográficos que sufre el medio rural. En definitiva, un conjunto de acciones que deberán formar parte de la futura Estrategia territorial con perspectiva de género del Gobierno de España.

V. Un recordatorio: coherencia y coordinación de las políticas públicas

Se ha propuesto aquí afrontar tres «cuestiones» justificativas de la intervención del Estado en el mercado de trabajo: la «cuestión social», la «cuestión rural» y la «cuestión de género». En consecuencia, si los retos convergen, también habrán de hacerlo las medidas destinadas a hacerles frente, de tal manera que resulta necesaria una coherencia y coordinación de las políticas públicas para abordar, como estrategia holística, el trabajo digno en condiciones de igualdad en el medio rural.

Por ello, se propone no olvidar el recurso a las siguientes medidas que, a pesar de no ser políticas públicas de empleo en sentido estricto, pueden servir para contribuir a un avance coherente y coordinado hacia el objetivo de la igualdad real en el mercado laboral en el medio rural:

- Contratación pública socialmente responsable: inclusión de cláusulas que fomenten la igualdad en los contratos públicos para la realización

32 RODRIGUEZ ESCANCIANO, S., «Apostando por la calidad en el empleo de las mujeres: la contratación administrativa como palanca de la sostenibilidad social», en *Revista de Derecho Laboral Vlex*, núm. 4, Monográfico: «El Trabajo Femenino, a Examen Jurídico», 2021, págs. 172-190.

de obras y la prestación de suministros y servicios en el medio rural. La Ley 9/2017, de 8 de noviembre, de Contratos del Sector Público, por la que se transponen al ordenamiento jurídico español las Directivas del Parlamento Europeo y del Consejo 2014/23/UE y 2014/24/UE, de 26 de febrero de 2014, delimita el marco al que se debe someter la contratación administrativa e incide en la vertiente social de la contratación pública y en el cumplimiento de los compromisos sociales. Es decir, se trata de no considerar la contratación pública simplemente como un fin en sí mismo, «sino que debe ser visualizada como una potestad o herramienta jurídica al servicio de los poderes públicos para el cumplimiento efectivo de sus fines o sus políticas públicas[33]».

- Negociación colectiva: aprovechar el poder de autorregulación de las partes de la relación laboral para incluir en los convenios colectivos (de empresa o de sector) aplicables a las empresas situadas en el medio rural cláusulas en materia de igualdad que pretendan incidir en el entorno social de las empresas y en el modo de vida de las personas trabajadoras que caen en su ámbito de aplicación.
- Servicios sociales y ayudas a la dependencia: el cuidado de las personas mayores dependientes no debe quedar cubierto únicamente con la pensión de jubilación y con la atención sanitaria, sino que una atención integral, digna e integradora que proporcione bienestar y calidad de vida a través de ayudas, atenciones y cuidados que auxilien sus deterioros físicos o cognitivos es una parte muy importante, en la cual las mujeres tienen un extraordinario papel protagonista como principales prestadoras de los servicios en un sector intensivo en empleo donde la feminización del personal supera el 85 %[34].
- Trabajo a distancia: el Real Decreto-ley 28/2020, de 22 de septiembre, de trabajo a distancia puede ser un ejemplo de arma transversal al servicio de la lucha contra la despoblación[35] al facilitar la ordenación de prioridades de manera que contribuya a fomentar el trabajo a distancia entre las personas trabajadoras que podrían tener una oportunidad de vivir en territorios despoblados manteniendo su empleo y trasladando su residencia habitual. También se ha apuntado que puede contribuir a la igualdad entre mujeres y hombres en el ámbito

33 Informe de la Junta Consultiva de Contratación de Aragón 1/2006, de 14 de diciembre.

34 Rodríguez Escanciano, S., «Los cuidados a las personas mayores: aspectos organizativos, subjetivos y asistenciales de los denominados «servicios públicos de proximidad»», en *Lex Social: Revista de Derechos Sociales,* vol. 2, núm. 11, 2021, págs. 662-728.

35 García García, A., «Una apuesta por la capacidad transformadora del Derecho del trabajo: el Real Decreto-ley 28/2020, de trabajo a distancia como instrumento contra la despoblación», en Rodríguez-Piñero Royo, M.; Todolí Signes, A., *Trabajo a distancia y teletrabajo: análisis del marco normativo vigente*, Thomson Reuters Aranzadi, Cizur Menor, 2021, págs. 425-443.

laboral al facilitar la conciliación. No obstante, si no se diseña adecuadamente y no se hace un seguimiento de su aplicación puede perpetuar la sobrecarga de las mujeres, pues «teletrabajar no es conciliar, es trabajar».

- Servicios públicos de calidad: porque no se puede atraer ni anclar al territorio rural a las personas si no se garantiza el acceso a unos servicios públicos de calidad y en igualdad de condiciones: infraestructuras, movilidad, educación o sanidad.

En definitiva, es inevitable señalar como denominador común entre la «cuestión social», la «cuestión rural» y la «cuestión de género» a un sistema económico y político que guía el comportamiento de las sociedades e impregna el funcionamiento de las instituciones, generando desigualdad social y territorial. Por ello trabajo, género y territorio deben ser prioridades de las políticas públicas que persigan garantizar la libertad de residencia efectiva de las mujeres en el territorio con trabajos dignos y en igualdad de condiciones que los hombres.

VI. Bibliografía

Aguilar, E., **Pérez, A.**, **Lozano, C.** y **Moreno, I. L.**, «Políticas de empleo femenino y desarrollo rural», en *Revista Agricultura Familiar en España*, 2009, págs. 169-178.

Camarero, L., «¿Por qué se van las mujeres? El continuum de movilidad como hipótesis explicativa de la masculinización rural», en *Revista Española de Investigaciones Sociológicas (Reis),* núm. 124, 2008, págs. 73-105.

Casas Baamonde, M. E., «Igualdad de género y Derecho del trabajo y de la Seguridad Social: una integración inaplazable», en *Femeris*, vol. 4, núm. 2, 2019, págs. 5-8.

Cruz Souza, F., *Género, psicología y desarrollo rural: La construcción de nuevas identidades. Las representaciones sociales de las mujeres en el medio rural*, Serie Estudios núm. 163, Ministerio de Agricultura, Pesca y Alimentación, Madrid, 2006.

Díaz Martínez, J. A, y **Nova Melle, P.**, «La perspectiva sociológica: su naturaleza e institucionalización», en **Vallés, J. M**, **Martí I Puig, S.** (Dirs), *Introducción a la Sociología para las Ciencias Sociales*, UNED, Madrid, 2018.

García García, A., «De «la cuestión social» a «la cuestión rural». La contribución del sindicalismo al desarrollo rural sostenible», en **Fernando Pablo, M. M.** y **Domínguez Álvarez, J. L.**, *Rural Renaissance: acción, promoción y resiliencia*, Thomson Reuters Aranzadi, Cizur Menor, 2022, págs. 451-465.

— «Una apuesta por la capacidad transformadora del Derecho del trabajo: el Real Decreto-ley 28/2020, de trabajo a distancia como instrumento contra la despoblación», en RODRÍGUEZ-PIÑERO ROYO, M., y TODOLÍ SIGNES, A., en *Trabajo a distancia y teletrabajo: análisis del marco normativo vigente,* Thomson Reuters Aranzadi, Cizur Menor, 2021, págs. 425-443.

MINISTERIO DE AGRICULTURA, ALIMENTACIÓN Y MEDIO AMBIENTE, MADRID, *Medio rural: trabajando en femenino*, 2013.

MINISTERIO DE AGRICULTURA, PESCA Y ALIMENTACIÓN, DIRECCIÓN GENERAL DE DESARROLLO RURAL, INNOVACIÓN Y FORMACIÓN AGROALIMENTARIA, *Diagnóstico de la igualdad de género en el medio rural 2021*, 2022.

MINISTERIO DE AGRICULTURA, PESCA Y ALIMENTACIÓN, FONDO ESPAÑOL DE GARANTÍA AGRARIA, *Ayudas Directas y Desarrollo Rural: Análisis de la edad y el sexo de los perceptores a nivel nacional y por comunidades autónomas 2020*.

MINISTERIO DE MEDIO AMBIENTE, MEDIO RURAL Y MARINO, DIRECCIÓN GENERAL DE DESARROLLO SOSTENIBLE EN EL MEDIO RURAL, *Condiciones de vida y posición social de las mujeres en el medio rural*, 2009.

— *Desarrollo rural e igualdad de género en la Unión Europea*, 2010.

— *Buenas prácticas en desarrollo rural e igualdad*, 2010.

MINISTERIO DE POLÍTICA TERRITORIAL Y FUNCIÓN PÚBLICA, COMISIONADO DEL GOBIERNO FRENTE AL RETO DEMOGRÁFICO, *Directrices Generales de la Estrategia Nacional frente al Reto Demográfico*, 2019.

MINISTERIO DE SANIDAD, SERVICIOS SOCIALES E IGUALDAD, *Plan para la promoción de las mujeres en el medio rural (2015-2018)*, 2019.

MINISTERIO PARA LA TRANSICIÓN ECOLÓGICA Y EL RETO DEMOGRÁFICO, *Plan de recuperación: 130 medidas frente al reto demográfico*, 2019.

MONEREO PÉREZ, J. L.; **FERNÁNDEZ BERNAT, J. A.**, y **LÓPEZ INSUA, B. M.**, *Las políticas activas de empleo: configuración y estudio de su regulación jurídica e institucional,* Thomson Reuters Aranzadi, Cizur Menor, 2016.

RODRIGUEZ ESCANCIANO, S., «Apostando por la calidad en el empleo de las mujeres: la contratación administrativa como palanca de la sostenibilidad social», en *Revista de Derecho Laboral Vlex,* núm. 4, Monográfico: «El Trabajo Femenino, a Examen Jurídico», diciembre 2021, págs. 172-190.

— «Los cuidados a las personas mayores: aspectos organizativos, subjetivos y asistenciales de los denominados "servicios públicos de proximidad"», en *Lex Social: Revista de Derechos Sociales*, vol. 2, núm. 11, 2021, págs. 662-728.

CAPÍTULO VIII

LA MUJER RURAL EN CASTILLA Y LEÓN: GESTIÓN TURÍSTICA Y TIC

Belén García Malagón
Programa Doctorado en Ciencias Sociales
Universidad de Salamanca

I. Introducción

Los cambios sociales y productivos en el mundo rural han afectado profundamente a la situación laboral de la mujer. En el mundo rural uno de los principales problemas es el envejecimiento de la población y la reducción de la fecundidad, esto ha propiciado el trabajo de la mujer como agente social de desarrollo[1]. Pese a que el papel de la mujer rural tradicionalmente ha estado vinculado a la actividad agraria y a la familia, en la actualidad se ha diversificado, con la incorporación al turismo rural.

Pese a que, los estudios de género en turismo rural son recientes y poco abundantes, son abordados desde diversos marcos teóricos, por lo que plantear el binomio mujer y turismo requiere un esfuerzo de síntesis debido al carácter transversal de los temas de género y de los diversos enfoques del turismo en las zonas rurales. Con todo, de lo que se trata es de medir la contribución que realiza la mujer en el desarrollo socioeconómico[2].

1 Moreno Mínguez, A., «La situación laboral de la mujer rural en Castilla y León y Extremadura: un análisis sociológico», en *Acciones e Investigaciones Sociales*, núm. 17, 2003, págs. 109-153.

2 Garrido, M., «Turismo rural y género. El caso del bosque modelo Urbión», en *Espacio I+D Innovación más Desarrollo,* vol. 4, núm. 8, 2015, págs. 71-107.

En este estudio se propone analizar la situación de la mujer en la gestión turística, más concretamente en el tema relacionado con los alojamientos rurales, en municipios de menos de 10.000 habitantes de la Comunidad Autónoma de Castilla y León con el fin de mostrar la repercusión que las mismas tienen a la hora de regentar dichos establecimientos como propietarias o contribuyendo a la economía de la zona como empleadas de estos. Por otra parte, se procederá a analizar el alcance que el auge de las TIC tiene en la gestión turística, siendo uno de los pilares de la sociedad en la actualidad. Sin embargo, esto trae consigo diferentes cuestiones, puesto que se da una brecha de género muy bien diferenciada por la edad, en donde los jóvenes tienen mayores posibilidades de acceso que las personas de más de 65 años, y otra marcada por la propia área, ya que no a todas las zonas rurales han llegado las TIC.

II. Metodología

La situación laboral de la mujer rural en Castilla y León en la gestión turística y en el desarrollo de las TIC es un campo que ha sido estudiado ya desde comienzos de los dos mil por autores como AGUILASOCHO MONTOYA, FRANCO, ALARIO TRIGUERO y KERRAS y DE-MIGUEL GÓMEZ que conjuntamente con informes y estudios de los Ministerio de Sanidad, Servicios Sociales e Igualdad y el Ministerio de Asuntos Económicos y Transformación Digital proporcionan la evolución que la mujer rural ha ido sufriendo a lo largo del tiempo tras el vaciamiento de las zonas rurales en detrimento de la urbe.

Esta España vaciada, como se la considera, aún tiene muchos déficits derivados de la escasa y envejecida población que ha hecho que los que quedan tengan que reinventarse en nuevos nichos de negocio. Como es el caso de las mujeres en los alojamientos de turismo rural, donde copan la mayoría de los puestos. Otro de los obstáculos de estas zonas son las escasas infraestructuras tecnológicas que afectan al desarrollo de las actividades empresariales, produciéndose la llamada brecha digital.

A la hora de analizar esta doble situación, social y tecnológica, nos hemos encontrado con un problema derivado en la falta de datos existentes en las estadísticas oficiales, ya que aunque hay suficientes fuentes estadísticas, estas no cuentan con una información disgregada por sexos en el tema laboral, mientras que en otras ocasiones se han tenido que hacer trabajo de campo para completar la información que se da en dichas fuentes mediante métodos de búsqueda.

Todo ello, en conjunto nos ofrece una visión general de la importancia que la mujer ha ido desarrollando en el medio rural como dinamizadora del mismo a lo largo del tiempo, y como se ha ido adaptando a los cambios, como en el caso del auge de las TIC.

III. Análisis

1. Presentación del turismo rural

El turismo rural es una actividad económica que se caracteriza por su desarrollo fuera de los cascos urbanos para dirigirse fundamentalmente a los habitantes de las ciudades, producirse de una manera reducida en espacios amplios, utilizar los recursos naturales, culturales, patrimoniales, de servicios y alojamientos que se dan en el medio rural para contribuir tanto a su desarrollo local como a la diversificación y competitividad en el sector turístico[3].

La actividad se intentó regular por primera vez en España en los años sesenta con el programa «Vacaciones en Casas de Labranza». Sin embrago, debido a la falta de demanda se vio abocado a ser una experiencia fallida y a considerarse como un antecedente de la compatibilización de las actividades agrarias con otras complementarias[4]. No será hasta la década de los noventa, cuando la Unión Europea abra la puerta a la reforma de los fondos estructurales y los cambios conceptuales en materia económica en el medio rural con proyectos destinados al desarrollo de esos espacios, especialmente los LEADER (proviene de las siglas en francés *«Liaison Entre Actions de Développement de l'Économie Rurale»*, que significa «vínculos entre acciones de desarrollo de la economía rural»); más tarde en 1996-1999 nacieron los PRODER (Programa Operativo de Desarrollo y Diversificación Económica de Zonas Rurales) como respuesta del gobierno español ante la fuerte demanda de programas territoriales en el marco de los LEADER; y por último, los FEADER (Fondo Europeo Agrícola de Desarrollo Rural) que tienen el mismo enfoque que los LEADER.

Estos planes financiados con fondos europeos han sido una estrategia fundamental para impulsar el turismo rural mediante infraestructuras de alojamientos, servicios de hostelería y las diversas actividades de turismo activo. Los resultados, pese a ser generalmente buenos, también tienen sus sombras, derivadas de una implantación mimética en la mayor parte del territorio, sin tener en cuenta ciertas características específicas. Por otra parte, este tipo de oferta se ha orientado hacia una demanda puntual en el tiempo, haciendo que se prioricen viajes cortos y de forma mayoritaria de turistas nacionales[5].

---

3 Aguilasocho Montoya, D., *Familias y empresas. La creación de casas rurales en el marco del turismo rural*, Universitat Rovira i Virgili, Tarragona, 2006, pág. 106.

4 Franco, F., «Turismo rural en Castilla y León», en BLANCO, A. (Ed.), *Castilla y León, presente y futuro del turismo*, Fundación Encuentro y Caja España, Madrid, 2003, págs. 213-278.

5 Alario Trigueros, M., «Mujeres y turismo en Castilla y León», en Hervás Moreno, M. (Coord.), *Entre noche y día no hay pared: mujeres en el Medio Rural*, Red Aragonesa de Desarrollo Rural, Zaragoza, 2014, págs. 73-91.

En Castilla y León el turismo rural está condicionado a las dimensiones de la comunidad, a sus recursos naturales y culturales. Desde la década de los noventa, con el primer programa LEADER, las zonas rurales se lanzaron a la promoción de este tipo de turismo apoyándose en esos factores[6]. El Plan Regional para el Desarrollo Turístico de la Comunidad Autónoma de Castilla y León de 1994 definió la implicación y actuación coordinada de todas las administraciones para dar un empuje a este sector, produciéndose un crecimiento en la oferta centrada en alojamientos de turismo rural: Casas Rurales de Alquiler, Casas Rurales de Alquiler Compartido, Posadas y Centros de Turismo Rural. Con el Decreto 84/1995, de 11 de mayo, de ordenación de alojamientos de turismo rural, y Orden de la Consejería de Industria, Comercio y Turismo, de 27 de octubre de 1995, se dio la regulación de los mismos[7]. Sin embargo, el mismo quedó derogado con el Decreto 75/2013, de 28 de noviembre, por el que se regulan los alojamientos de turismo rural en la Comunidad de Castilla y León reestructurándose la oferta de la siguiente manera: Casa Rural de Alquiler, Casa Rural de Alquiler Compartido, Posadas y Hoteles Rurales[8].

Juntamente con la normativa reciente de la década de los dos mil, la Junta de Castilla y León ha ido aprobando diversos Planes Estratégicos de Turismo para contribuir a la mejora de la competitividad del sector en la región mediante una serie de programas y actuaciones definidas.

2. El turismo rural como la gran oportunidad laboral para las mujeres

Durante los últimos 50 años la mujer rural, sobre todo las jóvenes, se han visto abocadas a abandonar su hogar en detrimento de la ciudad para una mejora laboral, mientras que, las que han permanecido se han visto invisibilizadas debido a la estrechez del mercado laboral, a unas estructuras sociales más rígidas en comparación al mundo urbano, junto con unos servicios sociales mermados que faciliten la conciliación, y un elevado envejecimiento femenino.

Con los programas de desarrollo rural (LEADER, PRODER y FEADER) se propusieron nuevos nichos económicos como es el caso del turismo rural.

6 Hortelano Mínguez, L. A., *Desarrollo Rural y Turismo en Castilla y León: éxitos y fracasos*, Universidad de Salamanca, 2016, pág. 231.

7 Beitia Alcalde, R. & Pérez Méndez, M. B., «El Plan de Desarrollo Turístico de Castilla y León y su incidencia en la coyuntura económica del sector turístico regional durante el bienio 1995-96», en Junta de Castilla y León, Consejería de Economía y Hacienda (Eds.), vol. 2, *5.° Congreso de Economía Regional de Castilla y León*, Junta de Castilla y León, Valladolid, 1996, págs. 1159-1176.

8 Decreto 75/2013. Por el que se regulan los establecimientos de alojamiento de turismo rural en Castilla y León. BOCYL núm. 232, de 28 de noviembre de 2013.

Este tipo de actividad productiva está copado en su mayoría por la presencia de la mujer[9].

Castilla y León ha pasado de una oferta de 783 establecimientos de turismo rural y 6.825 plazas en 2001 a 4.216 alojamientos y unas 37.919 plazas en marzo de 2023. La crisis económica de 2007 y la crisis sanitaria de la Covid-19 en 2020 no supuso una merma de las mismas, puesto que desde el año 2012 la oferta se ha mantenido cerca de los 4.000 alojamientos o incluso los ha superado, lo que supone que no haya un estancamiento de la oferta, sino que la misma se va diversificando con cierres y aperturas en diferentes puntos. Como resultado, Castilla y León se consolida como la Comunidad Autónoma a la cabeza del turismo rural nacional, ya que concentra para marzo de 2023 un 21 % de los alojamientos, un 19 % de las plazas y un 20 % de personas ocupadas del total nacional.

El peso de los alojamientos recae en el modelo de Casa Rural de Alquiler (C.R.A) con un 77 % de la demanda total, seguido del Hotel Rural[10] con un 13 %, Casas Rurales de Alquiler Compartido (C.R.A.C) y Posadas con un 6 % y 4 %, respectivamente (Fig. 1).

Fig. 1. Evolución de la oferta de establecimientos de turismo rural en Castilla y León. 2001-2023 (marzo).

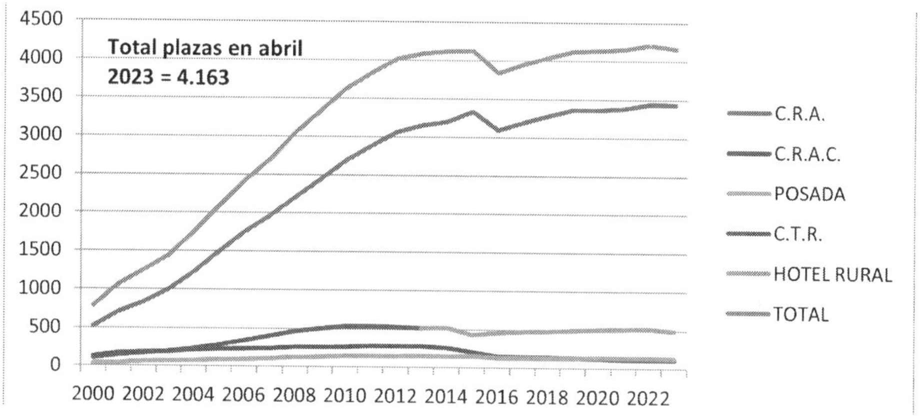

Fuente: Datos abiertos de Castilla y León. Registro de establecimientos de turismo rural. Elaboración propia

9 ALARIO TRIGUEROS, M., «Las mujeres en el desarrollo rural de Castilla y León», en OREJAS CASAS, J. A., RETORTILLO ATIENZA, O. y PIÑEYROA DE LA FUENTE, J. (Coord.), *Mujer empresa y medio rural: V Congreso Internacional Mercado de Trabajo y Relaciones Laborales,* Diputación de Palencia, Palencia, 2009, págs. 101-118.

10 Anteriormente Centro de Turismo Rural, con el Decreto 75/2013, de 28 de noviembre, por el que se regulan los alojamientos de turismo rural en la Comunidad de Castilla y León, pasó a denominarse Hotel Rural.

Las mujeres juegan un papel primordial en el desarrollo de esa oferta, ya sea como propietarias de alguno de los establecimientos, o bien como empleadas en ellos. Pues como se ha mencionado, este tipo de actividad productiva se encuentra en su mayoría acaparado por el sexo femenino.

Con respecto al grado de empleo, aunque es más complejo saberlo exactamente, puesto que los datos ofrecidos por el INE solo muestran hasta 2007 la situación disgregada por sexos, si se observa bien la tabla 1 se puede deducir que un mayor porcentaje corresponden a empleos femeninos.

Una parte importante del personal ocupado no contempla ningún tipo de remuneración salarial, siendo la categoría donde la participación femenina tiene mayor importancia, ya sea como promotoras o como trabajadoras.

Tabla 1. Personal ocupado en Alojamientos de Turismo Rural. Castilla y León 2001-2021 (% respecto del total).

AÑO	PERSONAL EMPLEADO NO REMUNERADO			PERSONAL EMPLEADO REMUNERADO FIJO			PERSONAL EMPLEADO REMUNERADO EVENTUAL			PERSONAL EMPLEADO TOTAL
	VARONES	MUJERES	AMBOS SEXOS	VARONES	MUJERES	AMBOS SEXOS	VARONES	MUJERES	AMBOS SEXOS	
2001	18	34	52	10	25	35	3	10	13	100
2002	19	38	57	11	24	35	2	6	8	100
2003	22	41	63	8	17	25	4	8	12	100
2004	24	41	65	7	18	25	1	9	10	100
2005	24	39	63	8	18	26	1	10	11	100
2006	23	39	62	7	19	26	2	10	12	100
2007	21	37	58	8	23	31	2	9	11	100
2008	SD	SD	60	SD	SD	34	SD	SD	6	100
2009	SD	SD	63	SD	SD	32	SD	SD	5	100
2010	SD	SD	64	SD	SD	31	SD	SD	5	100
2011	SD	SD	66	SD	SD	29	SD	SD	5	100
2012	SD	SD	70	SD	SD	25	SD	SD	5	100
2013	SD	SD	69	SD	SD	25	SD	SD	6	100
2014	SD	SD	69	SD	SD	24	SD	SD	7	100
2015	SD	SD	70	SD	SD	24	SD	SD	6	100
2016	SD	SD	71	SD	SD	22	SD	SD	7	100
2017	SD	SD	71	SD	SD	21	SD	SD	8	100
2018	SD	SD	69	SD	SD	23	SD	SD	8	100
2019	SD	SD	69	SD	SD	24	SD	SD	7	100
2020	SD	SD	74	SD	SD	20	SD	SD	6	100
2021	SD	SD	77	SD	SD	17	SD	SD	6	100

Fuente: INE. Encuesta de ocupación de Alojamientos de Turismo Rural 2001 2021. Elaboración propia.
SD: Sin Datos. Desde 2008 la encuesta no ofrece datos disgregados por sexo.

Fig. 2. Titulares de Alojamiento de Turismo Rural. Castilla y León 2023

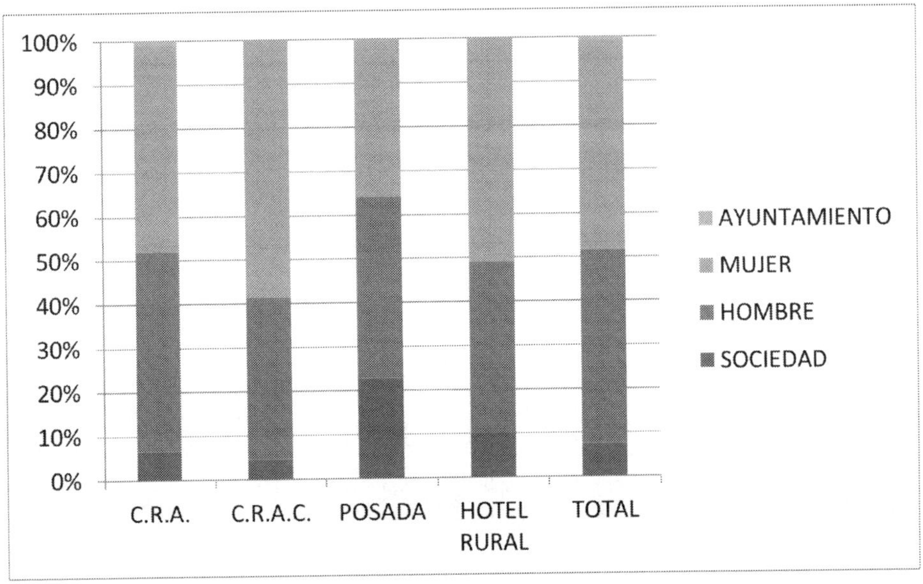

Fuente: Datos abiertos de Castilla y León. Registro de establecimientos de turismo rural. Elaboración propia

En el conjunto de titulares, las mujeres suponen el 47,6 %, los varones un 44,3 % y el resto a diferentes sociedades y Ayuntamientos (Fig. 3). Estos datos reflejan el peso que la mujer tiene en el sector turístico rural y como gracias a ellas se mantiene, ya sea como empleadas, asalariadas o no asalariadas o como propietarias de los diferentes tipos de alojamientos. Lo que supone abrir la puerta al emprendimiento de las mismas en espacios que desde un principio las han relegado a meras madres de familia o las ha expulsado hacia la ciudad para buscarse un futuro laboral decente.

A pesar de todo, quedan muchos factores que se han de analizar para dar una visión más completa, como es el caso de ciertas zonas rurales que hoy en día se encuentran más aisladas y la falta de medios impide el desarrollo de nuevos avances tecnológicos que son fundamentales para una buena gestión turística.

3. La introducción de las TIC en la gestión turística rural

Las TIC (Tecnologías de la Información y la Comunicación) han favorecido grandes cambios en la globalización de los territorios, ya que propician el desarrollo o el declive de los mismos dentro de una dinámica global[11], haciendo que el territorio deje de ser un mero soporte físico para adquirir el papel de agente activo y dinamizador. Con lo cual, debe de ser considerado desde una doble perspectiva, como escenario y como protagonista de los procesos de desarrollo[12].

En el caso del turismo han favorecido cambios desde la década de los ochenta, aunque no va a ser hasta finales de los noventa, con la aparición de internet, cuando se produzca el aumento y afianzamiento, hasta hacer que hoy día sean algo fundamental a la hora de realizar la gestión turística[13].

El turismo rural suele disponer de escasos medios, infraestructuras adecuadas y pocas posibilidades de inversión, puntos que hacen necesaria la buena accesibilidad y promoción mediante las tecnologías. Para que estas ventajas sean visibles es necesaria una buena accesibilidad de la información desarrollada en la red[14], puesto que los últimos estudios llevados a cabo por operadores de turismo rural en España advierten que internet es el primer medio a la hora de buscar alojamiento, con cifras superiores al 95 % en el caso de las viviendas rurales en los últimos años. Por ello, los propietarios deben de considerar el uso de las TIC como el medio para mejorar los sistemas de compra online y su canal de distribución[15].

No obstante, se presentan diversas problemáticas derivadas del propio entorno social y territorial. Por una parte, la implementación de sitios web y contenidos respecto a las capacidades de los empresarios rurales y, por otra, la deficiencia de las infraestructuras de banda ancha en el medio rural.

4. Mujer rural y TIC

Las TIC y el empleo rural para las mujeres se trata de un desafío con diversas dimensiones y relaciones. Una de las principales barreras es la brecha digital por falta de infraestructura en el medio rural, lo que impide a los ciu-

11 Alvarado López, R. A., «Ciudad inteligente y sostenible: hacia un modelo de innovación inclusiva», en *Paakat: Revista de Tecnología y Sociedad*, vol. 7, núm. 13, 2018, págs. 1-17.

12 Caravaca, I. (Coord.), *Innovación y territorio. Análisis comparado de sistemas productivos locales en Andalucía*, Consejería de Economía y Hacienda, Sevilla, 2002, pág. 32.

13 Ivars Baidal, J. A., Solsona Monzonís, F. J. y Giner Sánchez, D., «Gestión turística y tecnologías de la información y la comunicación (TIC). El nuevo enfoque de los destinos inteligentes», en *Documents d´Anàlisi Geogràfica*, vol. 62, núm. 2, 2016, págs. 327-346.

14 Blanco, A. y Cànoves, G., «Las tecnologías de la información y la comunicación en el desarrollo del turismo rural», en *Documents D´Anàlisi Geogràfica*, núm. 46, 2005, págs. 105-117.

15 De la Ballina Ballina, F. J., Valdés Pélaez, L. y Del Valle Tuero, E., «Smart Tourism Destinations: Urban versus Rural Technological Behaviours», en *Revista Internacional de Turismo, Empresa y Territorio*, vol. 3, núm. 2, 2019, págs. 16-37.

dadanos de estas áreas aprovechar las ventajas y facilidades que las nuevas tecnologías ofrecen. A este factor hay que añadirle otro de tipo social en el que las mujeres rurales están menos preparadas que los hombres, y por ende son menos capaces de sacar beneficios de las mismas para una conciliación profesional y personal[16].

Este menor acceso a las tecnologías obstaculiza a las mujeres en proyectos innovadores que posibiliten el desarrollo de las zonas, ya que dependiendo del tamaño del hábitat la utilización de las mismas se ve reducida a medida que disminuye el mismo[17].

Según el último informe de Banda Ancha correspondiente a 2022, publicado por el Ministerio de Asuntos Económicos y Transformación Digital, Castilla y León es la Comunidad Autónoma más afectada por la brecha digital. En concreto, un 30,46 % de la población rural aún no tiene acceso a internet de al menos 100 Mbps a través de redes fijas. Sin embargo, esto podría cambiar con el reto España Digital 2026 por el que el gobierno pretende garantizar la conectividad al 100 % de la población para 2025, promoviendo la desaparición de la brecha digital.

Ante este reto, la Junta de Castilla y León también ha propuesto diversos proyectos desde la Consejería de Movilidad y Transformación Digital para hacer que el uso de las tecnologías llegue a todas las zonas. Una de las iniciativas encaminadas en esta línea es la Red de Igualdad de la Mujer Rural, promovida por el propio Gobierno Autonómico y las siete federaciones más representativas de las mujeres rurales en Castilla y León, para impulsar el protagonismo femenino mediante las nuevas tecnologías para la creación de nuevas oportunidades laborales, de emprendimiento y formativas.

Esto permitirá a las mujeres sacar una gran rentabilidad económica y de desarrollo en las diversas actividades, como es el caso de la gestión del turismo rural. En este sector, como se ha visto, la mayoría de empleos y de titularidades en alojamientos recaen en el género femenino lo que implica que, con el uso adecuado de las TIC y con una buena infraestructura puedan llegar a gestionar de una manera más eficaz sus negocios. Puesto que, la tecnología ofrece ciertos beneficios:

- Mayor eficiencia: con la ayuda de la maquinaria tecnológica adecuada pueden aumentar su capacidad de producción.

16 Kerras, H. y De-Miguel Gómez, M. D., «Las mujeres rurales y la tech-nologia», *XVIII Congreso Internacional de Investigadores en Economía Social y Cooperativa. La Economía Social: herramientas para el fomento del desarrollo sostenible y la reducción de las desigualdades*, Mataró, 2020.

17 Ministerio de Sanidad, Servicios Sociales e Igualdad, *Mujeres rurales emprendedoras y TIC. Informe monográfico,* Instituto de la Mujer y para la Igualdad de Oportunidades, Madrid, 2015, pág. 49.

- Mejor calidad: la tecnología también les permite crear productos de mayor calidad. En este caso mediante las reseñas que los diferentes clientes dejan en Google o cualquier página web, ayudan a que puedan mejorar día a día su negocio.
- Amplio alcance: con el acceso a internet pueden ofertar su producto tanto a nivel nacional como internacional, haciendo que puedan llegar a un público más amplio.
- Transparencia: ayuda a que puedan acceder a información relevante sobre el mercado y los precios para obtener mejores condiciones de venta y de demanda.
- Mayor competitividad: pueden aumentar su competitividad aumentando la calidad y visibilizando el producto.

Por consiguiente, las TIC acrecientan la posibilidad de las mujeres a la hora de su inserción laboral o de emprendimiento lo que afecta positivamente a sus comunidades[18].

IV. Conclusiones

Los resultados muestran como el papel de la mujer en el medio rural es un pilar como dinamizadora del medio en el tema social y económico, puesto que ella es la principal responsable del despegue del turismo rural en Castilla y León. Pese a que, tradicionalmente se le ha asignado el papel de trabajadora agraria en el núcleo familiar y cuidadora de la familia y el hogar, en los últimos años con los movimientos migratorios del campo a la ciudad, así como de los nuevos avances tecnológicos ha hecho que la actividad económica se vea diversificada.

Esta nueva diversificación ha posibilitado que las mujeres que no se han ido hacia la urbe en busca de una mejor vida laboral hayan podido encontrar diversos nichos de trabajo en sectores históricamente acaparados por hombres, hoy día hay mujeres que se dedican tanto a la agricultura como a la ganadería. En este sentido encontramos el turismo rural, en el cual el género femenino copa la gran parte de puestos de actividad remunerada y no remunerada. Esta última sujeta sobre todo al modelo de Casa Rural de Alquiler, que es donde la mayoría de ellas son empresarias o trabajadoras del núcleo familiar.

Sin embargo, pese a los avances que ha sufrido el mundo rural en los últimos años estos no han sido suficientes para fijar población de manera continuada debido a la escasez de medios de los que dispone, ya que no cuenta con servicios básicos, educativos, supermercados, etc., e incluso carece de infraestruc-

18 OMUNUR, *Nuevas tecnologías y empleo rural para las mujeres,* febrero 2023, Disponible en: https://omunur.com/nuevas-tecnologias-empleo-mujer-rural/.

turas tecnológicas en muchos casos. Esto se traduce en un hándicap para que la población decida fijar su residencia en el campo, ya que el mundo de las TIC copa hoy día nuestras vidas, y sin ellas es imposible realizar muchas de las actividades diarias como por ejemplo llevar a cabo una buena gestión del negocio.

Es por ello, que, aunque, en los últimos años se ha podido avanzar en temas más sociales dándole un espacio a la mujer rural e intentando visibilizar su trabajo, aún queda mucho camino por delante en lo tocante a estudios femeninos rurales. Todavía hay que visibilizar más ese trabajo que la mujer realiza, ya que no solo es trabajadora o emprendedora, sino que es la que se dedica al cuidado de la casa y de los hijos, puesto que el entorno rural en cierto sentido sigue siendo más patriarcal que el urbano y hay que seguir dando un empuje ayudando al género femenino. Por otro lado, es primordial seguir avanzando en las infraestructuras tecnológicas para que lleguen al 100 % de la población de Castilla y León, así como ayudar al manejo de las mismas, puesto que muchos de ellos no saben cómo usarlas al no haber adquirido nunca el conocimiento porque no han tenido el acceso a las mismas.

Por ende, todo ello engloba un cómputo en el que sin esas TIC la población joven que permanece en las zonas rurales se va a ver abocada al abandono de la tierra, haciendo más grande aún la herida de la llamada España vaciada.

V. Bibliografía

Aguilasocho Montoya, D., *Familias i empresas. La creación de casas rurales en el marco del turismo rural*, Universitat Rovira i Virgili, Tarragona, 2006.

Alario Trigueros, M., «Las mujeres en el desarrollo rural de Castilla y León», en **Orejas Casas, J.**, **Retortillo Atienza, O.** y **Piñeyroa de la Fuente, J.** (Coords.), *Mujer empresa y medio rural: V Congreso Internacional Mercado de Trabajo y Relaciones Laborales*, Diputación de Palencia, Palencia, 2009, págs. 101-118.

Alario Trigueros, M., «Mujeres y turismo en Castilla y León», en **Hervás Moreno, M.** (Coord.), *Entre noche y día no hay pared: mujeres en el Medio Rural*, Red Aragonesa de Desarrollo Rural, Zaragoza, 2014, págs. 73-91.

Alvarado López, R. A., «Ciudad inteligente y sostenible: hacia un modelo de innovación inclusiva», en *Paakat: Revista de Tecnología y Sociedad*, vol. 7, n.º 13, 2018, págs. 1-17.

De la Ballina Ballina, F. J., **Valdés Pélaez, L.** y **Del Valle Tuero, E.**, «Smart Tourism Destinatios: Urban versus Rural Technological Behaviours», en *Revista Internacional de Turismo, Empresa y Territorio*, vol. 3, núm. 2, 2019, págs. 16-37.

Beitia Alcalde, R. y **Pérez Méndez, M. B.**, «El Plan de Desarrollo Turístico de Castilla y León y su incidencia en la coyuntura económica del sector turístico regional durante el bienio 1995-96» en *5.º Congreso de Economía Regional de Castilla y León*, Junta de Castilla y León, Valladolid, 1996, págs. 1159-1176.

Blanco, A. y **Cànoves, G.**, «Las tecnologías de la información y la comunicación en el desarrollo del turismo rural», en *Documents D´Anàlisi Geogràfica*, núm. 46, 2005, págs. 105-117.

Caravaca, I. (Coord.), *Innovación y territorio. Análisis comparado de sistemas productivos locales en Andalucía*, Consejería de Economía y Hacienda, Junta de Andalucía, Sevilla, 2002.

Decreto 75/2013 por el que se regulan los establecimientos de alojamiento de turismo rural en Castilla y León. *BOCYL* núm. 232, de 28 de noviembre de 2013.

Franco, F., «Turismo rural en Castilla y León», en BLANCO, A. (Ed.), *Castilla y León, presente y futuro del turismo*, Fundación Encuentro y Caja España, Madrid, 2003, págs. 213-278.

Garrido, M., «Turismo rural y género. El caso del bosque modelo Urbión», en *Espacio I+D Innovación más Desarrollo*, vol. 4, núm. 8, 2015, págs. 71-107.

Hortelano Mínguez, L. A., *Desarrollo Rural y Turismo en Castilla y León: éxitos y fracasos*, Universidad de Salamanca, 2016.

Ivars Baidal, J. A., **Solsona Monzonís, F. J.** y **Giner Sánchez, D.**, «Gestión turística y tecnologías de la información y la comunicación (TIC). El nuevo enfoque de los destinos inteligentes», en *Documents d´Anàlisi Geogràfica*, vol. 62, núm. 2, 2016, págs. 327-346.

Kerras, H. y **De-Miguel Gómez, M. D.**, «Las mujeres rurales y la tech-nologia», XVIII Congreso Internacional de Investigadores en *Economía Social y Cooperativa. La Economía Social: herramientas para el fomento del desarrollo sostenible y la reducción de las desigualdades*, Mataró, 2020.

Moreno Mínguez, A., «La situación laboral de la mujer rural en Castilla y León y Extremadura: un análisis sociológico», en *Acciones e Investigaciones Sociales*, núm. 17, 2003, págs. 109-153.

Ministerio de Sanidad, Servicios Sociales e Igualdad, *Mujeres rurales emprendedoras y TIC. Informe monográfico*, Instituto de la Mujer y para la Igualdad de Oportunidades, Madrid, 2015.

OMUNUR, *Nuevas tecnologías y empleo rural para las mujeres*, 2023.

CAPÍTULO IX

CONTRIBUCIÓN DE LA MUJER AL TURISMO RURAL EN LA CAMPANA DE OROPESA Y CUATRO VILLAS (TOLEDO)

Daniel Casas Casas
Doctorando en Ciencias Sociales
Universidad de Salamanca

SUMARIO: I. Introducción. *1. La mujer rural y su relación con el desarrollo rural. 2. La mujer rural, piedra angular del turismo rural.* II. Metodología: grupo de estudio y enfoque. III. Resultados. *1. Bloque características personales. 2. Bloque alojamiento. 3. Bloque empresarial. 4. Bloque observaciones.* IV. Conclusiones. V. Bibliografía.

I. Introducción

El turismo es una actividad productiva crucial en todo el mundo que desempeña un papel significativo en el crecimiento económico y en el desarrollo social. Genera empleo e impulsa ramas como la hostelería y el transporte, entre otras. Además, impulsa la inversión en infraestructuras y servicios, beneficiando a las comunidades locales. A su vez, el turismo promueve la diversidad cultural al fomentar la interacción entre personas de diferentes orígenes y contribuye significativamente a la balanza comercial de los países, atrayendo ingresos y estimulando la base productiva local. Asimismo, el denominado turismo sostenible preserva el patrimonio natural y cultural ya que promueve la conciencia ambiental y el respeto cultural.

El turismo rural se refiere a una forma de turismo que se desarrolla en áreas rurales o en entornos naturales, lejos de las zonas urbanas. Esta tipología implica la visita a comunidades rurales para experimentar su estilo de vida, cultura y tradiciones. En este sentido, el turismo rural ofrece al visitante la oportunidad de escapar del bullicio de la ciudad y poder así disfrutar de la tranquilidad y de la belleza natural del campo.

Así pues, gracias a los estudios que buscan poner en valor el medio rural, han proliferado, en las últimas décadas, multitud de investigaciones sobre la mujer rural debido sobremanera a la apuesta que han hecho las diferentes administraciones por el desarrollo socioeconómico de los pueblos, a raíz del sostenido vaciamiento poblacional de amplias regiones del espacio rural español[1]. En este sentido, los programas de desarrollo rural han sido el acicate necesario para dar valor y visibilidad a las actividades que la mujer rural está desempeñando en la actualidad[2].

En este sentido, la presente investigación fija como objetivo fundamental la puesta en valor del papel que ejerce la mujer en el turismo rural en una comarca toledana afectada por las secuelas del éxodo de la población, tales como la desvitalidad, la pérdida de efectivos jóvenes, el elevado envejecimiento, la laxa densidad o la escasa diversidad económica.

A tal efecto, el territorio de La Campana de Oropesa y Cuatro Villas lleva décadas sufriendo los efectos adversos de esa despoblación mantenida que se inició en España en la década de 1960, y contribuyendo a sumar en el mapa nacional un hito más en la denominada «España vaciada». Sumado a ello, la tradición agropecuaria de los municipios de la comarca ha hecho que la brecha de género haya supuesto un acicate más en la desventaja socioeconómica que las mujeres han tenido en este territorio rayano del occidente toledano. Así pues, gracias a la puesta en valor que los programas de desarrollo rural han llevado a cabo en buena parte del territorio rural español durante las últimas dos décadas, la mujer ha ido adquiriendo relevancia en las nuevas actividades que se han ido asentando tímidamente en este tipo de territorios, por lo tanto, ante esta tesitura, nos hacemos la siguientes preguntas, base de nuestra investigación: ¿Cuál ha sido la contribución de la mujer a esta nueva actividad (turismo rural) latente en la comarca?

---

1 Flores Ruiz, D. y Barroso González, M. D. O., «La mujer en el turismo rural: un análisis comparativo de género en el Parque Natural Sierra de Aracena y Picos de Aroche (Comarca Noroccidental Andaluza)», en *Ager: Revista de estudios sobre despoblación y desarrollo rural*, vol. 10, núm. 10, 2011, págs. 39-69.

2 García Ramón, M. D., Canovés Valiente, G., Salamaña Serra, I., Valdovinos, N. y Villarino Pérez, M., «Trabajo de la mujer, turismo rural y percepción del entorno: una comparación entre Cataluña y Galicia», en *Agricultura y sociedad*, núm. 75, 1995, págs. 115-152.

1. La mujer y su relación con el desarrollo rural

En los últimos años, los estudios sobre la mujer en el mundo rural han cobrado gran relevancia en la sociedad y en el ámbito académico[3]. La visibilidad de la mujer rural, su situación y necesidades, han sido objeto de análisis y reflexión[4], lo que ha permitido conocer mejor su realidad y avanzar hacia una igualdad efectiva entre mujeres y hombres en el ámbito rural. La mujer rural ha sido históricamente invisible en la sociedad española y en muchos casos, su papel ha sido relegado a un segundo plano, siendo considerada como una simple ayuda en el trabajo del campo[5], y también, en las tareas domésticas. Sin embargo, las mujeres constituyen una pieza fundamental en el desarrollo del medio rural[6], en la conservación del patrimonio natural y en la salvaguarda de la cultura. Así pues, la aportación de la mujer rural a la economía, a la cultura y a la sociedad es imprescindible y debe ser reconocida y valorada[7].

Por otro lado, uno de los principales problemas a los que se enfrentan las mujeres rurales es la falta de oportunidades laborales. En muchos casos, las mujeres tienen dificultades para acceder al mercado laboral y se ven abocadas a trabajos precarios y mal remunerados. Además, la brecha salarial entre hombres y mujeres es especialmente acusada en el ámbito rural. En este sentido, los estudios sobre la mujer rural han permitido visibilizar esta realidad y poner de manifiesto la necesidad de políticas que fomenten la igualdad de oportunidades laborales y salariales[8]. Otro de los aspectos que se han estudiado en relación con la mujer rural es el papel que desempeña ésta en la gestión del

3 Cózar Valero, M. E., «Los cambios sociodemográficos en las mujeres rurales de la provincia de Granada: Un reto para el desarrollo rural sostenible», en *Cuadernos Geográficos*, vol. 36, núm. 1, 2005, págs. 219–242.; Rivera Mateos, M., «Turismo, brecha salarial y desigualdades laborales de género en espacios rurales de Andalucía (España)», en *Cuadernos Geográficos*, vol. 57, núm. 3, 2018, págs. 291–312.; Pérez-González, J., Hidalgo de Trucios, S. J., Sánchez García, C., y Rengifo Gallego, J. I., «Women in the Hunt: A More Useful and Sustainable Hunt for Biodiversity?», in *Sustainability*, vol. 15, núm. 9, 2023, pág. 7439.

4 Díez Bedmar, M. C., «Las mujeres en el mundo rural. Reflexiones generales y contextualización», en *Sumuntán*, núm. 24, 2007, págs. 67-78.

5 Urkidi Azkarraga, L., «Espacios agrarios y justicia de género: un caso de estudio en el País Vasco», en *Boletín de la Asociación de Geógrafos Españoles*, núm. 78, 2018, págs. 359-391.

6 Gómez García, J., y Rico González, M., «La mujer en el medio rural de Castilla y León: Diversificación sectorial y proceso de dinamización económica», en *Estudios de Economía Aplicada*, vol. 23 núm. 2, 2005, págs. 465-490.

7 Baylina Ferré, M. y Salamaña Serra, I., «El lugar del género en la Geografía Rural», en *Boletín de La Asociación de Geógrafos Españoles*, vol. 1, núm. 41, 2006.

8 Sabaté Martínez, A., «Industria rural en Toledo: la incorporación de las mujeres al mercado de trabajo», en *Anales de Geografía de la Universidad Complutense*, núm. 12, 1992, pág. 277.

territorio y en la conservación del medio ambiente[9]. En muchos casos, son ellas quienes lideran proyectos de conservación de la naturaleza, por eso, los estudios sobre la mujer rural han permitido conocer mejor esta realidad y valorar la trascendencia de su labor en la preservación del medio ambiente.

En resumen, los estudios sobre la mujer rural en los últimos años han sido fundamentales para visibilizar la situación de este colectivo en el ámbito rural y para la consecución de políticas de igualdad de oportunidades. Las mujeres del medio rural resultan pues determinantes para la cohesión territorial y social[10], y son un vector para la innovación y el emprendimiento rural. Sin embargo, en el medio rural todavía se mantienen escenarios de desigualdad entre mujeres y hombres en un grado más acusado de lo que ocurre en el medio urbano.

Así pues, partiendo de la teoría recogida en estos estudios sobre la mujer rural, hemos querido poner en valor y demostrar que, a pesar, de la masculinización que aún hoy posee el sector agrario, la mujer constituye un elemento clave en el desarrollo socioeconómico de los pueblos de esta comarca toledana, al emprender en negocios de turismo rural que se traducen en un abanico de nuevas actividades de las que este colectivo es el principal emprendedor. En la cara opuesta, el desarrollo rural se ve beneficiado significativamente cuando las mujeres adquieren un papel activo ya que su participación en el desarrollo rural va a impulsar el crecimiento económico y en el bienestar general de las comunidades rurales, tal como sucede en el territorio que nos ocupa este estudio.

2. La mujer, piedra angular del turismo rural

En los últimos tiempos han sido muchas las comarcas rurales que han apostado por considerar al turismo rural entre sus estrategias de desarrollo socioeconómico y un complemento al sector primario. Esto se debe, de forma esencial, a que el medio rural se está enfrentando a una agricultura cuyo papel en el conjunto de las actividades económicas se ha visto modificada, de manera considerable, por las demandas que se plantean las sociedades contemporáneas, dando lugar a un nuevo modelo «posproductivista» o territorial que se corresponde con la ruralidad crecientemente desagrarizada[11], que soporta nuevos usos y nuevos significados propios de una sociedad móvil, terciarizada y posmoderna[12].

---

9 Millán-Vázquez de la Torre, M. G., Velasco-Portero, M. T., y Ramírez-Sobrino, J. N., «El emprendimiento de la mujer rural española: análisis de la brecha salarial. Una realidad difícil de solucionar», en *Papeles de población*, vol. 23, núm. 92, 2017, págs. 151-183.

10 García Sanz, B., «La mujer rural en los procesos de desarrollo de los pueblos», en *Revista del Ministerio de Trabajo y Asuntos sociales*, vol. 4, 2004, pág. 107.

11 Sampedro, R. y Camarero, L., «Mujeres empresarias en la España rural. El sujeto pendiente del desarrollo», en *Revista Internacional de Sociología*, núm. 48, 2007, págs. 121-146.

12 Flores Ruiz, D. y Barroso González, M. D. O., «La mujer en el turismo rural: un análisis comparativo de género en el Parque Natural Sierra de Aracena y Picos de Aroche (Comar-

A este respecto, y ante la mano de obra sobrante en la agricultura, los programas de desarrollo rural, [cuya finalidad es mejorar la calidad de vida de las comunidades rurales y fomentar un desarrollo sostenible en estas áreas], han apostado por la diversificación económica que, en muchas ocasiones, se ha dirigido sobremanera hacia la creación de infraestructura de alojamientos de turismo rural ya sea por motivos estratégicos y por los beneficios que ofrecen para las comunidades locales o para la mejora económica en general. Por esta razón, la contribución de la mujer rural al turismo rural es cuanto menos significativa y multifacética ya que tiene un impacto elocuente en su propia vida y, a su vez, las mujeres rurales desempeñan un papel crucial en el desarrollo y en el éxito del turismo rural[13].

Asimismo, las mujeres rurales han desempeñado roles clave en el desarrollo y sostenibilidad del turismo en áreas rurales de todo el mundo ya que, tal como reconoce RICO[14], gracias al atractivo turístico del ámbito rural, han nacido incipientes servicios, ya sean alojamientos rurales, centros de actividades lúdico-medioambientales, recuperación del comercio de productos artesanales dirigidos al turismo, etc.

Sin embargo, a pesar de ello, conviene señalar que el turismo rural no supone la solución definitiva ni el remedio del desarrollo rural, pues, la capacidad de este sector para generar empleo directo, sobre todo asalariado, es aún muy reducida[15].

II. Metodología: grupo de estudio y enfoque

La metodología utilizada para realizar esta investigación, que aborda la contribución de la mujer en el turismo rural de la comarca toledana de La Campana de Oropesa y Cuatro Villas, sigue las pautas de otros estudios de caso relevantes[16]. El estudio se ha basado en realizar, en una primera fase,

ca Noroccidental Andaluza)», en *Ager: Revista de estudios sobre despoblación y desarrollo rural*, vol. 10 núm. 10, 2011, págs. 39-69.

13 Hortelano Mínguez, L. A., «El turismo rural como estrategia de la lucha contra la despoblación del interior de España», en *La despoblación del mundo rural. Algunas propuestas prácticas y realistas desde los ámbitos jurídico, económico y social para tratar de paliar o revertir tan denostado fenómeno*, Thomson Reuters Aranzadi, Cizur Menor, 2019, págs. 503-531.

14 Rico González, M., «El turismo como nueva fuente de ingresos para el medio rural de Castilla y León», en *Cuadernos de Turismo*, núm. 16, 2005, págs. 175-196.

15 Ibidem.

16 Flores Ruiz, D. y Barroso González, M. D. O., «La mujer en el turismo rural: un análisis comparativo de género en el Parque Natural Sierra de Aracena y Picos de Aroche (Comarca Noroccidental Andaluza)», en *Ager: Revista de estudios sobre despoblación*

una revisión bibliográfica exhaustiva sobre el tema en cuestión, con el fin de identificar las principales variables, teorías y metodologías utilizadas en investigaciones previas. A continuación, la segunda fase ha consistido en la realización de una encuesta a los titulares de una muestra de los alojamientos de turismo rural existentes en la comarca que nos ha aportado una utilidad clave para compendiar cifras e información de manera sistemática y precisa, como la recopilación de datos estructurados, el diseño de preguntas específicas con opciones de respuesta predefinidas sobre opiniones, actitudes, comportamientos o las características del grupo particular de personas entrevistadas, lo que respalda las afirmaciones del trabajo de investigación con una evidencia muy concreta. Finalmente, el análisis de los resultados presentados en tablas nos ha permitido conocer con rigor el peso de la mujer en la gestión de los alojamientos de turismo rural de la comarca para poder derivar conclusiones y dar respuesta a nuestra pregunta de investigación.

Así pues, el grupo de estudio está formado por los gestores de una muestra de la red de alojamientos de turismo rural de dicha comarca (Figura 1), y para alcanzar los objetivos de la investigación nos hemos basado en un enfoque sustentado en la realización de una encuesta vía telefónica a una muestra de 10 alojamientos de turismo rural de un total de 23 que existían en este territorio a 15 de septiembre de 2023. La encuesta se compone de cuatro bloques de preguntas recogidas en un cuestionario: el primero hace referencia a los datos personales de los entrevistados tales como sexo, edad, nivel de estudios, etc. En el segundo, se abordan las características del alojamiento, como por ejemplo el número de plazas, la categoría del mismo, la disposición o no de certificado de calidad o las actividades complementarias que acoge. El tercer bloque analiza los datos de carácter empresarial (titular y propietario del alojamiento, dedicación, forma jurídica de gestión, motivación que llevó a su apertura, etc.) y, el cuarto y último, es un bloque más abierto que recoge las observaciones de las personas entrevistadas en relación con su experiencia personal al frente de dichos alojamientos.

y desarrollo rural, vol. 10 núm. 10, 2011, págs. 39-69; García Ramón, M. D., Canovés Valiente, G., Salamaña Serra, I., Valdovinos, N. y Villarino Pérez, M., «Trabajo de la mujer, turismo rural y percepción del entorno: una comparación entre Cataluña y Galicia», en *Agricultura y sociedad*, núm. 75, 1995, págs. 115-152.; Rico González, M. y Gómez García, J. M., «Mujeres y despoblación en el medio rural de Castilla y León», en *Ager. Revista de estudios sobre despoblación y desarrollo rural*, núm. 3, 2003, págs. 151-184.

Figura 1. Localización de los alojamientos encuestados.

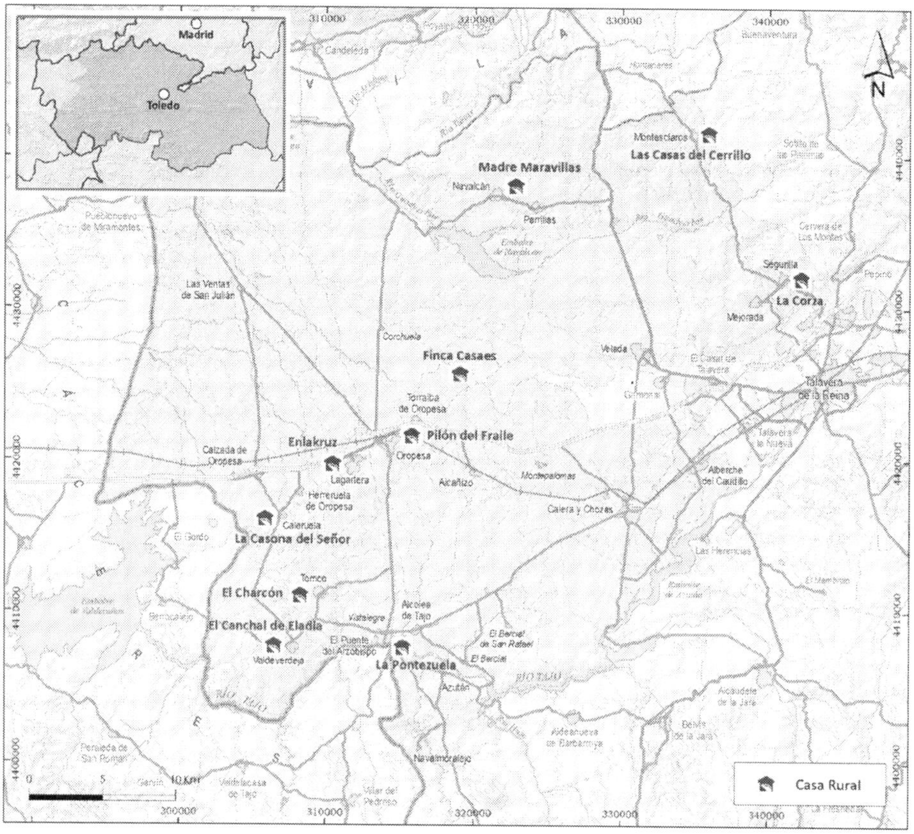

Fuente: Instituto Geográfico Nacional (IGN). Base Cartográfica Nacional (BCN200). Junta de Comunidades de Castilla-La Mancha. Consejería de Turismo, Comercio y Artesanía. Elaboración propia.

De esta manera, el objeto principal del cuestionario realizado fue contrastar las diferencias por sexo de aquello referido a las características de los alojamientos de turismo rural, de sus propietarios y de la gestión que se realiza en los mismos, con la finalidad de aproximarnos al papel que desempeña y el peso que ejerce la mujer en el turismo rural de esta comarca.

Tras la obtención de la información recogida en la encuesta, el siguiente paso de la investigación fue incorporar toda la información a una base de datos en Excel con la finalidad de poder gestionar de la manera más adecuada todas las variables consideradas en la encuesta para las mujeres con respecto a los varones, lo que nos permitió poner en relieve las principales diferencias por sexo.

En el cuadro 1 se recogen los alojamientos turísticos en el medio rural que, a fecha 15 de septiembre de 2023, se encontraban en activo en el territorio de la comarca toledana de La Campana de Oropesa y Cuatro Villas y que la legislación[17] castellanomanchega clasifica según las siguientes modalidades:

Cuadro 1. Alojamientos turísticos en La Campana de Oropesa.

Alojamientos turísticos en el medio rural	N.º
Alojamiento Rural Singular	0
Apartamentos Turísticos Rurales	0
Casas Rurales	22
Complejos de Turismo Rural	0
Explotaciones de agroturismo	1
Explotaciones de Turismo Cinegético	0

Fuente: Junta de Comunidades de Castilla-La Mancha. Consejería de Turismo, Comercio y Artesanía. Elaboración propia.

III. Resultados

Los proyectos de desarrollo rural puestos en marcha hasta la fecha por el Grupo de Desarrollo Rural (GDR) ADECOR[18] han tenido como foco principal la promoción territorial, el apoyo al turismo, el medio ambiente, la igualdad de género y oportunidades y la búsqueda del desarrollo sostenible. En este sentido, el turismo rural se ha visto beneficiado de un gran número de proyectos financiados durante los últimos 20 años que han supuesto una inversión de, aproximadamente 11 millones de euros, traducida en un 33,37 % del total de la inversión del conjunto de los programas de desarrollo rural gestionados por el GDR en la comarca.

En relación con la tipología de proyectos de turismo rural existentes puestos en marcha, han sido en mayor medida, la creación, ampliación y rehabilitación de alojamientos de turismo rural, la promoción de actividades de ocio y aventura o la apertura de tiendas de artesanía local. Por esa razón, y debido al importante poso que ha supuesto la creación de infraestructura de alojamientos en la comarca, hemos decidido elegir los alojamientos rurales y su

17 Artículo 3 del Decreto 88/2018, de 29 de noviembre, de ordenación de los alojamientos de turismo rural en Castilla-La Mancha (DOCM n.º 35).

18 GDR ADECOR: Grupo de Desarrollo Rural «Asociación para el Desarrollo de La Campana de Oropesa». Constituido en el año 1996, fijó sus objetivos en analizar las necesidades y posibilidades de su territorio de actuación para alcanzar la cohesión desde una perspectiva integradora de lo rural, urbano y periurbano y para lograr un modelo territorial capaz de favorecer el desarrollo equilibrado y sostenible a nivel interno y la conexión con el exterior.

gestión como base de esta investigación. Por ello, la organización y análisis de los datos extraídos de las encuestas a los titulares de los alojamientos nos permite avanzar una serie de resultados, en este estudio de caso, que contribuyen al conocimiento del papel de la mujer en el turismo rural.

1. Bloque características personales

Tras una primera aproximación, los resultados obtenidos en el bloque dedicado a la información personal de los entrevistados arrojan que, del total de las encuestas dirigidas a los 10 alojamientos turísticos en el medio rural, 5 entrevistas fueron respondidas por mujeres (50 %) y otras 5 por varones (50 %) existiendo, por tanto, paridad total en este sentido. Además, las encuestas fueron respondidas por la persona que ejerce la titularidad de los alojamientos lo que nos aporta un especial rigor en la información proporcionada por las mismas (Cuadro n.º 2).

En relación a la edad, todas las personas entrevistadas poseen una edad comprendida entre los 50 y los 65 años, salvo una excepción, ya que el titular de la única explotación de agroturismo existente encabeza el umbral más joven con tan solo 42 años. Prácticamente la totalidad de las personas entrevistadas poseen estudios superiores (60 %) existiendo, en este sentido, una uniformidad destacable a este respecto, salvo excepciones que cuentan con estudios secundarios y únicamente uno de los entrevistados posee estudios primarios.

En cuanto al estado civil, las personas entrevistadas están casadas y llevan el negocio en común con sus respectivos cónyuges (80 %) salvo dos; uno de ellos está divorciado y otra está soltera. Y finalmente, de las 10 personas entrevistadas, seis tienen dos hijos, dos de ellas tienen un hijo, uno tiene cuatro y otra, no tiene hijos.

Todos los alegan, de alguna manera, que el hecho de emprender en el negocio de los alojamientos turísticos rurales le ha supuesto un complemento positivo para la economía familiar y en la crianza de los hijos.

Cuadro 2. Características de la persona entrevistada

Datos personales de las personas entrevistadas				
Sexo	Edad	Nivel de estudios	Estado civil	Hijos
Varón	64	Primarios	Casado	2
Varón	42	Secundarios	Casado	2
Varón	52	Superiores	Casado	2
Varón	55	Superiores	Divorciado	4
Varón	59	Superiores	Casado	1
Mujer	56	Superiores	Casada	2

Datos personales de las personas entrevistadas				
Sexo	Edad	Nivel de estudios	Estado civil	Hijos
Mujer	51	Superiores	Casada	2
Mujer	62	Secundarios	Casada	1
Mujer	59	Secundarios	Casada	2
Mujer	62	Superiores	Soltera	0

Fuente: elaboración propia.

2. Bloque alojamiento

La información recogida en el Cuadro 3 arroja algunos datos de interés tales como, la uniformidad existente en el tipo de uso que se hace de los alojamientos, siendo completos en nueve de ellos y compartido tan solo en uno, alegando, este último, sacar mejor provecho económico de la casa rural al permitir compartirla con unidades familiares diferentes. Por otro lado, todas las casas poseen un número de variable de habitaciones, entre las 3 y las 15. Finalmente, el 60 % de las personas entrevistadas reconoce que su alojamiento dispone de certificado de calidad, lo que garantiza para los huéspedes que el establecimiento cumple con ciertos estándares y criterios predefinidos de calidad y servicio. Estos certificados son otorgados por organizaciones independientes y/o autoridades gubernamentales.

En relación a las tareas realizadas por las personas entrevistadas, las mujeres explican que se encargan del servicio de limpieza, cocina y labores administrativas en la gestión de las entradas y salidas de turistas, lo que pone de manifiesto, que la mujer rural mantiene los roles tradicionales dentro de las actividades vinculadas al turismo rural, mientras que los hombres llevan a cabo sus cometidos en el mantenimiento y cuidado de zonas ajardinadas de las instalaciones, así como la logística. De esta manera, las repuestas nos llevan a confirmar que determinadas tareas realizadas por cada género se mantienen inalterables en el tiempo dentro de la muestra de entrevistas de nuestra investigación.

Cuadro 3. Datos básicos de los alojamientos entrevistados.

Alojamiento	Tipo/categoría	Habitaciones	Uso	Certificado de Calidad
1	Casa Rural	4+2*	Completo	Sí
2	Casa Rural	5	Completo	Sí
3	Casa Rural	4+3*	Completo	Sí
4	Casa Rural	6	Completo	No
5	Casa Rural	3	Completo	Sí

Alojamiento	Tipo/categoría	Habitaciones	Uso	Certificado de Calidad
6	Explotación de Agroturismo	11+3*	Completo	No
7	Casa Rural	4	Completo	Sí
8	Casa Rural	12	Completo	En trámite
9	Casa Rural	4	Compartido	Sí
10	Casa Rural	7	Completo	No

Fuente: elaboración propia.
Nota 1: (*) Se corresponde con apartamentos unifamiliares.

3. Bloque empresarial

La información recogida en el bloque empresarial incluye detalles sobre la estructura, titularidad y forma de constitución jurídica del establecimiento turístico, entre otros (Cuadro n.º 4). En los 10 alojamientos, tal y como hemos comentado anteriormente, la persona entrevistada ejerce la titularidad y la propiedad del negocio. La única excepción la marca una de las casas rurales que funciona como Comunidad de Bienes (C.B.), entre hermanos. En todos los casos, la dedicación al negocio es parcial y la mayoría de los entrevistados combinan el trabajo en dichos alojamientos rurales con otras actividades del sector primario (agricultura y ganadería principalmente) en el caso de los varones, o bien con otras labores afines al sector servicios (hostelería y restauración) en el caso de las mujeres. Una de las entrevistadas alega dedicarse como funcionaria, a actividades relacionadas con el turismo, motivación que le llevó a emprender su propio negocio de turismo rural.

En todos los casos, la forma jurídica con la que están constituidos los alojamientos son como empresas de autónomos. Cinco de las personas entrevistadas afirman haber recibido subvención pública por parte del GDR ADECOR y solo un entrevistado aporta datos sobre la horquilla de ingresos generados por la actividad turística, cifrando los beneficios en unos 34.000 € brutos al año. La mayoría de los entrevistados alega no conocer los ingresos reales que les proporciona la actividad turística ya que consideran que se trata de una actividad sujeta a una estacionalidad muy concreta y cambiante de un año para otro.

Cuadro 4. Datos de carácter empresarial de los alojamientos entrevistados.

Alojamiento	Titular y propietario	Dedicación	Forma jurídica	Presupuesto	Ingresos
1	Sí	Parcial	Autónoma	No	No responde
2	Sí	Parcial	Autónomo	No	No responde

Alojamiento	Titular y propietario	Dedicación	Forma jurídica	Presupuesto	Ingresos
3	No	Parcial	C.B.	Sí	No responde
4	Sí	Parcial	Autónoma	No	No responde
5	Sí	Parcial	Autónomo	Sí	No responde
6	Sí	Parcial	Autónomo	No	No responde
7	Sí	Parcial	Autónomo	Sí	No responde
8	Sí	Parcial	S.L.	Sí	34.000 € brutos/año
9	Sí	Parcial	Autónoma	Sí	No responde
10	Sí	Parcial	Autónoma	No	No responde

Fuente: elaboración propia.

4. Bloque observaciones

El principal motivo que impulsó la creación de estos alojamientos fue la intención de emprender en un sector que les pareció en expansión, y en un momento en el que otras ramas económicas acarreaban años de crisis, por lo que se hizo necesario diversificar las fuentes de ingresos (Cuadro n.º 5). Tanto las mujeres como los hombres entrevistados exponen que, otra de las motivaciones que los llevó a crear su propio negocio de turismo rural, fue para cumplir su propio sueño y de manera más práctica, todos los entrevistados ya eran, de alguna forma, propietarios o herederos de los alojamientos que pusieron en funcionamiento.

Todos los entrevistados reclaman, de alguna manera, de la estacionalidad del turismo rural en una comarca donde las condiciones climáticas son muy adversas tanto en invierno como en verano. Coinciden en poseer un periodo de actividad muy concreto dentro del sector del turismo rural, y la mayoría son conscientes de que el negocio de los alojamientos rurales tan solo constituye una pequeña ayuda para su economía familiar. Gran parte de ellos se han planteado en algún momento, desde su apertura, echar el cierre al negocio por su escasa viabilidad y a su vez, todos coinciden en que sería necesario lanzar un empuje publicitario por parte de la Administración Autonómica y Diputación Provincial al patrimonio que posee la comarca con el fin de poder impulsar sus negocios y ampliar la entrada de turistas a lo largo del año.

Cuadro 5. Motivos por los que se creó el negocio.

Alojamiento	Sexo	Motivación
1	M	Para prestar un servicio en el municipio. No existían casas rurales anteriormente.
2	V	Diversificar ingresos en tiempos de crisis en la construcción (dedicación previa). La casa era de su propiedad.

Alojamiento	Sexo	Motivación
3	V	Invertir en otro sector (que no fuera la construcción) y prestar un servicio al municipio.
4	M	Casa heredada. Por carácter sentimental decidió rehabilitarla y ofrecer un servicio.
5	V	No existía ninguna casa rural en el municipio. Consideraron el enclave como un lugar privilegiado dentro del municipio.
6	V	Era el sueño de su vida.
7	V	Ser una persona emprendedora. Heredó una finca con una vivienda y pensó en sacar provecho económico de la misma.
8	M	Tenía un local y le propusieron la ayuda económica desde ADECOR. Complementa el negocio con otras actividades de hostelería de las que ya es experimentada.
9	M	De forma casual. Decidió diversificar sus negocios en hostelería abriendo la casa rural.
10	M	Cumplir uno de sus sueños: hacer turismo a través de su propia gestión. Se ha dedicado tradicionalmente a temas turísticos.

Fuente: elaboración propia.

IV. Conclusiones

En razón a los resultados obtenidos, podemos concluir que, para este análisis de caso, el turismo rural, en general, y los alojamientos turísticos y sus derivados en particular, están contribuyendo a la diversificación del medio rural de las últimas décadas tal como apuntan otros estudios de caso mencionados en el apartado teórico. Por eso, el desarrollo del turismo en zonas rurales está significando la rehabilitación de las economías familiares a través de esta nueva fuente de ingresos que complementa o, en algunos casos, sustituye a las tradicionales rentas de los pequeños municipios[19].

El turismo rural no solo proporciona un cierto ingreso a los propietarios de los alojamientos, sino que también genera efectos de arrastre para otras actividades productivas locales como restaurantes, bares, pequeño comercio, construcción, productos agrícolas, etc.

En este sentido el trabajo de la mujer es clave para el desarrollo del turismo rural. Sin la presencia de la mujer, no se entiende el emprendimiento en esta nueva actividad, pues la gran participación de la mujer en las actividades de turismo rural puede interpretarse como una estrategia de adaptación de la unidad de producción familiar a una manifestación específica de la reestructuración económica global existente en la actualidad.

19 Martín Jiménez, I., «El turismo rural como motor de desarrollo de los pueblos», en *Revista del Ministerio de Trabajo y Asuntos Sociales*, núm. 4, 2000, págs. 155-173.

En lo referido a esta investigación y con los resultados obtenidos podemos corroborar que existe gran paridad en el territorio de La Campana de Oropesa y Cuatro Villas en lo referente a la gestión de los alojamientos de turismo rural. Tanto las mujeres como los hombres adoptan una simetría en la dedicación, gestión [muchas veces confundida con la propiedad], y motivaciones que llevaron a la apertura de dichas casas rurales. Por otra parte, cabe destacar la uniformidad que existe en el tamaño de los alojamientos, tratándose por lo general de negocios pequeños, donde la mayor parte del empleo generado es familiar, muchas veces no remunerado y donde gran parte de los ingresos obtenidos son complementarios a la renta familiar.

Finalmente, tanto las mujeres como los hombres entrevistados muestran, en algunos casos, una tímida frustración al considerar, mediante sus opiniones personales, que sus negocios carecen del impulso necesario para resultar más rentables y son conscientes de que el territorio de la comarca adolece de sólidas oportunidades para que sus hijos continúen el emprendimiento iniciado por ellos, incentivándoles en todo momento a progresar en otros territorios y actividades más dinámicas en el medio urbano.

En conclusión, y a pesar de la paridad existente en la muestra realizada a los 10 gestores de los alojamientos de turismo rural entrevistados, el territorio de La Campana de Oropesa y Cuatro Villas, debe seguir trabajando con intensidad para conseguir una mayor presencia de mujeres en el conjunto de la economía local que garantice la igualdad de género y oportunidades en el medio rural y que se traduzca en la mejora de la limitada participación que tiene este colectivo en la fuerza laboral no agrícola, en los salarios y en la carga desproporcionada de trabajo no remunerado que en muchas ocasiones conlleva, para las mujeres, la gestión de sus alojamientos.

V. Bibliografía

Baylina Ferré, M. y **Salamaña Serra, I.**, «El lugar del género en la Geografía Rural», en *Boletín de La Asociación de Geógrafos Españoles*, vol. 1, núm. 41, 2006.

Cózar Valero, M. E., «Los cambios sociodemográficos en las mujeres rurales de la provincia de Granada: Un reto para el desarrollo rural sostenible», en *Cuadernos Geográficos*, vol. 36, núm. 1, 2005, págs. 219–242.

Díez Bedmar, M. C., «Las mujeres en el mundo rural. Reflexiones generales y contextualización», en *Sumuntán*, núm. 24, 2007, págs. 67-78.

Flores Ruiz, D. y **Barroso González, M. D. O.**, «La mujer en el turismo rural: un análisis comparativo de género en el Parque Natural Sierra de Aracena y Picos de Aroche (Comarca Noroccidental Andaluza)», en *Ager: Revista de estudios sobre despoblación y desarrollo rural*, vol. 10 núm. 10, 2011, págs. 39-69.

García Ramón, M. D., Canovés Valiente, G., Salamaña Serra, I., Valdovinos, N. y **Villarino Pérez, M.**, «Trabajo de la mujer, turismo rural y percepción del entorno: una comparación entre Cataluña y Galicia», en *Agricultura y sociedad*, núm. 75, 1995, págs. 115-152.

García Sanz, B., «La mujer rural en los procesos de desarrollo de los pueblos», en *Revista del Ministerio de Trabajo y Asuntos sociales*, vol. 4, 2004, pág. 107.

Gómez García, J., y **Rico González, M.**, «La mujer en el medio rural de Castilla y León: Diversificación sectorial y proceso de dinamización económica», en *Estudios de Economía Aplicada*, vol. 23 núm. 2, 2005, págs. 465-490.

Hortelano Mínguez, L. A., «El turismo rural como estrategia de la lucha contra la despoblación del interior de España», en *La despoblación del mundo rural. Algunas propuestas prácticas y realistas desde los ámbitos jurídico, económico y social para tratar de paliar o revertir tan denostado fenómeno*, Thomson Reuters Aranzadi, Cizur Menor (Navarra), 2019, págs. 503-531.

Martín Jiménez, I., «El turismo rural como motor de desarrollo de los pueblos», en *Revista del Ministerio de Trabajo y Asuntos Sociales*, núm. 4, 2000, págs. 155-173.

Millán-Vázquez de la Torre, M. G., Velasco-Portero, M. T., y **Ramírez-Sobrino, J. N.**, «El emprendimiento de la mujer rural española: análisis de la brecha salarial. Una realidad difícil de solucionar», en *Papeles de población*, vol. 23, núm. 92, 2017, págs. 151-183.

Pérez-González, J., Hidalgo de Trucios, S. J., Sánchez García, C., y **Rengifo Gallego, J. I.**, «Women in the Hunt: A More Useful and Sustainable Hunt for Biodiversity?», in *Sustainability*, vol. 15, núm. 9, 2023, pág. 7439.

Rico González, M., «El turismo como nueva fuente de ingresos para el medio rural de Castilla y León», en *Cuadernos de Turismo*, núm. 16, 2005, págs. 175-196.

Rico González, M. y **Gómez García, J. M.**, «Mujeres y despoblación en el medio rural de Castilla y León», en *Ager. Revista de estudios sobre despoblación y desarrollo rural*, núm. 3, 2003, págs. 151-184.

Rivera Mateos, M., «Turismo, brecha salarial y desigualdades laborales de género en espacios rurales de Andalucía (España)», en *Cuadernos Geográficos*, vol. 57, núm. 3, 2018, págs. 291–312.

Sabaté Martínez, A., «Industria rural en Toledo: la incorporación de las mujeres al mercado de trabajo», en *Anales de Geografía de la Universidad Complutense*, núm. 12, 1992, pág. 277.

Sampedro, R. y **Camarero, L.**, «Mujeres empresarias en la España rural. El sujeto pendiente del desarrollo», en *Revista Internacional de Sociología*, núm. 48, 2007, págs. 121-146.

Urkidi Azkarraga, L., «Espacios agrarios y justicia de género: un caso de estudio en el País Vasco», en *Boletín de la Asociación de Geógrafos Españoles*, núm. 78, 2018, págs. 359-391.

Decreto 88/2018, de 29 de noviembre, de ordenación de los alojamientos de turismo rural en Castilla-La Mancha.

CAPÍTULO X

IGUALDAD DE TRATO Y DE OPORTUNIDADES EN EL ACCESO AL EMPLEO PÚBLICO: ENFOQUE JURISPRUDENCIAL

Lidia García Martín
Profesora Ayudante Doctora de Derecho Administrativo
Universidad de León

I. La lucha contra las desigualdades de género presentes en el medio rural: introducción

Las mujeres han tenido, a lo largo de los tiempos, un papel más limitado en los asuntos políticos y públicos, siendo este más acusado respecto de las mujeres que habitan en el medio rural. La falta de independencia económica de la mujer rural y las desigualdades en el acceso al mercado laboral han motivado la huida masiva de las mujeres a la ciudad, siendo la presencia en las zonas rurales mayoritariamente masculina y de edad avanzada, lo que ha impedido el asentamiento poblacional[1]. Esto se debe principalmente a la figura del hombre en el medio rural, cuya presencia en las explotaciones agrarias se ha considerado más relevante que la de la mujer, escasamente reconocida, lo que ha forzado a esta última a abandonar el medio rural en búsqueda de mejores oportunidades profesionales[2]. Por esta razón, el art. 30 de la Ley orgánica 3/2007, de 22 de marzo, para la igualdad efectiva de mujeres y hombres, faculta al Ministerio de Agricultura, Pesca y Alimentación y al Ministerio de Trabajo y Asuntos Sociales para que desarrolle la figura jurídica de la titularidad compartida a fin de reconocer plenamente los derechos de las mujeres en el sector agrario, junto con la correspondiente protección de la Seguridad Social y el reconocimiento de su trabajo efectivo, concreción plasmada en la Ley 35/2011, de 4 de octubre, sobre titularidad compartida de las explotaciones agrarias.

De hecho, la exposición de motivos de la mencionada norma reconoce que, pese a los avances en igualdad, en el momento de la aprobación de la Ley las mujeres rurales siguen siendo vulnerables e invisibles «y sin embargo ellas son la base del mantenimiento, conservación y desarrollo de las áreas rurales en términos económicos, sociales, y culturales»[3]. El objetivo de la Ley 35/2011, de 4 de octubre, no es otro que la regulación de la titularidad compartida de las explotaciones agrarias a fin de promover y favorecer la igualdad real y efectiva de las mujeres en el medio rural, a través del reconocimiento jurídico y económico de su participación en la actividad agraria[4].

En este sentido, como medidas destinadas a favorecer el papel de la mujer en el medio rural, la reciente Sentencia núm. 549/2023, de 4 de mayo, del Tribunal Supremo ha reconocido que:

> «los beneficios previstos en la Ley 19/1995, de 4 de julio (RCL 1995, 1947), de Modernización de las Explotaciones Agrarias para las adquisiciones de primera instalación de explotación prioritaria, resultan de aplicación íntegra cuando tal adquisición se haya hecho por los dos cónyuges para su sociedad de gananciales, aunque solo uno de ellos tenga la condición de agricultor profesional y sea el titular de la explotación, siempre que reúna los requisitos previstos en el apartado 1 del art 4 de la expresada ley, sin que para disfrutar de ese beneficio fiscal resulte necesario que ambos cónyuges constituyan una explotación agraria de titularidad compartida»[5].

---

1 Obregón Pozo, L., «Situación de la mujer en el medio rural», en Conde Colmenero P., *Los retos de la igualdad en un escenario de transformación digital,* Dykinson, Madrid, 2019, pág. 153.

2 Ibidem, pág. 153.

3 *Vid.* la exposición de motivos de la Ley 35/2011, de 4 de octubre, sobre titularidad compartida de las explotaciones agrarias.

4 Sentencia núm. 549/2023, de 4 de mayo, del Tribunal Supremo (Sala de lo Contencioso-Administrativo, Sección 2.ª), ECLI:ES:TS:2023:1886.

5 Ibidem.

En efecto, entre las actuaciones indispensables para dinamizar el medio rural, necesariamente deberán detallarse aquellas que se dirijan a mejorar el nivel educativo y de formación de las mujeres, y especialmente las que favorezcan su incorporación al mercado de trabajo y a los órganos de dirección de empresas y asociaciones. Por su parte, las Administraciones públicas deberán promover nuevas actividades laborales que favorezcan el trabajo de las mujeres en el medio rural, así como el desarrollo de una red de servicios sociales para atender a menores, mayores y dependientes a fin de posibilitar la conciliación de la vida laboral, familiar y personal de hombres y mujeres en los entornos rurales. Los poderes públicos deberán fomentar la igualdad de oportunidades, también en el acceso a las tecnologías de la información y la comunicación, mediante el empleo de políticas y actividades dirigidas a la mujer rural[6].

En este sentido, la introducción de la tecnología puede ser un gran aliado a la hora de diseñar nuevos puestos de trabajo de calidad a implantar en el medio rural que contribuyan a materializar el principio de igualdad efectiva que reconoce la Constitución Española en su art. 14. Para ello, es fundamental la adopción de una política de género que frene las posibles discriminaciones que afectan principalmente a las mujeres a fin de situarlas en un plano de igualdad con respecto a los hombres pues, como ha reconocido el Tribunal Superior de Justicia de la Comunidad Valenciana, en su Sentencia núm. 382/2023, de 13 julio,

> «la igualdad de trato y de oportunidades entre mujeres y hombres es un principio informador del ordenamiento jurídico, y como tal, se integrará y observará en la interpretación y aplicación de las normas jurídicas y la actuación de los poderes públicos con carácter transversal»[7].

---

6 No es la finalidad de este trabajo desarrollar en detalle los problemas de digitalización a los que se enfrentan en la actualidad los territorios rurales y sobre los que he tenido oportunidad de reflexionar en GARCÍA MARTÍN, L., «Brecha digital en los territorios rurales», en S. RODRÍGUEZ ESCANCIANO y H. ÁLVAREZ CUESTA (Coords.), *La economía social como palanca para la sostenibilidad en los territorios rurales,* Tirant lo Blanch, Valencia, 2021, págs. 325 y ss.

7 Sentencia núm. 382/2023 de 13 julio, del Tribunal Superior de Justicia de la C. Valenciana, (Sala de lo Contencioso-Administrativo, Sección 1.ª). Sobre la importancia de este principio en la actuación de los poderes públicos, vid., al respecto, CORTÉS BURETA, P., «Desigualdad biológica e igualdad jurídica. Una aproximación a la Ley orgánica 3/2007, para la igualdad efectiva de mujeres y hombres», en *Revista de gestión pública y privada*, núm. 13, 2008, pág. 63. De hecho, ZAMBONINO PULITO, M., reconoce la posibilidad de que las Administraciones públicas introduzcan medidas dirigidas a la consecución de la igualdad de género en los procedimientos de contratación pública, a través de los pliegos de cláusulas administrativas cuya concreción podrá producirse en la fase de adjudicación o en la ejecución contractual («La igualdad efectiva de mujeres y hombres y la contratación de las administraciones públicas en la Ley Orgánica 3/2007, de 22 de marzo», en *Revista de Administración pública,* núm. 175, 2008, pág. 471. *Vid.* también GARCÍA MARTÍN, L., «La incorporación de la perspectiva de género en los contratos públicos», en M. A. GONZÁ-

II. Políticas de igualdad de género como freno a las desigualdades en el acceso al empleo de la mujer rural

El Real Decreto Legislativo 5/2015, de 30 de octubre, por el que se aprueba el Texto Refundido de la Ley del Estatuto Básico del Empleado Público (en adelante, TREBEP), incluye entre sus fundamentos y principios de actuación, la igualdad efectiva entre mujeres y hombres. A tal fin, como garantía de esta igualdad de trato y de oportunidades, las Administraciones públicas deberán adoptar aquellas medidas dirigidas a evitar cualquier discriminación laboral por razón de sexo, entre la que destaca la aprobación de un Plan de Igualdad a desarrollar en el convenio colectivo o mediante acuerdos de condiciones de trabajo del personal funcionario, en el que se detallarán los objetivos y estrategias a implantar para su consecución.

En esta línea y tomando como referencia la Estrategia Europea para la Igualdad de Género 2020-2025 de la Comisión Europea, se aprueba por parte del Ministerio de Igualdad, el *III Plan Estratégico para la Igualdad Efectiva de Mujeres y Hombres 2022-2025*[8], orientado a dar respuesta a las desigualdades basadas en el lugar de residencia de los ciudadanos, principalmente las que afectan a mujeres que habitan en zonas rurales, demográficamente desfavorecidas, atendiendo a sus realidades y situaciones de vida.

Entre las principales acciones a acometer destacan aquellas orientadas a reducir las brechas de género en el mercado laboral, garantizar la participación igualitaria en la transición digital, reducir las brechas de género en materia salarial y de pensiones, y en las responsabilidades de cuidados prestando especial atención a los hogares monoparentales e impulsando servicios de cuidados para zonas rurales.

A tal fin la propuesta aborda estas cuestiones en dos ejes transversales. El primero, destinado a impulsar el papel de la mujer en el medio rural y principalmente en la industria, a través de su participación como titular de explotaciones agrícolas y ganaderas y también como emprendedora en pequeñas y medianas empresas, y como integrante y líder de organizaciones y cooperativas en el medio rural. La iniciativa pretende apoyar el emprendimiento de mujeres promotoras de empleo y autoempleo, con especial atención a las mujeres de ámbitos rurales y zonas en declive demográfico, del sector primario y de otros de la economía digital y verde, así como a las mujeres migrantes y/o racializadas y a la creación de empresas lideradas por mujeres en el ámbito científico-tecnológico, digital y en la economía medioambiental.

LEZ BUSTOS (Dir.), *Agenda 2030: desarrollo sostenible e igualdad*, Aranzadi, Navarra, 2021, págs. 311 y siguientes.

8 Acuerdo 5/2022, de 5 de enero, de la Junta de Castilla y León, por el que se aprueba el *III Plan Estratégico de Igualdad de Género 2022-2025.*

El segundo, aparece orientado a revertir la despoblación, siendo indispensable la garantía de los servicios públicos del bienestar, con independencia de la dispersión o el envejecimiento de la población. Solo de este modo se logrará garantizar de forma efectiva la igualdad de oportunidades en aquellos grupos sociales que han sido discriminados o minusvalorados en razón de la raza, sexo o condición física de la persona[9].

La iniciativa también acompaña medidas dirigidas a potenciar el acceso al empleo de las mujeres, especialmente de aquellas con mayores dificultades de inserción laboral. En el marco del Plan de Recuperación, Transformación y Resiliencia, será necesario el desarrollo de un itinerario personal e integrado de acciones de orientación, asesoramiento y formación ajustado al perfil de empleabilidad de las mujeres de áreas rurales y urbanas en ámbitos con buenas perspectivas territoriales de empleo y derivados de las necesidades del mercado laboral rural y urbano, en particular en los ámbitos digital, aprovechamiento forestal y agrario, emprendimiento y economía social, actividades comerciales *online* y apoyo a la dependencia[10].

Asimismo, persigue el fomento del emprendimiento verde de las mujeres y del emprendimiento de las mujeres de ámbitos rurales, con especial interés por la intersección entre ambos, mediante la sensibilización, el asesoramiento, la capacitación y la formación en competencias, entre otras. Además, considera indispensable la visibilización y reconocimiento de la contribución de mujeres emprendedoras, empresarias y trabajadoras autónomas en el ámbito de la innovación y en áreas de la economía verde, con especial atención a las mujeres rurales[11].

Por último, el Plan subraya la importancia de la revisión y adaptación de los mecanismos de difusión de información para que sean accesibles y útiles a la diversidad de mujeres víctimas de violencia machista, jóvenes y mayores, que residen en entornos rurales, migrantes, con adicciones, con enfermedad mental o con discapacidad, así como la puesta en marcha de programas de apoyo específico a las mujeres jóvenes en el medio rural que incluyan

9 *Vid. Acciones positivas para la igualdad.* Junta de Andalucía. Agrupación de Desarrollo Equal Jerez. Fondo Social Europeo, pág. 6.

10 En concreto, pretende que el 35 por 100 de los itinerarios indicados se orienten a competencias y empleos verdes y el 35 por 100 de los itinerarios se orienten a competencias y empleos digitales para lograr la inserción profesional de, al menos, el 20 por 100 de las mujeres que los finalicen.

11 En esta misma línea, procura el impulso a la formulación de indicadores de género para la obtención y difusión de datos en materia de emprendimiento verde y emprendimiento rural de las mujeres, así como la adecuación del dimensionamiento de infraestructuras (especialmente las sociales, ambientales y digitales) y equipamientos en las zonas afectadas por despoblamiento rural y por la transición justa, a fin de facilitar la libertad de residencia efectiva de las mujeres en el territorio, con especial atención en la garantía de la conciliación corresponsable dentro y fuera del hogar desde el desarrollo de la nueva economía de los cuidados.

acciones formativas que fomenten fórmulas de trabajo autónomo y emprendimiento en dicho entorno, así como medidas para mejorar la conciliación y fomentar la corresponsabilidad.

En fin, solo con una adecuada política, que contemple acciones destinadas a la igualdad de género, se conseguirán frenar las desigualdades aún acuciantes en el medio rural que impiden materializar la igualdad efectiva entre mujeres y hombres.

III. Algunas barreras que lastran el acceso de la mujer al empleo público en igualdad

Las situaciones de desigualdad de género han sido objeto de estudio por la jurisprudencia. En tal sentido, el Tribunal de Justicia de la Unión Europea ha reconocido la posibilidad de que la normativa nacional contemple reserva de plazas a mujeres en sectores infrarrepresentados, siempre que el Estado no ejerza un monopolio de formación y existan candidaturas femeninas suficientes[12]. Se deduce, por tanto, que es posible que los Estados adopten o mantengan medidas que ofrezcan ventajas concretas destinadas a evitar o compensar desventajas en las carreras profesionales siempre que el método de selección no sea desproporcionado[13].

Ahora bien, a fin de discutir sobre la posibilidad de establecer un régimen diferenciado en cuanto a la edad de jubilación entre los hombres y las mujeres con el fin de compensar la desventaja social, familiar y económica que sufren estas últimas, la Sentencia de 18 noviembre 2010, del Tribunal de Justicia de la Unión Europea (Sala Segunda), en el Asunto C-356/09, *Caso Pensionsversicherungsanstalt contra Christine Kleis*[14], realiza una diferenciación entre, por un lado, las discriminaciones que se basan directamente en razones de sexo y, por otro, aquellas que son calificadas como indirectas, en las que media una justificación objetiva sobre la base de una finalidad legítima y siempre que los medios empleados para alcanzar dicha finalidad sean adecuados y necesarios. En cambio, no se prevé esa posibilidad para las diferencias de trato que puedan constituir discriminaciones directas al interpretarse dicha discriminación como prohibida, cómo, por ejemplo,

12 Sentencia de 28 de marzo de 2000, del Tribunal de Justicia de la Unión Europea, Asunto C-158/97, *Georg Badeck y otros, con intervención de: Hessische Ministerpräsident y Landesanwalt beim Staatsgerichtshof des Landes Hessen*, ECLI:EU:C:2000:163.

13 Sentencia de 6 de julio de 2000, del Tribunal de Justicia de la Unión Europea (Sala Quinta), Asunto C-407/98, *Katarina Abrahamsson y Leif Anderson contra Elisabet Fogelqvist*, ECLI:EU:C:2000:367.

14 Sentencia de 18 noviembre 2010, del Tribunal de Justicia de la Unión Europea (Sala Segunda), Asunto C-356/09, *Caso Pensionsversicherungsanstalt contra Christine Kleis* ECLI:EU-:C:2010:703.

«una normativa que permita a un empresario despedir a los trabajadores que han adquirido el derecho a pensión de jubilación con el objetivo de promover el acceso al empleo de personas más jóvenes, dado que las mujeres adquieren ese derecho a una edad inferior en cinco años a la edad en que lo hacen los hombres»[15].

A tal fin, para determinar la existencia de una discriminación indirecta por razón de sexo en un litigio sobre igualdad de trato, procede realizar una valoración individualizada de cada uno de los elementos que caracterizan las condiciones de ejercicio de una actividad profesional que se fijen en la normativa controvertida, siempre que dichos elementos constituyan por sí solos medidas específicas basadas en criterios de aplicación propios y afecten a un número significativo de personas pertenecientes a una categoría determinada. En este sentido, la Sentencia de 6 abril 2000 del Tribunal de Justicia de las Comunidades Europeas (Sala Sexta), en el Asunto C-226/98, *Caso Brigitte Jorgensen contra Foreningen af Speciallaegery otros*[16], declara, a estos efectos, que las consideraciones de índole presupuestaria no pueden justificar por sí solas una discriminación por razón de sexo, a diferencia de las medidas que pretendan garantizar una buena gestión del gasto público destinado a los cuidados médicos especializados, así como el acceso de la población a estos cuidados, que podrán verse justificadas cuando respondan a un objetivo legítimo de política social, y se revelen aptas y necesarias para alcanzarlo[17].

1. Excurso jurisprudencial de reconocimiento de la igualdad efectiva entre mujeres y hombres en el empleo público

Tomando en consideración las previsiones analizadas es oportuno mencionar algunas resoluciones en las que se han analizado posibles discriminaciones de género, principalmente en el ámbito laboral.

15 *Vid.* el fallo de la Sentencia de 18 noviembre 2010, del Tribunal de Justicia de la Unión Europea (Sala Segunda), Asunto C-356/09, *Caso Pensionsversicherungsanstalt contra Christine Kleis* ECLI:EU:C:2010:703.

16 Sentencia de 6 abril 2000, del Tribunal de Justicia de las Comunidades Europeas (Sala Sexta), Asunto C-226/98, *Caso Brigitte Jorgensen contra Foreningen af Speciallaegery otros*. ECLI:EU:C: 2000:191.

17 *Vid.* Fundamento 41 de la Sentencia de 6 abril 2000, del Tribunal de Justicia de las Comunidades Europeas (Sala Sexta), Asunto C-226/98, *Caso Brigitte Jorgensen contra Foreningen af Speciallaegery otros*. ECLI:EU:C: 2000:191.

1.1. Sentencia de 6 de marzo de 2014, del Tribunal de Justicia (Sala Primera), en el Asunto C-595/12, Loredana Napoli contra Ministero della Giustizia —Dipartimento dell'Amministrazione penitenziaria—[18]

En el litigio principal se acuerda que la baja automática de una trabajadora durante el permiso de maternidad de los cursos de formación, que forman parte esencial de su puesto de trabajo por ser obligatorios para poder optar a un nombramiento definitivo como funcionaria y mejorar sus condiciones laborales, no es conforme con el principio de proporcionalidad por cuanto implica en consecuencia, la imposibilidad de presentarse al examen organizado, aunque se le garantice el derecho a participar en la siguiente formación que se determine en una fecha posterior pero incierta en ese momento[19].

Sobre este principio, se ha manifestado el Tribunal de Justicia de la Comunidad Europea en su Sentencia de 11 de enero de 2000, en el Asunto C-285/98, *Tanja Kreil contra Bundesrepublik Deutschland*[20] al señalar que cuando se establezcan medidas que constituyan excepciones a un derecho fundamental, como el de igualdad de trato entre hombres y mujeres, deberá respetarse el principio de proporcionalidad, al formar parte de los principios generales del Derecho de la Unión Europea.

1.2. Sentencia de 2 diciembre 2014, del Tribunal Europeo de Derechos Humanos (Sección 2.ª), en el Asunto 61960/08, Caso Emel Boyraz contra Turquía

En este supuesto, la cuestión que se examina no es acerca de si la demandante tenía derecho a ser contratada como funcionaria pública sino la diferencia de trato a la que había sido sometida por razón de su sexo. Esto es debido a que la demandante había superado con éxito el examen para con-

18 Sentencia de 6 de marzo de 2014, del Tribunal de Justicia (Sala Primera), Asunto C-595/12. *Loredana Napoli contra Ministero della Giustizia — Dipartimento dell'Amministrazione penitenziaria*, ECLI:EU:C:2014:128.

19 Como reconoce Casas Baamonde .«no es necesario explicar las diferencias entre ambos derechos fundamentales, a la igualdad ante la ley y el derecho a no sufrir discriminación por causas odiosas que la Constitución ha desautorizado, como el sexo, y que la jurisprudencia constitucional recoge con tanta reiteración que excusa la cita de decisiones concretas; ni la relación con el sexo biológico de la mujer de su embarazo, que ha conducido, en las distintas jurisprudencias y normas legales antidiscriminatorias, a caracterizar los tratamientos menos favorables o peyorativos por embarazo y maternidad como discriminaciones directas por razón de sexo». *Vid.* Casas Baamonde, M. E., «Discriminación directa por embarazo en el acceso al empleo público temporal», en *Revista de Jurisprudencia laboral*, núm. 1, 2023.

20 Sentencia de 11 de enero de 2000, Asunto C-285/98, *Tanja Kreil contra Bundesrepublik Deutschland*, ECLI:EU:C:2000:2.

vertirse en funcionaria pública y así se le notificó por el Departamento de Personal del Estado, de que iba a ocupar el puesto de oficial de seguridad en la sede de TEDAŞ en la ciudad de Batman, antes de que dicha sede se negase a contratarla. Asimismo, con posterioridad a la sentencia del Tribunal Administrativo de Ankara de 27 de febrero de 2001, se le ofreció a la demandante el empleo de oficial de seguridad en virtud de un contrato laboral el 11 de julio de 2001 y trabajó tanto en la sede de TEDAŞ en Batman como en Elazığ hasta el 17 de marzo de 2004.

En estas circunstancias, la demandante debe ser considerada como una funcionaria que fue nombrada para la función pública y que posteriormente fue despedida en base a su sexo. En este sentido, es doctrina reiterada del Tribunal de Justicia de la Comunidad Europea, hoy Unión Europea, que una persona que haya sido nombrada funcionaria puede oponerse al despido, si este viola uno de sus derechos en virtud del Convenio. Como se reconoce por el intérprete supremo del Derecho Comunitario, el concepto de «vida privada» se extiende a los aspectos relativos a la identidad personal siendo, por tanto, el género de una persona parte inherente de dicha identidad. De ahí que transcriba aquí, por su importancia, el tenor literal de la Sentencia cuando se afirma que:

> «una medida tan drástica como es el despido de un puesto de trabajo únicamente en base a su sexo tiene efectos adversos en la identidad de una persona, en la autopercepción y en la autoestima y, como consecuencia de ello, en su vida privada»[21].

En definitiva, el Tribunal considera que el despido de la demandante, basado únicamente en esta motivación, constituye una injerencia en su derecho al respeto de su vida privada e impacta en su círculo interno por cuanto la pérdida de su trabajo ha generado consecuencias tangibles para el bienestar material de ella y de su familia, afectando también a sus relaciones con otras personas y en su habilidad para ejercer una profesión acorde a sus cualificaciones.

1.3. Sentencia núm. 668/1998, de 25 junio, del Tribunal Superior de Justicia de Castilla y León, Burgos (Sala de lo Contencioso-Administrativo).

Se discute, en esta situación, el derecho a obtener una subvención destinada a fomentar la inserción laboral de las mujeres en Castilla y León, para el ejercicio de 1996, mediante la creación de empleo de forma autónoma o mediante la constitución de empresas promovidas por mujeres en alguno

21 Sentencia de 2 diciembre 2014, del Tribunal Europeo de Derechos Humanos (Sección 2.ª), Asunto 61960/08, *Caso Emel Boyraz contra Turquía.*

de los siguientes sectores: protección y mejora del medio ambiente, turismo rural, servicios sociales, innovación tecnológica o cualquier otro en que la mujer se encuentre infrarrepresentada, en cumplimiento del objetivo prioritario del plan integral de igualdad de oportunidades, si bien se deniega su derecho sobre la base de que el plan integral de igualdad de oportunidades no contempla entre los sectores el propio de la abogacía.

Ahora bien, este razonamiento no debe ser obstáculo al reconocimiento por cuanto el objetivo de la presente Orden no es otro que favorecer el acceso de la mujer al trabajo en aquellos campos en que ésta se encuentre infrarrepresentada, y de ahí que se establezca de forma residual un sistema abierto a la subvención mediante el empleo de la fórmula «o cualquier otro en que la mujer se encuentre infrarrepresentada».

La sentencia justifica, en consecuencia, el derecho de las recurrentes a la obtención de la subvención solicitada en atención a dos motivos de suficiente peso que, por su importancia, cito literalmente:

> «Primero, porque la consideración de que sólo tiene el carácter de servicio social aquello que las normas de la Junta le dan la consideración de tal, infringe por una parte el principio de seguridad jurídica, en cuanto tal consideración no venía descrita en el objeto de la convocatoria, de tal manera que, si el convocante hubiese querido restringir el ámbito de tales servicios a los que ahora se alude, tendría que haberlo dejado claro en las bases de la convocatoria. Segundo, porque si la convocatoria no determinaba de forma taxativa cuáles eran esos servicios, el establecer «numerus clausus» en una interpretación posterior, infringiría el axioma, que constituye casi un principio jurídico del derecho, de que donde la ley no distingue no puede el que interpreta hacer distinciones»[22].

1.4. Sentencia núm. 119/2022, de 17 de junio, del Juzgado Contencioso-Administrativo, núm. 2 de Logroño[23]

En el supuesto enjuiciado la recurrente, funcionaria de carrera del Cuerpo de Maestros, Grupo A2, y madre conformando una familia monoparental, solicita que se declare la nulidad de la resolución y que se le reconozca el permiso de 16 semanas que hubiera correspondido al progenitor, diferente de la madre biológica, conforme al art. 49.c) del TREBEP, habida cuenta que la resolución de la administración es contraria a los derechos del menor y supone una discriminación frente a las familias conformadas por dos proge-

22 Fundamento jurídico 3 de la Sentencia núm. 668/1998, de 25 junio, del Tribunal Superior de Justicia de Castilla y León, Burgos (Sala de lo Contencioso-Administrativo).

23 Sentencia 119/2022, de 17 de junio, del Juzgado Contencioso-Administrativo, núm. 2 de Logroño, ECLI:ES:JCA:2022:6725.

nitores, siendo la finalidad de su petición que el niño, independientemente de la familia en la que esté integrado, reciba cuidados durante 32 semanas. Ahora bien, ha de hacerse notar que el propósito principal de la equiparación de la duración del permiso por nacimiento de la madre biológica con el del otro progenitor atiende a la consecución de la igualdad real y efectiva entre hombres y mujeres en todos los ámbitos si bien debe el Tribunal advierte que dicho «permiso no puede desligarse del sujeto pasivo del mismo, el menor recién nacido, cuyo cuidado y atención durante las primeras semanas de vida debe resultar prioritario»[24]. En tal sentido, el juzgado razona que:

> «un menor nacido en una familia conformada por dos progenitores estará bajo el cuidado de los mismos durante un período de tiempo más prolongado que un menor que, por diversos motivos, sólo cuenta con un progenitor»[25].

Denegar, por tanto, la petición de la actora y no permitirle transferir el permiso de un progenitor a otro, salvo en el caso de fallecimiento de la madre biológica viola el Instrumento de Ratificación de la Convención sobre los Derechos del Niño, adoptada por la Asamblea General de las Naciones Unidas el 20 de noviembre de 1989, que establece una proscripción de trato discriminatorio del menor e impone la obligación de las administraciones públicas de velar por el interés superior de este; el art. 24 de la Carta de los Derechos Fundamentales de la Unión Europea[26] y los principios y derechos constitucionales que proclaman la protección de la familia y la infancia y garantizan la igualdad. En consecuencia, el juzgado concluye que la solución, necesariamente, ha de pasar por equiparar el permiso de esta familia monoparental al de una biparental a fin de que todos los menores disfruten del mismo número de semanas de cuidados directos de su núcleo familiar, ya esté éste formado por uno o por dos progenitores[27].

---

24 Ibidem.

25 Fundamento jurídico 3 de la Sentencia núm. 119/2022, de 17 de junio, del Juzgado Contencioso-Administrativo, núm. 2 de Logroño, ECLI:ES:JCA:2022:6725. Como ha reconocido Ballester Pastor, I., «las familias monoparentales siguen sin tener garantizada la ampliación de la prestación por nacimiento y cuidado de hijos pues las mismas continúan siendo denegadas sistemáticamente por el INSS y, como hemos visto, la judicialización de tales demandas ha ocasionado una abundante y sostenida doctrina judicial contradictoria que ha dado lugar a un nocivo y correlativo desconcierto que es el que padecen actualmente los posibles beneficiari@s, algo que debe solventarse más pronto que tarde» («Las familias monoparentales tienen derecho a un permiso por nacimiento de 26 semanas: la construcción judicial que alcanza hasta donde el legislador no llega», en *Revista de Jurisprudencia Laboral, núm*. 8, 2022).

26 Parlamento Europeo, Consejo y Comisión Europea. *Carta de los Derechos Fundamentales de la Unión Europea,* publicada en el Diario Oficial de la Unión Europea el 30 de marzo de 2010 (2010/C 83/02).

27 Los datos publicados por el Instituto Nacional de Estadística avalan que en España la mayoría de las familias monoparentales tienen una mujer como única integrante (así, en el año 2020 figuran 1.944.800 familias monoparentales, de las cuales 1.582.100 eran mujeres y 362.700 hombres).

La doctrina remarca la importancia de que el Tribunal Supremo unifique doctrina en esta materia, en el sentido de extender a las familias monoparentales el permiso de dieciséis semanas adicionales que sí tienen las familias biparentales pues de este modo se garantiza el interés superior del menor en cualquier supuesto de familia monoparental, tanto en los casos en los que este modelo de familia haya sido elegido como aquellos en los que se produce por un hecho ajeno a la voluntad de los integrantes de la familia[28].

2. Sobre la constitucionalidad de las acciones positivas para la igualdad

Otro de los aspectos que debe ser objeto de estudio es el relativo a la constitucionalidad de acciones positivas en favor de la mujer pues, como ha reconocido el Tribunal Constitucional en su Auto 119/2018, de 13 de noviembre[29], su fundamento constitucional radica en el artículo 9.2 de la CE y su límite se sitúa en el derecho a la no discriminación del artículo 14 de la CE.

Ahora bien, para que resulte exigible es preciso que exista una concreción normativa previa, que la medida resulte proporcionada, de vigencia temporal limitada hasta que desaparezca la situación de desigualdad material que la propició y, cuando se refiera a procedimientos selectivos en la función pública, no conculque los principios constitucionales de mérito y capacidad.

En consecuencia, estas medidas que pudieran fijarse en el acceso y la promoción del empleo en la función pública no pueden dictarse ni ser aplicadas, bajo ningún concepto, al margen de los principios constitucionales de mérito y capacidad (art. 103.3 de la CE) por cuanto se integran en el contenido del derecho fundamental de acceso a un cargo público en condiciones de igualdad (art. 23.2 de la CE). De ahí que, como reconoce el Tribunal Constitucional no sea posible:

> «establecer un sistema de selección en el empleo que otorgue una preferencia automática a la mujer, sin articular reglas en ese procedimiento que garanticen el examen de todas las circunstancias personales de los candidatos, susceptibles de ser tenidas en cuenta en la ponderación de los méritos exigidos[30].

---

28 García Romero, B., «Permisos por nacimiento y cuidado de menor y su discutida acumulación por el progenitor único en caso de familia monoparental para preservar el interés del menor», en *Revista de Jurisprudencia Laboral*, núm. 6, 2022. Considera esta autora que o bien se opta por la duplicación de permisos en casos de familias monoparentales o se contempla una ampliación específica del periodo de suspensión de dieciséis semanas en familias monoparentales.

29 Auto 119/2018, de 13 de noviembre, del Tribunal Constitucional, BOE núm. 301, de 14 de diciembre de 2018), ECLI:ES:TC:2018:119A.

30 Fundamento jurídico 8 del Auto 119/2018, de 13 de noviembre, del Tribunal Constitucional, BOE núm. 301, de 14 de diciembre de 2018, ECLI:ES:TC:2018:119A.

En el ámbito universitario, el Tribunal Supremo (Sala de lo Contencioso-Administrativo, Sección 1.ª) en su Auto de 9 de julio de 2018, ha reconocido, en relación con los artículos 9.2 y 27.10 de la CE y los artículos 26 y 51. a) de la Ley Orgánica 3/2007, de 22 de marzo, la posibilidad de que la Universidad establezca medidas de discriminación positiva en la configuración de su plantilla pudiendo consistir en la atribución de una puntuación adicional a las mujeres que opten a una Cátedra, a fin de que se convoque la plaza de Catedrático o Catedrática, con independencia de que dichas mujeres concurran o no a dicho proceso de selección y del desarrollo efectivo del mismo.

IV. Bibliografía

Ballester Pastor, I., «Las familias monoparentales tienen derecho a un permiso por nacimiento de 26 semanas: la construcción judicial que alcanza hasta donde el legislador no llega», en *Revista de Jurisprudencia Laboral,* núm. 8, 2022.

Casas Baamonde, M.ª E., «Discriminación directa por embarazo en el acceso al empleo público temporal», en *Revista de Jurisprudencia laboral,* núm. 1, 2023.

Cortés Bureta, P. «Desigualdad biológica e igualdad jurídica. Una aproximación a la Ley orgánica 3/2007, para la igualdad efectiva de mujeres y hombres», en *Revista de gestión pública y privada*, núm. 13, 2008.

Diz-Lois Martínez, F., **Fernández Álvarez, O.** y **Pérez Vázquez, C.**, «El paciente polimedicado», en *Galicia Clínica*, vol. 73, núm. Extra-1, 2012.

García Martín, L., «Brecha digital en los territorios rurales», en **S. Rodríguez Escanciano** y **H. Álvarez Cuesta** (Coords.), *La economía social como palanca para la sostenibilidad en los territorios rurales,* Tirant lo Blanch, Valencia, 2021.

— «La incorporación de la perspectiva de género en los contratos públicos», en M.ª A. González Bustos (dir.), *Agenda 2030: desarrollo sostenible e igualdad*, Aranzadi, Navarra, 2021.

García Romero, B. «Permisos por nacimiento y cuidado de menor y su discutida acumulación por el progenitor único en caso de familia monoparental para preservar el interés del menor», en *Revista de Jurisprudencia Laboral,* núm. 6, 2022.

Obregón Pozo, L., «Situación de la mujer en el medio rural», en **Conde Colmenero, P.**, *Los retos de la igualdad en un escenario de transformación digital,* Dykinson, Madrid, 2019.

Zambonino Pulito, M.ª, «La igualdad efectiva de mujeres y hombres y la contratación de las administraciones públicas en la Ley Orgánica 3/2007, de 22 de marzo», en *Revista de Administración pública,* núm. 175, 2008.

CAPÍTULO XI

LA PARTICIPACIÓN POLÍTICA DE LA MUJER EN LA POLÍTICA LOCAL: EVOLUCIÓN Y PERSPECTIVAS DE FUTURO

José Luis Mateos Crespo
Profesor Asociado de Derecho Constitucional
Universidad de Salamanca

I. Introducción

La participación de las mujeres en la política ha sido objeto de estudio y análisis en numerosos trabajos académicos[1], aunque en la mayoría no se ha analizado cómo participan las mujeres en la política de los municipios de menor tamaño ni en las entidades locales de carácter provincial, esto es, las diputaciones provinciales; sino más bien la presencia en las asambleas legislativas[2]. Con este trabajo se pretende abordar el papel de las mujeres

1 Entre otros, URIARTE, E. y RUIZ, C., «Mujeres y hombres en las élites políticas españolas: ¿diferencias o similitudes?, en *REIS: Revista Española de Investigaciones Sociológicas,* núm. 88, 1999, págs. 107-232; GONZÁLEZ RUIZ, P. *et al*, *El movimiento feminista en España en los años 70*, Cátedra: Universidad de Valencia, Servicio de Publicaciones, 2009.

2 Entre otros, DELGADO SOTILLOS, I. y JEREZ MIR, M., «Mujer y política en España: un análisis comparado de la presencia femenina en las asambleas legislativas (1977-2008)», en *Revista Española de Ciencia Política,* núm. 19, 2008, págs. 41-78; MUÑOZ CONDE, J., «La presencia de mujeres en el poder legislativo y ejecutivo a nivel estatal y autonómico: estado de la cuestión y análisis desde una perspectiva normativa y cuantitativa», en *IgualdadES,* núm. 6, 2022, págs. 173-205.

en el ámbito rural en España, pero no desde una perspectiva sociológica, sino cómo ha evolucionado la participación política femenina en las últimas décadas y si en la política municipal también se ha reflejado, como en otros niveles representativos, un mayor porcentaje de mujeres que asumían puestos de responsabilidad.

No obstante, antes de analizar los datos sobre la representatividad femenina en los espacios políticos municipales, es preciso atender a los condicionantes históricos y cómo el movimiento feminista ha contribuido a que las mujeres hayan ido adquiriendo un papel más relevante en órganos de representación, aunque todavía lejos de alcanzar porcentajes coherentes con su representatividad social. Las conquistas vinculadas al reconocimiento de derechos de las mujeres no se explican sin el movimiento feminista a todos los niveles, algo que tras muchas décadas de lucha constante ha logrado trasladarse a declaraciones de carácter internacional y a las legislaciones nacionales para garantizar la presencia equilibrada.

Por último, desde una reflexión crítica, este trabajo pretende contribuir a cómo los pasos que se han ido dando para fomentar la presencia femenina en las instituciones, sin embargo, no se ha logrado con plenitud y, menos aún, en el ámbito municipal, de forma especial en los municipios de menor población. Tanto que se ha trasladado a la opinión pública como una batalla perdida, inclusive por el propio legislador que descarta incluir la exigencia del principio de presencia equilibrada en estos municipios, lo que ha supuesto en la práctica que la presencia masculina en la política municipal siga siendo la nota característica.

II. La democracia paritaria

Hace apenas treinta años, en la Declaración de Atenas de 1993, se elevó a una categoría superior la reivindicación que durante todo el siglo XX había sido impulsada por los movimientos feministas precedidos por el de sufragistas, la infrarrepresentación de las mujeres en el poder político[3]. Ello dio como resultado, además de otros contenidos en la propia Declaración, el surgimiento del concepto *Democracia paritaria* para relegitimar el sistema de representación mediante una mayor presencia de mujeres en los ámbitos de decisión y, en definitiva, del poder. La ausencia de mujeres en las instituciones, ya sean parlamentos o gobiernos, así como en los foros donde se debate y se influye en la toma de decisiones, se observa como un verdadero déficit democrático a corregir. Perseguir la paridad no es sólo una cuestión cuantitativa, esto es, que haya más mujeres allí donde debería haberlas, sino en términos cualitativos

---

3 Figueruelo Burrieza, A., «Setenta y cinco años de sufragio femenino en España: perspectiva constitucional», en *Isotimia: revista internacional de teoría política y jurídica*, núm. 1, 2009, pág. 60.

porque a través de la Democracia paritaria se contribuye a superar la infrarrepresentación femenina y la ausencia en la agenda política de los temas vinculados a la discriminación por motivos de género[4]. Se plantea la paridad como un «proceso estratégico de lucha contra el monopolio masculino del poder»[5].

En la Declaración de Atenas se plasmaron las siguientes premisas:

- La igualdad formal y real entre mujeres y hombres es un derecho fundamental del ser humano.
- Las mujeres representan más de la mitad de la población, por lo que la democracia exige la paridad en la representación y en la administración de las naciones.
- Las mujeres constituyen la mitad de las inteligencias y las capacidades potenciales de la humanidad y su infrarrepresentación en los puestos de decisión constituye una pérdida para el conjunto de la sociedad.
- Una participación equilibrada de mujeres y hombres en la toma de decisiones puede generar ideas, valores y comportamientos diferentes que vayan en la dirección de un mundo más justo y equilibrado tanto para las mujeres como para los hombres.
- La infrarrepresentación de las mujeres en los puestos de decisión impide asumir plenamente los intereses y las necesidades del conjunto de la sociedad.
- Se necesita alcanzar un reparto equilibrado de los poderes públicos y políticos entre mujeres y hombres reivindicando la igualdad de participación de las mujeres y de los hombres en la toma de decisiones públicas y políticas y la necesidad de realizar modificaciones profundas en la estructura de los procesos de decisión con el fin de asegurar dicha igualdad.

En síntesis, la Democracia paritaria es resultado de un proceso histórico al que se llegó como consecuencia de las acciones protagonizadas por las mujeres para reclamar la igualdad en el acceso a la educación, al trabajo y también a la participación política. Las demandas de un acceso igualitario a los puestos de representación política en las instituciones de corte democrático, así como la participación en condiciones de igualdad con respecto a los hombres que copaban mayoritariamente los procesos de tomas de decisión[6]. La fuerza del movimiento feminista que propugnaba la igualdad entre

4 ALDEGUER CERDÁ, B., «Democracia paritaria», en *Eunomía. Revista en Cultura de la Legalidad,* núm. 19, 2021, pág. 346.

5 COBO, R., «Democracia paritaria y sujeto político feminista», en *Anales de la Cátedra Francisco Suárez,* núm. 36, 2002, pág. 30.

6 JENSON, J. y VALIENTE FERNÁNDEZ, C., «El movimiento a favor de la democracia paritaria en Francia y España», en *Revista española de Ciencia Política,* núm. 5, 2001, págs. 79-110.

mujeres y hombres a nivel mundial provocó el reflejo de sus reivindicaciones en textos, declaraciones y legislaciones nacionales e internacionales. En este sentido, la participación política de las mujeres ha sido un objetivo de las Naciones Unidas, la Unión Europea[7] y del Consejo de Europa[8], que han exhortado a los Estados a adoptar medidas para paliar el déficit de representación de las mujeres.

El fundamento principal de la paridad no es otro que la igualdad como principio y valor de los ordenamientos jurídicos, sobre todo ante la habitual preeminencia de los varones sobre las mujeres en los ámbitos representativos. Es precisamente la consecución de una igualdad real y efectiva, esto es, material, lo que fundamenta racionalmente establecer medidas no en contra de uno de los sexos, sino en favor de la igualdad. Una igualdad que no puede ser conceptualizada en abstracto, sino en concreto; puesto que la igualdad analizada en abstracto ha dado como resultado la consolidación de las desigualdades. La igualdad, en todo caso, no debe confundirse con identidad, puesto que no podemos valorar la consecución de la igualdad política con la identidad política, sobre todo si el punto de partida, como es el caso, no es el mismo. La igualdad es opuesta a la desigualdad y es contrario de la identidad, pero no así de la diferencia, que es precisamente lo que permite y posibilita el establecimiento de medidas que establezcan algún tipo de *discriminación positiva* en favor de grupos de población que se encuentran infrarrepresentados como, en este caso, ha sucedido tradicionalmente con las mujeres[9]. Aunque la implantación de medidas vinculadas a la Democracia paritaria no ha sido homogénea, pudiendo distinguir entre varios modelos[10].

Ahora bien, en el ámbito de la Unión Europea sí debemos mencionar algunos hitos que han contribuido de manera notable a la incorporación de medidas en los Estados miembro para favorecer la paridad en los órganos de representación, entre los que destacan:

- Recomendación del Consejo de 2 de diciembre de 1996 relativa a la participación equilibrada de las mujeres y de los hombres en los procesos de toma de decisión, que exhortaba a los Estados miembro a «adoptar una estrategia integrada de conjunto, destinada a promover la participación equilibrada de las mujeres y de los hombres en los

---

7 Sevilla Merino, J., «Democracia paritaria y Unión Europea», en Pastor, I. *et al, Integración europea y género*, Tecnos, Madrid, 2014, págs. 155-177.

8 Saldaña Díaz, M. N., «Génesis y promoción de la democracia paritaria en el Consejo de Europa: de la igualdad entre mujeres y hombres como fundamento de la democracia a la participación equilibrada de género en la toma de decisiones política y pública», en *Revista europea de derechos fundamentales,* núm. 22, 2013, págs. 137-204.

9 Martínez Sampere, E., «La legitimidad de la democracia paritaria», en *Revista de Estudios Políticos,* núm. 107, 2000, págs. 140 y siguientes.

10 Álvarez Rodríguez, I., «Modelos de democracia paritaria desde una óptica comparada», en *Revista de Estudios Políticos,* núm. 159, 2013, págs. 39-76.

procesos de toma de decisiones y a desarrollar o crear a tal efecto las medidas adecuadas, tales como, en su caso, medidas legislativas y/o reglamentarias y/o de incentivación».

- El Parlamento Europeo ha aprobado resoluciones en las que ponía de manifiesto la inferior participación de las mujeres en la política y lanzaba un mensaje a los partidos políticos y a los legisladores nacionales para incentivar la presencia de mujeres en los órganos de decisión política, tal y como se reflejó en la Resolución sobre la mujer en la política internacional del año 2006.
- Además, como muestra del compromiso de las instituciones comunitarias en la promoción de la igualdad entre mujeres y hombres, en el año 2010 se creó el Instituto Europeo de la Igualdad de Género (EIGE) como agencia de la Unión Europea para hacer realidad la igualdad de género tanto en el seno de la propia UE como en países más allá de ella. Esta agencia europea, además, aporta datos del índice sobre la igualdad de género de la UE o cifras de género en las instituciones europeas y en los parlamentos de los países miembro.

En lo que respecta a las Naciones Unidas, es destacable la IV Conferencia Mundial sobre la Mujer que se celebró en Pekín en el año 1995 por cuanto supuso un antes y un después en torno a los debates relacionados con la igualdad y la perspectiva de género. La Declaración resultante de este encuentro incorporó, entre otras, una medida para su adopción por los gobiernos cuyo texto, literalmente, decía: «examinar el efecto diferencial de los sistemas electorales en la representación política de las mujeres en los órganos electivos y examinar, cuando proceda, la posibilidad de ajustar o reformar esos sistemas». Es evidente, por tanto, como se apunta en esta Declaración y en otros instrumentos de igual naturaleza, que el impulso determinante para garantizar la presencia de las mujeres coherente con su representatividad en la sociedad debe realizarse por medio de cambios en las legislaciones estatales para establecer un porcentaje o número mínimo obligatorio de integrantes de cada sexo en las candidaturas a los órganos de representación.

III. El principio de presencia equilibrada

El constitucionalismo posterior a la II Guerra Mundial, incorporó el derecho a participar políticamente a los textos constitucionales de los países europeos. Fruto de esta tradición, de que *bebe* la Constitución española de 1978, se reconoce el derecho de participación política como fundamental en el artículo 23.1 al declarar: «Los ciudadanos tienen el derecho a participar en los asuntos públicos, directamente o por medio de representantes, libremente elegidos en elecciones periódicas por sufragio universal» y, en su apartado segundo, determinaba el «derecho a acceder en condiciones de igualdad a las funciones y cargos públicos, con los requisitos que señalen las leyes». Sin embargo, este derecho no es absoluto, sino que depende de las condiciones que establezca el legislador, ni tampoco el derecho de participación política debe entenderse al margen del aparato estatal, sino más bien un derecho en el Estado, de forma que éste sólo puede ser ejercido conforme a las normas y los requisitos previstos en la ley[11].

El ejercicio de los derechos políticos tales como el de participación debe conectarse con la igualdad efectiva del artículo 9.2 y la igualdad formal del artículo 14, ambos de la Constitución española, teniendo en cuenta el valor político que encierra en sí mismo el propio concepto de igualdad. En este sentido, la igualdad abstracta y formal entre individuos debe transformarse «en una igualdad *compleja* que permita corregir las desigualdades de condición entre los sexos», promoviendo la igualdad real y efectiva no tanto a través de las medidas propias de la discriminación positiva que se han demostrado escasamente eficaces, sino por medio del establecimiento de cuotas en favor de las mujeres para garantizar el acceso en condiciones de verdadera igualdad a los cargos de representación, lo que resulta plenamente legítimo[12] en nuestro orden constitucional, aunque no siempre ha existido unanimidad en la doctrina al respecto.

El establecimiento de medidas en favor de la igualdad a través de la incorporación de cuotas para garantizar la presencia de las mujeres en los órganos de representación ha sido, sin embargo, objeto de crítica a través del señalamiento de algunos inconvenientes para evitar su incorporación en la legislación española, tales como: 1) la existencia de un desacuerdo social que convertiría la cuestión en controversia política y en conflicto jurídico que correspondería resolver al Tribunal Constitucional; 2) provocaría efectos distintos de los deseados; y 3) la incorporación de las cuotas obligatorias por sexos resultaba innecesaria porque el incremento de la representatividad de las mujeres estaba incrementándose sin necesidad de una exigencia legal[13]. No obstante, las dudas en torno al conflicto jurídico fueron, sin embargo, resueltas con posterioridad a través de la sentencia del Tribunal Constitucional 12/2008, que admitió la constitucionalidad del establecimiento de medidas que garantizan la presencia equilibrada de sexos en los órganos de representación política.

El impulso de la paridad en el sistema representativo español fue en forma de reforma legal a través de las disposiciones incorporadas en la Ley Orgánica 3/2007, para la igualdad efectiva de mujeres y hombres, más conocida

11 Biglino Campos, P., «Variaciones sobre las listas electorales de composición equilibrada (comentario a la STC 12/2008)» en *Revista Española de Derecho Constitucional,* núm. 83, 2008, pág. 282.

12 *Vid.* op. cit. Martínez Sampere, E., «La legitimidad de...», pág. 141.

13 Rey Martínez, F., «Cuotas electorales reservadas a mujeres y Constitución», en *Aequalitas: Revista jurídica de igualdad de oportunidades entre mujeres y hombres,* núm. 1, 1999, págs. 55 y siguientes.

como Ley de Igualdad. En la primera de las disposiciones adicionales de esta ley orgánica, el legislador estableció el porcentaje de presencia mínima para cada uno de los sexos en las listas electorales, de tal forma que no puede haber más del 60 ni menos del 40 por ciento, respectivamente. Por medio de la disposición adicional segunda, se añadió a la Ley Orgánica 5/1985, del Régimen Electoral General (LOREG) un nuevo artículo 44 *bis* que extendía la regla del 60-40 por ciento para las candidaturas al Congreso de los Diputados, municipales —salvo municipios de menos de 5.000 habitantes—, miembros de consejos insulares y cabildos canarios, al Parlamento Europeo y las cámaras legislativas de las Comunidades Autónomas, aunque en este último caso las legislaciones autonómicas debían incorporar el establecimiento de medidas tendentes a favorecer la presencia de mujeres en sus respectivas asambleas legislativas autonómicas.

El establecimiento de cuotas mínimas para cada sexo bajo el prisma del principio de presencia equilibrada es, en realidad, de un verdadero caso de diferencia en positivo hacia las mujeres, de forma que se favorece su incorporación a la participación política y, de forma concreta, a los órganos de representación; esto es, expresado de otra forma: «la motivación primordial que subyace a las políticas de la diferencia es asegurar la inclusión de grupos tradicionalmente excluidos y de voces marginadas»[14]. Es evidente, y así se argumentó por el legislador en la motivación de la Ley de Igualdad, que el objetivo de establecer un mínimo de presencia de cada uno de los sexos perseguía favorecer la representación de las mujeres que, como hemos apuntado, había sido inferior a la de los hombres a lo largo de la historia.

La configuración legal de la presencia equilibrada no ha sido objeto de cambios durante los dieciséis años de vigencia aun cuando ha habido alternancia ideológica al frente del Ejecutivo central. No obstante, debemos indicar que en el mes de marzo del año 2023, el Gobierno anunció medidas específicas para impulsar la representación paritaria de mujeres y hombres en la política, la Administración y las empresas[15], con la aprobación por el Ejecutivo del Anteproyecto de Ley Orgánica de representación paritaria de mujeres y hombres en órganos de decisión, cuya tramitación como iniciativa legislativa ha quedado en suspenso por la convocatoria anticipada de las elecciones generales celebradas en julio de 2023. Está por ver, en el momento en que se escriben estas palabras, si se retoma para su aprobación la tramitación de esta modificación legal que profundiza en los principios de la Democracia paritaria.

14 Beiner, R., «Liberalismo, nacionalismo, ciudadanía: tres modelos de comunidad política», en *Revista Internacional de Filosofía Política*, núm. 10, 1997, pág. 12.

15 Nota de prensa del Consejo de Ministros del Gobierno de España, de fecha de 7 de marzo de 2023. Disponible en: https://acortar.link/kzaijg.

IV. La participación política de las mujeres en la política local

La política local en España tiene unas particularidades que no guardan relación con otros niveles políticos, como pueden ser el autonómico, nacional y europeo. Una de las notas características más relevantes de la realidad política local es la cercanía con el electorado, lo que implica que constantemente los representantes públicos estén en continuo contacto con sus representados. Ahora bien, a la hora de establecer un conjunto de características de la élite política local, no se trata de una tarea sencilla puesto que el gran número de concejales —67.515 concejales y concejalas electos en las últimas elecciones municipales de mayo de 2023— en los más de ocho mil municipios españoles hace que la casuística y la heterogeneidad sean predominantes[16]. No obstante, a pesar de la heterogeneidad no debemos olvidar la apuntada cercanía entre representantes y vecinos que debería facilitar una mayor correspondencia entre la representatividad de los grupos sociales que integran las ciudades y el resto de los municipios entre las personas que acceden a las concejalías.

Para una mejor comprensión acerca de la realidad política municipal en España también es necesario mencionar brevemente cómo se concentra la población en los municipios, lo que nos da una idea de su tamaño en función del número de habitantes. Así, las últimas cifras oficiales publicadas por el Instituto Nacional de Estadística (INE) resultantes de la revisión del Padrón municipal a fecha 1 de enero de 2021, del total de los 8.131 municipios, 1.379 tienen menos de 101 habitantes; 2.614 tienen entre 101 y 500 habitantes; 1.004 tienen entre 501 y 1.000 habitantes; 874 entre 1.001 y 2000 habitantes; 464 entre 2.001 y 3.000 habitantes; 483 entre 3.001 y 5.000 habitantes; 553 entre 5.001 y 10.000 habitantes; y 346 de 10.001 a 20.000 habitantes. Es decir, 6.818 municipios en España tienen menos de 5.000 habitantes, lo que representa casi el 84 % del total de los municipios.

La mayor parte de los municipios españoles son pequeños en cuanto a la población que reside en ellos. Ahora bien, este dato debe ponerse en relación con el número de habitantes que reside en estos municipios: del total de 47.385.107 de habitantes en España en 2021, apenas el 12 %, es decir, 5.687.092 de habitantes, residen en municipios de menos de 5.000 habitantes, lo que nos indica una alta concentración de españoles en municipios de mayor tamaño, especialmente en las ciudades. Esto ha provocado que, en los últimos años, refiriéndonos al mundo rural, se haya acuñado el término de *España vacía*[17] o *vaciada* para reflejar el éxodo desde los pueblos a las ciudades de grandes capas de la población que han buscado en los entornos urbanos las oportunidades laborales y económicas que no encuentran en el medio rural, así como la prestación de servicios.

16 Capo Giol, J., «La élite política local en España», en *Revista de Estudios Políticos,* núm. 76, 1992, págs. 127-143.

17 Del Molino, S., La *España Vacía,* Alfaguara, 2022.

Más allá de las cifras que nos pueden ayudar a comprender la dimensión de los municipios españoles, no es objeto de este trabajo atender a este aspecto, sino analizar cómo las mujeres se encuentran representadas en la política municipal y, sobre todo, si guarda relación con otros niveles de representación. Antes de nada, y habiendo hecho mención en el apartado inmediatamente anterior a la incorporación en nuestra legislación electoral al principio de presencia equilibrada, seguramente el lector se diera cuenta de la exclusión que se hacía a la hora de aplicar este principio en las elecciones municipales. Así, en efecto, el legislador orgánico estableció que la previsión del artículo 44 bis de la LOREG que incluía la presencia mínima del 40 % de cada sexo, no es exigible en las candidaturas que se presenten en municipios con un número de residentes igual o inferior a 3.000 habitantes. Es decir, en las últimas elecciones municipales celebradas en mayo de 2023, las candidaturas presentadas en 2.342 municipios, casi el 30 % del total, no tenían por qué elaborarse por las formaciones políticas atendiendo al principio de presencia equilibrada, lo que reduce su efecto de forma considerable.

Para contribuir a un mejor análisis de la realidad de la representatividad de las mujeres en la política municipal, se reproduce a continuación la Gráfica 1 que refleja el porcentaje de mujeres concejalas sobre el total por Comunidades Autónomas, teniendo en cuenta los resultados electorales de las últimas elecciones municipales:

Fuente: Instituto de las Mujeres. Elaboración propia.

Como podemos observar, en la mayoría de las Comunidades autónomas las mujeres concejalas superan el 40 % del total de concejalías en las corporaciones municipales, pero llama la atención que en los municipios de tres comunidades esta proporción está por debajo del umbral del 40 %, como son Castilla y León, Aragón y La Rioja. En los dos primeros casos, es muy probable que se deba precisamente al efecto de la no exigencia de presencia equilibrada en las candidaturas presentadas en municipios de población inferior a los 3.000 habitantes, puesto que son dos territorios autonómicos con un número de municipios considerable: 2.248 en el caso de Castilla y León, y 731 en el de Aragón. Y de ellos, en Castilla y León, 2.158 municipios, esto es, el 96 % del total, tienen menos de 3.000 habitantes; mientras que en Aragón esta cifra asciende a 691 municipios, que representan casi el 95 %. Por tanto, sí podemos concluir que existe una cierta correlación entre menor representatividad femenina y la no exigencia de obligación legal del principio de presencia equilibrada, lo que se manifiesta de forma clara al menos en los casos de Castilla y León y Aragón.

Por otro lado, ninguna comunidad autónoma alcanza la paridad en la política municipal, esto es, no llegan al mismo número de concejales hombres y concejalas mujeres, aunque hay algunas que sí se aproximan a este equilibrio. Las más cercanas a alcanzarlo son País Vasco y Andalucía, con el 48,30 % de concejalías ocupadas por mujeres en sendos casos. La media de todas las Comunidades Autónomas se sitúa en el 42,82 % de mujeres en concejalías de municipios, quedando por debajo de esta media además de los territorios autonómicos antes citados —es decir, Castilla y León, Aragón y La Rioja—, también Cantabria, Castilla-La Mancha, Galicia y Navarra; estando los restantes por encima de la media indicada.

En la política municipal, además de las características antes indicadas, también existe un fuerte protagonismo no sólo político sino también ejecutivo en la figura de los alcaldes o alcaldesas. Por ello, el análisis de este trabajo no puede quedarse únicamente en el estudio de las cifras de las personas que ocupan concejalías, sino sobre todo respecto de las alcaldías. Por ello, a continuación, en la Gráfica 2, vemos reflejado el porcentaje de mujeres que son alcaldesas por comunidades autónomas:

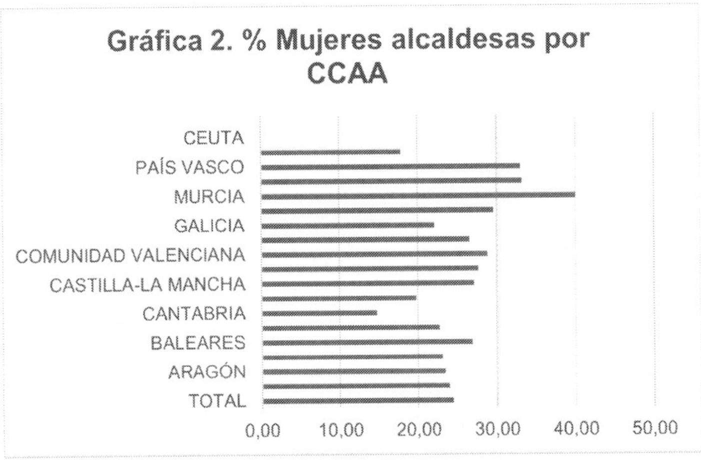

Fuente: Instituto de las Mujeres. Elaboración propia.

En esta ocasión, tal y como se refleja en la Gráfica 2, observamos un claro desequilibrio en detrimento de las mujeres al frente de alcaldías en España tras las últimas elecciones municipales celebradas en mayo de 2023. De hecho, únicamente en la Comunidad Autónoma de Murcia se llega a alcanzar el 40 % de mujeres al frente de las alcaldías, mientras que en la mayoría de las comunidades se sitúan en cifras por debajo del 30 %; siendo la media del 24,46 %, muy lejos del objetivo del 40 % de la presencia equilibrada, y mucho más aún de la paridad perfecta. Además de los casos particulares de Ceuta y de Melilla que sólo cuentan con las ciudades autónomas y ninguna está liderada por una alcaldesa, las comunidades con menor porcentaje de alcaldías a cuyo frente esté una mujer son: Cantabria (14,71 %), La Rioja (17,82 %) y Castilla y León (19,76 %). Es evidente, con estas cifras, el déficit de alcaldesas y demuestra, a su vez, que la dinámica partidista sigue apostando por situar como cabezas de lista a hombres en vez de mujeres.

Una última referencia a instituciones de carácter local son las diputaciones forales, provinciales, y los cabildos y consejos insulares. En estos casos, únicamente voy a hacer referencia al sistema de las diputaciones provinciales que es el más extendido, puesto que el resto sólo afecta a los territorios forales —País Vasco y Navarra— y los archipiélagos balear y canario; aun cuando no todas las comunidades autónomas tienen diputaciones provinciales, como es el caso de las comunidades uniprovinciales en que esta institución provincial carece de sentido. En total, en España hay 38 diputaciones provinciales según lo mencionado, y para la elección de sus miembros, esto es, los diputados y diputadas provinciales, se realiza por medio de elección indirecta a través de los partidos políticos en función de los resultados obtenidos en las distintas zonas o partidos judiciales a efectos electorales en que se divide la provincia correspondiente. De este modo, la elección de los miembros que componen las corporaciones provinciales responde a un modelo particular[18] y se ha llegado a considerar como un caso de «ruptura de la relación representativa»[19].

Las cifras publicadas por el Instituto de las Mujeres en relación con las mujeres liderando instituciones provinciales ofrecen una información clave para entender cómo el protagonismo de las estructuras partidistas muestra un claro sesgo tendente a la elección de hombres frente a mujeres para las presidencias de las diputaciones provinciales. Así, de las 38 diputaciones provinciales, únicamente 6 de ellas cuentan con mujeres en la presidencia, lo que representa el 16 %. Es evidente, por tanto, que la elección indirecta que depende de las cúpulas provinciales de los partidos

18 Blanco Sánchez, Á., «La ley electoral como instrumento de articulación institucional: la estructura orgánica y el procedimiento electoral de las Diputaciones provinciales», en *Revista de Administración Pública,* núm. 108, 1985, págs. 87-108.

19 Garrido López, C., «Elección de diputados provinciales y ruptura de la relación representativa», en *Debates constitucionales,* núm. 1, 1999.

políticos a la hora de proponer a personas para presidir las Diputaciones muestra cómo sigue desequilibrándose en favor de los hombres en detrimento de las mujeres; quedando muy lejos de la presencia equilibrada y más aún de la paridad en este tipo de instituciones vinculadas a la política municipal.

V. Conclusiones

En este trabajo se ha pretendido contribuir al debate en torno a la presencia de las mujeres en la política municipal, así como el repaso de conceptos como la Democracia paritaria y la implantación del principio de presencia equilibrada en los órganos de representación. Es evidente, a la luz de los datos aquí expuestos, cómo la presencia de las mujeres en la política local, sobre todo en los municipios de menor población, sigue siendo una asignatura pendiente. El legislador orgánico no quiso exigir como obligatoria la presencia equilibrada en municipios de menos de 3.000 habitantes y ello ha dado como resultado que las cifras de mujeres en los ayuntamientos como concejalas sigue siendo baja y lejos del mínimo del 40 % exigido para las candidaturas que se presenten en los municipios de mayor población, así como en otro tipo de elecciones, según la LOREG. Esta exclusión de los municipios de menos de la cifra de población indicada debe ser evaluada, planteando una modificación de la legislación electoral para ampliar la exigencia del principio de presencia equilibrada en las candidaturas, aunque es preciso indicar que pudieran existir dificultades para completarlas por las formaciones políticas.

Es más sorprendente aún comprobar que la cifra de alcaldías con mujeres al frente se reduce considerablemente, de tal forma que aquí debemos apuntar al papel de las formaciones políticas a la hora de seleccionar a las personas que las encabezan. Sobre todo, porque, en la mayoría de los casos, la elección de las personas cabezas de lista no se eligen a través de primarias en las que vote la militancia del partido o ciudadanía ajena al partido en tanto que no tienen relación de afiliación o militancia, sino que suelen ser elegidas por las cúpulas de los partidos. Es evidente que existe una desconexión entre lo que deciden las cúpulas de los partidos y la realidad social, en tanto que no existe una correlación entre la representatividad de las mujeres en la política municipal con lo que representan en la sociedad. Probablemente haya factores que aquí no se han analizado y sean de relevancia, quizás de naturaleza más cultural o sociológica que no deben ser despreciados y sobre los que también se exige una reflexión, aunque no haya sido en este trabajo.

En el caso de las diputaciones provinciales, a pesar de las particularidades con que cuenta el sistema de elección de los miembros de estas corporaciones, debe establecerse algún mecanismo que garantice una mayor presencia de mujeres, no sólo por las cifras aquí aportadas en torno a las que se sitúan en las presidencias, sino también porque suelen ser instituciones en que la representación femenina también es desequilibrada entre los diputados provinciales. Es cierto que no resulta sencillo aportar una solución sobre este particular, pero no puede obviarse la infrarrepresentación de las mujeres que, en este caso, depende exclusivamente de la decisión de las cúpulas provinciales de los partidos, aun cuando la LOREG establece que la elección se realiza por los concejales electos. La práctica, en efecto, muestra cómo, en realidad, son las cúpulas de los partidos las que preseleccionan a las personas que no serán elegidas sino ratificadas por los concejales electos para su proclamación como miembros de la corporación provincial. Por lo que la presencia equilibrada puede ser una exigencia dirigida a los partidos políticos que, en definitiva, son quienes proponen y disponen en la composición de las Diputaciones provinciales.

Por último, no se ha pretendido en este trabajo realizar una crítica generalizada al escaso alcance de la presencia equilibrada en la política municipal que pone de manifiesto todo lo que queda por avanzar y la situación de desventaja con que parten las mujeres todavía hoy en día, en pleno siglo XXI. Pero, a pesar de haber destacado los aspectos negativos, lo cierto es que la tendencia es positiva en tanto que cada vez más se incorporan mujeres a los distintos niveles de representación política, también en el municipal, aunque en menor grado. Esto se debe, sin duda, por el impulso de los movimientos feministas que han logrado situar en el debate y la agenda política la importancia de garantizar la presencia de las mujeres en coherencia con su representatividad social. Ello extendió la idea e importancia de alcanzar mayores cotas de representación femenina con el impulso de legislaciones en los Estados que, como en el caso de España, han permitido avanzar en la presencia de mujeres en los ámbitos de decisión política, aun cuando no se haya alcanzado el objetivo pretendido. Es evidente, no obstante, que la dinámica será coherente con los avances en la presencia equilibrada y, más aún, paritaria, algo a lo que contribuirá la iniciativa legislativa de ley de paridad cuya tramitación fue interrumpida por el adelanto electoral pero, una vez las nuevas Cortes Generales retomen su normal funcionamiento, es esperable sea aprobada y sus efectos sean perceptibles en un futuro próximo.

VI. Bibliografía

Aldeguer Cerdá, B., «Democracia paritaria», en *Eunomía. Revista en Cultura de la Legalidad,* núm. 19, 2021, págs. 342-364.

Álvarez Rodríguez, I., «Modelos de democracia paritaria desde una óptica comparada», en *Revista de Estudios Políticos,* núm. 159, 2013, págs. 39-76.

Beiner, R., «Liberalismo, nacionalismo, ciudadanía: tres modelos de comunidad política», en *Revista Internacional de Filosofía Política*, núm. 10, 1997, págs. 5-22.

Biglino Campos, P., «Variaciones sobre las listas electorales de composición equilibrada (comentario a la STC 12/2008)», en *Revista Española de Derecho Constitucional,* núm. 83, 2008, págs. 277-299.

Blanco Sánchez, Á., «La ley electoral como instrumento de articulación institucional: la estructura orgánica y el procedimiento electoral de las Diputaciones provinciales», en *Revista de Administración Pública,* núm. 108, 1985, págs. 87-108.

Capo Giol, J., «La élite política local en España», en *Revista de Estudios Políticos,* núm. 76, 1992, págs. 127-143.

Cobo, R., «Democracia paritaria y sujeto político feminista», en *Anales de la Cátedra Francisco Suárez,* núm. 36, 2002, págs. 29-44.

Del Molino, S., *La España Vacía,* Alfaguara, Madrid, 2022.

Delgado Sotillos, I. y **Jerez Mir, M.**, «Mujer y política en España: un análisis comparado de la presencia femenina en las asambleas legislativas (1977-2008)», en *Revista Española de Ciencia Política,* núm. 19, 2008, págs. 41-78.

Figueruelo Burrieza, A., «Setenta y cinco años de sufragio femenino en España: perspectiva constitucional», en *Isotimia: revista internacional de teoría política y jurídica*, núm. 1, 2009, págs. 57-76.

Garrido López, C., «Elección de diputados provinciales y ruptura de la relación representativa», en *Debates constitucionales,* núm. 1, 1999.

González Ruiz, P. *et al.*, *El movimiento feminista en España en los años 70*, Cátedra: Universidad de Valencia, Servicio de Publicaciones, Valencia, 2009.

Jenson, J. y **Valiente Fernández, C.**, «El movimiento a favor de la democracia paritaria en Francia y España», en *Revista española de Ciencia Política,* núm. 5, 2001, págs. 79-110.

Martínez Sampere, E., «La legitimidad de la democracia paritaria», en *Revista de Estudios Políticos,* núm. 107, 2000, págs. 133-149.

Muñoz Conde, J., «La presencia de mujeres en el poder legislativo y ejecutivo a nivel estatal y autonómico: estado de la cuestión y análisis desde una perspectiva normativa y cuantitativa», en *IgualdadES*, núm. 6, 2022, págs. 173-205.

Saldaña Díaz, M. N., «Génesis y promoción de la democracia paritaria en el Consejo de Europa: de la igualdad entre mujeres y hombres como fundamento de la democracia a la participación equilibrada de género en la toma de decisiones política y pública», en *Revista europea de derechos fundamentales,* núm. 22, 2013, págs. 137-204.

Sevilla Merino, J., «Democracia paritaria y Unión Europea», en *Integración europea y género,* obra colectiva, **Pastor, I.** *et al.*, Tecnos, 2014, págs. 155-177.

Sevilla, J., *Mujeres y ciudadanía: la democracia paritaria,* Universitat de València, Valencia, 2004.

Uriarte, E. y **Ruiz, C.**, «Mujeres y hombres en las élites políticas españolas: ¿diferencias o similitudes?, en *REIS: Revista Española de Investigaciones Sociológicas,* núm. 88, 1999, págs. 107-232.

CAPÍTULO XII

MUJERES Y PODER POLÍTICO MUNICIPAL. EL CASO DE CASTILLA Y LEÓN

Sandra García Santamaría
Universidad de Burgos

I. Introducción

La relación entre las mujeres y el poder ha estado marcada por la problemática en su acceso y los retrocesos a lo largo y ancho de todo el mundo. Todavía hoy la representación de las mujeres es insuficiente en todos los niveles de gobierno en el mundo[1]. La paridad en la política aún está lejos de alcanzarse, y se ha presentado como un Objetivo de Desarrollo Sostenible específico y un objetivo transversal al resto de preceptos[2].

La realidad española ha estado particularmente marcada por el curso político nacional y las reivindicaciones políticas de las mujeres quedaron aparcadas hasta finales del siglo pasado, cuando terminó la dictadura. Los movimien-

1 Un Women, «Women in Local Government» Data as of 1 January 2022, retrieved April 2023.

2 Para profundizar respecto de la integración de la paridad política en los Objetivos de Desarrollo sostenible, García Santamaría, S. y Pérez Castaños, S. «Representación parlamentaria femenina en Latinoamérica. Del dicho al hecho», en *Revista Opción*, Año 36, Regular núm. 93-2, 2020, págs. 796-833.

tos de mujeres en España fueron ilegalizados y relegados a espacios privados, siendo el derecho al voto la única vía de participación política prevista por la Ley. En el camino hacia la paridad también han influido la historia política reciente y variables culturales como la herencia cristiana, el modelo de Estado de Bienestar mediterráneo[3] y las normas de género conservadoras[4].

La igualdad como principio y como derecho ha sido incorporada hace relativamente poco al acervo normativo mundial, configurándose como el cauce para el reconocimiento de las mujeres como ciudadanas y como sujetos de derechos. La igualdad real sigue siendo un derecho discutido en todos y cada uno de los Estados.

El siguiente trabajo evalúa, estudiando el caso de Castilla y León, la situación de la mujer en la política institucional municipal. Tras repasar las medidas que se han adoptado para mejorar la subrepresentación femenina en las instituciones políticas de esta Comunidad Autónoma, se observa la representación política de las mujeres en Castilla y León. Iniciando el análisis en 1995 hasta los últimos datos disponibles, se compara la evolución dentro del parlamento autonómico, el gobierno autonómico y el ámbito local. A continuación, profundiza íntegramente en el ámbito municipal, el más cercano a los gobernados, para después incorporar factores que explican la brecha de género observada.

La Comunidad Autónoma de Castilla y León se presenta como el universo de estudio ideal para acercarse a la realidad municipal, compuesta por casi un tercio del total de municipios españoles. Castilla y León es además la Comunidad Autónoma más extensa y con un mayor número de provincias, constituida como una preautonomía en 1978 fue la última en adquirir el estatus en 1983. Ya en su Estatuto de Autonomía subrayaba el papel de los poderes públicos con respecto a la promoción de la igualdad real y efectiva y blindaba, como competencia exclusiva de la Comunidad la promoción de la igualdad de la mujer. Con una población de 2.375.970 de millones de habitantes, es una de las zonas más despobladas de España, con una población que se encuentra entre las más envejecidas del país. Hoy en día, las mujeres suponen más de la mitad de la población elegible, sin embargo, continúan detentando menos del 20 % del total de las alcaldías[5].

Además, es una de las dos Comunidades Autónomas que aprobó una ley de igualdad antes de que se hiciese a nivel nacional. La Ley 1/2003, de 3 de marzo, de Igualdad de oportunidades entre mujeres y hombres.

3 Astor, A., Burchardt, M., y Griera, M. The politics of religious heritage: Framing claims to religion as culture in Spain», en *Journal for the Scientific Study of Religion*, vol. 1, núm. 56, 2017, págs. 126-142.

4 Lombardo E. «The Spanish gender regime in the EU context: Changes and struggles in the wake of austerity policies. Special issue on gender equality and austerity», en *Gender, Work & Organization*, vol. 1, núm. 24, 2017, págs. 20-33.

5 Ministerio de Política Territorial, información extraída en abril de 2023.

II. Evolución normativa

En la actualidad el ámbito municipal del poder se rige por la normativa en cascada generada desde diversos niveles institucionales. En el caso de Castilla y León, son muy ricas las fuentes normativas que informan el poder político municipal. Entre ellas se hallan normas referidas a la implementación de acciones positivas y la inclusión de una visión de *mainstreaming* de género, donde todas las políticas públicas han de estar guiadas por una perspectiva de género y un enfoque holístico de la casuística de las mujeres.

Además de la normativa nacional, España se rige también por la normativa aprobada a nivel europeo e internacional. El país asume, a lo largo de la década de los años setenta, el acervo comunitario con respecto a la igualdad de género. En 1973, ratifica la Convención de las Naciones Unidas sobre los Derechos Políticos de las Mujeres que lee así, «las mujeres serán elegibles para todos los organismos públicos electivos establecidos por la legislación nacional, en condiciones de igualdad con los hombres, sin discriminación alguna»[6]. Cinco años después, en 1977 España ratificaba el Pacto Internacional de Derechos Civiles y Políticos que recogía la igualdad como valor en el desarrollo de los derechos civiles y políticos y libertades recogidas en la Declaración Universal de Derechos Humanos. El ICCPR[7], en su Artículo 3 blinda el derecho a la igualdad entre mujeres y hombres respecto del disfrute de esta batería de derechos.

En España, la igualdad como valor, apareció por primera vez en la Carta Magna de 1978, recogido como un principio constitucional. Es a lo largo de ese mismo texto cuando la igualdad se va desarrollando como un concepto abstracto común a toda la ciudadanía con respecto de la ley y su aplicación. En su artículo 9, las autoridades públicas son llamadas a promocionar las condiciones necesarias para que la igualdad pase a ser una realidad, real y efectiva, el articulado va más allá obligando a las instituciones a revertir aquellos obstáculos que previenen o merman dicha igualdad. El segundo capítulo, de los derechos y libertades de la ciudadanía, recoge en su artículo 23 el igual derecho a la participación, siendo especialmente relevante para el acceso de las mujeres al poder político el segundo apartado, que dice lo siguiente: «Asimismo, tienen derecho a acceder en condiciones de igualdad a las funciones y cargos públicos, con los requisitos que señalen las leyes». En el artículo 35, la Constitución Española blinda el derecho al libre acceso al trabajo, promoción interna y remuneración suficiente «sin que en ningún caso pueda hacerse discriminación por razón de sexo». Desde 1978, los obs-

6 La Convención sobre los Derechos Políticos de la Mujer fue aprobada por la Asamblea General de las Naciones Unidas de 20 de diciembre de 1952 y abierta a la firma y ratificación el 31 de marzo de 1953 mediante Resolución 640 (VII).

7 El Pacto Internacional de Derechos Civiles y Políticos fue adoptado por la Asamblea General de las Naciones Unidas el 16 de diciembre de 1966.

táculos legales para la participación política de las mujeres, como votantes, candidatas y representantes son eliminados[8].

Sin embargo, son muchos los autores que hablan de una exclusión más allá de lo normativo. Las mujeres fueron excluidas del proceso de redacción del texto constitucional que regiría la vida en democracia, de los pactos que originarían las instituciones modernas, de la propia concepción de poder. Esto se ha traducido, más allá del caso español, en dificultades para su participación en la esfera pública, en particular en la arena de la participación política institucional[9].

Las primeras elecciones locales democráticas tras la dictadura de Franco tuvieron lugar en abril de 1979, los derechos de las mujeres aún se estaban luchando. En ese año se celebran comicios en los 8054 municipios que componen el país, tan sólo 101 mujeres conseguirán la alcaldía[10]. Hoy en día estamos lejos de ese 1.28 % de mujeres alcaldesas registrado en el año 1979, resultado no solo de las acciones llevadas a cabo por movimientos de mujeres y feminismos sino de los esfuerzos institucionales y normativos que pretenden hacer de la igualdad una realidad. En esas primeras elecciones la Comunidad Autónoma de Castilla y León, registró el mayor número de mujeres alcaldesas, 23. No obstante, dado el número de municipios que la componen en ese momento —2369— suponen menos del 1 % del total de alcaldes electos. Dentro de la Comunidad Autónoma las provincias de Burgos —con 7 alcaldesas— y Salamanca —con 4 alcaldesas— serán las que mayor número de mujeres alcaldesas aporten al total.

En junio de 1983 tuvieron lugar los segundos comicios locales en España. 167 mujeres obtuvieron la alcaldía de entre las 8.390 alcaldías que se sometían a las elecciones en ese momento. El porcentaje de mujeres alcaldesas, rozó en esa convocatoria el 2 % del total[11]. De nuevo, Castilla y León sería la Comunidad Autónoma con un mayor número de mujeres alcaldesas, 47 —que suponían el 1,99 % del total electo—. Todas las provincias castellanoleonesas tuvieron mujeres alcaldesas en alguno de sus municipios, Ávila —con 9 alcaldesas— y Valladolid —con 8— serían las provincias con un mayor número de mujeres detentando una alcaldía. En los últimos años de esta legislatura se aprobaría la Ley Orgánica 5/1985, de 19 de junio, del Régimen Electoral General —LOREG en adelante—. Ya en el preámbulo de la ley queda

8 Folguera, P. «De la transición política a la paridad», en Folguera, P., *El feminismo en España: Dos siglos de historia*, Editorial Pablo Iglesias, Madrid, 2007.

9 Esquembre Cerdá, M., «Género, ciudadanía y derechos. La subjetividad política y jurídica de las mujeres como clave para la igualdad efectiva», en *Corts: Anuario de derecho parlamentario*, núm. 23, 2010, págs. 47-85.

10 La composición territorial sufrió cambios y a finales de la legislatura existían 8.463 municipios. Teniendo en cuenta esos números, las mujeres alcaldesas suponían un 1.19 % del total de alcaldes electos para esa primera legislatura en democracia.

11 Ministerio de Política Territorial, datos extraídos en 2023.

clara la defensa de la igualdad «de todos los españoles, en el ejercicio de los derechos constitucionales» entre los que se encuentra en derecho al sufragio activo y pasivo en su Artículo 23. Estos preceptos serán la base para el acceso de las mujeres a la política institucional, habría que esperar casi dos décadas para que la discriminación por razón de sexo fuese comprendida entre los obstáculos a la entrada de más mujeres en las instituciones de poder.

A nivel municipal, ese mismo año, la Ley 7/1985, de 2 de abril, Reguladora de las Bases del Régimen Local, establece en su artículo 28 que los municipios podrán realizar actividades complementarias a las de otras administraciones públicas, especialmente para respecto a la promoción de la mujer. Unos años más tarde, la Ley 1/1998, de 4 de junio, de Entidades Locales de Castilla y León establece en su artículo 20.1 que los Ayuntamientos de los municipios que componen Castilla y León ejercerán la promoción de la igualdad de la mujer de conformidad con lo dispuesto en la legislación nacional y comunidades autónomas.

Ya a comienzos del siglo XXI, en el año 2003, se aprobaba la Ley 1/2003, de 3 de marzo, de Igualdad de oportunidades entre mujeres y hombres en Castilla y León. Esta norma, que junto con la aprobada en la Comunidad Autónoma de Navarra llegaron antes que la ley de igualdad aprobada a nivel nacional. La Ley en su preámbulo pretende promover la igualdad de la mujer, cubriendo de forma integral los ámbitos de la promoción de la igualdad y la asistencia a la mujer con especial interés en la casuística de las mujeres en el ámbito rural. Ya en su artículo 2.2 defiende «la implicación de la sociedad en su conjunto en la adopción de medidas de acción positiva que impulsen la incorporación de la mujer en el ámbito político, social, económico, laboral y cultural de nuestra Comunidad». El Artículo 17 recoge medias guiadas por el objetivo específico de aumentar y favorecer la participación de las mujeres en la vida pública, así como eliminar los obstáculos existentes para una participación equilibrada.

Esta Ley, junto con la LOREG, sería posteriormente modificada en 2007, tras la aprobación de la Ley Orgánica, 3/2007, de 22 de marzo, para la igualdad efectiva de mujeres y hombres. Su objetivo principal es la igualdad real entre hombres y mujeres, incidiendo en la idea de que el reconocimiento de la igualdad formal, en el plano normativo, no ha sido suficiente para la existencia de una igualdad real entre mujeres y hombres. La normativa está guiada por la lucha contra las manifestaciones de discriminación aún persistentes en nuestra sociedad y erradicar las barreras, resistencias y estereotipos que la obstaculizan. Son notas distintivas de la norma la visión transversal de la igualdad y la previsión de la implementación de políticas activas[12] y acciones

12 Las políticas activas, son intervenciones de los poderes públicos para la promoción de la igualdad en el que las mujeres son sujetos protagonistas de las mismas.

positivas reguladas en el Artículo 11. El Artículo 14.4 blinda «La participación equilibrada de mujeres y hombres en las candidaturas electorales y en la toma de decisiones». Queda modificado entonces el Artículo 44 bis de la Ley Orgánica 5/1985:

> Artículo 44.1 bis.
>
> «Las candidaturas que se presenten para las elecciones de diputados al Congreso, municipales y de miembros de los consejos insulares y de los cabildos insulares canarios en los términos previstos en esta Ley, diputados al Parlamento Europeo y miembros de las Asambleas Legislativas de las Comunidades Autónomas deberán tener una composición equilibrada de mujeres y hombres, de forma que en el conjunto de la lista los candidatos de cada uno de los sexos supongan como mínimo el 40 %. Cuando el número de puestos a cubrir sea inferior a cinco, la proporción de mujeres y hombres será lo más cercana posible al equilibrio numérico».

Esta evolución en la norma obligó a la inclusión de las cuotas como acción correctiva de la sobre representación de los hombres en la esfera de la política institucional tanto en las listas electorales como en los puestos de suplencia. El uso de este tipo de cuota de igualdad o de representación es de los modelos de acción positiva más extendidos[13], son una forma de garantizar el acceso de las mujeres al ámbito político[14]. España es uno de los pocos países entre los que las cuotas electorales están guiadas por la consecución de la paridad, defendiendo una representación equilibrada de mujeres y hombres, obligando por Ley a una representación mínima de cada sexo del 40 %, existe una única excepción, para los municipios de menos de 3000 habitantes.

A partir de la aprobación de esta Ley cada Comunidad Autónoma cuenta con la posibilidad de aprobar medidas complementarias para potenciar la presencia de las mujeres, entre otras, en la arena política. En el caso de Castilla y León, la defensa de la representación equilibrada es subsidiaria de la LOREG. De los 2248 municipios castellanoleoneses, 2161 registraban —en marzo de 2023— menos de 3000 habitantes, es más, la mayoría de éstos contaban con menos de 1000 habitantes[15]. Parece claro entonces que la gran mayoría de los municipios se mueven fuera de los preceptos de obligatoriedad de regirse por la composición equilibrada de listas.

13 Ruiz, A. «En defensa de las cuotas electorales para la igualdad de las mujeres», en *Aequalitas*, núm. 20, 2007.

14 Ibarra, J. «Gender quota vs. majority rule: the constitutional debate», en *Cuestiones constitucionales*, núm. 28, 2013, págs. 141-169.

15 Instituto Nacional de Estadística, datos extraídos en 2023.

Continuando con la revisión normativa que informa el acceso y participación de las mujeres en el poder político, se ha de hablar de la Ley 1/2011, de 1 de marzo, de Evaluación del Impacto de Género en Castilla y León, que refuerza la transversalidad de la perspectiva de género en el conjunto de políticas públicas aprobadas en la Comunidad Autónoma y la garantía de la promoción de la igualdad real.

Por último, resulta altamente interesante el contenido del Plan Estratégico de Igualdad de Género en Castilla y León 2022-2025, que ya desde su presentación advierte de la interrelación entre la consecución de la paridad y los municipios más pequeños. Repasa así mismo los objetivos conseguidos y aquellos en los que se debe continuar trabajando de aquellos documentos de planificación aprobados previamente por la Junta de Castilla y León, como son los Planes Integrales de Igualdad, Plan de Igualdad, Plan Autonómico de Igualdad y Agenda para la Igualdad[16]. Este documento programático, enarbola como primera área estratégica de intervención la política institucional y la promoción de una mayor participación de las mujeres.

Son muchas las normas elaboradas para afrontar la situación de las mujeres en la política institucional, a continuación, se va a observar la evolución histórica de su participación en este área. Centrando la atención en Castilla y León y repasando primero niveles de gobierno superiores para cerrar el análisis con la política institucional municipal se comprobará si dicha normativa ha supuesto una mejora del equilibrio entre mujeres y hombres y en qué medida.

La evolución histórica gira en torno a la representación descriptiva de las mujeres. La representación descriptiva defiende una composición de los órganos de poder político que refleje la sociedad y los grupos que la componen, mejorando no sólo la percepción de representatividad del organismo sino también la calidad democrática[17]. Las instituciones políticas deben representar de forma fidedigna los intereses diversos dentro de su sociedad. Es, además, la representación descriptiva, una condición sine qua non para conseguir una representación política completa. La representación política de las mujeres descansa sobre tres dimensiones principales: la representación descriptiva, la representación sustantiva y, en último

16 I Plan Integral de Igualdad de Oportunidades para la mujer en Castilla y León, aprobado en 1994; II Plan Integral de Igualdad de Oportunidades para la mujer» en Castilla y León, aprobado en 1997; II Plan Integral de Igualdad de Oportunidades entre mujeres y hombres de la Comunidad de Castilla y León aprobado en 2001; IV Plan de Igualdad de Oportunidades entre mujeres y hombres de Castilla y León aprobado en 2007; Plan Autonómico para la Igualdad de Oportunidades entre mujeres y hombres y contra la Violencia de Género en Castilla y León, lanzado en 2013 y la Agenda para la Igualdad de Género 2020, aprobada en 2017.

17 Dahlerup, D. «The story of the theory of critical mass», en *Politics & Gender*, vol. 2. núm. 4, 2006, págs. 511-522.

lugar, la representación simbólica[18]. Estas tres dimensiones se encuentran interconectadas si bien se considera que la dimensión descriptiva es la primera que ha de conseguirse[19].

III. Evolución histórica

Para el desarrollo del presente epígrafe se ha trabajado con datos extraídos de fuentes secundarias de reconocido prestigio, el Ministerio de Política Territorial, la Federación Española de Municipios y Provincias, la Federación Regional de Municipios y Provincias de Castilla y León y el Instituto de las Mujeres. Los datos fueron entonces integrados en una única base de datos para generar la aproximación a la representación descriptiva de las mujeres que se analizará en las siguientes páginas.

Si bien el foco del análisis recae sobre el ámbito municipal de la política institucional se ha considerado necesario incluir una revisión más amplia de las cifras de mujeres para contextualizar y poner en perspectiva su situación en el poder municipal y en la política.

1. Mujeres en el parlamento autonómico

Se ha medido la representación descriptiva de las mujeres en las Cortes de Castilla y León atendiendo al porcentaje de mujeres con escaño dentro de sus instituciones. No es baladí comenzar atendiendo a la situación de la Cámara Legislativa autonómica. El Parlamento, dentro de la estructura del Estado es una institución clave con respecto del desarrollo legislativo, independientemente del nivel observado es uno de los más importantes promotores de normas. Resulta de vital importancia observar la presencia de mujeres en las cámaras que manifiestan, representan y defienden los intereses de la población.

El siguiente gráfico muestra la evolución del mencionado porcentaje desde el año 2000 hasta los últimos datos disponibles —abril 2023—.

1.1. Evolución porcentual del número de mujeres en el Parlamento Autonómico de Castilla y León

En primer lugar, se observa una tendencia creciente hasta los años 2011, 2012 y una posterior caída del porcentaje de mujeres con un escaño en el Parlamento. Para contextualizar los datos y conseguir una imagen fidedigna

18 Pitkin, H. F. *The concept of representation*, University of California Press, California,1967.

19 Krook, M. L., y Norris, P. «Beyond quotas: Strategies to promote gender equality in elected office», en *Political Studies*, vol. 1, núm. 62, 2014, págs. 2-20.

de la evolución y situación de Castilla y León, es necesario mencionar que, en el año 2000, Castilla y León con un 27,71 % se encontraba entre las cinco Comunidades Autónomas con menor porcentaje de representación de mujeres, por encima únicamente de Cataluña, Galicia, Navarra y Murcia. Mientras estas cuatro Comunidades Autónomas han incrementado el número de mujeres que componen sus Parlamentos hasta cifras cercanas o superiores al 50 % para el año 2022, Castilla y León es, hoy por hoy, la Comunidad Autónoma con el menor porcentaje de representación femenina entre los Parlamentos Autonómicos de España. Con un 38,27 % de mujeres entre sus componentes, es el único que no cumple con los criterios de paridad y equilibrio entre mujeres y hombres presentes en la normativa vigente. Entre los años 2007 y 2021, el Parlamento Autonómico de Castilla y León cumplía con los objetivos de paridad. Podemos afirmar entonces que el poder legislativo autonómico, si bien muy por debajo de los objetivos de paridad ha mejorado comparativamente su posición con respecto al año 2000. Conociendo la lejanía respecto de la media nacional y resto de Comunidades Autónomas es necesario que la Cámara Legislativa autonómica asuma de nuevo el reto de promocionar la incorporación de mujeres en sus escaños.

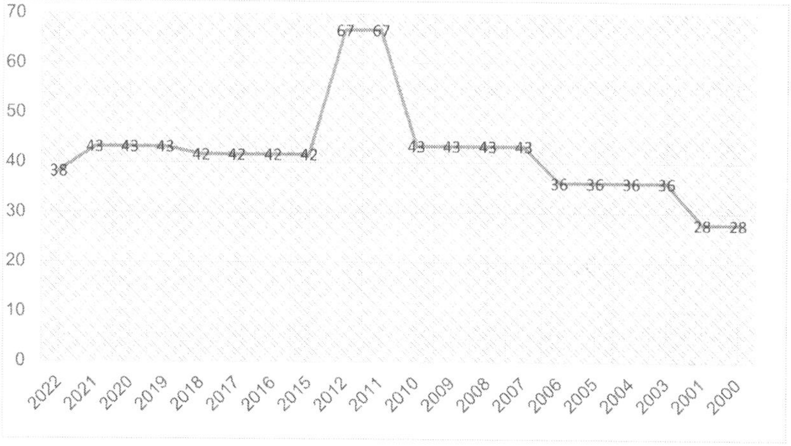

Fuente: elaboración propia a partir de datos del Instituto de Mujeres

2. Mujeres en el gobierno autonómico

Este organismo está, junto con las Cámaras Legislativas entre los principales órganos de autogobierno autonómico. A continuación, se analiza la representación descriptiva de las mujeres en el órgano ejecutivo autonómico, el Gobierno Autonómico. Observando su evolución histórica desde el año 2000 hasta los últimos datos disponibles —abril 2023—.

2.1. Evolución porcentual del número de mujeres en el Gobierno Autonómico de Castilla y León

El primer elemento que llama la atención, con respecto al gráfico anterior es la mayor fluctuación del porcentaje de mujeres dentro del poder ejecutivo autonómico. En este caso se dan incrementos y descensos porcentuales mucho más abruptos. En el año 2000, con un porcentaje de mujeres del 12,5 % en el Gobierno Autonómico de Castilla y León, esta Comunidad se encontraba muy por debajo de la media nacional. Si bien es cierto que, en términos comparativos la representación descriptiva de las mujeres ha aumentado hasta valores cercanos al 30 %, queda lejos de los objetivos de paridad perseguidos. Parece entonces que el poder ejecutivo autonómico es menos permeable que el legislativo a la entrada de mujeres. ¿Qué ocurre a nivel municipal?

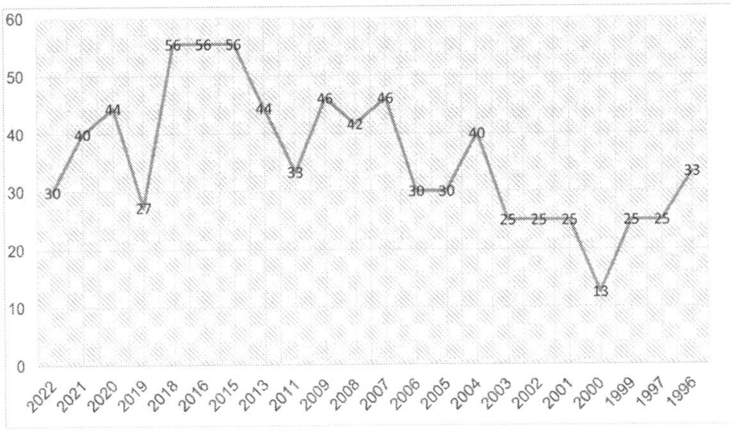

Fuente: elaboración propia a partir de datos del Instituto de Mujeres

3. Mujeres en los gobiernos municipales

Centrando ahora la atención en los gobiernos municipales conviene recordar ciertas especificidades del caso escogido. Castilla y León cuenta con el mayor número de municipios del país, así mismo cuenta con el mayor número de micro municipios —con un número de habitantes menor de 1000 en gran parte de los casos—. Así mismo, debido no sólo a su pirámide poblacional sino al gran territorio que cubre, es una de las Comunidades Autónomas menos pobladas, con una red de municipios rurales muy superior a la media nacional.

Son muchos los estudios que subrayan el valor especial de las instituciones políticas municipales son aquellas más cercanas a la ciudadanía y a menudo las encargadas de dar respuesta a los problemas diarios de sus conciudadanos. Siendo la arena política más cercana a la población es un ámbito con un valor simbólico muy alto. Se debe estudiar la representación simbólica de las mujeres en este ámbito como lugar de generación de referentes, políticas públicas de promoción de acceso real y como una lanzadera de respuestas conjuntas que apuntalen, ahora sí, un equilibrio en la representación política a todos los niveles.

Antes, se va a analizar la evolución histórica del porcentaje de mujeres que han detentado una alcaldía en Castilla y León en comparación con la media nacional.

3.1. Evolución porcentual del número de mujeres alcaldesas

Se ha de subrayar que Castilla y León ha seguido una tendencia muy similar a aquella registrada por la media nacional, si bien debe mencionarse que hasta el año 1999 parecía estar registrando valores de representación sustantiva superiores a la media nacional. Así mismo, mencionar que entre los años 2011 y 2015, mientras el resto de Autonomías elevaban sus porcentajes Castilla y León registraba descensos en sus cifras. Con todo, el nivel municipal es el nivel político que peores cifras registra. Castilla y León con un 18 % de mujeres detentando alcaldías, no solo está situada entre las Comunidades con un peor desempeño en este elemento, sino que se encuentra muy lejos de la paridad y equilibrio de composición defendido por las instituciones.

Si se atiende ahora a la normativa aprobada que influye en la representación descriptiva de las mujeres en el ámbito municipal en el caso de Castilla y León, parece que en los años que siguen a la aprobación de una norma que persigue una proporción equilibrada entre mujeres y hombres en las instituciones políticas se da un aumento del porcentaje de mujeres en las mismas. Coincidiendo momentos de crecimiento con la aprobación de la Ley de Igualdad de Castilla y León en 2003, la aprobación a nivel nacional de la Ley Orgánica de Igualdad en 2007 y la consiguiente reforma del texto de la LOREG y normativa autonómica.

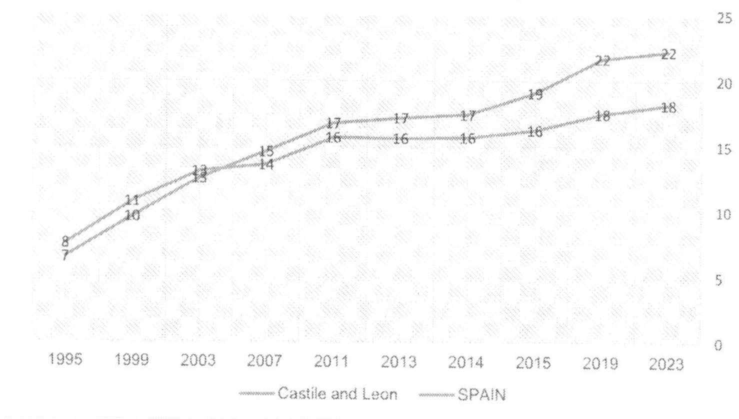

Fuente: elaboración propia a partir de datos del Instituto de Mujeres

Tras comparar la evolución de Castilla y León con la media nacional, se incluye a continuación un gráfico con la evolución vivida por cada una de las nueve provincias que componen la Comunidad Autónoma en términos porcentuales.

3.2. Evolución porcentual del número de mujeres alcaldesas por provincia

Dentro de la evolución observada en la región, cada provincia ha registrado sus propias tendencias. Valladolid, provincia capital de la Comunidad Autónoma, registraba en el año 1995 el porcentaje más bajo de mujeres detentando una alcaldía con tan solo un 5,8 %. Junto con Valladolid, en el vagón de cola se encontraban provincias como Salamanca, Soria o Burgos. Zamora es la provincia que registra un mayor nivel de mujeres en la alcaldía de sus municipios con algo más del 10 % en 1995. Atendiendo ahora a los porcentajes registrados en 2023, Segovia es la provincia con un mayor porcentaje de mujeres en puestos de alcaldía, con más del 22 %. Por el contrario, Soria es a día de hoy la provincia con un menor porcentaje, 14,8 % si bien ha doblado esta figura desde 1995. Así mismo resulta interesante subrayar que Segovia ha sido la provincia que ha registrado un mayor incremento, casi 13 puntos; mientras que la provincia de Zamora ha sido la provincia con una curva de incremento menos acentuada, creciendo alrededor de 7 puntos porcentuales.

A pesar de la evolución irregular de las provincias, puede observarse como en términos comparativos todas y cada una de ellas se encuentra hoy más cerca de porcentajes paritarios de lo que lo hacían en 1995.

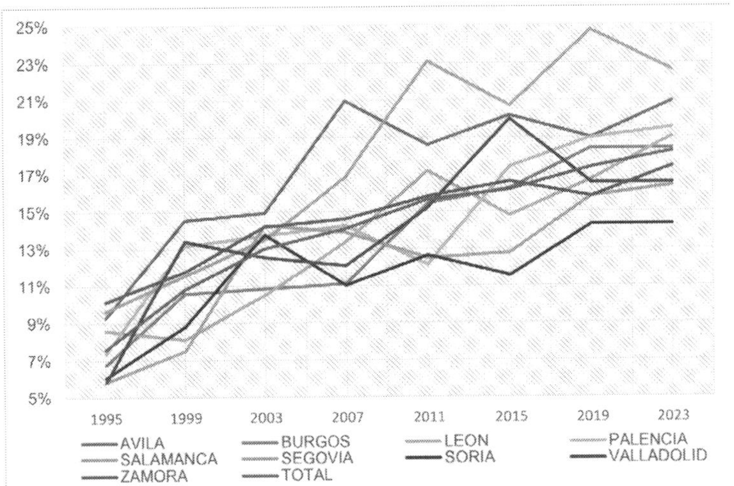

Fuente: elaboración propia a partir de datos del Instituto de Mujeres

En abril de 2023, 409 mujeres detentaban la alcaldía de algún municipio castellano leonés, un 18,18 % del total. De entre las cuales, 400 regían un municipio de menos de 5000 habitantes, 391 gobernaban municipios de menos de 3000 habitantes, es decir, la gran mayoría de mujeres que ejercen el liderazgo en la política institucional municipal lo hacen en municipios muy poco poblados, a menudo rurales. Conviene en este punto preguntarse si el tamaño del municipio influye efectivamente en las opciones reales de acceso de las mujeres al poder institucional y de ser así, qué conclusiones se extraen para continuar avanzando hacia la paridad.

Existen teorías a nivel internacional y nacional para explicar el escaso número de mujeres representantes locales, siendo algunas de las más aceptadas el patriarcado[20], el contexto cultural[21], el techo de cristal y las normas tradicionales de género asignadas en la política local[22], los partidos políticos como gatekeepers y seleccionadores de candidatos[23] la jerarquía horizontal y la «ética del cuidado»[24] la división sexual del trabajo y el proceso de reclutamiento y cooptación[25].

A nivel municipal y más a nivel rural, los estudios son muy escasos y carecen en la mayoría de los casos de una visión agregada que permita afrontar los retos de manera conjunta.

IV. Conclusiones

Castilla y León suspende en paridad, no solo a nivel autonómico sino a nivel municipal. El desequilibrio en la proporción entre mujeres y hombres a nivel municipal es una constante en toda la Comunidad, actualmente con un porcentaje de mujeres detentando alcaldías por debajo del 20 % se halla muy por debajo de la media nacional. Es necesario por lo tanto desarrollar

---

20 Castells, M., *La era de la información. Economía, sociedad y cultura*, Alianza editorial, Madrid, 2000; Blázquez, B., Ojeda, R. y Ruiz, S. «Informe: La política en Andalucía desde la perspectiva de género. Sevilla», en *Centro de Estudios Andaluces*, 2006.

21 Massolo, D. «Gobiernos locales y mujeres: nuevos cambios y desafíos en América Latina», en *Observatorio América Latina Genera*, vol. 3, pág. 9.

22 García de León, M. A., *Las mujeres políticas españolas (un ensayo sociológico)*, Dirección General de la Mujer, Madrid, 1991.

23 Astelarra, J. (comp.) *Participación política de las mujeres*. Madrid: Siglo XXI de España Editores: Centro de Investigaciones Sociológicas (CIS), 1990; Lovenduski, J. y Norris, P. *Gender and Party Politics*. Thousand Oaks, Califronia: Sage, 1993; Uriarte, E. «Mujer y política en España», en *Sistema, Revista de Ciencias Sociales*, núm. 124, 1995, págs.121-136.

24 Conway, M. «Women and political Participation», en *PS: Political Science and Politics*, vol. 34, núm. 2, 2003.

25 Kenny, M., y Verge, T. «Decentralization, political parties, and women's representation: evidence from Spain and Britain», en *Publius: The Journal of Federalism*, vol. 1, núm. 43, 2013, págs. 109-128.

estudios en este ámbito territorial particular, escuchar a las protagonistas podría arrojar luz sobre una posible hoja de ruta.

Las políticas públicas que se han aprobado hasta el momento no parecen poner solución a las barreras u obstáculos existentes a la integración de más mujeres en la política institucional municipal. Quizás deba sopesarse la obligatoriedad de algún tipo de cuota para municipios por debajo de 3000 habitantes.

En el caso de Castilla y León, 391 alcaldesas del total de 409 que gobernaban hasta las elecciones de mayo de 2023 lo hacían en municipios de menos de 1000 habitantes. Resulta importante estudiar el porqué de este fenómeno, a priori resulta contrario a la idea de que el mundo rural es netamente masculino. Así mismo preguntarse por qué parece más sencillo que una mujer detente la alcaldía de un municipio tan poco poblado, pero haya tan pocas en municipios de mayor población.

Son necesarios más estudios, de carácter cualitativo que, preguntando y escuchando a las mujeres que ya están dentro de la política institucional municipal expongan sus vivencias, percepciones y barreras que han padecido u observado, así podrán desarrollarse acciones y políticas públicas más cercanas a la resolución de este desequilibrio.

V. Bibliografía

Astelarra, J. (comp.) *Participación política de las mujeres*. Madrid: Siglo XXI de España Editores: Centro de Investigaciones Sociológicas (CIS), 1990.

Blázquez, B., **Ojeda, R.** y **Ruiz, S.** «Informe: La política en Andalucía desde la perspectiva de género. Sevilla», en *Centro de Estudios Andaluces*, 2006.

Castells, M., *La era de la información. Economía, sociedad y cultura*, Alianza editorial, Madrid, 2000.

Conway, M. «Women and political Participation», en *PS: Political Science and Politics*, vol. 34, núm. 2, 2003.

Dahlerup, D. «The story of the theory of critical mass», en *Politics & Gender*, vol. 2, núm. 4, 2006, págs. 511-522.

Esquembre Cerdá, M. «Género, ciudadanía y derechos. La subjetividad política y jurídica de las mujeres como clave para la igualdad efectiva», en *Corts: Anuario de derecho parlamentario*, núm. 23, 2010, págs. 47-85.

Folguera, P. «De la transición política a la paridad», en **Folguera, P.**, *El feminismo en España: Dos siglos de historia*, Madrid, 2007.

García de León, M. A. *Las mujeres políticas españolas un ensayo sociológico*, Dirección General de la Mujer, Madrid, 1991.

García Santamaría, S., y **Pérez Castaños, S.** «Representación parlamentaria femenina en Latinoamérica. Del dicho al hecho», en *Revista Opción*, Año 36, Regular, núm. 93-2, 2020, págs. 796-833.

Ibarra, J., «Gender quota vs. majority rule: the constitutional debate», en *Cuestiones constitucionales*, núm. 28, 2013, págs. 141-169.

Kenny, M., y **Verge, T.**, «Decentralization, political parties, and women's representation: evidence from Spain and Britain», en *Publius: The Journal of Federalism*, vol. 1, núm. 43, 2013, págs. 109-128.

Krook, M. L., y **Norris, P.**, «Beyond quotas: Strategies to promote gender equality in elected office», en *Political Studies*, vol. 1, núm. *62*, 2014, págs. 2-20.

Lovenduski, J., y **Norris, P.**, *Gender and Party Politics*. Thousand Oaks, California, Sage, 1993.

Massolo, D., «Gobiernos locales y mujeres: nuevos cambios y desafíos en América Latina», en *Observatorio América Latina Genera*, vol. 3, 2005.

Pitkin, H. F. *The concept of representation*, University of California Press, California,1967.

Ruiz, A., «En defensa de las cuotas electorales para la igualdad de las mujeres», en *Aequalitas,* núm. 20, 2007.

Un Women, «Women in Local Government» Data as of 1 January 2022.

Uriarte, E., «Mujer y política en España», en *Sistema, Revista de Ciencias Sociales*, núm. 124, 1995, págs. 121-136.

CAPÍTULO XIII

EL PAPEL DE LAS DIPUTACIONES PROVINCIALES EN LA IMPLEMENTACIÓN DE POLÍTICAS PÚBLICAS EN MATERIA DE IGUALDAD. ANÁLISIS COMPARATIVO DE LA PLANIFICACIÓN DE LA DIPUTACIÓN DE SALAMANCA Y DE LA DIPUTACIÓN DE LEÓN

Noelia Melón Ferrero
Grado en Ciencia Política y Administración Pública
Universidad de Salamanca

I. La perspectiva de género en el mundo rural y la problemática en el acceso a los recursos de las mujeres rurales

La igualdad es uno de los pilares fundamentales de nuestro Estado Social y Democrático de Derecho, pero además debe ser el empuje último de las sociedades del siglo XXI para poder así alcanzar el verdadero desarrollo democrático de estas. En este plano, no podemos olvidarnos de la denominada «España vacía o vaciada», según a quién preguntemos, y de las mujeres que habitan estos entornos rurales como pilar fundamental de los mismos y de nuestra sociedad en su conjunto.

Si hablamos desde una perspectiva histórica, la situación que viven en la actualidad las mujeres rurales no se corresponde con unos patrones naturales sino que resulta como consecuencia de una serie de déficits desiguales que asolan su realidad como la falta de infraestructuras, de servicios sociales o de mercado de trabajo[1], por mencionar alguno.

Antes de comenzar, cabe conceptualizar qué entendemos como género y por qué debemos incluir dicha perspectiva en las políticas implementadas por las distintas Administraciones Públicas de todos los niveles. Maya Frades entiende que «desde el punto de vista de la estructura social, el género (...) implica una relación jerárquica en la que unos y otras ocupan posiciones asimétricas en cuanto al acceso a los recursos sociales»[2]. Esta conceptualización, que se enmarca en un sistema y en unas relaciones patriarcales, tendrá mayor incidencia en las zonas rurales al encontrarse dentro de las mismas una mayor persistencia de los roles y los estereotipos asignados tradicionalmente a la mujer.

En cuanto que hablamos de entornos rurales, es relevante el análisis de la mujer dentro del contexto rural en el que se encuentra y de las características propias de dicho entorno. Entendiendo que las circunstancias a las que hace frente una mujer en un entorno rural no son las mismas que en un entorno urbano, asimilado ello a distintas características concretas de dichos lugares. Las mujeres rurales son uno de los colectivos que tiene mayores dificultades en cuanto a la transformación dentro de la sociedad, unido en gran parte a la visión peyorativa de ciertos grupos sobre el medio rural viendo a sus habitantes como «paletos» o «pueblerinos».

Si realizamos un análisis demográfico de la realidad rural de la comunidad que nos atañe en este estudio, observamos un alto número de municipios de menos de 5.000 habitantes (aproximadamente 6.832 municipios), en los que nos encontramos una población mayoritariamente masculina y con altos porcentajes de envejecimiento (unos 226 municipios tienen más del 50 % de su población por encima de los 65 años)[3].

---

1 Maya Frades, V., «Exordio preliminar», en Maya Frades, V. (Coord.), *Mujeres Rurales. Estudios multidisciplinares de género*, Ediciones Universidad de Salamanca, Salamanca, 2008, págs. 11-14.

2 Maya Frades, V., «Señas de identidad de la mujer rural», en Maya Frades, V. (Coord.), *Mujeres Rurales. Estudios multidisciplinares de género*, Ediciones Universidad de Salamanca, Salamanca, 2008, págs. 17-33.

3 Datos del Instituto Nacional de Estadística: Estadística del Padrón continuo. Disponible en: https://shorturl.at/ftyFX (Fecha de última consulta el 25 de mayo de 2023).

Todos los hechos que hemos relatado hasta el momento generan distintas situaciones específicas del entorno y el contexto en el que viven las mujeres rurales que pasaremos a analizar a continuación, siendo estas la escasez del mercado laboral y la dificultad de las mismas para encontrar futuro en él, la dificultad en cuanto a la conciliación de la vida personal, laboral y familiar, y la falta de representatividad y participación en asociaciones y organismos de decisión.

1. El acceso al mercado laboral de la mujer rural

En primer lugar, es esencial señalar la invisibilidad de las tareas que realizan las mujeres en el ámbito doméstico o en el cuidado de familiares como amas de casa. Un trabajo muy vinculado con los roles de género tradicionales asignados a las mujeres, haciendo que estas funciones se consideren como algo innato a ella y no se valore como un trabajo más.

Sin embargo, los estereotipos de género no se limitan a aquellas mujeres que deciden dedicarse en plenitud al hogar y a todo aquello que lo rodea, sino que estos roles se perpetúan en el trabajo productivo que realizan en el ámbito rural. En numerosas ocasiones vinculado con sectores «feminizados» siendo ellas quienes ocupan la mayor parte del mercado laboral de sectores relacionados con los cuidados o la limpieza, por citar algunos ejemplos. Todo ello muy unido con las limitaciones que observamos en el mercado laboral del mundo rural[4].

Alario, Baraja y Pascual señalan que la concepción de la producción dentro de una sociedad industrial está diseñada para un trabajador masculino donde se presupone la presencia de una mujer en el hogar encargada de realizar todas las tareas ajenas al propio trabajo productivo[5]. Algo que deviene en un fenómeno, por desgracia común entre los roles asignados a la mujer, donde se duplica la presión que estas sufren al ser quienes deben cumplir con sus tareas en el lugar de trabajo y en el hogar. Todo ello tiene una relación muy directa con la dificultad de la capacidad de conciliación entre la vida familiar y la vida laboral que sufren, y que se agrava aún más en el caso de las mujeres rurales por factores de condicionalidad que limitan su incorporación al mundo laboral. Factores muy vinculados con esa pervivencia de alto arraigo de los estereotipos y roles más tradicionales en cuanto al papel propio que deben ocupar.

4 Alario Trigueros, M., Baraja Rodríguez, E., y Pascual Ruiz-Valdepeñas, H., «Género y espacio: la inserción laboral de las mujeres rurales», en Maya Frades, V. (Coord.), *Mujeres Rurales. Estudios multidisciplinares de género*, Ediciones Universidad de Salamanca, Salamanca, 2008, págs. 61-80.

5 Ibidem.

Todo ello se traduce en renuncias que limitan el desarrollo y aumentan la segregación, y es que «las mujeres se han encontrado en una encrucijada que les obliga a asumir un funcionamiento laboral masculino (...), pero sin renunciar a las funciones reproductivas»[6].

En cuanto a las propias oportunidades laborales en el medio rural, observamos que son menores que las de los hombres y están muy centradas en el sector primario. Pero no solo eso, sino que la mayor tasa de paro se encuentra en las mujeres rurales tanto en cuanto se compara con los hombres rurales o con las mujeres urbanas, siendo esta del 26 %[7]. Esta brecha de género en la tasa de empleo se debe a diversos factores como la corresponsabilidad, la falta de expectativas laborales del ámbito rural que provoca una huida de las mujeres jóvenes, y también la segregación.

La segregación que encontramos en este ámbito se produce tanto en el plano horizontal, en cuanto a la realización de actividades que tradicionalmente han sido realizadas por mujeres y que cuentan con una menor remuneración y valoración social, como en el plano vertical, en cuanto a la distribución no equilibrada de los puestos de responsabilidad.

Podemos decir que esta débil participación laboral por tanto, es el resultado de diversos factores que asolan a la realidad rural, y más concretamente a las mujeres que en ella residen. Siendo de mayor peso el de la conciliación, ya que una mejora en estas condiciones podría permitir un aumento en el emprendimiento femenino gracias a una verdadera compaginación entre el trabajo y la maternidad sin sobrecargar ni invisibilizar a la mujer que lo realiza.

2. Conciliación y corresponsabilidad

La conciliación es un elemento esencial en materia de promoción del arraigo femenino y la futura sostenibilidad de los entornos rurales y desarrollo de los mismos, en tanto no solo se proporciona una mejora en la calidad de vida a la propia mujer sino que se le permite el desarrollo de un verdadero proyecto de vida en el entorno rural.

Debemos entender la conciliación como una situación en la que se genera igualdad en el reparto de las oportunidades entre hombres y mujeres, pero además como corresponsabilidad en cuanto al cuidado, el hogar y el empleo[8].

---

6 Ibidem.

7 Ministerio de Agricultura, Alimentación y Medio Ambiente, *Diagnóstico de igualdad de género en el medio rural*, Madrid, 2009. Disponible en: https://shorturl.at/zHKQ9 (Fecha de último acceso el 26 de septiembre de 2023).

8 Sampedro Gallego, R., «Conciliación de la vida familiar y laboral en el medio rural: género, trabajo invisible e «idilio rural»», en Maya Frades, V., *Mujeres Rurales. Estudios multidisciplinares de género*, Ediciones Universidad de Salamanca, Salamanca, 2008, págs. 81-93.

La conciliación es un fenómeno transversal pero existen factores propios vinculados al mundo rural. Donde la descarga de las funciones de cuidado sobre las mujeres, referidas al cuidado de mayores principalmente, se entiende como una «obligación moral» para ellas. Destaca también la visión de la familia como fuente de identidad social en el mundo rural, y el control social que ello ejerce sobre las mujeres, especialmente las jóvenes, que sienten una constante presión a cumplir dichos roles de manera destacada en cuanto hablamos de reproducción familiar.

Además de la fuerte vinculación que se produce en estos entornos entre lo rural y el papel tradicional de la mujer cuidadora, produciéndose que «feminidad y domesticidad se vinculen de una manera muy poderosa con la noción de comunidad orgánica que está en el centro del ideal de ruralidad»[9]. Permitiéndonos entender, en cierta medida, las razones de persistencia de los roles de género tradicionales en el medio rural.

3. Participación y asociacionismo en el mundo rural femenino

Las organizaciones y las asociaciones de mujeres son un gran activo de movilización y concienciación social en cuanto a la realidad rural actual. Si bien a principios de siglo observábamos un fenómeno en el que el asociacionismo en el mundo rural estaba mayoritariamente relacionado con la prestación de servicios, actualmente podemos observar en los registros asociativos y en la colaboración con entidades locales, como las Diputaciones que analizaremos posteriormente, su incremento y su transversalidad en cuanto a la defensa en materias de igualdad en todos los puntos geográficos.

Siendo muy destacable el papel que realizan las asociaciones en cuanto a la promoción, la ayuda y la colaboración con las instituciones en situaciones de Violencia de Género en el ámbito provincial o municipal.

Si bien no deben ser solamente las asociaciones de mujeres quienes implementen esta necesaria perspectiva de género, sino que la misma debe ser transversal a todo el tejido asociativo. De manera que no solo se promocione la igualdad mediante las propias organizaciones concebidas para ello sino que además esta se logre en los demás ámbitos de participación social.

Una última señalización sobre la existencia de una baja participación de las mujeres puede deberse al cuestionamiento que aun sufren en los distintos sectores, incrementándose aún más dentro del mundo laboral, donde se cuestiona su capacidad y su saber hacer por el mero hecho de ser mujeres ocupando espacios en los que tradicionalmente no estaban. Factor al que si le añadimos el ser joven, la situación se intensifica, pero la persistencia

9 Ibidem.

de estas mujeres ante el cuestionamiento de los hombres es una «forma de agencia que adoptan las mujeres para resistir los sistemas de dominación de poder y de negociar con el patriarcado a escala local y cotidiana»[10].

II. Análisis de la planificación en materia de igualdad de las diputaciones de Salamanca y de León

Como hemos analizado en el apartado anterior la calidad de vida de las mujeres rurales está limitada por distintos factores de su entorno como la falta de oportunidades laborales, el déficit de infraestructuras y servicios, la prevalencia de los roles tradicionales, o la dificultad en la conciliación. Hechos que generan diferencias y desigualdades en el medio rural hacia las mujeres, aumentando la vulnerabilidad de estas, lo que justifica la necesidad y la urgencia en la implementación de medidas por las distintas Administraciones Públicas, y en especial por aquellas que son más cercanas a los ciudadanos como son los Ayuntamientos y las Diputaciones Provinciales allí donde las hubiere.

Se necesitan políticas públicas que fomenten el desarrollo rural sostenible unido a la igualdad efectiva, pero que además combatan de manera frontal la Violencia de Género que sufren las mujeres rurales, siendo esta forma de violencia la expresión más directa de la desigualdad sufrida por la mujer.

No podemos ignorar que la mujer es un elemento esencial para fijar población, dinamizar la economía y revitalizar las zonas rurales. Pero para lograr que estas se queden en el mundo rural es esencial el apoyo por parte de las instituciones, siempre teniendo presentes las necesidades de las propias mujeres de estos entornos, sin lo cual cualquier intento de iniciativa pública será un completo fracaso.

1. Necesidad de políticas públicas de igualdad en el ámbito provincial

La Constitución Española contempla en su artículo 14 la igualdad y en su artículo 9.2 la obligación que tienen los poderes públicos de promoverla. Pero además estas disposiciones se desarrollarán de manera más amplia en distintas regulaciones normativas teniendo gran relevancia las desarrolladas durante las legislaturas del Presidente José Luis Rodríguez Zapatero con la Ley Orgánica 3/2007, de 22 de marzo, para la igualdad efectiva de mujeres y

10 Baylina, M., Villarino, M., García Ramón, M. D., Mosteiro, M. J., Porto, A. M. y Salamaña, I., «Género e innovación en los nuevos procesos de re-ruralización en España», en *Centro de Estudios Geográficos*, Finisterra, LIV(110), 2019, págs. 75-91.

hombres y la Ley Orgánica 1/2004, de 28 de diciembre, de Medidas de Protección Integral contra la Violencia de Género. Sin dejar de lado el desarrollo autonómico de cada Comunidad Autónoma, sobre todo en la promoción de la igualdad en el ámbito rural integrando la perspectiva de género en dichas disposiciones normativas.

En cuanto al ámbito local las competencias vienen dadas con la aprobación de la Ley 7/1985, de 2 de abril, Reguladora de las Bases del Régimen Local, donde en su artículo 36 dispone como competencia de las Diputaciones la «prestación de servicios públicos de carácter supramunicipal». Aquí es donde podemos enmarcar el desarrollo de políticas públicas de igualdad desarrolladas en el ámbito provincial, siendo de gran relevancia por su proximidad a la ciudadanía, pudiendo ofrecer una mejor prestación en los servicios referidos a este ámbito.

En cuanto al ámbito provincial son de especial relevancia los planes de igualdad, estos se definen como «un conjunto de objetivos y medidas tomadas y aprobadas por un gobierno y que deben llevar a cabo los diferentes departamentos gubernamentales, en un período concreto de tiempo (de dos a cinco años)»[11]. Algunas de las ventajas de estos planes son la promoción en cuanto a la concienciación de las instituciones, el fomento de la coordinación de los distintos órganos con competencias en la promoción de la igualdad, o la posibilidad de seguimiento y evaluación de las actuaciones llevadas a cabo por las Administraciones. Siendo además una de las mejores herramientas con la que cuentan las Entidades Locales al no disponer de potestad legislativa.

2. II Plan provincial de igualdad entre hombres y mujeres de la Diputación de Salamanca

La Diputación Provincial de Salamanca se divide en cuatro grandes áreas, dentro de las que encontramos el área de Bienestar Social desde donde se ejecutan las políticas en materia de igualdad de género. Esta área está dividida en cinco secciones contando con una Secretaría Provincial de Igualdad cuya unidad se creó por primera vez en 1995 siendo la Diputación de Salamanca pionera en la promoción de la igualdad desde la administración provincial.

El *II Plan de Igualdad entre hombres y mujeres* tiene un periodo de vigencia de 2006 a 2010, aunque es el vigente en la actualidad debido a la continua prorrogación del mismo. El plan se divide en seis ejes distintos abordando la igualdad en la vida económica, la participación y la representación de las

11 BUSTELO, M., «Las políticas públicas de igualdad de género en España en los niveles centrales y autonómico», en GARCÍA INDA, A. y LOMBARDO, E. (Coords.), *Género y Derechos Humanos*, Mira Editores, Zaragoza, 2002, págs. 35-60.

mujeres, la igualdad de acceso, la igualdad en la vida civil, el cambio en los roles de género, y la promoción de la implicación de los distintos Entes Locales.

En cuanto al Eje 1, se plantea como objetivo general la promoción de la igualdad entre hombres y mujeres en la vida económica con especial atención al empleo. Las medidas planteadas buscan el fomento del acceso al mercado laboral de las mujeres mediante distintos mecanismos como el fomento al emprendimiento femenino, al conocimiento y la formación de las mujeres (cursos o asesoramiento laboral), y a la capacitación de las mujeres. Podemos observar que este eje ejecuta medidas de mera promoción faltando acciones más concretas para lograr realmente la incorporación de la mujer, con gran incidencia en la mujer rural, en el mercado laboral con medidas del tipo ayudas económicas o fiscales que las animen a emprender. Es importante que las medidas no se limiten al mero «asesoramiento» hacia las mujeres sino que se articulen verdaderas políticas públicas y mecanismos que sean útiles para su incorporación al mercado laboral.

El Eje 2 del Plan de igualdad tiene como objetivo general fomentar una participación igualitaria en la participación y representación en los ámbitos de toma de decisiones. Entre las medidas propuestas por la Diputación se busca promocionar el asociacionismo mediante ayudas económicas y la firma de convenios de colaboración con las asociaciones para así fomentar la participación de las mujeres en ellas. Además de impulsar a estas en el desarrollo de actividades formativas que realicen en el medio rural. Sin embargo, este eje se aleja demasiado de la realidad faltando una verdadera promoción del incremento de la presencia de mujeres en los órganos de toma de decisión. No es necesario formar a las mujeres en habilidades de dirección como propone el plan sino que estas deben tener la capacidad real de poder ocupar espacios y ahí es donde debe estar la Administración.

En el Eje 3 se busca la promoción de la igualdad de acceso y el disfrute de los derechos sociales, esto se realiza mediante un intento de extensión de los servicios sociales prestados en aquellas áreas que tradicionalmente han sido realizadas por mujeres como los servicios de cuidado de personas mayores o de niños. Sin embargo, esta dotación es algo escasa valorándose la creación de guarderías solamente en 20 municipios sin ninguna referencia a la posibilidad de conexión entre ellos mediante transportes públicos que faciliten el acceso a un mayor número de habitantes. Además de una escasa promoción de los servicios existentes en la Diputación de los que se puedan beneficiar las mujeres rurales para facilitar así la conciliación de estas[12].

12 Domínguez Álvarez, J. L., *Las políticas públicas de Igualdad de Género en las Administraciones Salmantinas*, Ediciones de la Diputación de Salamanca, Salamanca, 2018, págs. 61-71.

El objetivo general del Eje 4 busca la promoción de la igualdad en la vida civil mediante la implementación de medidas relacionadas con la prestación de una atención integral a las víctimas de Violencia de Género a través del programa «Objetivo Violencia Cero» de la Junta de Castilla y León. En cuanto a la propia acción de la Diputación, es completamente inadecuado el planteamiento de la mediación como forma de resolución pacífica de conflictos en materia de Violencia de Género como así señalan distintos expertos[13]. Además, es notoria la falta de acciones concretas para la prevención de la violencia en las áreas rurales mediante campañas de información o la facilitación del acceso a los servicios.

El Eje 5 del *II Plan de igualdad* tiene como objetivo general la promoción del cambio de roles y estereotipos establecidos por razones de género. En este punto es esencial la sensibilización y concienciación de la sociedad sobre la que se sitúan las propuestas. Aunque destaca la falta de acciones en materia de coordinación con el área de cultura en acciones de promoción de la mujer en la cultura o de su papel en la misma, aplicando la necesaria transversalidad de la perspectiva de género.

Por último, el Eje 6 busca la implicación de las Entidades Locales de la provincia en el desarrollo de la igualdad. La intención de este eje es la introducción de la perspectiva de género a la acción de las distintas administraciones pero podemos observar que la acción de los Ayuntamientos de la provincia esta algo alejada de la intencionalidad de la Diputación al no desarrollarse mediante medidas más concretas.

Como hemos podido observar en el análisis de los distintos ejes del plan, la administración provincial hace un esfuerzo en la promoción y la implementación de políticas de igualdad en el ámbito provincial de Salamanca. Si bien podemos señalar el distanciamiento de la realidad actual de este plan al no haberse aprobado uno nuevo desde el 2006, que incorpore acciones más actuales como el acceso a los TICs o la transversalidad de las acciones implementadas. Además de la falta de una dotación presupuestaria concreta de cada una de las acciones o del plan en su conjunto que permita la viabilidad de estas acciones, y evite que se convierta en una propuesta al aire con mero valor simbólico y ningún grado efectivo de ejecución.

3. III Plan estratégico provincial de igualdad de oportunidades entre mujeres y hombres y contra la violencia de género de la Diputación de León

En el caso de la Diputación de León, las funciones en materia de mujer e igualdad se incorporan dentro de la Delegación de Derechos Sociales y

13 Ibidem.

Territorio Sostenible. El *III Plan de Igualdad y contra la violencia de género* se aprueba en 2022 y tiene una duración hasta el año 2025, con la intención de ser la hoja de ruta de las acciones desarrolladas por la Diputación durante dicho periodo en materia de promoción de la igualdad en la provincia. De la misma manera que el anterior plan analizado este se divide en seis áreas de trabajo siendo estas la transversalidad y la cooperación, la coeducación, la promoción del empleo, la participación y el asociacionismo, la salud y el bienestar, y la erradicación de la Violencia de Género. Cada una de estas áreas se divide en distintas líneas de actuación que simultáneamente se dividen en acciones concretas a implementar con su correspondiente planificación en materia de actuación y de dotación presupuestaria.

En primer lugar, el Área 1 recibe la denominación de *Transversalidad y coordinación*. La primera línea de acción que propone es la implementación de la perspectiva de género en las áreas, servicios y centros de la Diputación de León mediante acciones como la difusión de los protocolos de acoso sexual, la formación de los trabajadores, la coordinación y el asesoramiento técnico o la retoma de la Comisión permanente de Igualdad. Todo ello con el objetivo último de que quienes ostenten puestos de responsabilidad dentro de las Administraciones Públicas estén formados en igualdad. La segunda línea de acción reitera la necesidad de fomentar la participación del personal en materias de género mediante la sensibilización sobre la violencia de género o la promoción del uso de un lenguaje inclusivo.

El Área 2 trata sobre la coeducación. Hasta el momento la Diputación ha fomentado la implicación de las distintas asociaciones en materias educativas, y la coordinación de estas con los Centros de Acción Social (CEAS), entidades que juegan un papel esencial en el desarrollo y promoción de las políticas de igualdad en el territorio. Las líneas de actuación del plan buscan lograr la coeducación en el ámbito educativo mediante la incorporación del lenguaje inclusivo, la inclusión de la perspectiva de género en programas y proyectos, la educación sin estereotipos con el desarrollo de charlas y campañas, y la formación en detención y derivación de la violencia de género. Pero además busca lograr la sensibilización de la ciudadanía en general mediante campañas en fechas claves como el 8 de marzo o la realización de eventos públicos organizados con perspectiva de género.

Sin embargo, no se habla de una desagregación de los datos educativos por sexo que permita realizar un análisis con perspectiva de género en esta materia. Además de la pérdida de la posibilidad de visibilizar, en el ámbito educativo, el papel de las mujeres con especial atención a las rurales, mediante acciones llevadas a cabo por instituciones como el Instituto Leonés de Cultura (ILC).

El Área 3 del plan versa sobre la promoción del empleo en la provincia, con especial referencia a las mujeres que habitan en zonas rurales. Se busca la promoción de la igualdad en el trabajo y alcanzar una verdadera corresponsabilidad. Además, se promociona el emprendimiento de las mujeres sobre todo de aquellas del medio rural con orientación laboral en los Ayuntamientos, la incorporación de protocolos de prevención del acoso en organizaciones empresariales, o la promoción de la igualdad de oportunidades en el acceso al empleo mediante los CEAS y las distintas asociaciones aprovechando los fondos tanto europeos como de la Secretaría de Estado para la Igualdad.

Es destacable la incorporación de un registro de servicios para la conciliación ofrecidos por la entidad. Pero el plan se queda corto en cuanto al fomento de acceso a empleos masculinizados, sobre todo para los entornos rurales donde es mucho más necesario.

La cuarta área del plan hace referencia a la participación y el asociacionismo, centrándose en la participación social y el empoderamiento de las mujeres reafirmando la colaboración con el tejido asociativo de la provincia y comprometiéndose a la aprobación de un Plan de participación y asociacionismo con perspectiva de género que sea transversal a todas las asociaciones con las que se colabora y haga que este ideal de la igualdad llegue a todas las áreas de actuación de la Diputación. Además, se habla de la creación de un servicio de cuidado de menores para facilitar la conciliación en las áreas rurales con una dotación presupuestaria de 1.000€. Por último, se establece la revitalización del Consejo Provincial de la Mujer para el cual se revalidan los estatutos y se busca difundir su existencia como mecanismo de acercamiento de los recursos de la Diputación a la ciudadanía.

Aunque las mejoras de este plan son considerables en esta área, siguen siendo escasas en cuanto a la facilitación de la burocracia y la oferta de ayuda para las distintas asociaciones, sobre todo aquellas que tienen un papel de mayor relevancia en la promoción de la igualdad o la lucha contra la violencia de género en la provincia. Además de la facilitación de una mejor canalización de la escucha y las comunicaciones con las mismas.

En el Área 5 del plan de igualdad se habla de bienestar y salud de las mujeres, buscando la mejora de la calidad de vida y el acceso a los recursos de las mujeres, especialmente aquellas en entornos rurales, con acciones como el apoyo asociativo, el asesoramiento técnico o la mejora de quienes padecen situaciones de riesgo de exclusión social. Se busca a su vez la promoción de la salud emocional, sexual y reproductiva mediante los CEAS. Aunque podemos señalar que este tipo de campañas de promoción de la salud serían de especial interés en el ámbito educativo o mediante asociaciones juveniles para mejorar el acceso de la juventud.

Por último, el Área 6 del plan trata sobre uno de los pilares básicos en materia de igualdad como es la erradicación de la Violencia de Género. La primera línea de actuación versa sobre la prevención y el abordaje de las violencias de género mediante acciones coordinadas con Ayuntamientos donde se visibilicen las causas y los factores, además del fomento de la aprobación de protocolos en las distintas empresas para detectarla. En cuanto a la coordinación con los Ayuntamientos se busca promover la necesaria participación de estos en la «Red de Municipios: Hombres por la Igualdad» y la «Red de ciudades libres del tráfico de mujeres, niñas y niños destinados a la prostitución».

Otra de las líneas de acción en esta materia busca el fomento de la igualdad y la eliminación de la violencia mediante un análisis del impacto en los distintos municipios de la provincia y el favorecimiento del acceso a los recursos y servicios de las mujeres que se encuentren en una situación de este tipo. Por último, se destaca la necesidad de sensibilizar a la ciudadanía para prevenir y abordar la violencia de género mediante el conocimiento de la misma y de los recursos disponibles desde la Diputación, con especial incidencia en la sensibilización en el medio rural destinada a los hombres.

En cuanto a las posibilidades de mejora, echamos en falta la integración de la sensibilización en planes y programas que ya se encuentren en vigor de la misma manera que se realiza con la promoción de la igualdad. Además de lo importante que resulta el posicionamiento público claro y contundente contra esta lacra desde el ámbito institucional.

Este análisis detallado del *III Plan de igualdad y contra la violencia de género* de la Diputación de León nos permite observar la posibilidad de adaptación de la planificación en materia de igualdad a la realidad social y del entorno en cuanto al ámbito de actuación de Entidades Locales como las Diputaciones Provinciales. Siendo un plan innovador en distintas materias que están a la orden del día en la actualidad, sobre todo en la transversalidad de su actuación. Es destacable la dotación presupuestaria que sí contiene esta planificación y que asegura en cierta medida muchas de las propuestas y medidas establecidas en el plan. Si bien deberemos esperar al análisis del impacto para ver si realmente las actuaciones contenidas tienen un impacto real en los entornos rurales y en la mejora de la situación de las mujeres que viven en ellos.

III. Perspectivas de futuro de la actuación de las diputaciones provinciales en materia de igualdad

Como hemos podido comprobar en el análisis de los planes de las Diputaciones de León y Salamanca, la planificación es esencial en el ámbito de la promoción de la igualdad en los entornos rurales. Sin embargo la correcta realización de los planes y la correspondiente dotación presupuestaria son pilares esenciales para que esta planificación sea efectiva y realmente mejore la vida de las mujeres rurales.

Domínguez Álvarez señala una serie de bloques esenciales que deben contenerse en la planificación de las Administraciones Locales para lograr la eficacia de los mismos, siendo estos la cooperación entre Administraciones, la transversalidad, la sensibilización y concienciación, y la publicidad y participación[14].

La cooperación entre las distintas Administraciones Públicas es un pilar fundamental en el desarrollo de cualquier política pública en materia social, pero cobra especial importancia cuando hablamos de algo tan transversal y que afecta a todas las áreas de la vida como es la igualdad. Esta cooperación tiene incluso más sentido dentro de una tan Administración cercana a la ciudadanía como son las Diputaciones Provinciales quienes se encargan de coordinar las políticas desarrolladas en el ámbito provincial. Pero que también debe producirse con entidades superiores e incluso a nivel internacional con organismos como la Unión Europea.

Esta cooperación puede articularse de manera concreta en las Diputaciones mediante Comisiones permanentes de Igualdad, como se plantea en el *III Plan de Igualdad y contra la violencia de género* de León, pero también mediante un Consejo Provincial de la Mujer, existente en ambas provincias pero con distinta intensidad. Este es un organismo relevante que puede resultar esencial si se articula de una manera efectiva. En el caso leonés este organismo tiene encargadas tareas como el fomento de la participación de las mujeres en los espacios de decisión, o incluso las de interlocución entre las Administraciones y la ciudadanía para el desarrollo de distintas iniciativas. Tiene una verdadera capacidad de actuación en cuanto que puede proponer programas y actuaciones concretas, realizar informes y estudios, y participa en la elaboración de los distintos planes de la Diputación. Esta capacidad la observamos al ser este órgano quien realiza un análisis exhaustivo incluido con anterioridad al plan de igualdad donde se recoge la situación en la que se encuentra la provincia y aquellas áreas donde se necesita de la actuación de las Administraciones, además de la participación en el desarrollo del citado plan.

Por tanto, podemos considerar que estos organismos son tanto un cauce esencial de participación de las distintas asociaciones, como un pilar fundamental en el desarrollo de las políticas públicas en materia de igualdad, al transmitir con más veracidad y cercanía las necesidades de los entornos rurales.

Otro de los bloques esenciales es la transversalidad en todos los niveles, las políticas y las etapas. Este eje es quizá algo más novedoso en el desarrollo de las políticas de igualdad lo que hace que no esté recogido en el Plan de la Diputación de Salamanca que data del 2006, pero sí se incluya como pilar esencial de trabajo en el de la Diputación de León

14 Domínguez Álvarez, J. L., *Las políticas públicas de Igualdad de Género en las Administraciones Salmantinas*, Ediciones de la Diputación de Salamanca, Salamanca, 2018, págs. 61-71.

con iniciativas como la de introducción de la perspectiva de género colaborando con las entidades culturales de la Diputación pero también su incorporación en los ámbitos asociativos no relacionados con la promoción de la igualdad de una manera directa. Si bien en este eje aún queda mucho por trabajar desde el ámbito provincial y del desarrollo de políticas públicas.

La sensibilización y la concienciación son pilares esenciales en ambos planes provinciales, es más, podríamos considerar que son uno de los principales ya que la actividad de fomento es la más reiterada en ellos. Pero el enfoque de esta concienciación en materia de violencia de género podría ser en ambos dos mucho más directo con una mayor colaboración con el ámbito educativo, sobre todo en el medio rural, y un aumento de las campañas de prevención de la violencia. Además del establecimiento juntamente con Ayuntamientos de planes de sensibilización en las empresas privadas.

Por último, otro de los bloques esenciales de estos planes es la publicidad y la participación en estrecha colaboración con el tejido asociativo, quien tiene mayor capacidad de acercamiento con la ciudadanía. Este bloque se valora en ambos planes, pero quizá sería útil una acción mucho más directa con mecanismos de recepción de sugerencias ciudadanas, una promoción más eficaz de los espacios y recursos ofertados por las Diputaciones en materias como la conciliación en el medio rural, o la promoción de espacios de debate y reflexión en lugar de ofertar solamente formaciones.

Estos ejes y la acción en la promoción de la igualdad y la lucha contra la violencia de género por las distintas Administraciones Públicas son esenciales. Sin embargo, esto debe ir acompañado de la colaboración ciudadana sin la que todo ello no tiene ningún sentido ni una verdadera afectación en la realidad. Lograr la igualdad real y efectiva entre mujeres y hombres es esencial pero ello debe hacerse sin olvidarse de aquellas que tienen, por las condiciones de su entorno, una mayor dificultad para lograrla evitando que tengan que abandonar su territorio de origen.

IV. Bibliografía

Alario Trigueros, M., **Baraja Rodríguez, E.**, y **Pascual Ruiz-Valdepeñas, H.**, «Género y espacio: la inserción laboral de las mujeres rurales», en **Maya Frades, V.** (Coord.), *Mujeres Rurales. Estudios multidisciplinares de género*, Ediciones Universidad de Salamanca, Salamanca, 2008, págs. 61-80.

Baylina, M., **Villarino, M.**, **García Ramón, M. D.**, **Mosteiro, M. J.**, **Porto, A. M.** y **Salamaña, I.**, «Género e innovación en los nuevos procesos de re-ruralización en España», en *Centro de Estudios Geográficos*, Finisterra, LIV (110), 2019, págs. 75-91.

Bustelo, M., «Las políticas públicas de igualdad de género en España en los niveles centrales y autonómico», en **García Inda, A.** y **Lombardo, E.** (Coords.), *Género y Derechos Humanos*, Mira Editores, Zaragoza, 2002, págs. 35-60.

Diputación de León. *Boletín Oficial de la Provincia de León*, de 16 de marzo de 2011, núm. 52, págs. 12-14.

— *III Plan estratégico provincial de igualdad de oportunidades entre mujeres y hombres y contra la violencia de género de la Diputación de León*, de 30 de diciembre de 2021, expediente núm. 930443H, págs. 1-88.

Diputación de Salamanca. *Boletín Oficial de la Provincia de Salamanca*, de 3 de octubre de 2006, núm. 190, págs. 8-20.

Domínguez Álvarez, J. L., *Comunidades discriminadas y territorios rurales abandonados. Políticas públicas y derecho administrativo frente a la despoblación*, Thomson Reuters Aranzadi, Salamanca, 2021, págs. 118-135.

— *Las políticas públicas de Igualdad de Género en las Administraciones Salmantinas*, Ediciones de la Diputación de Salamanca, Salamanca, 2018, págs. 61-71.

García Lastra, M., «Mujeres rurales españolas. La reivindicación de la identidad en un medio adverso», en **Maya Frades, V.** (Coord.), *Mujeres Rurales. Estudios multidisciplinares de género*, Ediciones Universidad de Salamanca, Salamanca, 2008, págs. 35-48.

González Bustos, M.ª Á., «El destacado papel de la mujer en el desarrollo rural», en **Fernando Pablo, M. M.** y **Domínguez Álvarez, J. L.** (Dirs.), *Rural Renaissance: Derecho y Medio Rural*, Thomson Reuters Aranzadi, Salamanca, 2020, págs. 117-128.

Maya Frades, V., «Exordio preliminar», en **Maya Frades, V.** (Coord.), *Mujeres Rurales. Estudios multidisciplinares de género,* Ediciones Universidad de Salamanca, Salamanca, 2008, págs. 11-14.

— «Señas de identidad de la mujer rural», en Maya Frades, V. (Coord.), *Mujeres Rurales. Estudios multidisciplinares de género*, Ediciones Universidad de Salamanca, Salamanca, 2008, págs. 17-33.

Ministerio de Agricultura, Alimentación y Medio Ambiente, *Diagnóstico de igualdad de género en el medio rural*, Madrid, 2009. Disponible en: https://shorturl.at/zHKQ9

Sampedro Gallego, R., «Conciliación de la vida familiar y laboral en el medio rural: género, trabajo invisible e «idilio rural»», en **Maya Frades, V.** (Coord.), *Mujeres Rurales. Estudios multidisciplinares de género*, Ediciones Universidad de Salamanca, Salamanca, 2008, págs. 81-93.

CAPÍTULO XIV

PROMOVIENDO LA IGUALDAD DE GÉNERO EN LAS ZONAS RURALES: LA ESTRATEGIA DE LA FEDERACIÓN ARAGONESA DE MUNICIPIOS, COMARCAS Y PROVINCIAS (FAMCP)

Martín Nicolás Bataller
Abogado en ejercicio
Letrado de la Federación Aragonesa de Municipios, Comarcas y Provincias

SUMARIO: I. Introducción. II. Desafíos específicos a los que hacer frente en el camino a la igualdad real. III. La FAMCP. IV. ELEM. V. Datos: mujeres locales electas.

I. Introducción

Esta exposición tiene como objetivo mostrar las acciones que la Federación Aragonesa de Municipios Comarcas y Provincias (FAMCP) está poniendo en marcha con el fin de promover la igualdad de género en las zonas rurales en Aragón.

Hacer un retrato de la desigualdad en las zonas rurales supone utilizar imágenes y áreas comunes en todo el territorio nacional. Pero este retrato queda matizado por las cualidades específicas de cada territorio.

Un análisis general de la igualdad en las zonas rurales nos llevaría a hablar de despoblación, de cómo las mujeres siguen sin encontrar áreas consolidadas para el desarrollo de sus carreras profesionales y de cómo las actividades de las mujeres en las zonas rurales siguen ligadas a los roles de género. Podríamos incluso de hablar de los esfuerzos que se están haciendo para promover la cotitularidad de las explotaciones agrarias con el fin de que todo el trabajo que hacen las mujeres en este sector sea visibilizado y por lo tanto se iguale a la dedicación profesional.

Pero, como decíamos, este retrato tiene diferentes matices que se extraen de aspectos relacionados con el análisis de la población, la estructura económica del territorio y el desarrollo de políticas socioeconómicas.

Por ello, para comprender las acciones que se van a exponer a continuación, es necesario que hagamos un pequeño retrato de Aragón.

Aragón tiene una población de 1.331.938 habitantes distribuidos en un total de 731 municipios.

La distribución municipal de la población no resulta, ni mucho menos, homogénea, ya que el 57,22 % de la población vive en el entorno urbano de las tres capitales provinciales, mientras que el 23,48 % de la población lo hacen en los 706 municipios de menos de 5.000 habitantes.

Estos datos evidencian una estructura territorial donde destacan los municipios que han sufrido intensos procesos migratorios campo-ciudad y que, en la actualidad, suelen carecer del dinamismo socioeconómico suficiente como para asegurar el mantenimiento de sus umbrales de población.

En el mejor de los casos, estos municipios fundamentan su economía en actividades de carácter primario, con escasa capacidad para generar valor añadido y empleo, lo que dificulta el mantenimiento y asentamiento de población joven y merma la disponibilidad de servicios básicos o de infraestructuras fundamentales para el desarrollo económico del territorio.

En definitiva, la Comunidad Autónoma de Aragón presenta una estructura poblacional que dista mucho de lo que podría considerarse como una distribución ideal, no solo por la excesiva dependencia de la ciudad de Zaragoza, sino también por la carencia de una red urbana de peso.

A este análisis de población debemos añadir el análisis de la población activa que refleja brechas de género.

La tasa de paro a nivel autonómico en el último año es del 9,41 %. A nivel provincial, en el año 2022, los índices de paro oscilaban en torno a cifras similares en Huesca con 8,91 %, Teruel 9,73 % y Zaragoza 9,48 %. Si analizamos los datos desagregados por género, en el territorio aragonés, al igual que en la mayoría de los territorios nacionales, son visibles las diferencias por género: o Huesca: 10,54 % de mujeres en paro, frente al 8,91 % en hombres. o Teruel: 14,09 % de mujeres en paro, frente al 5,73 % en hombres. o Zaragoza: 11,50 % de mujeres en paro, frente al 7,57 % en hombres.

La diferencia significativa entre las tasas de desempleo de hombres y mujeres resalta una problemática estructural profunda que requiere atención. No solo son necesarias las políticas de promoción de la igualdad de oportunidades y el liderazgo femenino, sino que toma relevancia la puesta en marcha de acciones concretas para que la igualdad, como valor, para que este derecho pueda ser un agente transformador.

II. Desafíos específicos a los que hacer frente en el camino a la igualdad real

Con el apoyo a las mujeres de las zonas rurales, no solo conseguiremos combatir el desequilibrio de género existente, sino que se logrará un impacto positivo en el panorama socioeconómico de Aragón.

La población aragonesa se concentra en las tres capitales de provincias que alcanzan un total de 764.724. Esto supone que la población restante del territorio se distribuye en resto de municipios, 728, siendo Aragón la 5.° CC.AA. más extensa en km^2. Aragón es un ejemplo de jerarquía urbana ineficiente que no favorece las necesarias interacciones funcionales entre núcleos de población. El resultado es un conjunto de municipios reflejo de la desigual distribución sobre el territorio de los recursos y las actividades económicas.

En este contexto, el empoderamiento de la mujer resulta un elemento clave para abordar los desafíos demográficos que plantea la idiosincrasia del territorio aragonés y que es extrapolable a otros territorios del país.

Para revertir esta situación es preciso afrontar las desigualdades que todavía sufren las mujeres en el medio rural aún en mayor medida, en muchos casos, que las mujeres urbanas.

Las mujeres rurales son fundamentales para preservar y fomentar la sostenibilidad de las comunidades y la prosperidad de los pueblos. A pesar de su importancia vital, durante mucho tiempo han sido relegadas a roles secundarios en el ámbito laboral, la propiedad de tierras y la toma de decisiones: la masculinización de la actividad agraria, la escasa representatividad de las mujeres en puestos de responsabilidad y toma de decisiones, sus mayores dificultades para acceder a los diferentes servicios, y en particular los relacionados con las nueva tecnologías, implica una falta de oportunidades, así como de acceso en igualdad de condiciones a un empleo, a la propiedad de las tierras o tareas de gestión empresarial en el sector agroalimentario, que ha tenido como consecuencia el abandono del medio rural por parte de muchas mujeres.

También cabe resaltar el papel de la mujer en el ámbito rural debido a su poder de arraigo y de pertenencia a este territorio. Las mujeres que viven en municipios con una población de entre 2.000 y 5.000 habitantes muestran un mayor apego a su lugar de residencia. Además, las mujeres que viven en municipios más pequeños expresan un mayor deseo de que sus hijos e hijas también permanezcan en comunidades de tamaño reducido. De hecho, casi el 40 % de ellas declara su deseo de que sus hijos e hijas residan en pueblos pequeños. Por todo ello, es importante reforzar iniciativas que mejoren su situación socioeconómica y promuevan una mayor equidad de género.

III. La FAMCP

La Federación Aragonesa de Municipios, Comarcas y Provincias (FAMCP tiene como objetivo defender los intereses de los municipios ante desarrollos de políticas y normativa así como la puesta en marcha de acciones y estrategias que permitan que las administraciones locales cumplir con sus obligaciones hacia la ciudadanía con la mayor calidad posible.

Una de las áreas de mayor complejidad es la que se refiere a la igualdad. Por eso el compromiso de la FAMCP con este principio adquiere mayor trascendencia en el contexto descrito anteriormente: la mayoría de los municipios aragoneses son de tamaño muy pequeño y carácter rural, por lo que los recursos a su disposición son reducidos incluso para las obligaciones más básicas.

Aunque el compromiso con la igualdad en la FAMCP viene de lejos es en el año 2019 cuando se crea un servicio independiente con una estrategia clara: impulsar la creación de planes de igualdad en la administración local.

El proceso de elaboración de los Planes está siendo lento y costo, fundamentalmente por la falta de personal especializado que pueda elaborarlos.

Para solventar este escollo, desde la Federación se establecen colaboraciones con la Universidad de Zaragoza en varias direcciones. Por un lado, con el Master de relaciones de género de la universidad de Zaragoza, con la convocatoria de un premio económico al mejor trabajo final de master relacionado con el mundo rural. Creemos que es una forma de impulsar que se realicen estudios sobre igualdad en el medio rural, datos y nuevas perspectivas que pueda darnos información y abrir nuevas vías de actuación porque la realidad es que tenemos poca información sistematizada y organizada sobre la igualdad en el mundo rural.

Con la oficina de prácticas de la Universidad, la FAMCP ha creado una línea de prácticas de estudiantes universitarios en ayuntamientos con el objetivo de atender a la demanda de los ayuntamientos de personal que pueda colaborar en la elaboración de planes de igualdad. Las áreas de acción de estas prácticas no se ciñen a planes de igualdad sino que los estudiantes abordan tareas del área de igualdad de la entidad en la que están desarrollando su periodo de prácticas.

Por eso, una de las áreas de acción de Servicio es el impulso de la figura de los agentes de igualdad y su introducción en la administración local. La profesión de Agente de Igualdad de Oportunidades es de vital importancia para que las Políticas Públicas de Género cumplan sus objetivos a corto, medio y largo plazo, es decir, para que consigan la eliminación progresiva de las discriminaciones hacia las mujeres y la construcción en Igualdad de una sociedad más justa para toda la ciudadanía.

Con el objetivo de contribuir a ese impulso, desde la Federación se publica la guía «Agente de Igualdad» como documento de carácter divulgativo que analiza el perfil profesional del Agente y sus tareas con el fin de ayudar a las entidades locales en la puesta en marcha de estos servicios. Aunque existen aproximaciones a diferentes figuras (técnico de igualdad, promotores de igualdad...) nos encontramos con una diversidad y disparidad de contenidos y perfiles que requieren una sistematización, organización y definición del perfil no solo de los contenidos formativos, sino también de su status profesional y tareas para conseguir que se implanten en el medio rural lo antes posible.

La Igualdad y las acciones que se están desarrollando para conseguirla se han convertido en un tema espinoso en los último tiempos. Sin embargo, el sentimiento es que la mitad de la población no puede estar sometida a discriminaciones y limitaciones en su desarrollo económico, profesional o social por pertenecer al género femenino. Por eso, desde la Federación, la estrategia para conseguir los mejores resultados desde el Servicio se ha centrado en la búsqueda de aliados. Se ha hecho un esfuerzo importante por ser parte de diferentes circuitos, desde la audiencia provincial para poder apoyar en la puesta en marcha de las acciones contra la violencia de género, hasta mesas de trabajo en las que se trabaja sobre las necesidades para que la igualdad sea una realidad en las zonas rurales.

En la actualidad la FAMCP está trabajando junto al Gobierno de Aragón en el anteproyecto de Ley del Estatuto de las Mujeres rurales en Aragón, que aunque no se ha podido aprobar en esta legislatura por un problema de tiempos, el texto normativo prácticamente terminado y consensuado, trata de superar algunos de estos escollos a los que se enfrenta la mujer en el mundo rural.

El anteproyecto además de las actuaciones directas para alcanzar la igualdad real recalca la importancia de preservar y promover la mejora de los servicios en el medio rural, tanto los públicos (sanitarios, servicios sociales, escolares, guarderías, ludotecas, trasporte...) como de otra índole (cajeros automáticos).

Debe incidirse en la necesidad de diseñar un estrategia dirigida a los hombres rurales en materia de corresponsabilidad. Aunque esta sensibilización debe realizarse de manera generalista.

La FAMCP trabaja en este ámbito a través del convenio con el Instituto Aragonés de la Mujer para la puesta en marcha del Plan Corresponsables. Dos son sus acciones principales: analizar el impacto del mismo en el territorio y desarrollar el paquete de acciones de formación/sensibilización destinados a los hombres: las charlas de masculinidades igualitarias y las charlas en los centros de educación secundaria. El objetivo de esta acción no es solo visibilizar las diferencias y el mayor compromiso del uso del tiempo de hacen las mujeres en estas tareas, sino promover el cambio: el reparto de tareas viene a contribuir en que la mujer pueda ocupar su espacio laboral, en áreas de decisión, en el ámbito público.

IV. ELEM

La acción más directa para el empoderamiento de las mujeres e l que se lleva a cabo en desde el 2017 con la creación de la Escuela de Liderazgo y Empoderamiento de Mujeres Electas Locales (ELEM) impulsada por la presidenta de la FAMCP y alcaldesa de Used en ese momento Carmen Sánchez. La creación de la Escuela coincide con el único periodo en el que la Federación ha estado presidida por una mujer. Hoy, la Escuela se ha consolidado y ha sido impulsada de igual manera por los presidentes posteriores.

Tenemos en la actualidad en Aragón 173 alcaldesas (731 municipios) y 1250 concejalas.

Es decir, del total de concejalías en Aragón el 34 % son mujeres pero si hablamos de las alcaldías en Aragón solo el 23 % están en manos de mujeres.

La Escuela tiene como objetivo conseguir promover la representación de las mujeres en la primera línea de la política local.

Las acciones puestas en marcha a lo largo de esta legislatura han significado un incremento en el número de representantes políticas a nivel municipal, pero el dato sigue siendo poco significativos con respecto al total del número de presentantes electos en Aragón.

La Escuela ha sido creada para reducir los factores que limitan que las mujeres «echen raíces» en el mundo rural y sobre todo en el mundo de la política local. Para que una mujer decida dar el paso a la política local, necesita creer que es capaz de hacerlo, que por supuesto lo es. Vemos a las mujeres liderando asociaciones y organizaciones culturales, musicales, artísticas, en los municipios, pero les cuesta verse en política.

Es importante que tengan referentes femeninos. Y afortunadamente cada vez hay más. La escuela trabaja para que puedan construirse esos referentes, para visibilizar a las mujeres que ya desempeñan esas tareas.

Existen además condicionantes añadido que dificultan la decisión de dedicarse a la política municipal:

- Hay muy pocas concejalías de igualdad. En la mayoría de los municipios los temas de igualdad están integrados en otras concejalías: acción social, cultura, juventud, la propia alcaldía, participación. Sin duda el impulso de concejalías de igualdad que promuevan la participación de las mujeres, luchen contra los machismos y los micromachismos en el municipio favorecerá el empoderamiento de las mujeres en todos los ámbitos (social, político, familiar) de la vida en el municipios.
- El imaginario colectivo y patriarcal, la toma de decisiones, el ejercicio del poder se asocia al hombre. Hay que romper esas barreras. La falta de referentes hace que para las mujeres sea más difí-

cil verse en un papel de liderazgo. Incluso en aquellas que dan el paso, y que son concejalas y alcaldesas, y por lo tanto tiene el poder que el voto de sus vecinos les ha otorgado, surge el síndrome de la impostora, aunque el mayor empoderamiento sea el voto de tus vecinos.

- Reproducción de roles de género en política. Es habitual que las mujeres ocupen concejalías de cultura o servicios sociales, pero mucho más difícil encontrar mujeres en las concejalías de urbanismo o economía.
- Sobreexposición a las críticas, que no tienen tanto que ver con el desempeño de sus funciones, que van más allá de su quehacer político y que en muchos casos se vierten en las redes sociales, en las que son habituales los insultos y comentarios machistas, temas personales, referencias al aspecto físico...

Por eso la creación la Escuela de Liderazgo y Empoderamiento de Mujeres Electas Locales (ELEM). Dotar de formación y por lo tanto de herramientas y recursos para que puedan enfrentarse a la labora política y de gestión municipal de manera libre, tranquila, y con seguridad.

Pero además hay otra serie de cuestiones más prácticas que impactan en la decisión de las mujeres para dedicarse a la política o dar el paso a esferas de decisión:

- Un diseño masculino de la organización del trabajo: horarios de los plenos, reuniones, comidas de trabajo... etc. Se trata de un escenario que exigen mucha dedicación y poco sensibles a racionalización de los horarios.
- Vinculación a las tareas feminizadas: el sentimiento de culpa por abandonar los cuidados (hijos, personas mayores...).
- La falta de corresponsabilidad en el hogar. En este punto es interesante resaltar la percepción desigual sobre el reparto de tareas en el hogar, ellos creen y manifiestan asumir muchas más tareas de las que ellas perciben que están asumiendo.

En definitiva, no son entornos de trabajo que favorezcan la participación de la mujer. Hay que rediseñar el concepto de trabajo sacándolo del ámbito androcéntrico. Por otro lado, hay que estar para cambiar todo eso y sin duda ya puede percibirse cambios en ese sentido a medida que las mujeres se han ido incorporado.

Por último, la FAMCP ha impulsado una estrategia de comunicación para promover la participación de las mujeres rurales en las elecciones municipales. Se trata de un conjunto de 5 vídeos en los que, en clave de humor, se ponen en evidencia las situaciones a las que tienen que enfrentarse las mujeres cuando deciden participar en política y justifican la importancia de que lo hagan:

- El síndrome de la impostora, o cuando una mujer ocupa un puesto en el que no se la espera.
- La falta de corresponsabilidad y la dificultar para conciliar.
- El mansplaining, el gaslighting... Y todas las estrategias de invisibilización en los puestos de trabajo.
- Contar con ellas para las listas pero en los últimos puestos.
- Los insultos y el escarnio público que supone ser una mujer política.

La campaña también apela a la implicación activa de los hombres para lograr que sus compañeras puedan estar presentes en la vida política en las mismas condiciones.

V. Datos: mujeres locales electas

	2019-2023	2023-2027
Huesca	451	478
Concejalas	372	400
Alcaldesas	43	56
Ninguna mujer	36	14
Zaragoza	674	700
Concejalas	543	567
Alcaldesas	57	64
Ninguna mujer	74	43
Teruel	394	414
Concejalas	258	282
Alcaldesas	42	51
Ninguna mujer	94	33

Fuente: Elaboración propia

Con estos datos y con la situación descrita, la Escuela (ELEM) necesita seguir siendo un espacio de confianza y empoderamiento para todas ellas, en el que impartir formación en liderazgo, comunicación para la igualdad, autodefensa en relación con los ataques en redes sociales por razón de su cargo, etc.

Creemos que las concejalas y alcaldesas actuales son el referente que las mujeres del mundo rural necesitan para creer que pueden dedicarse a la política local y dar el paso. En un ámbito tan masculinizado tradicionalmente y donde durante muchos años han escaseado los referentes femeninos, es el momento de que la forma de hacer política de todas ellas sea el espejo en el que las mujeres del mundo rural puedan mirarse y animarse a participar en la toma de decisiones políticas en su ámbito más cercanos que es el municipio o la comarca.

CAPÍTULO XV

VIOLENCIA DE GÉNERO Y ADMINISTRACIONES PÚBLICAS: MEDIDAS DE SENSIBILIZACIÓN, PREVENCIÓN Y ACCIÓN COMO MECANISMOS DE ERRADICACIÓN

Juan Francisco Rodríguez Ayuso
Profesor Ayudante Doctor de Derecho Administrativo
Universidad Nacional de Educación a Distancia (UNED)

I. Introducción

Analizar la violencia de género en el entorno rural y el papel que, al respecto, han de asumir y desempeñar las Administraciones Públicas exige partir de una previa delimitación conceptual en torno a qué se entiende (tanto más, qué se ha de entender) por violencia de género. Para ello, hemos de constatar:

En primer lugar, por lo que respecta a la violencia, las diferencias existentes entre agresividad (ligada a la evolución biológica) y violencia (que adiciona a la agresividad el factor decisivo de la transformación cultural)[1], definida, esta última, por la Organización Mundial de la Salud como «[e]l uso inten-

1 Sanmartín Esplugues, J., *La violencia y sus claves*, Ariel, Barcelona, 2013, pág. 17.

cional de la fuerza o el poder físico, de hecho o como amenaza, contra uno mismo, otra persona o un grupo o comunidad, que cause o tenga muchas probabilidades de causar lesiones, muerte, daños psicológicos, trastornos del desarrollo o privaciones»[2].

En segundo lugar, que no existe una única modalidad de violencia, sino varias, dependiendo del sujeto afectado, del modo de ocasionarla o de los factores que la originan (por este motivo, podemos hablar de violencia autoinfligida, interpersonal, colectiva, directa, estructural, cultural, simbólica, expresiva, instrumental, física, sexual, psíquica, económica o espiritual). Además, estas modalidades no son estancas, sino que, a menudo, están interrelacionadas y presentan fronteras difusas[3].

---

2 Organización Mundial de la Salud, *Informe mundial sobre la violencia y la salud*, Organización Panamericana de la Salud, Washington, 2003, pág. 5.

3 La violencia autoinfligida comprende el comportamiento suicida y las autolesiones; la interpersonal, por su parte, se divide en violencia familiar o de pareja y comunitaria (que, a diferencia de la anterior, se produce entre personas que no presentan relación alguna de parentesco y se produce fuera del entorno del hogar); la violencia colectiva se subdivide en social, política y económica, atendiendo a sus elementos motivantes; la directa se puede observar de forma inmediata, mientras que la estructural se refiere a situaciones de explotación, discriminación o marginación; la violencia cultural, parece evidente, es la inferida contra pueblos, colectivos o grupos sociales concretos por su condición, sobre la base de la teórica legitimación que proporcionan razonamientos, creencias o ideas, desencadenando, con frecuencia, violencia directa o estructural; la violencia simbólica permite concluir que se producen significados sociales impuestos, a veces inconscientemente, que, unidos a las creencias de cada individuo, resultan fortalecidos; la expresiva tiene lugar en aquellos casos en que un sujeto o el colectivo al que pertenece, constatada su incapacidad para sobreponerse a una determinada situación, reaccionan, como respuesta, de forma agresiva; la violencia instrumental, de ahí su nombre, persigue siempre un objetivo, como es el de conseguir anular, parcia o totalmente y física o psicológicamente, a otro sujeto mediante el empleo de la fuerza; la violencia física, que, en su comparación con la psicológica, no afecta directamente a nivel psicológico y emocional, sino físico; la sexual, que tiene por finalidad la consecución de una determinada conducta sexual; económica, que se traduce en un desigual acceso a recursos comunes, o la espiritual, que abarca aquellas conductas tendentes a exigir a otro individuo que acepte un determinado sistema de creencias o que renuncie al que tiene, mediante el castigo o el ridículo. Al respecto, *vid*. Bourdieu, P., *Raisons pratiques.Sur la théorie de l'action*, Éditions du Seuil, París, 1994, pág. 27; Díaz-Aguado Jalón, M. J., «Programas de educación para la tolerancia y prevención de la violencia», en Yubero Jiménez, S. y Larrañaga Rubio, E. (Coords.), *El desafío de la educación social*, Ediciones de la Universidad de Castilla-La Mancha, Toledo, 1996, págs. 91-110; Federación Española de Municipios y Provincias, *Propuesta de intervención integral en el ámbito local contra la violencia sobre la mujer*, Federación Española de Municipios y Provincias, Madrid, 2021, págs. 12 y 13; Galtung, J., *Tras la violencia, 3R. Reconstrucción, reconciliación, resolución: afrontando los efectos visibles e invisibles de la guerra y la violencia*, Gernika Gogoratuz, Bilbao, 1998, págs. 40-42; Montero Gómez, A., «Consideraciones sobre especialización profesional en psicología sobre violencia de género», en *Themis Revista Jurídica de Igualdad de Género*, núm. 2, 2007, págs. 53-55.

En tercer lugar, que, en la violencia hacia las mujeres, concurren varias de las violencias anteriores (cuando menos, directa, cultural, estructural, física o psíquica, interpersonal, simbólica, instrumental).

En cuarto lugar, en cuanto al género, que se trata de una construcción cultural en virtual de la cual hombres y mujeres presentan roles sociales diferentes que desembocan en desigualdades no justificables.

A la vista de lo anterior, podemos definir la violencia de género como «aquella que se ejerce sobre las mujeres por parte de quienes estén o hayan estado ligados a ellas por relaciones de afectividad (parejas o exparejas). El objetivo del agresor es producir daño y conseguir el control sobre la mujer, por lo que se produce de manera continuada en el tiempo y sistemática en la forma, como parte de una misma estrategia»[4]. La Ley Orgánica 1/2004, de 28 de diciembre, de Medidas de Protección Integral contra la Violencia de Género (Boletín Oficial del Estado —en adelante, BOE— núm. 313, de 29 de diciembre de 2004 —en lo sucesivo, LCVG—) entiende por tal «[...] la violencia que, como manifestación de la discriminación, la situación de desigualdad y las relaciones de poder de los hombres sobre las mujeres, se ejerce sobre éstas por parte de quienes sean o hayan sido sus cónyuges o de quienes estén o hayan estado ligados a ellas por relaciones similares de afectividad, aun sin convivencia». Con anterioridad, la Asamblea General de Naciones Unidas de 1993 conceptualizó este tipo de violencia como aquel «[...] basado en la pertenencia al sexo femenino que tenga o pueda tener como resultado un daño o sufrimiento físico, sexual o psicológico para la mujer, así como las amenazas de tales actos, la coacción o la privación arbitraria de la libertad, tanto si se producen en la vida pública como en la vida privada»[5].

Todo ello permite concluir que estamos ante un problema que, aunque en un primer estadio se produce sobre una concreta mujer, afecta, de manera estructural, a la sociedad en su conjunto, pues plasma comportamientos contrarios a valores y derechos humanos y fundamentales a salvaguardar en toda sociedad democrática y avanzada. Por este motivo, se impone a los Estados la obligación de proceder a la prevención, erradicación y castigo de cualquier acto expresivo de este tipo de violencia por medio de una serie de instrumentos y herramientas que consoliden su rechazo colectivo y pongan remedio a esta alarma social (en línea con lo expresado por la Exposición de Motivos de la LCVG).

---

4 Instituto de la Mujer y para la Igualdad de Oportunidades, *Definición de violencia de género*, Ministerio de Sanidad, Servicios Sociales e Igualdad, Madrid, 2019, pág. 1.

5 Asamblea General de Naciones Unidas, *Declaración sobre la eliminación de la violencia contra la mujer. Resolución de la Asamblea General 48/104 del 20 de diciembre de 1993*, pág. 2.

Al respecto, el artículo 9.2 de la Constitución Española (BOE núm. 311, de 29 de diciembre de 1978), dispone lo siguiente:

«Corresponde a los poderes públicos promover las condiciones para que la libertad y la igualdad del individuo y de los grupos en que se integra sean reales y efectivas; remover los obstáculos que impidan o dificulten su plenitud y facilitar la participación de todos los ciudadanos en la vida política, económica, cultural y social».

En consecuencia, se ha de exigir a las Administraciones Públicas el deber de implementar medidas que garanticen eficazmente la igualdad y los derechos de las mujeres en la sociedad. Este deber resulta, si cabe, más apremiante cuando las víctimas padecen esta violencia en entornos de especial vulnerabilidad. A ello responde el artículo 32.4 LCVG, que, dentro de la obligación que recae sobre los poderes públicos de elaborar planes de colaboración orientados a ordenar sus actuaciones a la hora de prevenir, asistir y perseguir los actos de violencia de género, otorga especial relevancia a «[...] la situación de las mujeres que, por sus circunstancias personales y sociales puedan tener mayor riesgo de sufrir la violencia de género o mayores dificultades para acceder a los servicios previstos en esta ley, tales como las pertenecientes a minorías, las inmigrantes, las que se encuentran en situación de exclusión social, las mujeres con discapacidad, las mujeres mayores o aquellas que viven en el ámbito rural».

Dentro de este contexto, el presente estudio pretende arrojar conclusiones relevantes en torno al papel que deben desempeñar estos organismos cuando las mujeres que padecen este tipo de violencia sufren, además, los estereotipos de género que aún perviven en entornos rurales, donde el control social es mayor que en poblaciones de tamaño superior y el acceso a los recursos disponibles es sensiblemente inferior, motivando, en muchos casos, como veremos, la necesidad de abandonar el lugar de residencia.

II. La lucha contra la violencia de género en el entorno rural

Cualquier análisis que persiga, siquiera mínimamente, arrojar algo de luz en torno a los instrumentos de que disponen las Administraciones Públicas en aras de promover una igualdad real y efectiva de las mujeres en nuestra sociedad, más, si cabe, de aquellas que padecen episodios de violencia por su condición de tal y que, además, encuentran limitaciones inherentes a las dificultades propias del entorno en el que se desenvuelven (entorno, este, dominado por una despoblación galopante y por un, cada vez más preocupante, abandono de los espacios rurales), pasa por analizar dos aspectos fundamentales, como son los que siguen:

1. Marco legal: normativa aplicable y planes específicos de actuación frente a la violencia de género

Desde una perspectiva europea, la igualdad entre hombres y mujeres aparece recogida[6] en el Convenio Europeo de Derechos Humanos de 1950, com-

---

6 Junto a ellos, existen importantes precedentes normativos en materia de igualdad de género, donde destaca la Directiva 75/117/CEE del Consejo de 10 de febrero de 1975 relativa a la aproximación de las legislaciones de los Estados miembros que se refieren a la aplicación del principio de igualdad de retribución entre los trabajadores masculinos y femeninos (Diario Oficial de las Comunidades Europeas —en lo sucesivo, DOCE— L 45/19, de 19 de febrero de 1975); la Directiva 76/207/CEE del Consejo, de 9 de febrero de 1976, relativa a la aplicación del principio de igualdad de trato entre hombres y mujeres en lo que se refiere al acceso al empleo, a la formación y a la promoción profesionales, y a las condiciones de trabajo (DOCE L 39/40, de 14 de febrero de 1976); la Directiva 79/7/CEE del Consejo, de 19 de diciembre de 1978, relativa a la aplicación progresiva del principio de igualdad de trato entre hombres y mujeres en materia de seguridad social (DOCE L 6/24, de 10 de enero de 1979), o el Convenio del Consejo de Europa sobre prevención y lucha contra la violencia contra las mujeres y la violencia doméstica, de 2011.
Asimismo, es preciso mencionar algunas de las más importantes resoluciones, reglamentos y diversas iniciativas en el marco de la Unión Europea y del Consejo de Europa sobre estas cuestiones, como son las siguientes: Resolución 2000/C 218/02 del Consejo y de los Ministros de Trabajo y Asuntos Sociales, reunidos en el seno del Consejo de 29 de junio de 2000 relativa a la participación equilibrada de hombres y mujeres en la actividad profesional y en la vida familiar (DOCE C 218/5, de 31 de julio de 2000); Decisión 2000/750/CE del Consejo, de 27 de noviembre de 2000, por la que se establece un programa de acción comunitario para luchar contra la discriminación (2001-2006) (DOCE L 303/23, de 02 de diciembre de 2000); Directiva 2000/78/CE del Consejo, de 27 de noviembre de 2000, relativa al establecimiento de un marco general para la igualdad de trato en el empleo y la ocupación (DOCE L 303/16, de 02 de diciembre de 2000); Recomendación (2002) del Comité de Ministros a los Estados miembros sobre la protección de la mujer contra la violencia; Directiva 2002/73/CE del Parlamento Europeo y del Consejo, de 23 de septiembre de 2002, que modifica la Directiva 76/207/CEE del Consejo relativa a la aplicación del principio de igualdad de trato entre hombres y mujeres en lo que se refiere al acceso al empleo, a la formación y a la promoción profesionales, y a las condiciones de trabajo (DOCE L 269/15, de 05 de octubre de 2002); Resolución del Consejo de 20 de octubre de 2003 sobre iniciativas para luchar contra la trata de seres humanos, en particular de mujeres (2003/C 260/03) (DOUE C 260/4, 29 de octubre de 2003); Directiva del Consejo 2004/113/CE, de 13 de diciembre de 2004, por la que se aplica el principio de igualdad de trato entre hombres y mujeres al acceso a bienes y servicios y su suministro (DOUE L 373/37, de 21 de diciembre de 2004); Decisión nº 15/05 para prevenir y combatir la violencia contra la mujer (Organización para la Seguridad y la Cooperación en Europa Consejo Ministerial, de 06 de diciembre de 2005); Dictamen de iniciativa, de 16 de marzo de 2006, del Comité Económico y Social Europeo sobre el tema «La violencia doméstica contra las mujeres» (SOC/218); Directiva 2006/54/CE del Parlamento Europeo y del Consejo de 5 de julio de 2006 relativa a la aplicación del principio de igualdad de oportunidades e igualdad de trato entre hombres y mujeres en asuntos de empleo y ocupación (refundición) (DOUE L 204/23, de 26 de julio de 2006); Decisión n.º 771/2006/CE del Parlamento Europeo y del Consejo de 17 de mayo de 2006 por la que se establece el Año Europeo de la Igualdad de Oportunidades para Todos (2007) — Hacia una sociedad justa (DOUE L 146/1, de 31 de

pletado, entre otros, por el Protocolo n.º 7, de 1984, cuyo artículo 5 exige la igualdad de los esposos, y lo hace en los siguientes términos:

> «Los cónyuges gozarán de igualdad de derechos y de obligaciones civiles entre sí y en sus relaciones con sus hijos por lo que respecta al matrimonio, durante el mismo y en caso de disolución. El presente artículo no impedirá a los Estados adoptar las medidas necesarias en interés de los hijos».

También, posteriormente, en el Tratado de la Unión Europea (Diario Oficial de la Unión Europea —en adelante, DOUE— C 83/15, de 30 de marzo de 2010), cuyo artículo 2 (en la misma línea, el artículo 3.3. 2º) proclama cuanto, literalmente, sigue:

> «La Unión se fundamenta en los valores de respeto de la dignidad humana, libertad, democracia, igualdad, Estado de Derecho y respeto de los derechos

---

mayo de 2006); Decisión n.º 1672/2006/CE del Parlamento Europeo y del Consejo, de 24 de octubre de 2006, por la que se establece un programa comunitario para el empleo y la solidaridad social-Progress (DOUE L 315/1, de 15 de noviembre de 2006); Reglamento (CE) n.º 1922/2006 del Parlamento Europeo y del Consejo, de 20 de diciembre de 2006, por el que se crea un Instituto Europeo de la Igualdad de Género (DOUE L 403/9, de 30 de diciembre de 2006); Directrices de la UE sobre la violencia contra las mujeres y la lucha contra toda forma de discriminación hacia ellas, adoptadas por el Consejo en diciembre de 2008 (Doc. 16173/08 + COR 1), o Dictamen 2010/C 79/02 de iniciativa del Comité de las Regiones sobre «Las actuaciones prioritarias de los entes locales y regionales para prevenir la violencia hacia las mujeres y mejorar la atención a las víctimas».

Por último, relevantes son, también, las políticas que la Comisión Europea ha implementado para erradicar y prevenir la violencia de género. Entre ellos, destaca el, ya concluido, Plan de trabajo para la igualdad entre las mujeres y los hombres (2006-2010), donde se definían seis áreas prioritarias: uno, conseguir la misma independencia económica para las mujeres y los hombres; dos, conciliar la vida privada y la actividad profesional; tres, alcanzar una misma representación en la toma de decisiones; cuatro, erradicar todas las formas de violencia de género; quinto, eliminar los estereotipos sexistas, y sexto, promocionar la igualdad en terceros países. En la actualidad, está vigente la Estrategia Europea para la Igualdad de Género 2020-2025, que responde al compromiso de la Comisión de «[...] conseguir una Unión de la Igualdad. La Estrategia presenta actuaciones y objetivos políticos para avanzar de forma sustancial hacia una Europa con mayor igualdad de género de aquí a 2025. La meta es una Unión en la que las mujeres, los hombres, los niños y las niñas, en toda su diversidad, dispongan de libertad para seguir el camino que elijan en la vida, gocen de las mismas oportunidades para prosperar y puedan conformar y dirigir por igual la sociedad europea en la que vivimos. Los objetivos fundamentales son poner fin a la violencia de género, combatir los estereotipos de género, colmar las brechas de género en el mercado de trabajo, lograr la participación en pie de igualdad en los distintos sectores de la economía, abordar la brecha salarial y de pensiones entre hombres y mujeres, reducir la brecha de género en las responsabilidades asistenciales y alcanzar el equilibrio entre mujeres y hombres en la toma de decisiones y la actividad política. La Estrategia adopta un planteamiento dual de integración de la perspectiva de género combinada con actuaciones específicas y descansa en la interseccionalidad como principio horizontal para su aplicación. Aunque la Estrategia se centra en la actuación dentro de la UE, es acorde con la política exterior de la UE en materia de igualdad de género y empoderamiento de las mujeres».

humanos, incluidos los derechos de las personas pertenecientes a minorías. Estos valores son comunes a los Estados miembros en una sociedad caracterizada por el pluralismo, la no discriminación, la tolerancia, la justicia, la solidaridad y la igualdad entre mujeres y hombres».

Por su parte, el artículo 8 del Tratado de Funcionamiento de la Unión Europea (DOUE C 83/53, de 30 de marzo de 2010), establece que:

«En todas sus acciones, la Unión se fijará el objetivo de eliminar las desigualdades entre el hombre y la mujer y promover su igualdad».

En nuestro país, la LCVG, vigente desde el año 2005 y hasta la actualidad, ha determinado un salto evolutivo a la hora de hacer frente a la violencia de género, toda vez que ha supuesto la creación de un gran número de recursos que han posibilitado una mejora de los instrumentos disponibles para proteger y asistir a las víctimas, además de sensibilizar a la sociedad sobre los perjuicios de esta lacra y la relevancia que conlleva este perjuicio para la sociedad en su conjunto[7]. En este sentido, destaca la Guía elaborada por el Ministerio de Igualdad de 2022, que pone de manifiesto cómo la LCVG «[...] consagra y garantiza a las mujeres que son o han sido víctimas de violencia de género una serie de derechos, con la finalidad de que estas puedan poner fin a la relación violenta y recuperar su proyecto de vida. Estos derechos son universales, en el sentido de que todas las mujeres que sufran o hayan sufrido algún acto de violencia de género tienen garantizados los mismos, con independencia de su origen, religión o cualquier otra condición o circunstancia personal o social»[8]. Entre ellos, se incluyen los derechos a la información; a la asistencia social integral; a la asistencia jurídica gratuita, inmediata y especializada; laborales; en materia de Seguridad Social; en materia de empleo y para la inserción laboral; de las funcionarias públicas; de naturaleza económica; a la escolarización inmediata; a la protección internacional (en caso de que las víctimas sean mujeres extranjeras), o, si son también víctimas de delito, a formular denuncia, a solicitar una orden de protección, a ser parte en el procedimiento penal, a la restitución de la cosa, a la reparación del daño, a la indemnización del perjuicio causado, a recibir información sobre las actuaciones judiciales, a la protección de su dignidad e intimidad o a recibir ayudas públicas en beneficio de las víctimas, directas e indirectas, de delitos dolosos y violentos.

De igual modo, la LCVG destaca también por crear un sistema integral de tutela institucional donde la Administración General del Estado, por medio de

7 Federación Española de Municipios y Provincias, *Propuesta de intervención integral en el ámbito local contra la violencia sobre la mujer*, op. cit., pág. 51.

8 Delegación del Gobierno contra la Violencia de Género, *Guía de derechos para las mujeres víctimas de violencia de género*, Delegación del Gobierno contra la Violencia de Género, Madrid, 2022, pág. 5.

la Delegación del Gobierno para la Violencia de Género y con la colaboración del Observatorio Estatal de la Violencia sobre la Mujer, se ha de encargar de impulsar que se creen políticas públicas tendentes a garantizar la protección de las víctimas de este tipo de violencia[9]. Inicialmente, fue el Real Decreto 253/2006[10] el encargado de establecer las funciones, el régimen de funcionamiento y la composición de la precitada Delegación; recientemente, este Real Decreto se ha visto derogado en favor del Real Decreto 752/2022, de 13 de septiembre, por el que se establecen las funciones, el régimen de funcionamiento y la composición del Observatorio Estatal de Violencia sobre la Mujer (BOE núm. 233, de 28 de septiembre de 2022).

Además de la LCVG, resulta fundamental a la hora de hacer frente a la violencia de género la Ley Orgánica 3/2007, de 22 de marzo, para la igualdad efectiva de mujeres y hombres (BOE núm. 71, de 23/03/2007 —en adelante, LIMH—), que, al enumerar cuáles deben ser los criterios de actuación de los poderes públicos en esta materia (artículo 14), señala, específicamente (apartado quinto), «[l]a adopción de las medidas necesarias para la erradicación de la violencia de género, la violencia familiar y todas las formas de acoso sexual y acoso por razón de sexo».

Junto a las previsiones legales, indicadas anteriormente (y, en parte, como consecuencia de las mismas), se han ido desarrollando varias iniciativas públicas en pro de la igualdad de género; de entre ellas, cabe destacar, por su impronta, las que se mencionan a continuación:

a) El IV Plan de igualdad de oportunidades entre mujeres y hombres 2003-2006, que buscó ahondar en el desarrollo del principio del *mainstreaming* de género, entendido como «[...] la organización (reorganización), la mejora, el desarrollo y la evaluación de los procesos políticos, de modo que una perspectiva de igualdad de género, se incorpore en todas las políticas, a todos los niveles y en todas las etapas, por los actores normalmente involucrados en la adopción de medidas políticas»[11], articulando una serie de actuaciones a fin de

9 Además, a partir del año 2007, junto con la Delegación del Gobierno para la Violencia de Género, se crean las Unidades de Coordinación y de Violencia sobre la Mujer en las Delegaciones y Subdelegaciones de Gobierno.

10 Real Decreto 253/2006, de 3 de marzo, por el que se establecen las funciones, el régimen de funcionamiento y la composición del Observatorio Estatal de Violencia sobre la Mujer, y se modifica el Real Decreto 1600/2004, de 2 de julio, por el que se desarrolla la estructura orgánica básica del Ministerio de Trabajo y Asuntos Sociales (BOE núm. 62, de 14 de marzo de 2006)

11 Consejo de Europa, *Mainstreaming de género. Marco conceptual, metodología y presentación de «buenas prácticas». Informe final de las actividades del Grupo de especialistas en mainstreaming*, Instituto de la Mujer, Ministerio de Trabajo y Asuntos Sociales, Madrid, 1999, pág. 26. Sobre el *mainstreaming* y su incidencia en las políticas de la Unión Europea, *vid.* LOMBARDO, E., «El *mainstreaming*: la aplicación de la transversalidad en la Unión Europea», en *Aequalitas: Revista jurídica de igualdad de oportunidades entre mujeres y hombres*, núm. 13, 2003, págs. 6-11.

conseguir alcanzar la cooperación con los organismos públicos y las instituciones para incorporar la perspectiva de género en todas las políticas, planes y estrategias[12].

b) El Plan Estratégico de Igualdad de Oportunidades 2014-2016[13], con un relevante eje 3, sobre erradicación de la violencia contra la mujer, que persiguió la puesta en práctica de actuaciones para la prevención frente a la violencia de género; la implicación y sensibilización social en la erradicación de la violencia de género; la detección de los casos de violencia de género; la mejora en la respuesta institucional dada por los poderes públicos, proporcionando planes personalizados y avanzando hacia la ventanilla única; la respuesta específica a los grupos especialmente vulnerables, donde se incluye el caso de las mujeres ubicadas en entornos rurales, o la visibilización de otras formas de violencia contra las mujeres (como sucede con los matrimonios forzados, la trata de mujeres y de niñas con fines de explotación sexual, la mutilación genital y las agresiones sexuales, etc.).

c) El, más reciente y actual, III Plan Estratégico para la Igualdad Efectiva de Mujeres y Hombres 2022-2025, que se articula en torno a cuatro bloques, uno de los cuales (el segundo) es, precisamente, el que procura «[...] la garantía de vidas libres de violencia machista contra las mujeres»[14].

También, en materia específica de violencia de género, destacan dos estrategias:

- Una, la Estrategia nacional para la erradicación de la violencia contra la mujer (2013-2016)[15], que, marcándose cuatro objetivos generales (ruptura del silencio cómplice del maltrato; mejora de la respuesta institucional, planes personalizados y avance hacia la «ventanilla única»; atención a los menores y a las mujeres especialmente vulnerables a la violencia de género, y visibilización y atención a otras formas de violencia contra la mujer), se estructuraba en torno a tres ejes transversales: formación y sensibilización de los agentes; coor-

12 Ministerio de Trabajo y Asuntos Sociales, *IV plan de igualdad de oportunidades entre mujeres y hombres 2003–2006*, Ministerio de Trabajo y Asuntos Sociales, Madrid, 2007, pág. 9.

13 Instituto de la Mujer y para la Igualdad de Oportunidades, *Plan Estratégico de Igualdad de Oportunidades 2014-2016*, Instituto de la Mujer y para la igualdad de oportunidades, Madrid, 2014.

14 Instituto de Las Mujeres, *Plan estratégico para la igualdad efectiva de mujeres y hombres 2022-2025*, Ministerio de Igualdad, Madrid, 2002, pág. 2.

15 Ministerio de Sanidad, Servicios Sociales e Igualdad, *Estrategia nacional para la erradicación de la violencia contra la mujer (2013-2016)*, Ministerio de Sanidad, Servicios Sociales e Igualdad, Madrid, 2013.

dinación, trabajo en red y excelencia operativa, y calidad, evaluación, conocimiento y mejora continua.

- Dos, la actual Estrategia estatal para combatir las violencias machistas (2022-2025)[16], que se plantea los siguientes objetivos específicos: «ampliar el conocimiento que tiene la sociedad en su conjunto acerca de las violencias machistas, así como su capacidad de respuesta, propiciando un cambio de valores y trabajando positivamente sobre el papel que tienen los hombres en la erradicación de estas violencias y la consecución de cambios reales y efectivos; conseguir un funcionamiento más eficiente y una mejor coordinación de los mecanismos de prevención, detección precoz, asistencia y recuperación integral de la violencia machista, con la consiguiente disminución de la incidencia y prevalencia de casos; mejorar e innovar en la capacidad de respuesta institucional de protección, seguridad, asistencia y reparación integral; favorecer el cumplimiento de las obligaciones institucionales en el ejercicio de su debida diligencia, en el marco de los derechos que asisten a las víctimas y supervivientes de violencia machista; reconocer y apoyar el papel fundamental de las organizaciones de mujeres, organizaciones feministas y de derechos humanos en la erradicación de estas violencias, contando con su participación a lo largo del proceso de diseño y seguimiento de la Estrategia, y visibilizando sus aportaciones en un eje específico de la Estrategia».

2. Factores desencadenantes de la violencia contra las mujeres en entornos rurales

La violencia contra las mujeres en municipios reducidos origina y desencadena, a la vez, situaciones discriminatorias, desigualitarias y de subordinación. Así lo constataron los poderes públicos hace más de diez años, que supieron determinar y concretar, ya por entonces, los motivos más relevantes y los resultados más perniciosos derivados de la misma.

Entre los factores de riesgo, pusieron de relieve la importancia de las normas sociales y culturales, así como la dinámica que ejerce el sistema económico, político y social. A ello, se añade el «[...] origen étnico, la casta, la clase, la condición de migrante o refugiada, la edad, la religión, la orientación sexual, el estado matrimonial, la discapacidad o la condición de portadora o no de VIH, ya que influyen en las formas de violencia a que están sometidas y en cómo la experimentan»[17].

---

16 Delegación del Gobierno contra la Violencia de Género, *Estrategia estatal para combatir las violencias machistas (2022-2025)*, Ministerio de Igualdad, Madrid, 2022.

17 Ministerio de Sanidad, Política Social e Igualdad, *Violencia de género en los pequeños municipios del Estado español*, Ministerio de Sanidad, Política Social e Igualdad, Madrid, pág. 33.

Por su parte, se consideraron como causas estructurales de este tipo de violencia muchas de las cuales que aún persisten en la actualidad, como el patriarcado (dentro del cual se incluyen otras relaciones de dominación y subordinación que afectan a las mujeres, como determinadas costumbres culturales, tradiciones sexistas y algunos valores religiosos) o las desigualdades económicas (que, plasmadas en la discriminación en el empleo, en salarios inferiores, en peores condiciones laborales, en el menor y peor acceso a otros recursos económicos o en la falta de independencia económica, inciden particularmente en las mujeres, reduciendo su capacidad de actuación y de toma de decisiones, además de incrementar su vulnerabilidad a la violencia).

En cuanto a los factores que influyen en generar o acentuar la violencia de género en entornos rurales, se señalan dos modalidades:

La primera, estaría personificada en factores de tipo estructural, donde se advierte el empleo de la violencia en la resolución de los conflictos, las doctrinas jurídicas sobre la privacidad del hogar y la familia, o la insuficiente acción del Estado.

La segunda, por su parte, surge de la interconexión que, en cada caso, pueda llegar a producirse si atendemos a la persona que lo padece desde una perspectiva individual, en pareja, en familia, en comunidad, en sociedad y en su relación con las Administraciones Públicas.

Todo lo anterior se traduce en una serie de obstáculos, problemas y consecuencias identificados en los municipios rurales, que, de forma resumida, se pueden sintetizar como sigue[18]:

Obstáculos y problemas	Consecuencias
Una cultura tradicional, con relaciones de género que aún mantienen un acusado sexismo en el reparto del trabajo y del empleo y que, en ocasiones, legitima culturalmente el uso de la violencia sin que sea considerada como un delito, ni el agresor un delincuente. Un contexto social donde las fuertes vinculaciones familiares afectan la toma de decisiones de las mujeres víctimas respecto al ejercicio de sus derechos.	Acusado control social que afecta de modo especial a las víctimas, mientras que obvia o naturaliza la situación y la posición de los agresores. Concepción naturalizada de la violencia especialmente hacia las mujeres mayores. Falta de conocimiento y de búsqueda de alternativas para ellas. Mercado de trabajo formal e informal especialmente segregado por sexo.
El envejecimiento de la población.	Resistencias importantes a cambios culturales, por ejemplo a los relacionados con el sistema de relaciones de género.

18 Federación Española de Municipios y Provincias, *Propuesta de intervención integral en el ámbito local contra la violencia sobre la mujer*, op. cit., págs. 40 y 41.

Obstáculos y problemas	Consecuencias
Falta de políticas de dinamización de la organización social en el medio rural. Dependiendo de la situación geográfica, prácticas culturales particulares. Despoblación del medio rural, en especial en municipios de menos de 2.000 habitantes.	Organizaciones sociales débiles (más fuertes en los municipios más cercanos a las capitales de provincia y según se incrementa su tamaño por encima de los 10.000 habitantes), que no tienen capacidad para tomar la iniciativa en la promoción de los cambios. Organizaciones sociales que no incorporan en su práctica ningún enfoque de género.
Infraestructuras obsoletas o inadecuadas sobre todo de transporte público, que dificultan, de forma especial, la movilidad de las mujeres y, por lo tanto, el acceso al mercado laboral y a los recursos. Dificultades para la cobertura de las tecnologías de la información y la comunicación.	Se disminuyen las oportunidades de acceso a los recursos de todo tipo. Se reducen las posibilidades de conciliación de las mujeres víctimas. Un mercado laboral escaso y precario para las mujeres que dificulta su empoderamiento económico, tanto para desvincularse de la situación de violencia, como para desarrollar estrategias de autonomía en los procesos de recuperación a medio y largo plazo.

III. Actuación, desde de las Administraciones públicas, para combatir la violencia de género en entornos rurales

Resulta fundamental el papel que las Administraciones públicas han de desempeñar en pro de la igualdad y para la erradicación de la violencia de género en el entorno rural. Así parece desprenderse, no sólo del, supra citado, artículo 9.2 CE, sino también, centrados en el ámbito local, de:

En primer lugar, el artículo 25.1 de la Ley 7/1985, de 2 de abril, Reguladora de las Bases del Régimen Local (BOE núm. 80, de 03 de abril de 1985), que dispone que:

> «El Municipio, para la gestión de sus intereses y en el ámbito de sus competencias, puede promover actividades y prestar los servicios públicos que contribuyan a satisfacer las necesidades y aspiraciones de la comunidad vecinal en los términos previstos en este artículo».

En segundo lugar, el artículo 32, apartados 1 y 2, LCVG, al disponer, con una vocación ciertamente más específica, que:

> «1. Los poderes públicos elaborarán planes de colaboración que garanticen la ordenación de sus actuaciones en la prevención, asistencia y persecución de los actos de violencia de género, que deberán implicar a las administraciones sanitarias, la Administración de Justicia, las Fuerzas y Cuerpos de Seguridad y los servicios sociales y organismos de igualdad.

2. En desarrollo de dichos planes, se articularán protocolos de actuación que determinen los procedimientos que aseguren una actuación global e integral de las distintas administraciones y servicios implicados, y que garanticen la actividad probatoria en los procesos que se sigan».

En tercer lugar, el artículo 15 LIMH, en la misma línea de fortalecer la importancia de los poderes públicos en la consecución de los objetivos descritos, sosteniendo específicamente que:

«El principio de igualdad de trato y oportunidades entre mujeres y hombres informará, con carácter transversal, la actuación de todos los Poderes Públicos. Las Administraciones públicas lo integrarán, de forma activa, en la adopción y ejecución de sus disposiciones normativas, en la definición y presupuestación de políticas públicas en todos los ámbitos y en el desarrollo del conjunto de todas sus actividades».

Para ello, podemos destacar tres líneas de actuación preeminentes a desarrollar por parte de las Administraciones locales, por ser la más cercanas a la realidad del problema que se plantea en estos espacios:

Una, centrada en la implementación de acciones de sensibilización y prevención que posibiliten la denuncia y el análisis profundo y minucioso de las causas de la violencia contra la mujer, evitando, incluso, que esta pueda llegar a producirse a medio y largo plazo.

Sensibilización y prevención[19] son, por tanto, dos actuaciones necesarias y, a su vez, complementarias entre sí[20]. Dentro de las acciones relacionadas con la sensibilización podríamos incluir las siguientes:

a) Empleo de los canales de comunicación a disposición de las Administraciones Locales. Nos referimos, en concreto, a las páginas web de estos poderes públicos, que podrían incorporar un espacio concreto orientado a prevenir este tipo de violencia, espacio en el que no sólo se incluiría información útil a disposición de todos los ciudadanos, sino también cuáles son los derechos con los que cuentan las mujeres que la padecen o los recursos de los que disponen. También podemos incluir aquí la existencia de revistas municipales que aborden, por medio de artículos de difusión y/o de investigación, el problema generado por la violencia de género. De igual modo,

19 Al respecto, se incluye la prevención primaria, que supone actuar sobre las causas mismas que generan la violencia contra las mujeres; la secundaria, que persigue una mejora de las acciones que se estén implementando, y terciaria, que procura impedir que se cronifiquen estas actitudes violentas, fomentando diversos programas orientados a la recuperación.

20 Federación Española de Municipios y Provincias, *Guía para sensibilizar y prevenir desde las Entidades Locales la Violencia contra las Mujeres*, Federación Española de Municipios y Provincias, Madrid, 2007.

cómo no, los folletos, manuales o guías que, con la misma vocación informativa, expliquen, de forma práctica, cómo detectar y poner en conocimiento de la autoridad competente cualquier acto (o indicio) violento, siendo repartidos en lugares públicos, tales como centros de trabajo del municipio, colegios e institutos educativos, centros deportivos municipales, centros de salud, servicios sociales, organizaciones y entidades de acción social, comercios, mercados, etc. Y también, para concluir, los medios de comunicación locales, como periódicos o radio, de amplia y frecuente difusión (mayor, si cabe, que los medios derivados de las transformaciones acaecidas merced a las Nuevas Tecnologías de la Información y de la Comunicación) en entornos rurales, muchos de los cuales no disponen, en la actualidad, de Internet, medios de comunicación que podrán emitir programas o reportajes que permitan sensibilizar de esta lacra.

b) Articulación de canales de denuncia pública, que permitan poner límite a determinados comportamientos o actuaciones recriminables, más allá de que se produzcan, o no, en el municipio de que se trate.

c) Elaboración de campañas de sensibilización sobre la violencia de género, que, condicionadas al presupuesto público del municipio, podrán ser elaboradas por este mismo o servirse de las practicadas a nivel autonómico o estatal.

En cuanto a la prevención, múltiples son, también, las iniciativas a disposición de los poderes públicos locales, destacando las siguientes:

a) Colaboración con las áreas y servicios de políticas de Juventud y de Deportes, a fin de incidir en los modos de informar e intervenir en relación con la gente más joven[21].

b) Consolidación del uso de las TIC (Internet, redes sociales, etc.), que, focalizando la prevención, de nuevo, en los jóvenes, permita hacerles llegar mensajes útiles en materia de violencia de género.

c) Implementación de programas orientados específicamente a las mujeres, con el objetivo de dotarles de las herramientas e instrumentos necesarios para el reconocimiento y la detección de actos violentos, ya en sus manifestaciones más iniciales, así como para la solicitud de ayuda, física y emocional, para hacer frente a miedos o a posibles agresiones.

---

21 Resulta relevante, al respecto, la colaboración implementada entre la Federación Española de Municipios y Provincias y el Consejo Superior de Deportes, fruto de la cual surgió el siguiente documento, que tenía por objetivo, gracias a la transversalidad de las políticas públicas de igualdad, que las políticas deportivas locales pudieren caminar hacia una sociedad más justa e igualitaria: FEDERACIÓN ESPAÑOLA DE MUNICIPIOS Y PROVINCIAS/CONSEJO SUPERIOR DE DEPORTES, *Guía para la incorporación de la perspectiva de género a la gestión deportiva local*, Federación Española de Municipios y Provincias, Madrid, 2011.

d) La creación de talleres de prevención en centros educativos (a todos los niveles), cívicos, etc.

e) La puesta en marcha de cursos de formación orientados, en este caso, a profesionales en el ámbito de la violencia de género sobre el modo de actuar y tratar a las víctimas.

Dos, focalizada en la realización de actuaciones específicas orientadas a las personas que padecen este tipo de violencia y a los menores de edad de ellas dependientes, incluyendo también aquellas centradas en los agresores. En este caso, es preciso subrayar el decisivo papel que debe tener:

a) La formación de un equipo especializado, dirigido, específicamente, a atender a mujeres víctimas de este tipo de violencia. Al respecto, resulta preciso diferenciar aquellos casos en los que está en peligro la salud (o la vida misma) de una persona, que precisa que salga inmediatamente de su domicilio, de aquellos otros en los que los episodios violentos son crónicos, siendo necesario trabajar de forma continuada. En ambos supuestos, el equipo de trabajo debe focalizarse en informar, orientar, asesorar, buscar y gestionar recursos, acompañar, seguir y proteger a las víctimas.

b) El asesoramiento jurídico profesional es básico a la hora de facilitar que las víctimas, actuales o potenciales, accedan a recursos en el ámbito de la Justicia proporcionados por las Administraciones Públicas y por organismos de naturaleza privada, además de hacer más fácil la adopción de decisiones y que se interpongan denuncias.

c) El apoyo psicológico, ya sea individual o grupal.

d) El acompañamiento en la búsqueda de empleo, como medio de lograr una más adecuada adaptación de las víctimas a nuevos entornos, de sensibilizar al ámbito empresarial sobre esta problemática y de fomentar su contratación e inserción.

e) El acceso a un nuevo hogar, pues, si bien el objetivo es que las víctimas puedan permanecer en su domicilio, la práctica pone de manifiesto la necesidad, especialmente en el entorno rural, de abandonarlo para garantizar su seguridad y la de sus hijos, debiendo articularse los mecanismos necesarios para que puedan acceder a una vivienda digna. Se incluyen, en este caso, posibles incentivos para el acceso a viviendas protegidas o determinadas ayudas económicas que favorezcan el alquiler de nuevos inmuebles.

f) El acompañamiento telefónico, donde destaca el Servicio Telefónico de Atención y Protección para víctimas de la violencia de género (ATENPRO), que, como indica su propia página web, «es una modalidad de servicio que, con la tecnología adecuada, ofrece a las víctimas de violencia de género una atención inmediata, ante las eventualidades que les puedan sobrevenir, las 24 horas del día, los 365 días del año y sea cual sea el lugar en que se encuentren. El servicio se basa en la utilización de tecnologías de comunicación telefónica móvil y de telelocalización. Permite que las mujeres víctimas de violencia de género puedan entrar en contacto en cualquier momento con un Centro atendido por personal específicamente preparado para dar una respuesta adecuada a sus necesidades. Además, ante situaciones de emergencia, el personal del Centro está preparado para dar una respuesta adecuada a la crisis planteada, bien por sí mismos/as o movilizando otros recursos humanos y materiales».

g) La seguridad, mediante, por ejemplo, la presencia de agentes de la Policía Local en el domicilio de la víctima.

Tres, que presta atención a la coordinación intra y extra municipal institucional. En este punto, contar con una estructura municipal de violencia de género, donde participen todas las áreas locales que tengan o puedan llegar a tener que implicarse en la misma, ha de ser primordial. Para ello, deviene interesante el archivo único de los datos recabados para conocer de la violencia y de cómo incide en el municipio, además de configurar protocolos de detección y acciones concretas por áreas (educación, servicios sociales, salud, juventud, etc.), optimizando los recursos, coordinando las respuestas y unificando la atención a las víctimas, en aras de agilizar los tiempos de actuación.

IV. Bibliografía

Asamblea General de Naciones Unidas, *Declaración sobre la eliminación de la violencia contra la mujer. Resolución de la Asamblea General 48/104 del 20 de diciembre de 1993*, 1993.

Bourdieu, P., *Raisons pratiques. Sur la théorie de l'action*, Éditions du Seuil, París, 1994.

Delegación del Gobierno contra la Violencia de Género, *Guía de derechos para las mujeres víctimas de violencia de género*, Delegación del Gobierno contra la Violencia de Género, Madrid, 2022.

— *Estrategia estatal para combatir las violencias machistas (2022-2025)*, Ministerio de Igualdad, Madrid, 2022.

Díaz-Aguado Jalón, M. J., «Programas de educación para la tolerancia y prevención de la violencia», en **Yubero Jiménez, S.** y **Larrañaga Rubio, E.** (Coords.), *El desafío de la educación social*, Ediciones de la Universidad de Castilla-La Mancha, Toledo, 1996, págs. 91-110.

Federación Española de Municipios y Provincias, *Guía para sensibilizar y prevenir desde las Entidades Locales la Violencia contra las Mujeres*, Federación Española de Municipios y Provincias, Madrid, 2007.

— *Propuesta de intervención integral en el ámbito local contra la violencia sobre la mujer*, Federación Española de Municipios y Provincias, Madrid, 2021.

Federación Española de Municipios y Provincias/Consejo Superior de Deportes, *Guía para la incorporación de la perspectiva de género a la gestión deportiva local*, Federación Española de Municipios y Provincias, Madrid, 2011.

Galtung, J., *Tras la violencia, 3R. Reconstrucción, reconciliación, resolución: afrontando los efectos visibles e invisibles de la guerra y la violencia*, Gernika Gogoratuz, Bilbao, 1998.

Instituto de la Mujer y para la Igualdad de Oportunidades, *Definición de violencia de género*, Ministerio de Sanidad, Servicios Sociales e Igualdad, Madrid, 2019.

— *Plan estratégico para la igualdad efectiva de mujeres y hombres 2022-2025*, Ministerio de Igualdad, Madrid, 2022.

— *Plan Estratégico de Igualdad de Oportunidades 2014-2016*, Instituto de la Mujer y para la igualdad de oportunidades, Madrid, 2014.

Ministerio de Sanidad, Política Social e Igualdad, *Violencia de género en los pequeños municipios del Estado español*, Ministerio de Sanidad, Política Social e Igualdad, Madrid.

Ministerio de Sanidad, Servicios Sociales e Igualdad, *Estrategia nacional para la erradicación de la violencia contra la mujer (2013-2016)*, Ministerio de Sanidad, Servicios Sociales e Igualdad, Madrid, 2013.

Ministerio de Trabajo y Asuntos Sociales, *IV plan de igualdad de oportunidades entre mujeres y hombres 2003–2006*, Ministerio de Trabajo y Asuntos Sociales, Madrid.

Montero Gómez, A., «Consideraciones sobre especialización profesional en psicología sobre violencia de género», en *Themis Revista Jurídica de Igualdad de Género*, núm. 2, 2007, págs. 53-55.

Organización Mundial de la Salud, *Informe mundial sobre la violencia y la salud*, Organización Panamericana de la Salud, Washington, 2003

Sanmartín Esplugues, J., *La violencia y sus claves*, Ariel, Barcelona, 2013.

CAPÍTULO XVI

FEMINICIDIO Y RURALIDAD: (IN) VISIBILIDAD DEL PROBLEMA Y SOLUCIONES ALTERNATIVAS

María Teresa Heredero Campo
Abogada y Doctora en Derecho
Universidad de Salamanca

SUMARIO: I. Introducción. II. Feminicidio: un problema actual. *1. Tipos de feminicidio. 2. Percepción del feminicidio en el ámbito rural.* III. Conclusiones preliminares. IV. La respuesta alternativa. V. Conclusiones. VI. Bibliografía.

I. Introducción

Comprender la violencia feminicida es algo que se antoja imposible, si bien, no se puede por ello obviar el gran problema que sigue representando en la sociedad actual. El número de víctimas sigue aumentando y según algunos medios de comunicación se ha catalogado el año 2023 como el peor en violencia machista desde 2019.

Las cifras de asesinatos por violencia machista computadas hasta septiembre del año en curso son de 48 fallecidas. Consultadas otras fuentes, el registro de feminicidios y otros asesinatos de mujeres en el presente año asciende a 89, atendiendo a un abanico más amplio de tipologías que a continuación tendremos oportunidad de reseñar[1].

Partimos del concepto de *violencia de género* tal como viene contemplado en la *Ley Orgánica 1/2004, de 28 de diciembre, de Medidas de Protección Integral contra la Violencia de Género*, en cuyo artículo 1.1. se define como

1 Disponible en: https://acortar.link/ys2dq0 (Fecha de último acceso. 13-10-2023), https://acortar.link/ys2dg0 (Fecha de último acceso: 8-10-2023) y https://acortar.link/ys2dg0 (Fecha de último acceso: 8-10-2023).

«aquella manifestación de la discriminación, la situación de desigualdad y las relaciones de poder de los hombres sobre las mujeres, se ejerce sobre éstas por parte de quienes sean o hayan sido sus cónyuges o de quienes estén o hayan estado ligados a ellas por relaciones similares de afectividad, aun sin convivencia», y «comprende todo acto de violencia física y psicológica, incluidas las agresiones a la libertad sexual, las amenazas, las coacciones o la privación arbitraria de libertad». Tiene como fines entre otros: hacer daño y ejercer control.

El sentimiento de superioridad podríamos decir que es un denominador común a ambos conceptos, siendo el feminicidio la manifestación más extrema del abuso y la violencia de hombres hacia mujeres. Se produce como consecuencia de cualquier tipo de violencia de género: ya sean agresiones físicas, violación, maternidad forzada, mutilación genital, etc.

II. Feminicidio: un problema actual

Se toma como punto de partida el concepto de *violencia de género* porque la perspectiva de género ayuda a comprender y decodificar las complejas relaciones entre hombres y mujeres, pero conviene en este punto enfocarnos en el feminicidio como problema cuya solución precisa de una inmediata estrategia de intervención y el rediseño o mejora de las actuaciones en su conjunto.

El *feminicidio* es la consecuencia más extrema de la violencia de género, y es necesario tener muy presente la perspectiva psicosocial. Esta clase de homicidio es una de las formas de expresión más violentas y graves del machismo.

Ha sido definido por multitud de autoras. Por ejemplo: RUSSELL[2] lo define como «asesinato de mujeres realizado por hombres motivado por odio, desprecio, placer o un sentido de propiedad de las mujeres»[3]; MONÁRREZ FRAGOSO lo hace como «asesinato de mujeres por razones asociadas con su género. El femicidio es la forma más extrema de violencia de género, entendida esta como la violencia ejercida por los hombres contra las mujeres en

2 Fue Diana Russell quien por primera vez utilizó el término *femicide* en el año 1976 ante el Tribunal Internacional sobre Crímenes contra la Mujer en Bruselas, definiendo con este vocablo las formas de violencia contra la mujer. Russell, junto con Jane Caputi, redefinen este concepto en el año 1990 como el asesinato de mujeres por hombres motivado por el odio, desprecio, placer o sentido de posesión hacia las mujeres. *Vid*. CAPUTI, J., y RUSSELL, D. E., «Femicide: Speaking the Unspeakable», in *Magazine Ms. The World of Women,* septiembre-octubre, 1992, págs. 34-37.

3 RUSSELL, D.E.H., «Definición de feminicidio y conceptos relacionados», en RUSSELL, D. E. H. y HARMES R. A., *Feminicidio: una perspectiva global*, Centro de Investigaciones Interdisciplinarias en Ciencias y Humanidades Universidad Nacional Autónoma de México, México, 2006, págs. 73-96.

su deseo de obtener poder, dominación o control. Incluye los asesinatos producidos por la violencia intrafamiliar y la violencia sexual. El femicidio puede tomar dos formas: femicidio íntimo o femicidio no íntimo»[4] y LAGARDE afirma que el feminicidio es «un crimen de Estado que incluye un componente de impunidad y que ocurre en tiempo, espacio, maltrato, vejaciones y daños continuos contra mujeres y niñas, que conduce a la muerte de algunas de las víctimas» y añade que sucede cuando las condiciones históricas generan prácticas sociales agresivas y hostiles que atentan contra la integridad, el desarrollo, la salud, las libertades y la vida de las mujeres[5].

Este término hace referencia a un tipo de homicidio específico en el que un hombre asesina a una mujer, chica o niña por pertenecer al sexo femenino. A diferencia de otros tipos de asesinato, los feminicidios suelen ocurrir en el hogar como consecuencia de violencia de género, motivo que justifica la relación entre ambos términos en el presente artículo, de hecho este tipo de feminicidio suele responder a la tipología de feminicidio intimo o familiar que es la tipología que mayor porcentaje de casos representa (cerca del 50 %), pero no podemos limitarlo a tal circunstancia pues la casuística es amplia y muestra un abanico mucho más amplio de supuestos a tener en cuenta en los casos de feminicidio.

Hay autores que defienden que bajo este término se incluye cualquier asesinato cuya víctima sea una mujer, independientemente del género de quien lo cometa o de cuáles sean sus motivaciones, no siendo una cuestión baladí la elección de la terminología ni del significado, pues las estadísticas y las cifras reflejadas pueden verse condicionadas y variar de forma notable, por eso consideramos que un área de mejora es la homogeneización conceptual (a nivel global). No obstante, y dejando al margen el problema de la nomenclatura, hay poner de manifiesto que no se trata de un problema reciente, ya hace algunos años se podía encontrar en medios de comunicación digitales noticias que advertían que en el mundo se cometían anualmente alrededor de sesenta mil feminicidios, lo que demuestra que es un problema de calado mundial[6].

Las motivaciones principales para perpetrar estos asesinatos son: la ira, el odio, los celos y la búsqueda de placer. Otros aspectos a tener en cuenta

---

4 MONÁRREZ FRAGOSO, J. E., «Las diversas representaciones del feminicidio y los asesinatos de mujeres en Ciudad Juárez», 1993-2005, en MONÁRREZ, J., et. al. (Coords.), *Violencia contra las mujeres e inseguridad ciudadana en Ciudad Juárez*, El Colegio de la Frontera Norte y Miguel Ángel Porrúa, México, 2021, págs. 353-398.

5 LAGARDE. M., «El feminicidio, delito contra la humanidad», en *Feminicidio Justicia y Derecho. Comisión Especial para conocer y dar seguimiento a las investigaciones relacionadas con los feminicidios en la República mexicana y a la procuración de justicia vinculada*, México, 2005, págs. 151-164. Disponible en: https://acortar.link/ys2dg0 (Fecha de último acceso: 24-10 2023).

6 Disponible en: https://acortar.link/ys2dg0 (Fecha de último acceso: 21-10-2023).

son: la misoginia, el sentido de superioridad de género y la concepción de las mujeres como posesión[7]. Estas variables tienen en común que se transmiten culturalmente y favorecen la violencia de los hombres hacia las mujeres.

El patriarcado introduce una dimensión fundamental a la concepción del problema del feminicidio ampliando lo que podría ser un problema de tendencias violentas de algunos individuos (hombres) a una situación en la que hay que incluir las situaciones de sumisión del género femenino y la del dominio del masculino, topándonos así con un sinfín de estereotipos construidos que son una importante causa subyacente del problema[8].

1. Tipos de feminicidio

Podemos hablar de muchas clases de feminicidio, las clasificaciones también son variadas, por ejemplo, podemos hablar de las siguientes clases de feminicidio:

- Feminicidio íntimo: son los asesinatos cometidos por un hombre con quien la víctima tenía o había tenido una relación o vínculo íntimo: marido, exmarido, novio, exnovio o amante, incluyendo el supuesto del amigo que asesina a una mujer (amiga o conocida) que rechazó entablar una relación íntima con este[9]. También se habla de feminicidio en la pareja o expareja, siendo estos los asesinatos cometidos en los términos previstos en la *Ley Orgánica 1/2004, de 28 de diciembre, de Medidas de Protección Integral contra la Violencia de Género*.
- Feminicidio no íntimo: se conoce por tal aquel asesinato cometido por un desconocido (hombre). con quien la víctima no tenía ningún tipo de relación. Por ejemplo: agresión sexual que culmina en asesinato

7 *Vid.* Russell D. E. H. y Harmes R. A., *Femicide in global perspective*, Teachers College Press, New York, 2001, pág. 60. Disponible en: https://acortar.link/ys2dg0 (Fecha de último acceso: 21-10-2023).

8 La ONU advertía en 2013 que la violencia contra las mujeres y niñas se caracterizaba (y se sigue caracterizando) por el uso y el abuso de poder y control de los hombres en las esferas pública y privada y está intrínsecamente vinculada a los estereotipos de género que son la causa subyacente de dicha violencia y la perpetúan.
Eliminación y prevención de las formas de violencia contra las mujeres y las niñas, Conclusiones convenidas en el 57 Periodo de Sesiones de la Comisión de la Condición Jurídica y Social de la Mujer de las Naciones Unidas (CSW) 4 al 15 de marzo de 2013, ONU MUJERES Entidad de las Naciones Unidas para la Igualdad de Género y el Empoderamiento de las Mujeres, 2013.
Accesible a través del siguiente enlace: https://acortar.link/ys2dg0 (Fecha de último acceso: 22-10-2023).

9 En España el feminicidio íntimo representa entre el 50 % y el 60 % de los casos. En el siguiente enlace se encuentran interesantes estadísticas reflejadas por la Fundación Matrix relacionadas con los patrones de variación geográfica de la violencia machista. https://acortar.link/ys2dg0 (Fecha de último acceso: 24-10-2023).

de una mujer a manos de un desconocido, o un vecino que mata a su vecina sin que exista entre ambos ningún tipo de relación o vínculo.

- Feminicidio familiar: asesinato en el que concurre una relación de parentesco ya sea por consanguinidad, afinidad o adopción. Cuando hablamos de entorno familiar nos referimos tanto a familia cercana como extendida. También se incluyen en este tipo de feminicidio los cometidos por crimen de honor[10].
- Feminicidio infantil: asesinato de niñas hasta los 14 años de edad cometido por un hombre en el contexto de una relación de responsabilidad, confianza o poder que le otorga su situación adulta sobre la minoría de edad de la niña.
- Feminicidio sexual: corresponde al asesinato de una mujer sin relación de pareja ni familiar y que está vinculado a las violencias sexuales incluidas en la Ley Orgánica 10/2022, de 6 de septiembre, de Garantía Integral de la Libertad Sexual.
- Feminicidio social: los cometidos por un hombre con el que no se tenía una relación de pareja ni era familiar (un desconocido, un compañero de trabajo, un vecino, un amigo, empleador, etc.).
- Feminicidio racial o xenófobo: en estos casos al componente de género se le suma un factor étnico. Se mata a la víctima tanto por ser mujer, como por tener rasgos culturales y físicos diferentes a los del agresor. Al elemento de odio irracional se suma el componente cultural de las dinámicas históricas de discriminación.
- Feminicidio vicario: definido como el asesinato de una mujer mayor de edad por parte de un hombre como instrumento para causar perjuicio o daño a otra mujer. Estos últimos están divididos en feminicidios vicarios dentro de la pareja y expareja y fuera de ella.
- Feminicidio por dote: en países como India, Irán, Pakistán y Bangladesh se habla de este tipo de asesinato cuando mujeres recién casadas son asesinadas por miembros de sus familias políticas por conflictos relacionados con la dote, normalmente por ser esta insuficiente. En algunos casos la mujer acosada y torturada como método

10 Se ha llegado a hablar de *feminicidio por honor,* entendiendo por tal término, el asesinato que se comete contra mujeres de las que se dice que han deshonrado a la familia. Entre los motivos más habituales de deshonra se incluyen ser víctima de violación y ser acusada de adulterio, vid. KHAFAGY, F., *Honour killing in Egypt*, Cairo, Division for the Advancement of Women, 2005, págs. 17–20 (reunión de un grupo de expertos organizada por la División de las Naciones Unidas para el Adelanto de la Mujer); AYA BADR habla sobre sistemas de honor patriarcales: asesinatos por honor como resultado de sistemas de opresión de género, en su intervención titulada *Desequilibrios de honor, género y poder: evidencia de Egipto*, publicada en la página web del Instituto del Género en Geopolítica. Disponible en: https://igg-geo.org/?p=8703&lang=en (Fecha de último acceso: 21-10-2023).

de extorsión para conseguir una dote mayor y si no se consigue la mujer muere.

- Feminicidio en serie: se suele dar cuando un varón mata a mujeres de forma repetida para obtener placer sexual sádico.

Como ha quedado apuntado, no significa que la clasificación sea única y cerrada[11]. En función de la fuente que en cada caso se consulte, las tipologías a las que se hacen referencia pueden variar, pero siempre aluden a las circunstancias bajo las que se comente el crimen, así pues, se habla también de feminicidio por conexión: cuando una mujer es asesinada «en la línea de fuego» de un hombre que intenta o mata a otra mujer. Puede tratarse de una amiga o familiar de la víctima, madre, hija u otra; o una mujer extraña que se encontraba en el mismo escenario donde el agresor atacó a la víctima; feminicidio por mutilación genital femenina: cuando la mutilación genital practicada acaba en un resultado de muerte; feminicidio por prostitución: asesinato de una mujer a manos de su cliente o proxeneta. Entran en esta tipología los casos en los que se el asesino mata a la mujer motivado por el odio y la misoginia que despiertan en estos la condición de que la víctima sea prostituta. Estos casos también suelen tener asociada una carga de estigmatización social y justificación del feminicidio bajo el pretexto de merecerlo por hacer lo que hacen: «se lo merecía»; «ella se lo buscó por lo que hacía»; «era una mala mujer»; «su vida no valía nada»; feminicidio por trata: el asesinato se produce bajo una situación de sometimiento y privación de libertad. La víctima se encuentra en una situación de «trata de personas»[12]; feminicidio lesbofóbico: asesinato de una mujer lesbiana a manos de un hombre lesbofóbico, por su condición o identidad y el odio o rechazo de la misma; feminicidio transfóbico: como sucede en el caso anterior, supone el asesinato de una mujer transexual a manos de un hombre transfóbico por su condición o identidad y el odio o rechazo de la misma[13].

---

11 Artículos relacionados cuya lectura se recomienda: https://acortar.link/ys2dg0 (Fecha de último acceso: 21-10-2023) y https://acortar.link/ys2dg0 (Fecha de último acceso: 21-10-2023).

12 Tal como dispone la ONU, por *trata* se enciende la captación, el transporte, el traslado, la acogida o la recepción de mujeres y niñas, recurriendo a la amenaza o al uso de la fuerza u otras formas de coacción, ya sean rapto, fraude, engaño, abuso de poder o la concesión o recepción de pagos o beneficios para obtener el consentimiento de la o las mujeres y niñas con fines de explotación. Esta explotación incluirá, como mínimo, la prostitución ajena u otras formas de explotación sexual, los trabajos o servicios forzados, la esclavitud o las prácticas análogas a la esclavitud, la servidumbre o la extracción de órganos.

13 También se habla de feminicidio sexual sistémico desorganizado y organizado. El *feminicidio sexual sistémico desorganizado* refiriéndose al asesinato de las mujeres que suele estar acompañado por el secuestro, tortura, violación y disposición del cadáver. Los asesinos, presumiblemente, matan una única vez, en un período determinado; y pueden ser hombres desconocidos, cercanos o parientes de las víctimas y las depositan en parajes solitarios, en hoteles, o en el interior de sus domicilios. Por el contrario, el *feminicidio sexual sistémico organizado* está acompañado por el secuestro, tortura, violación y disposición

2. Percepción del feminicidio en el ámbito rural

No son pocas ocasiones en las que el binomio urbano-rural se unen como parte de un todo, sin embargo, en este caso ambos conceptos se desligan mostrando como este fenómeno es percibido de forma diferente en ambos entornos.

El Pacto de Estado en materia de violencia de género en la medida 180 (128 del Senado) contempla la necesidad de estudiar la situación de las mujeres víctimas de violencia de género en el mundo rural para analizar todas las circunstancias circunscritas, desde las acciones policiales a las respuestas penales, jurídicas, asistenciales, etc. Y con el estudio realizado por la Federación de Asociaciones de mujeres Rurales FADEMUR y publicado por la Delegación del Gobierno contra la violencia de género «Mujeres víctimas de violencia de género en el mundo rural», se dio cumplimiento a dicha medida[14].

Entre otros posibles aspectos, la necesidad de redirigir el foco del problema al ámbito rural, se puede deber a que las víctimas se encuentran más aisladas, en muchos casos carecen de independencia económica, muchas incluso no son capaces de identificar lo que están sufriendo, en multitud de casos no se atreven a denunciar, y la consecuencia de todo ello es que al final se normaliza el maltrato como algo cotidiano y las mujeres siguen falleciendo[15].

El objetivo del estudio al que acabamos de hacer alusión es precisamente avanzar en el conocimiento real de las situaciones que padecen las mujeres en el medio rural respecto tanto a la igualdad como a la violencia de género.

Lo enriquecedor de este estudio y la razón por la que se toma como referencia es porque se encuestaron no sólo mujeres al azar del entorno rural sino también profesionales y mujeres víctimas. Los resultados mostraron como un alto porcentaje (61,35 %) de mujeres encuestadas habían conocido algún caso de violencia de género, el porcentaje baja un 20 % si nos fijamos en las mujeres que reconocen los derechos civiles que tienen las víctimas, otro problema detectado es que la percepción de la violencia de género lo entienden dentro del ámbito familiar y estrictamente privado no como problema

del cadáver, pudiendo actuar los asesinos como una red organizada de feminicidas sexuales con un método consciente y sistemático a través de un largo e indeterminado período, dirigido a la identidad de sexo y de género de las niñas/mujeres.

14 Disponible en: https://acortar.link/ys2dg0 (Fecha de último acceso: 21-10-2023). El estudio se realiza en siete Comunidades Autónomas que destacan por su ruralidad, entre ellas se encuentra Castilla y León.

15 Martínez García, M. A., y Camarero, L. A., «La reproducción de la violencia de género: una lectura desde las áreas rurales», en *Revista de Estudios sobre Despoblación y Desarrollo Rural*, núm. 19, 2015, págs. 117-146.
Accesible en versión digital a través del siguiente enlace: https://acortar.link/90yWDq (Fecha de último acceso: 24-10-2023).

social y estructural. Si algo sorprende, es que el estudio pone de relieve que las mujeres maltratadas entrevistadas han permanecido en las relaciones de maltrato una media de 20 años.

En este sentido, y dada la problemática apuntada, Ángela Rodríguez, Secretaria de Estado de Igualdad y contra la Violencia de Género y Victoria Rosell, Delegada del Gobierno contra la Violencia de Género, comparecieron a inicios del presente año ante los medios de comunicación para dar a conocer por primera vez los datos oficiales de feminicidios fuera del ámbito de la pareja y/o expareja, correspondientes al primer semestre de 2022. Una cuestión que no es en absoluto trivial si tenemos en cuenta que España se convierte así en el primer país en Europa en contabilizar todos los feminicidios (por esta razón se considera fundamental homogeneizar los términos para lograr una mayor fiabilidad en las cifras). Una operación estadística que ha sido demandada históricamente por el movimiento feminista y constituye un punto de partida para la justicia y la reparación de las víctimas.

Asimismo, Rosell puso de manifiesto las dificultades técnicas que entraña dicha recogida de datos y la necesidad de un periodo previo de evaluación: «es una operación que le debíamos a la sociedad y a las mujeres españolas, pero el proceso de confirmación se complica respecto de los agresores y su relación con la víctima al no ser ya pareja y/o expareja».

Como estamos centrando el problema que representa el feminicidio en el ámbito rural, conviene destacar la definición legal de «medio rural»[16]. Se entiende por tal concepto el espacio geográfico formado por la agregación de municipios o entidades locales menores definido por las administraciones competentes que posean una población inferior a 30.000 habitantes y una densidad inferior a los 100 habitantes por km^2. En España el medio rural es muy importante debido a la gran superficie que ocupa en la configuración del territorio. Por eso no puede pasar desapercibido cuando hablamos de estos temas, a pesar de que los medios de comunicación han logrado que tengamos un criterio diferente a la hora de evaluar los sucesos ocurridos en los entornos rural y urbano.

El mismo delito se entiende de formas diferentes, lo que coloca el medio rural en una situación de partida de desventaja por esa subjetividad en la percepción social de la violencia de género y todos los aspectos que la rodean.

A esta cuestión se le deben sumar otros factores como la brecha generacional[17], el elemento geográfico que aporta cada lugar con respecto al todo que sería la totalidad del territorio nacional y otros condicionantes propios

16 Artículo 3 de la Ley 45/2007, de 13 de diciembre, para el desarrollo sostenible del medio rural.

17 En este sentido se están produciendo importantes cambios culturales y socioeconómicos en el mundo rural, se aprecia una ruptura generacional y una diversidad socio-profesional cada vez mayor.

de cada entorno. Las propias singularidades de estos entornos hacen que se invisibilice parte del problema y se desvirtúe su importancia. En ocasiones la mujer rural, que tanta importancia tiene en la economía familiar, normaliza el maltrato, o lo ve como algo íntimo que no tiene que trascender porque es parte de la privacidad familiar. Con carácter general para la población de algunos municipios rurales, no tiene la consideración de delito. Los agresores no son considerados peligrosos y no se ponen las medidas necesarias para proteger a las víctimas, lo que ocasiona que el número de víctimas siga aumentando. No se hace una valoración del riesgo adecuada, pues se obvian causas como el aislamiento, la despoblación de algunas zonas o la menor accesibilidad a las mismas, lo que ocasiona una desigualdad socio-territorial de partida, con el añadido de que la teleasistencia no llega a algunas zonas por problemas de cobertura.

A veces las mujeres que viven en el entorno rural no hacen uso de los medios a su alcance por temor, pero sorprende que el temor no se suele dirigir sólo hacia al agresor sino al entorno, al miedo a las críticas sociales que pueden llegar a recibir, pues hay casos en los que se llega incluso a responsabilizar socialmente a la víctima de la violencia sufrida, y para evitarlo la víctima excusa al maltratador, y ese es uno de los motivos por los que no acuden en primera instancia a la Guardia Civil[18].

La presión social, el miedo a denunciar, el no querer admitir la situación o no entenderla como maltrato... son circunstancias que complican el poder abordar estas situaciones de forma adecuada y se pueda prestar una ayuda a tiempo para evitar que el resultado sea la muerte de esas mujeres.

III. Conclusiones preliminares

El medio rural tiene no poca importancia en la configuración del territorio nacional pues ocupa una gran superficie, por lo tanto, al hablar de ciertos temas se hace necesario hablar del binomio rural/urbano y en todo caso, no obviar el primero de ellos pues representa un porcentaje alto de casos tanto de violencia de género como de feminicidios. También se ha de tener en cuenta que hay un importante número de supuestos que forman parte de una cifra sumergida, que justifica hablar de la invisibilización del problema a

18 Según los datos presentados, más de la mitad de las mujeres maltratadas y asesinadas fuera de la pareja y/o expareja, el 57 %, eran mayores de 60 años. Por lo que se propuso la elaboración de protocolos de derivación específicos para mujeres mayores de 65 años en colaboración con el Instituto de Mayores y Servicios Sociales (IMSERSO) con el fin de reducir las cifras de fallecidas y dar una salida a las diferentes situaciones de violencia. Conviene señalar el gran trabajo que hacen las EUMES, los Equipos Mujer-Menor de la Guardia Civil creados en 1995 que se despliegan en Puntos de Atención Especializada (PAE), tanto para investigar delitos como para prestar una atención especializada en función de las circunstancias que cada caso presente.

la que no contribuye la falta de rigor informativo ni la falta de homogeneización terminológica.

Además de todo ello, en el entorno rural se suman otros aspectos negativos tales como:

- Que perduran la desigualdad de género y los roles sexistas tradicionales de una manera más marcada. Además hay que sumar una continua desvalorización de género y sometimiento a continuos micromachismos. Tanto es así, que muchos territorios, especialmente donde las personas que viven en ellos tienen edades muy avanzadas, aún viven asentados en un profundo sistema patriarcal (sociedad tradicional)[19], además los estereotipos de género están más acentuados y claramente hay un control social mayor.
- En ocasiones la violencia de género no tiene la consideración social de delito, porque parte de la población del mundo rural no lo ve como tal. Además el apoyo familiar suele ser menor.
- Se olvida que la valoración del riesgo precisa de opiniones profesionales especializadas, no de lo que opinan víctima/agresor/entorno, pues estas opiniones pecan en su mayoría de subjetivas.
- La escasa presencia de servicios sociales en los municipios más pequeños e incluso la teleasistencia no llega a todos los territorios por problemas de cobertura.
- La falta de cumplimiento de las medidas judiciales adoptadas en los entornos rurales a veces no se respeta.
- El miedo a denunciar es mayor y la inversión en igualdad menor. Tenemos que impulsar medidas que den a conocer que la denuncia es la puerta de entrada para permitir que el Estado pueda adoptar medidas legales (penales o civiles) de protección a las mujeres[20].

---

19 Sobre estos aspectos relacionados con la estructura social conocida como patriarcado basado normas implícitas que refuerzan y condicionan patrones de comportamiento diferenciados en función del sexo biológico vid.: WALBY, S., *Theorizing Patriarchy*. Cambridge: Polity Press, 1990, págs. 128 y siguientes. Disponible en: https://acortar.link/90yWDq (Fecha de último acceso: 21-10-2023).

20 SANZ-BARBERO, B., HERAS-MOSTERIO, J., OTERO-GARCÍA, L., y CARMEN VIVES-CASES, C., «Perfil sociodemográfico del feminicidio en España y su relación con las denuncias por violencia de pareja», en *Gaceta Sanitaria*, vol. 30, núm. 4, 2016, pág. 276. VIVES-CASES, C., ÁLVAREZ-DARDET, C., GIL-GONZÁLEZ, D., TORRUBIANO-DOMÍNGUEZ, J., ROHLFS, I., y ESCRIBÁ AGÜIR, V., «Perfil sociodemográfico de las mujeres afectadas por violencia del compañero íntimo en España», en *Gaceta Sanitaria*, núm. 23, 2009, págs. 410-414. VIVES-CASES, C., GIL-GONZÁLEZ, D., CARRASCO-PORTIÑO, M., y TORRUBIANO-DOMÍNGUEZ, J., «El impacto de la desigualdad de género en la violencia del compañero íntimo en España», en *Gaceta Sanitaria*, núm. 21, 2007, págs. 242–246.

- La privacidad en la atención no está garantizada, lo que supone un problema añadido para las reticentes a denunciar.

Está claro que un problema de esta envergadura, que sigue cobrándose tantas víctimas, necesita tanto una fuerte intervención como una gran inversión económica. Pero se hace también una cuestión relevante la de tratar de dar además de una respuesta más inmediata, más rápida, una respuesta alternativa, porque el tiempo invertido en burocracia y pensar cómo minimizar el problema tiene como contrapartida el aumento de casos de feminicidios.

IV. La respuesta alternativa

Intentar encontrar una respuesta adecuada para reducir el problema que entrañan las cifras de feminicidios implica intervenciones a distintos niveles: psicológico, psicosocial, y sociopolítico. Se requieren cambios culturales, cambiar la visión de este tipo de violencia y mucho trabajo en el ámbito de la seguridad.

A veces este último punto pasa inadvertido, pero la seguridad, y todo lo que la misma conlleva, es fundamental no sólo en la visión global del problema a tratar sino en el día a día del ser humano. Tanto es así, que según la jerarquía establecida en la *pirámide de Maslow* se encuentra situada en el segundo escalón. Las personas una vez que satisfacen sus necesidades básicas o fisiológicas que se sitúan en el primero de ellos, necesitan sentirse seguros en la vida. Una seguridad, entre otros aspectos, física (referida a la salud) e indisolublemente unido a ello aparece la necesidad de sentirnos protegidos (por nuestro entorno, por el sistema...).

Cuando hablamos de protección[21], es fundamental considerar los recursos humanos que tenemos a nuestro alcance, y la seguridad privada en este sentido tiene mucho que decir. Ya se ha venido estudiando la posibilidad de que profesionales de este sector acompañen a mujeres vulnerables, pero entendemos que poner en marcha estos dispositivos no siempre es fácil, no por la insuficiencia de recursos humanos disponibles, sino por las dificultades de emplearlos para estos fines.

En España tenemos un gran número de personas que disponen de Tarjeta de Identificación Profesional (TIP) con diferentes habilitaciones de Seguridad Privada y que si no lo están, podrían estar en activo y prestar sus servicios de manera muy provechosa. No pocos graduados en derecho eligen este sector para desarrollar su faceta profesional, muchos están formados en materia

21 Hay situaciones de emergencia que requieren medidas urgentes, medidas que en entornos rurales de menos de 2000 habitantes se complican al no tener la posibilidad de recibir una atención de forma inmediata en la que se proteja a la víctima y en su caso a su familia lo que propicia que en ocasiones la violencia se acabe convirtiendo en un asesinato.

de género, y por eso es un recurso que se debería utilizar de forma más eficiente.

Esta opción se ha estudiado sobre la base legal del uso de los escoltas privados para la protección de víctimas de violencia de género (art. 33 LSP) pues el escolta está formado, entre otras cosas, para proteger personas[22]. Consideramos que el uso de Seguridad Privada se podría ampliar a figuras como la del detective privado o el vigilante de seguridad, que representan el grosso de este sector. Si uno de los mayores inconvenientes es que no dispongan de formación especializada en ese campo, podría proponerse dicha especialización o aprovechar la formación de reciclaje obligatoria y legalmente establecida en la Ley de Seguridad Privada con el fin de que puedan desempeñar las funciones de acompañamiento, defensa y protección de mujeres vulnerables, impidiendo así muchas de las agresiones.

Son muchos los puntos a favor de incluir el uso de personal de seguridad privada como elemento preventivo y de investigación ante situaciones de maltrato, entre ellos se pueden destacar los siguientes:

- Muchos de ellos son profesionales que tienen de experiencia en el ámbito de protección de personas.
- No en pocas ocasiones la seguridad privada coopera y colabora como servicio complementario y subordinado, con FCS lo que puede suponer incluso un ahorro de los costes. Pudiendo funcionar como servicios complementarios o subordinados a los que se prestan por la seguridad pública[23].
- Disponen de formación especializada. Como ha quedado apuntado algunos escoltas privados y vigilantes de seguridad disponen formación especializada en protección a víctimas de violencia de genero.

22 País Vasco viene haciendo uso de este tipo de servicios prestados por escoltas desde 2005, por entender que es una solución que libera recursos especializados de las FCS. La medida se decreta, bien por decisión de la unidad policial Ertzaintza en base al riesgo de cada víctima, o por decisión judicial. El problema que presenta es la tramitación burocrática que conlleva.

23 El artículo 8 de la Ley de Seguridad Privada en sus apartados 2 y 3 pone de manifiesto precisamente esa relación que ha de haber entre la seguridad pública y privada al hablar de los principios rectores, manifestando que los prestadores de servicios de seguridad privada colaborarán, en todo momento y lugar, con las Fuerzas y Cuerpos de Seguridad, con sujeción a lo que éstas puedan disponer en relación con la ejecución material de sus actividades y añade que de conformidad con lo dispuesto en la legislación de fuerzas y cuerpos de seguridad, las empresas de seguridad, los despachos de detectives y el personal de seguridad privada tendrán especial obligación de auxiliar y colaborar, en todo momento, con aquéllas en el ejercicio de sus funciones, de prestarles su colaboración y de seguir sus instrucciones, en relación con los servicios que presten que afecten a la seguridad pública o al ámbito de sus competencias.

- Hay muchas mujeres en el Sector de la Seguridad Privada que pueden suponer un gran activo si se considera como una solución alternativa al problema planteado.

La propuesta alternativa que se propone apuesta por una operativa que implemente los protocolos con la figura del profesional de seguridad privada en los mecanismos de protección a víctimas. Se podría estudiar el mantener retenes de 24 horas a disposición del poder judicial en cada juzgado de violencia de género. Se podrían establecer las pautas necesarias e impartir previamente la formación que se requiriese en cada caso para brindar a las personas que lo necesiten una protección integral en consonancia con el resto de los protocolos que conforman la actuación. Los servicios prestados podrían comprender servicios de contra vigilancia o protecciones discontinuas a víctimas que no necesariamente tengan un nivel de riesgo alto, pues no podemos dejar tampoco al margen estos supuestos.

V. Conclusiones

Aún es necesario superar los modelos patriarcales, los roles sexistas tradicionales y las creencias discriminatorias que persisten tanto en el entorno urbano como en el rural, si bien, como hemos podido comprobar se dan de una forma más marcada, aunque también menos visible, en los entornos rurales. En este sentido, se debe apostar por una homogeneización conceptual para evitar confusiones, aunque somos conscientes que pese a ser un problema global, hay dificultades teóricas y prácticas para poder utilizar los mismos términos a nivel global. También hay que considerar que es absolutamente necesaria la mejora de los protocolos de actuación[24] y por supuesto todo lo que ello puede conllevar, desde una revisión de las medidas penales, hasta mejoras asistenciales, sanitarias, educativas y publicitarias. Con una aplicación de protocolos adecuada se dotaría de mucha más eficacia las intervenciones. La respuesta alternativa ofrecida anteriormente es sólo una mínima parte de lo que entraña realmente el problema del feminicidio, por eso sin perjuicio de lo apuntado anteriormente, se hace necesaria una mayor intervención en prevención y sensibilización[25] que se puede trabajar inclu-

24 Los Ministerios de Interior y Justicia en un intento de lucha contra el gran número de mujeres asesinadas, crearon como instrumento legal la *orden de protección* cuyo origen se sumó a la ya existente *orden de alejamiento*. En este sentido la orden de protección prevé la posibilidad de que la Autoridad Judicial establezca las medias de carácter social que estime convenientes, lo que podía determinar la necesidad de establecer un servicio de protección prestado por profesionales del sector privado.

25 Se ha comprobado como en los pequeños municipios existe una escasa iniciativa para la articulación de propuestas incardinadas no sólo a la sensibilización sino también a la prevención y a la asistencia de casos. También se observan carencias en el seguimiento de los casos por parte de profesionales, el acompanamiento personal es prácticamente inexistente en los municipios más pequeños y la atención psicológica, jurídica y social también presenta deficiencias.

yendo dentro del pilar fundamental que supone la educación, una formación desde una edad temprana en contenidos relacionados con la igualdad de género y las políticas que la acompañan. La educación es el pilar fundamental en el que se sustentan las políticas de igualdad.

Es igualmente importante que la formación e información llegue a todas las partes del mundo.

También hay que añadir una mejorada atención integral a las víctimas, lo que implica aumentar el número de centros y recursos especializados, así como mejorar la accesibilidad a los mismos, participando desde la triple óptica de la psicología, el derecho y el ámbito social, lo que permitiría a su vez una optimización de recursos.

No menos importante es la formación de profesionales tanto en las Fuerzas y Cuerpos de Seguridad, como en el ámbito de la Seguridad Privada, que como hemos tenido oportunidad de comentar, puede aprovecharse en la labor preventiva. Se incluyen en este punto los servicios jurídicos, los de salud, etc.

Uno de los puntos clave es la coordinación y colaboración interinstitucional entre todos los agentes sociales intervinientes. En este sentido, es importante destacar el papel de las mesas de trabajo interdisciplinares, los eventos que dan cita a personas de muchos ámbitos profesionales, donde se visibilizan los progresos y aún si cabe más importante, donde se identifican las carencias. El trabajo que se hace desde las unidades de apoyo local, asociaciones y las redes de apoyo informales (familia, amistades, vecindad, compañeros de trabajo, etc.).

Es necesario seguir trabajando en el análisis e investigación: con colectivos de mujeres, con especial dedicación a menores de edad, mayores de sesenta, mujeres con diversidad funcional, migrantes, víctimas invisibles... a lo que uniríamos la necesidad de desarrollar y estandarizar métodos que muestren en cifras la verdadera realidad del problema.

Por último, no se puede obviar la importancia que en todo ello tiene el compromiso económico, una mejora en este sentido supondría aumentar las partidas presupuestarias a nivel estatal y autonómico.

Somos conscientes que incluso aunque se lograsen la mayoría de las mejoras apuntadas, no supondría erradicar el problema, pero es posible que disminuyeran las cifras tan preocupantes que manejamos en la actualidad.

VI. Bibliografía

Caputi, J., y **Russell, D. E.**, «Femicide: Speaking the Unspeakable», in *Magazine Ms. The World of Women,* septiembre-octubre, 1992, págs. 34-37.

Khafagy, F., *Honour killing in Egypt*, Division for the Advancement of Women, Cairo, 2005.

LAGARDE. M., «El feminicidio, delito contra la humanidad», en *Feminicidio Justicia y Derecho*. Comisión Especial para conocer y dar seguimiento a las investigaciones relacionadas con los feminicidios en la República mexicana y a la procuración de justicia vinculada, México, 2005, págs. 151-164.

MARTÍNEZ GARCÍA, M. A., y **CAMARERO, L. A.**, «La reproducción de la violencia de género: una lectura desde las áreas rurales», en *Revista de Estudios sobre Despoblación y Desarrollo Rural*, núm. 19, 2015, págs. 117-146.

MONÁRREZ FRAGOSO, J. E., «Las diversas representaciones del feminicidio y los asesinatos de mujeres en Ciudad Juárez», en MONÁRREZ, J., et. al. coordinadores, *Violencia contra las mujeres e inseguridad ciudadana en Ciudad Juárez*, El Colegio de la Frontera Norte y Miguel Ángel Porrúa, México, 2021, págs. 353-398.

RUSSELL, D. E. y **HARMES, R. A.**, *Femicide in global perspective*, Teachers College Press, New York, 2001.

SANZ-BARBERO, B., **HERAS-MOSTERIO, J.**, **OTERO-GARCÍA, L.**, y **CARMEN VIVES-CASES, C.**, «Perfil sociodemográfico del feminicidio en España y su relación con las denuncias por violencia de pareja», en *Gaceta Sanitaria*, vol. 30, núm. 4, 2016.

VIVES-CASES, C., **ÁLVAREZ-DARDET, C.**, **GIL-GONZÁLEZ, D.**, **TORRUBIANO-DOMÍNGUEZ, J.**, **ROHLFS, I.**, y **ESCRIBÁ AGÜIR, V.**, «Perfil sociodemográfico de las mujeres afectadas por violencia del compañero íntimo en España», en *Gaceta Sanitaria*, núm. 23, 2009, págs. 410-414.

VIVES-CASES, C., **GIL-GONZÁLEZ, D.**, **CARRASCO-PORTIÑO, M.**, y **TORRUBIANO-DOMÍNGUEZ, J.**, «El impacto de la desigualdad de género en la violencia del compañero íntimo en España», en *Gaceta Sanitaria*, núm. 21, 2007, págs. 242–246.

WALBY, S., *Theorizing Patriarchy*, Polity Press, Cambridge, 1990.

CAPÍTULO XVII

LA TRIPLE DISCRIMINACIÓN DE LA DESINFORMACIÓN DE GÉNERO EN EL MEDIO RURAL: PROPUESTA DE INTERVENCIÓN

Noelia Morales Romo
Profesora Titular
Universidad de Salamanca

SUMARIO: I. El medio rural como escenario social. II. Misinformation: el papel de la brecha digital. III. El género como variable en la desinformación. *1. Desinformación de género y contexto. 2. Enfoque teórico-conceptual.* IV. Relevancia de luchar contra la desinformación de género desde las escuelas rurales. V. Conclusiones. VI. Bibliografía.

I. El medio rural como escenario social

Los contextos rurales son fácilmente identificables en el imaginario social, sin embargo, desde un punto de vista más analítico e investigador la distinción no es tan simple. Los hábitats rurales han evolucionado en las últimas décadas de forma muy intensa transformando incluso algunas de sus señas de identidad[1]. Han ido surgiendo nuevas funcionalidades, nuevos usos del entorno y nuevos yacimientos de empleo, al tiempo que las interacciones entre el medio rural y urbano han ido incrementándose.

Han aparecido nuevos moradores, los *neorrurales*[2], que se instalan en municipios rurales atraídos por su modo de vida y ventajas como la tranqui-

1 Morales Romo, N., «La articulación entre escenarios digitales y Justicia Social para los escolares y personas mayores del medio rural», en *Prisma Social*, núm. 18, 2017, págs. 278-308.

2 Bautista Marco, P., «El papel de los neorrurales en los procesos de desarrollo local de las áreas periurbanas en España. Un estudio de caso: Monachil (Granada)», en *Gentes que*

lidad o menores costes de vivienda que en zonas urbanas de las que suelen proceder, o bien son retornados que tienen raíces familiares. En cualquier caso, se trata de un impulso a los procesos de despoblación característicos de la mayoría del medio rural español y, más en particular, a los municipios de menor tamaño.

Otro elemento destacable es la gran heterogeneidad del medio rural español. A modo de ejemplo, centrémonos en las dos grandes comunidades autónomas españolas en territorio y número de provincias: Castilla y León y Andalucía. Mientras en la comunidad castellanoleonesa hay 2248 municipios, en la andaluza encontramos 785 (ver tabla 1). En cambio, la población total de Andalucía es de casi 8,5 millones y la de Castilla y León no llega a los 2,5 millones. Su distribución también es diferente tal y como se muestra en la tabla n.° 2, concentrándose en Andalucía en menos municipios de mayor tamaño mientras que en Castilla y León hay una gran dispersión territorial con sus habitantes distribuidos en múltiples municipios. Por ser más concretos, en Burgos encontramos la provincia con mayor número de municipios seguida de Salamanca con 362 municipios, ambas provincias castellanoleonesas.

Tabla 1. Comparativa Castilla y León – Andalucía. Número de municipios

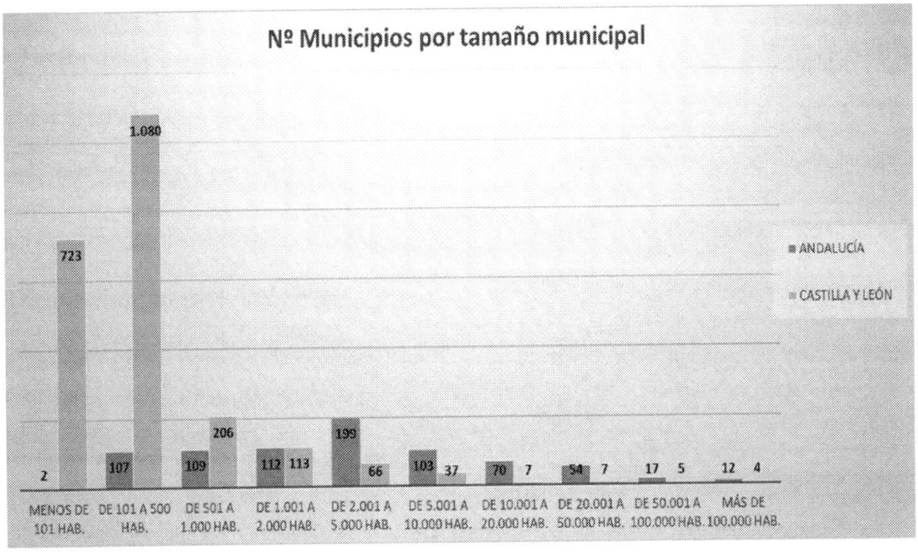

Fuente: elaboración propia a partir de datos del Padrón Municipal de habitantes 2022.

---

vienen y van: estudios en torno a las migraciones: ayer, hoy, mañana, Editorial Universidad de Granada, Granada, 2020, págs. 277-293.

Tabla n.º 2. Comparativa Castilla y Léon–Andalucía. Distribución poblacional.

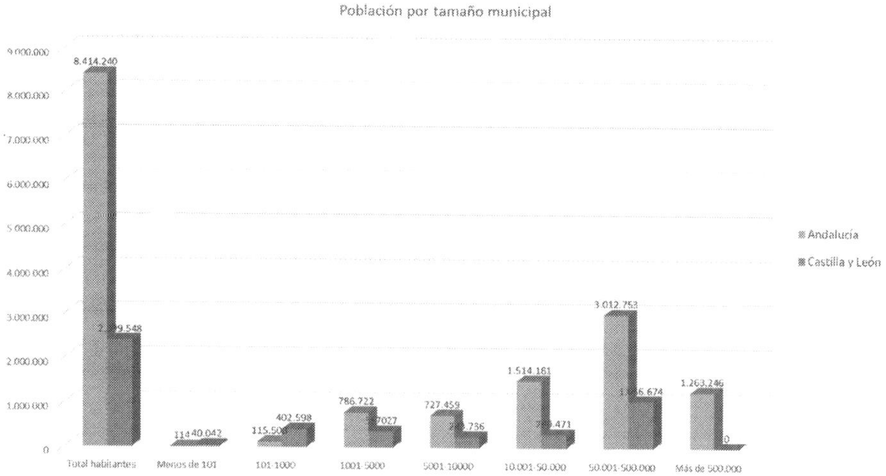

Fuente: elaboración propia a partir de datos del Padrón Municipal de habitantes 2022.

Por tanto, se puede concluir que resulta cada vez más complejo establecer los límites entre contextos urbanos y rurales, aún más si tenemos en cuenta la aparición de espacios intermedios: municipios dormitorio o áreas periurbanas que tienen características mixtas.

En este capítulo, por su objeto de estudio, nos interesan especialmente los municipios más pequeños por considerarlos más desfavorecidos en cuanto a la desinformación, tal y como se desarrollará. Por ello, recurrimos a los criterios clasificatorios del INE para delimitar la sociedad rural, es decir municipios menores de 10.000 habitantes. Dentro de ellos se distinguen los eminentemente rurales (menores de 2.000 habitantes) de los espacios intermedios (de 2.000 a 10.000 habitantes).

Para García Sanz[3], los entornos rurales españoles han sufrido profundas transformaciones en las últimas décadas desde la crisis demográfica de la sociedad rural, su posterior estancamiento y la recuperación actual de algunas zonas. Sus trabajos nos remiten a conceptos como nueva ruralidad y ruralidad emergente con nuevos pobladores y una nueva cultura adaptada a los tiempos que ostenta un interés común por revitalizar y actualizar la iden-

3 García Sanz, B., «En defensa de la Sociedad rural: la movilidad entre el lugar de residencia y el lugar de trabajo», en *Encrucijadas: Revista Crítica de Ciencias Sociales,* núm. 6, 2013, págs. 26-29.

tificación colectiva. Se trata de un ejemplo más de la evolución del medio rural que requiere de nuevos términos para su descripción. La diversidad de la sociedad rural no es exclusiva del contexto español; fuera de nuestras fronteras también ha acaparado la atención de otros autores[4].

En definitiva, la ruralidad tal como y tradicionalmente ha sido concebida ha de evolucionar para definir con mayor precisión un contexto que ha experimentado profundos cambios. El término «ruralidad ampliada» recoge la diversidad aspectos heterogéneos de los entornos rurales. En este sentido, el paradigma de la «nueva ruralidad» inspira diversas investigaciones internacionales[5] [6] alejadas de visiones conservadoras del imaginario rural que apuestan por una perspectiva más globalizadora o estrechamente vinculada a la comprensión de los principales colectivos del territorio[7] [8].

II. Misinformation: el papel de la brecha digital

El término Desinformación tiene dos acepciones en la lengua inglesa: *Misinformation* que se refiere a la falta o ausencia de información y que estaría vinculado a términos como la brecha digital y *Disinformation* que implica manipulación e intencionalidad. Hablaremos en primer lugar de la mayor brecha digital que existe en el medio rural, tradicionalmente asociado a déficits de recursos.

El proceso de revolución tecnológica apoyado en la evolución de las tecnologías de la información y su relación con la globalización en distintas esferas ha propiciado profundos e irreversibles cambios en todas las sociedades. Desde esta Sociedad de la Información el proceso globalizador de la comunicación ha cambiado las formas de relación, gestión y organización de actividades del entorno económico, político y social[9]. Los medios de comunicación han protagonizado un desarrollo exponencial convirtiéndose en instrumentos de poder con gran capacidad de influencia en el devenir social e histórico,

---

4 Cejudo, E. y Navarro, F., *Neoendogenous development in European rural areas*, Springer International Publishing, 2020.

5 Gómez, S., «¿Nueva ruralidad? Un aporte al debate», en *Estudos Sociedade e Agricultura*, núm. 1, 2013, págs. 5-32.

6 Kay, C., «Estudios rurales en América Latina en el periodo de globalización neoliberal: ¿una nueva ruralidad?», en *Revista Mexicana de Sociología,* núm. 71, 2009, págs. 607-645.

7 Pisani, E. y Micheletti, S., «Capital social y desarrollo rural», en *Pensamiento y Acción Interdisciplinaria*, vol. 4, núm. 2, 2018, págs. 44-59.

8 Fernández Quispe, G. M., Nina Ayaviri, V. y Vargas Maldonado, R., «Participación de los actores en el desarrollo local en entornos rurales», en *Revista de ciencias sociales*, vol. 24, núm. 3, 2018, págs. 62-82.

9 Castells, M., «El impacto de Internet en la sociedad: una perspectiva global», en *C@mbio*, núm. 19, 2014, págs. 127-149.

siendo las herramientas para la creación de movimientos sociales e incluso auges y caídas de gobiernos o partidos políticos. Si bien su crecimiento es incuestionable, su expansión no ha sido uniforme en todos los territorios, países e incluso entre los distintos sectores poblacionales. Varios trabajos han vinculado la influencia del desarrollo tecnológico en la esfera social[10] [11].

El medio rural del siglo XXI se mueve en distintas dimensiones localizadas y globalizadas al mismo tiempo, mediatizas por las tecnologías de la información que permiten romper con sus tradicionales dificultades de aislamiento y acceso a ciertos recursos[12]. Algunos trabajos[13] han constatado diferencias resistentes y en aumento en cuanto a infraestructuras entre zonas urbanas y rurales. Un importante elemento de análisis y reflexión debería ser la paradoja de que las zonas rurales que están más aisladas y necesitan de forma más imperiosa la conexión con el exterior, sean en muchos casos las que tienen peor conectividad, lo que alimenta el círculo vicioso de la depresión.

El acceso a las TIC es un requisito importante para formar parte de una sociedad interconectada cada vez más influida por la tecnología[14], pero dicho acceso no es universal ni uniforme, existiendo una Brecha Digital que, como afirma el Programa para la Sociedad de la Información, se refiere no sólo a la diferencia entre individuos, sino también grupos familiares, empresas e incluso áreas geográficas, que tienen o no la oportunidad de acceder a las TIC.

Entre países y, dentro de ellos, entre sus territorios, se aprecian las desigualdades en el acceso y uso digitales como una amenaza importante[15]. Es preciso considerar que la brecha digital se puede clasificar según su tipología en brecha de Acceso, basada en la diferencia entre las personas que pueden acceder a las TIC o no; la brecha de Uso referida a las personas que tienen (o no) conocimientos y habilidades para utilizarlas; y la brecha de Calidad de

---

10 Castells, M., «A Sociology of Power: My Intellectual Journey», in *Annual Review of Sociology,* núm. 42, vol. 1, 2016, págs.1-19.

11 Cohen, D., *Tres lecciones sobre la sociedad postindustrial*, Katz Editores, 2007.

12 Borodina, O., Prokopa, I., Kyryziuk, S. and Yarovyi, V., «Rural Areas Development Fund as a Financial Instrument for Spatial Justice in Land Use and Sustainable Rural Development», in *Accounting & Finance/Oblik i Finansi*, núm. 89, 2020, págs. 122-130.

13 Salemink, K., Strijker, D. and Bosworth, G., «Rural development in the digital age: A systematic literature review on unequal ICT availability, adoption, and use in rural areas», in *Journal of Rural Studies*, núm. 54, 2017, págs. 360-371.

14 Aladi, *La Brecha Digital y sus Repercusiones en los Países Miembros de la Asociación Latinoamericana de Integración*, Asociación Latinoamericana de Integración, Brasil, 2003.

15 Menou, M. J., «La alfabetización informacional dentro de las políticas nacionales sobre tecnologías de la información y comunicación (TICs): la cultura de la información, una dimensión ausente», en *Anales de documentación*, núm. 7, 2004, págs. 241-261.

Uso que se refiere a las diferencias entre los propios usuarios a la hora de optimizar las posibilidades que las tecnologías ofrecen[16].

España, según el estudio de Global Information Technology Report[17], ocupa en 2022 el lugar 35 (sobre un total de 139 países), en su nivel de respuesta para aprovechar las Tecnologías de la Información y Comunicación (TIC)[18]. Con respecto a años anteriores, se ha mantenido bastante constante en su posición con ciertas oscilaciones: en el GITR correspondiente a 2010-2011 ocupaba el puesto 37 de 138 países, mientras que un año antes llegó a ocupar el puesto 34. Este indicador se calcula en base a 4 subíndices: el Entorno, que mide la participación del mercado y el marco legislativo del país; la Preparación, que mide la preparación de la sociedad para hacer un buen uso de las TIC; el Uso, que mide los esfuerzos de los principales agentes sociales para optimizar el aprovechamiento de las TIC; y el Impacto, que calcula las influencias sociales y económicas derivadas del manejo de las TIC.

A pesar de las mejoras citadas, los resultados del GITR evidencian que se mantiene la brecha digital entre los países desarrollados, las grandes economías emergentes y aquellas en desarrollo. Destacan Finlandia, Suiza, Suecia, Israel, Singapur, Países Bajos y EE.UU. como líderes mundiales de la Cuarta Revolución Industrial.

Resulta manifiesto que el medio rural tiene mayores dificultades de acceso a la información por la conectividad y la accesibilidad. A continuación, profundizaremos en un elemento añadido: la brecha de género como variable que incide en la desinformación.

III. El género como variable en la desinformación

1. Desinformación de género y contexto

La desinformación no afecta por igual a todas las sociedades y, dentro de ellas, tampoco incide del mismo modo e intensidad en todos sus ciudadanos y ciudadanas. El último Eurobarómetro (2023) indica que para el 83 % de la población española la desinformación constituye un problema. Su influencia negativa se extiende a distintos ámbitos: el sanitario, el educativo, el científico, el económico, el político, el social o el cultural. La emergencia de nuevos conceptos como la posverdad, las fake news, los factcheckers, la infoxicación, etc., orien-

16 Cho, C. M., «Korea's Effort to Build Telecenters as a tool to Close the Digital Divide», in *Asian Development Bank*, vol. 23, 2004, pág. 2005.

17 GITR, *Global Information Technology Report*, World Economic Forum, 2022.

18 Bilbao-Osorio, B., Dutta, S. y Lanvin, B. «The global information technology report 2015», in *World Economic Forum,* Geneva, Cornell University, 2016.

tan sobre la relevancia de un nuevo fenómeno que, según algunos autores, ha de ser considerado como una problemática social de primer orden[19].

Hay constancia de que la vulnerabilidad al fenómeno de la desinformación está mediatizada por dos tipos de sesgo cognitivo: el personal y el social. Un ejemplo del primero sería prestar más atención a las noticias que coinciden con los propios intereses y, como ejemplo del segundo, podemos mencionar prestar más atención a informaciones vinculadas a nuestro sistema de creencias. Unidos a estos sesgos, se encuentran otros elementos que aumentan la susceptibilidad a la desinformación de determinados colectivos entre los que destacan la ausencia de pensamiento crítico, la exclusión digital, la falta de acceso a medios y canales de comunicación, el consumo rápido e irreflexivo de contenidos y la falta de formación en alfabetización informacional.

De lo anterior se puede inferir que las mujeres son especialmente vulnerables en los entornos digitales con consecuencias identificadas y denominadas como el sexismo digital[20] y la desinformación de género[21].

El Consejo Audiovisual de Cataluña[22] en uno de sus informes sobre las noticias falsas, señala que desde internet se producen más noticias e informaciones que perjudican la imagen de las mujeres a través de contenidos falsos elaborados de forma intencional, acompañados de manipulación y difusión de informaciones estereotipadas basadas en la sátira. A esta realidad se añade el hecho de que las rectificaciones y desmentidos sobre noticias falsas referidas a mujeres son menores. Esto genera un importante impacto social en la opinión pública que perjudica la imagen de las mujeres y, en consecuencia, la igualdad desde la perspectiva de género. Algunos autores hablan incluso de «guetos digitales»[23] y de espacios nocivos que afectan de forma especialmente negativa al género femenino[24].

---

19 Pal, A. and Banerjee, S., «Understanding Online Falsehood from the Perspective of Social Problem», en *Handbook of Research on Deception, Fake News, and Misinformation Online*, obra colectiva, Editores I. Chiluwa & S. Samoilenko, IGI Global, Hershey (EEUU), 2019, págs. 1-17.

20 Sobieraj, S., «Bitch, slut, skank, cunt: Patterned resistance to women's visibility in digital publics», in *Information, Communication & Society*, vol. 21, núm. 11, 2018, págs. 1700-1714. doi:10.1080/1369118X.2017.1348535.

21 Occeñola, P., «Fake news real women: Disinformation gone macho. When disinformation is weaponized against women, misogyny rears its ugly head», *Rappler*, 2018. Recuperado de https://bit.ly/35OkphW.

22 Consejo del Audiovisual de Cataluña, *Las fake news en Internet. El discurso de género*, 2018. Recuperado de https://bit.ly/33F4Jfy.

23 Johnson, T., Bichard, S. & Zhang, W., «Communication Communities or «CyberGhettos?»: A Path Analysis Model Examining Factors that Explain Selective Exposure to Blogs», in *Journal of Computer-Mediated Communication*, vol. 15, núm. 1, 2009, págs. 60-82.

24 Lewis, R. & Marwick, A., «Taking the Red Pill: Ideological Motivations for Spreading Online Disinformation», in *Understanding and Addressing the Disinformation Ecosystem,* Annenberg School for Communication, University of Pennsylvania, 2017, págs. 18-22.

2. Enfoque teórico-conceptual

Los cambios de contexto suponen efectos en todos los ámbitos sociales y aquellos generados en el seno de la sociedad digital requieren de esfuerzos para luchar por la igualdad de género dentro del mundo digital desde el ciberfeminismo[25] [26].

El concepto de desinformación es discursivo, controvertido y está sujeto a una evolución constante al ritmo de los vertiginosos avances sociales. Son numerosos los marcos conceptuales y teorías que se han planteado para su comprensión, con la particularidad de que a veces, incluso, llegan a ser contradictorios. Hay una dificultad añadida: la ausencia de un sustento empírico que determine las causas y efectos de la desinformación y las estrategias útiles para luchar contra ella.

Desde este capítulo apostamos por focalizar nuestro interés en un contexto: el rural y un colectivo vulnerable: las mujeres rurales, para fijar una perspectiva interseccional que considere las distintas variables que inciden en la desinformación de género en el medio rural. La suma de elementos que aumentan las situaciones de vulnerabilidad puede llevar a la multiexclusión.

Si bien el medio rural y especialmente sus municipios de menor tamaño suelen tener menos recursos, es preciso aunar esfuerzos y dirigirlos a empoderar a los colectivos y áreas más desfavorecidos. En una sociedad como la actual la conectividad es un elemento de inclusión o exclusión. Si a la brecha digital ya mencionada le sumamos la brecha de género, el resultado es una situación importante de desventaja para las mujeres que residen en hábitats rurales.

Un elemento central que ha permeado la desinformación y sus efectos nocivos en política, economía, valores, exclusión social y seguridad ha sido la saturación de información o infoxicación, especialmente a través de los canales de las redes sociales. La cantidad de noticias e informaciones consumidas al día limita su consumo crítico y responsable, especialmente entre los más jóvenes[27].

Parte de la literatura sobre la prevención de la desinformación se ha focalizado en la comprobación de noticias y contenidos. En cambio, es creciente el interés por una visión más holística que se oriente hacia la alfabetización

---

25 MOGHADDAM, R., *Struggle for Equality: From the constitutional revolution to cyber feminism with a focus on the role of new media in the women's movement in Iran* (Ph.D thesis), Berlin, Freie Universität Berlin, 2019.

26 MCADAMS, M., «Digital girl: cyberfeminism and the emancipatory potential of digital entrepreneurship in emerging economies», in *Small Business Economy*, 2020, págs. 1-14.

27 HERRERO CURIEL, E. y LA ROSA, B., «Los estudiantes de secundaria y la alfabetización mediática en la era de la desinformación», en *Comunicar: revista científica iberoamericana de comunicación y educación*, vol. 30, núm. 73, 2022, págs. 95-106.

mediática e informacional tomando en consideración las características de los distintos contextos socioculturales.

Por todo lo expuesto anteriormente, proponemos una alfabetización digital enfocada a los habitantes más jóvenes a través de la formación de los docentes rurales y, consecuentemente, de los efectos a corto y medio plazo en su alumnado.

El marco de competencias digitales europeo DigCompEdu dirigido a educadores puede ser un excelente referente para determinar las competencias a adquirir por los docentes, que les permitirán luchar contra la desinformación en general y contra la desinformación de género en particular. Simultáneamente, se empoderará al alumnado rural y se facilitará su inclusión al mundo digital al que estamos expuestos con las actitudes y habilidades necesaria para un uso crítico y responsable. Por tanto, es posible encontrar dentro de la cibercultura un enfoque formativo que profundice en aspectos como el pensamiento crítico, la democracia participativa, la educación en valores o la capacidad analítica y reflexiva como herramienta para combatir la desinformación.

IV. Relevancia de luchar contra la desinformación de género desde las escuelas rurales

Hay un importante consenso en la comunidad científica a la hora de identificar la educación como la clave de los cambios que es necesario acometer para mejorar muchos problemas sociales entre los que se encuentra la educación. La igualdad entre hombres y mujeres también ha de trabajarse desde las primeras etapas educativas para cambiar la construcción social del género, erradicar el patriarcado y construir una sociedad más igualitaria desde las generaciones más jóvenes[28].

Otros trabajos han propuesto la formación de profesionales docentes desde propuestas docentes apoyadas en la educación crítica y reflexiva, el empleo de lenguaje no sexista, la supresión de roles y estereotipos de género en el marco de una coordinación de todos los agentes educativos implicados en el proceso socializador[29].

La búsqueda de la igualdad de género efectiva entre géneros es una responsabilidad de la escuela y de la sociedad en general. Todos los niveles educativos han de preparar a sus estudiantes desde una prospectiva de futuro

28 Matarranz, M. y Ramírez, E., «Igualdad de género y Educación Superior: Retos por alcanzar en la Unión Europea», in *Education Policy Analysis Archives*, vol. 26, 2018, págs. 69-69.

29 Valdivieso Gómez, S., et al., «Educación y género en la formación docente en un enfoque de equidad y democracia», en *Democracia y educación en la formación docente*, Universitat Central de Catalunya, Barcelona, 2016, págs. 117-140.

desde los primeros cursos de Educación Infantil hasta la Educación Superior. La orientación hacia la consecución de una sociedad mejor desde la Universidad es considerada una responsabilidad ineludible por parte de diversos autores[30]. En la misma línea se sitúan otros trabajos sobre el papel del sistema educativo como transmisor de valores igualitarios entre géneros[31].

Los niveles de Educación Infantil y Educación Primaria son considerados como la base para que las niñas y niños interioricen un esquema de valores apoyado en conductas igualitarias entre géneros[32] y es ahí donde proponemos focalizar nuestra propuesta de intervención.

La alfabetización mediática digital requiere poner en valor las habilidades necesarias que se han de adquirir para ser competentes en el uso de las nuevas tecnologías y en la información que se genera y difunde. Lo deseable sería que todas las personas partieran con las mismas oportunidades a la hora de acceder al mundo digital, pero la realidad es que hay profundas desigualdades en el uso, acceso y gestión de la información que se consume, así como de su calidad y cantidad.

V. Conclusiones

La brecha digital no es exclusiva de países subdesarrollados en ninguna de sus variantes: de acceso, de uso y de calidad de uso. La brecha digital de acceso existe en España donde existen regiones con escasa o nula conectividad, especialmente áreas rurales. Más concretamente, según datos recientes existen 13 millones de hogares sin acceso o con una conexión deficitaria según Secretaría de Estado para el Avance Digital[33].

La brecha digital de uso tiene un componente interseccional; variables como el género, la edad, el nivel educativo o el municipio de residencia inciden en el uso de contenidos digitales.

La tercera tipología de brecha digital, la de calidad de uso, se refiere a las diferencias interpersonales e intergrupales en el manejo y optimización que se realizan de medios e informaciones digitales. Se trata por tanto de disponer de competencias para buscar, analizar, filtrar, investigar y gestionar los contenidos más idóneos en función de los gustos, necesidades e intereses.

30 Ballarín Domingo, P., «¿Se enseña coeducación en la Universidad?», en *Atlánticas– Revista Internacional de Estudios Feministas*, vol. 2, núm. 1, 2017, págs. 7-31.

31 Domínguez, Y. M., Gutiérrez Barroso, J., & Gómez Galdona, N., «Equidad, Género y Diversidad en Educación», in *European Scientific Journal, ESJ*, vol. 13, núm. 7, 2017, pág. 300.

32 Saenz del Castillo Velasco, A., Goñi Palacios, E., & Camuñas Llona, A., «La coeducación a debate. Representaciones sociales en el profesorado de educación infantil», en *Revista de Currículum y Formación del Profesorado*, vol. 23, núm. 2, 2018, págs. 463-484.

33 Ministerio de Asuntos Económicos y Transformación Digital. *Plan Nacional 5G,* Secretaría de Estado para el Avance Digital, 2020.

La globalización de los medios de comunicación de masas ha extendido de forma vertical y horizontal su consumo que se inicia cada vez a edades más tempranas (el 98 % de los menores entre 10 y 14 años dispone de un teléfono de última generación con conectividad a internet). Esta realidad implica una serie de consecuencias no deseadas enmarcadas en la Sociedad del Riesgo: ciberbullying, desinformación, fake news, sexting, grooming, estafas, suplantación de identidad digital, phishing, etc.

Además de la ampliación de la ventana etaria, paralelamente se ha producido un incremento de la intensidad temporal del consumo. Según la OCDE, en 2012 la media de consumo de contenidos de internet era de 21 semanales, mientras que 6 años después se disparó hasta 35 horas semanales y ha seguido ascendiendo desde entonces. UNICEF también se ha interesado por el efecto de la tecnología en los adolescentes, constatando, además de la intensificación del uso de internet con un uso generalizado del mismo, las redes sociales y numerosas aplicaciones, que es preciso alertar sobre los efectos de este consumo en la vida cotidiana y en el desarrollo personal[34].

Un informe de UNICEF revela que la edad de inicio del uso habitual de dispositivos móviles se encuentra actualmente a los 11 años, con un descenso progresivo en los últimos tiempos. Esta realidad contrasta con la falta de formación y madurez en estas franjas etarias para un consumo adecuado a su edad, intereses, conocimientos y habilidades, incrementando su debilidad y vulnerabilidad frente a factores de riesgo. La situación actual requiere de esfuerzos de toda la sociedad, focalizados en las familias y las escuelas. Desde los centros educativos se considera urgente incentivar la capacidad crítica y analítica y la urgencia de abordar curricularmente una alfabetización mediática e informacional que exceda los aspectos meramente instrumentales y abarque otras habilidades blandas[35]. Precisamente en esta línea se centra la propuesta de este capítulo.

Este notable aumento de uso demuestra que existe una necesidad formativa apremiante para que los estudiantes, como usuarios de redes de comunicación de masas, sean capaces de discernir entre la información a la que tienen acceso y la opinión, entre fuentes fiables y no fiables potenciando, entre otras habilidades, su capacidad crítica[36].

---

34 Andrade, B., Guadiz, I. & Rial, A., *Impacto de la tecnología en la adolescencia. Relaciones, Riesgos y Oportunidades*. UNICEF España, Madrid, 2021.

35 Osuna Acedo, S., Frau Meigs, D., & Marta Lazo, C., «Educación Mediática y Formación del Profesorado. Educomunicación más allá de la Alfabetización Digital», en *Revista Interuniversitaria de Formación del Profesorado,* vol. 91, 2018, págs. 29-42. Disponible en: https://bit.ly/3GwAhJB.

36 Pisa in Focus (Ed.), *¿Están preparados los jóvenes de 15 años para enfrentarse a las noticias falsas y a la desinformación?,* Ministerio de Educación y Formación Profesional, Madrid, 2021. Disponible en: https://bit.ly/3GxGjrB.

Organismos como la Comisión Europea y la ONU han venido insistiendo en la necesidad de introducir la alfabetización mediática e informacional en los distintos niveles de educación reglada a través de una competencia que sea medible. En este sentido, ha nacido en España una plataforma a favor de la Educomunicación que reivindica la relevancia de introducir en el sistema educativo español maestros especializados en Comunicación[37]. A estas iniciativas se unen otras investigaciones que enfatizan la urgencia de la formación del profesorado en alfabetización mediática y digital[38].

Si bien en este capítulo se realiza una propuesta referida a la alfabetización de los docentes para que ellos, a su vez, puedan formar a sus estudiantes, es preciso reconocer que la desinformación es un fenómeno tan amplio que requiere de la implicación de toda la sociedad y de todos los agentes. En el caso de las escuelas y la educación de generaciones futuras es esencial la colaboración con las familias. En esta línea, se requiere que las familias realicen una labor de educación y supervisión de los contenidos y dispositivos que usan sus hijos e hijas incentivándoles a un uso responsable de los mismos en cuanto a aspectos cualitativos (tipo de uso) y cuantitativos (tiempo de uso)[39].

El uso de Internet ha excedido el uso instrumental y académico siendo un pilar fundamental en las relaciones sociales entre jóvenes y adolescentes además de una potente herramienta de ocio. Además, muchos de estos usuarios y usuarias de corta edad se han erigido en productores de contenidos e informaciones través de canales de las redes sociales. La facilidad y laxitud de requisitos les permite crear blogs, vídeos, reels, historias, etc. y subirlos a plataformas como Instagram, TikTok, YouTube o Twitch. La ausencia de controles efectivos unida a la rapidez y grandes oportunidades de difusión condicionan que el uso e influencia de estos contenidos tengan efectos que están por determinar.

Hay datos alarmantes que refieren que un tercio de los adolescentes estarían realizando un consumo problemático de internet[40]. Estos datos se reducen a medida que aumenta la edad, pero siguen siendo preocupantes. En este trabajo no tenemos como objetivo indagar en las consecuencias de este consumo recurrente de internet que exceden nuestras pretensiones, pero sí

---

37 Marzal Felici, J., & Aguaded, I., *El sistema educativo español necesita Maestros expertos en Comunicación*, Manifiesto, 2021. Disponible en: https://bit.ly/3PAzUSi.

38 Martínez Izaguirre, M., Álvarez de Eulate, C. Y., & Villardón Gallego, L. M., «Aplicación de un análisis de importancia y realización de competencias para la identificación de prioridades en la formación docente», en *Revista de Educación,* núm. 393, 2021, págs. 97-128.

39 González Fernández, N., Ramírez García, A., & Salcines Talledo, I., «Competencia mediática y necesidades de alfabetización audiovisual de docentes y familias españolas», en *Educación XX1*, vol. 21, núm. 2, 2018, págs. 301-321.

40 Andrade, B., Guadiz, I., & Rial, A., *Impacto de la tecnología en la adolescencia. Relaciones, Riesgos y Oportunidades*. UNICEF España, Madrid, 2021.

se pretende contribuir a una capacitación del profesorado rural que, a su vez, forme a su alumnado para una mayor consciencia frente al uso responsable y crítico de las redes sociales y las tecnologías en general.

En definitiva, el mundo digital abre puertas a una cantidad ingente de información, pero los riesgos mencionados unidos a la gran cantidad de desinformación y noticias falsas evidencian la necesidad de una alfabetización digital y mediática que permita un uso y gestión responsable de los medios digitales y de las informaciones que se crean, gestionan, producen y reproducen a través de ellos.

La desinformación es un problema de gran impacto social en la sociedad actual que no sólo afecta al ámbito periodístico, sino a todos los ciudadanos, aunque, tal y como se ha mostrado en este capítulo, afecta más a zonas como las rurales y, dentro de ellas, de forma más intensa a colectivos vulnerables como las personas mayores y las mujeres —que han centrado nuestra atención—. La propuesta de incentivar la alfabetización digital desde las escuelas rurales pretende crear una sociedad más igualitaria y resiliente desde la base formativa de las generaciones futuras.

VI. Bibliografía

Aladi, *La Brecha Digital y sus Repercusiones en los Países Miembros de la Asociación Latinoamericana de Integración*, Asociación Latinoamericana de Integración, Brasil, 2003.

Andrade, B., **Guadiz, I.** y **Rial, A.**, *Impacto de la tecnología en la adolescencia. Relaciones, Riesgos y Oportunidades*, UNICEF España, Madrid, 2021.

Ballarín Domingo, P., «¿Se enseña coeducación en la Universidad?», en *Atlánticas– Revista Internacional de Estudios Feministas*, vol. 2, núm. 1, 2017, págs. 7-31.

Bautista Marco, P., «El papel de los neorrurales en los procesos de desarrollo local de las áreas periurbanas en España. Un estudio de caso: Monachil (Granada)», en *Gentes que vienen y van: estudios en torno a las migraciones: ayer, hoy, mañana,* Editorial Universidad de Granada, 2020, págs. 277-293.

Bilbao-Osorio, B., **Dutta, S.**, y **Lanvin, B.**, «The global information technology report 2015», in *World Economic Forum, Geneva*, Cornell University, 2016.

Borodina, O., **Prokopa, I.**, **Kyryziuk, S.** y **Yarovyi, V.**, «Rural Areas Development Fund as a Financial Instrument for Spatial Justice in Land Use and Sustainable Rural Development», in *Accounting & Finance/Oblik i Finansi*, núm. 89, 2020, págs. 122-130.

Castells, M., «A Sociology of Power: My Intellectual Journey», in *Annual Review of Sociology*, núm. 42, vol. 1, 2016, págs. 1-19.

Castells, M., «El impacto de Internet en la sociedad: una perspectiva global», en *C@mbio*, núm. 19, 2014, págs. 127-149.

Cejudo, E., & **Navarro, F.**, *Neoendogenous development in European rural areas*, Springer International Publishing, 2020.

Cho, C. M., «Korea's Effort to Build Telecenters as a tool to Close the Digital Divide», in *Asian Development Bank*, vol. 23, 2004, pág. 2005.

Cohen, D., *Tres lecciones sobre la sociedad postindustrial*, Katz Editores, 2007.

Consejo del Audiovisual de Cataluña, *Las fake news en Internet. El discurso de género*, 2018. Disponible en: https://bit.ly/33F4Jfy.

Domínguez, Y. M., **Gutiérrez Barroso, J.** y **Gómez Galdona, N.**, «Equidad, Género y Diversidad en Educación», in *European Scientific Journal, ESJ*, vol. 13, núm. 7, 2017, pág. 300.

Fernández Quispe, G. M., **Nina Ayaviri, V.** y **Vargas Maldonado, R.**, «Participación de los actores en el desarrollo local en entornos rurales», en *Revista de ciencias sociales*, vol. 24, núm. 3, 2018, págs. 62-82.

García Sanz, B., «En defensa de la Sociedad rural: la movilidad entre el lugar de residencia y el lugar de trabajo», en *Encrucijadas: Revista Crítica de Ciencias Sociales*, núm. 6, 2013, págs. 26-29.

GITR, *Global Information Technology Report*, World Economic Forum, 2022.

Gómez, S., «¿Nueva ruralidad? Un aporte al debate», en *Estudos Sociedade e Agricultura*, núm. 1, 2013, págs. 5-32.

González Fernández, N., **Ramírez García, A.**, & **Salcines Talledo, I.**, «Competencia mediática y necesidades de alfabetización audiovisual de docentes y familias españolas», en *Educación XX1*, vol. 21, núm. 2, 2018, págs. 301-321. https://doi.org/10.5944/educxx1.16384.

Herrero Curiel, E. y **La Rosa, B.**, «Los estudiantes de secundaria y la alfabetización mediática en la era de la desinformación», en *Comunicar: revista científica iberoamericana de comunicación y educación*, vol. 30, núm. 73, 2022, págs. 95-106.

Johnson, T., **Bichard, S.** & **Zhang, W.**, «Communication Communities or «CyberGhettos?»: A Path Analysis Model Examining Factors that Explain Selective Exposure to Blogs», in *Journal of Computer-Mediated Communication*, vol. 15, núm. 1, 2009, págs. 60-82.

Kay, C., «Estudios rurales en América Latina en el periodo de globalización neoliberal: ¿una nueva ruralidad?», en *Revista Mexicana de Sociología*, núm. 71, 2009, págs. 607-645.

Lewis, R. & **Marwick, A.**, «Taking the Red Pill: Ideological Motivations for Spreading Online Disinformation», en *Understanding and Addressing the Disinformation Ecosystem,* Annenberg School for Communication, University of Pennsylvania, 2017, págs. 18-22.

Martínez Izaguirre, M., **Álvarez De Eulate, C. Y.** y **Villardón Gallego, L. M.**, «Aplicación de un análisis de importancia y realización de competencias para la identificación de prioridades en la formación docente», en *Revista de Educación,* núm. 393, 2021, págs. 97-128.

Marzal Felici, J. y **Aguaded, I.**, *El sistema educativo español necesita Maestros expertos en Comunicación*, Manifiesto, 2021. Disponible en: https://bit.ly/3PAzUSi.

Matarranz, M. y **Ramírez, E.**, «Igualdad de género y Educación Superior: Retos por alcanzar en la Unión Europea», in *Education Policy Analysis Archives*, vol. 26, 2018, págs. 69-69.

Mcadams, M., «Digital girl: cyberfeminism and the emancipatory potential of digital entrepreneurship in emerging economies», in *Small Business Economy*, 2020, págs. 1-14. doi: https://doi.org/10.1007/s11187-019-00301-2.

Menou, M. J., «La alfabetización informacional dentro de las políticas nacionales sobre tecnologías de la información y comunicación (TICs): la cultura de la información, una dimensión ausente», en *Anales de documentación*, núm. 7, 2004, págs. 241-261.

Ministerio de Asuntos Económicos y Transformación Digital. *Plan Nacional 5G,* Secretaría de Estado para el Avance Digital, 2020.

Moghaddam, R., *Struggle for Equality: From the constitutional revolution to cyber feminism with a focus on the role of new media in the women's movement in Iran* (Ph.D thesis), Berlin, Freie Universität Berlin, 2019.

Morales Romo, N., «La articulación entre escenarios digitales y Justicia Social para los escolares y personas mayores del medio rural», en *Prisma Social*, núm. 18, 2017, págs. 278-308.

Occeñola, P., «Fake news real women: Disinformation gone macho. When disinformation is weaponized against women, misogyny rears its ugly head», *Rappler*, 2018. https://bit.ly/35OkphW.

Osuna Acedo, S., **Frau Meigs, D.** y **Marta Lazo, C.**, «Educación Mediática y Formación del Profesorado. Educomunicación más allá de la Alfabetización Digital», en *Revista Interuniversitaria de Formación del Profesorado,* vol. 91, 2018, págs. 29-42. Disponible en: https://bit.ly/3GwAhJB.

Pal, A. y **Banerjee, S.**, «Understanding Online Falsehood from the Perspective of Social Problem», en *Handbook of Research on Deception, Fake*

News, and Misinformation Online, obra colectiva, Editores I. Chiluwa & S. Samoilenko, IGI Global, Hershey (EEUU), 2019, págs. 1-17.

Pisa in Focus (Ed.), *¿Están preparados los jóvenes de 15 años para enfrentarse a las noticias falsas y a la desinformación?,* Ministerio de Educación y Formación Profesional, Madrid, 2021. https://bit.ly/3GxGjrB.

Pisani, E. y **Micheletti, S.**, «Capital social y desarrollo rural», en *Pensamiento y Acción Interdisciplinaria*, vol. 4, núm. 2, 2018, págs. 44-59.

Saenz del Castillo Velasco, A., **Goñi Palacios, E.** y **Camuñas Llona, A.**, «La coeducación a debate. Representaciones sociales en el profesorado de educación infantil», en *Revista de Currículum y Formación del Profesorado*, vol. 23, núm. 2, 2018, págs. 463-484.

Salemink, K., **Strijker, D.** y **Bosworth, G.**, «Rural development in the digital age: A systematic literature review on unequal ICT availability, adoption, and use in rural areas», in *Journal of Rural Studies*, núm. 54, 2017, págs. 360-371.

Sobieraj, S., «Bitch, slut, skank, cunt: Patterned resistance to women's visibility in digital publics», in *Information, Communication & Society*, vol. 21, núm. 11, 2018, págs. 1700-1714. doi:10.1080/1369118X.2017.1348535.

Valdivieso Gómez, S., *et al.*, «Educación y género en la formación docente en un enfoque de equidad y democracia», en *Democracia y educación en la formación docente*, Universitat Central de Catalunya, Barcelona, 2016, págs. 117-140.

CAPÍTULO XVIII

LA POÉTICA TRANSFRONTERIZA DE LUZ PICHEL: APROXIMACIONES A *ALÉN ALÉN* (2021)[1]

Helena Pagán Marín
Personal Investigador en Formación (FPU)
Universidad de Salamanca

I. Introducción

Luz Pichel nace en el año 1947 en Alén, una aldea situada en la provincia gallega de Pontevedra. Allí crece y se relaciona afectivamente con un paisaje que, pese a desdibujarse con su marcha a Madrid a finales de su etapa universitaria[2], siempre ocupará el centro de su obra poética; conformada, hasta la fecha, por los poemarios *El pájaro mudo* (1990), *La marca de los potros* (2004), *Casa pechada* (2006), *Cativa en su lughar/casa pechada* (2013), *CO CO CO U* (2017), *Tra(n)shumancias* (2017), *Alén Alén* (2021).

1 Esta investigación ha podido realizarse gracias a la financiación del programa de contratos predoctorales FPU del Ministerio de Innovación, Cultura y Deporte del Gobierno de España (FPU21/05633) y forma parte de los resultados de investigación del GIR Tecnología y Poder en el Pensamiento y las Letras (TePPeL) de la Universidad de Salamanca.

2 Pichel ha desarrollado su carrera profesional en Madrid, donde reside desde que marchó por amor en su última etapa universitaria. Allí continuó sus estudios y desarrolló casi el total de su obra poética, *vid.* TEIXEIRO, L. «Conversa á sombra con Luz Pichel», en *Madrygal. Revista de Estudios Gallegos*, núm. 19, 2016.

La traducción poética del castrapo[3] —castellano hablado por los lugareños de Galicia— constituye uno de los bienes materiales más reseñables y diferenciadores de su obra, pero también uno de los mayores logros inmateriales de su literatura, pues con ella logra desenterrar los rasgos lingüísticos de un pueblo que vivió «desde el XIX y el Rexurdimento hasta nuestros días, siendo fruto de burla y humillación tanto por el Estado central como por las clases cultas de las capitales de provincia gallegas»[4] para construir su memoria, incapaz de archivo por parte del medio historiográfico.

Repárese en los siguientes testimonios de la autora, donde, por un lado, resume su relación con la poesía y, por otro, los problemas que rondaron la toma de contacto con el gallego natal, principal motor de su escritura:

> Quero que a través do poema se saiba de qué lado estou (unha fronteira é un lado?), como pronuncio a palabra «augha», en que contexto poño a palabra «pan». Importa a memoria, a colectiva; moi especialmente porque hai unha lingua nosa e máis un mundo contido nela que non queremos borrar[5].

> Cuando aprendí mi lengua galega aprendí también que era una lingua proibida, tancat, forbida, y que valía para bien poco. Ni siquiera se podía escribir con ella más que en el suelo, a las abuchadas. Así que las cartas de la mamá que venían de caracas via ermail estaban en castelá, pero un castelán bien malo que llamaban ruin, lingua paleta, castrapo[6].

A los aspectos citados: ruralidad, oralidad, y conciencia de sitio atendemos en nuestra investigación, con el objetivo de demostrar que la errancia lingüística y el paisaje deslindado también pueden traducir y acoger la memoria de un territorio, Alén, que encuentra en Pichel a su primera arqueóloga. Si bien su último poemario publicado será nuestro principal objeto de estudio, en ocasiones acudiremos al caudal simbólico del resto de su poética con el fin de terminar de referir y delimitar algunos de los rasgos idiosincráticos que conforman y fundamentan una de las voces más interesantes y desatendidas por la crítica literaria del panorama poético español del siglo XXI.

---

3 Ibidem, pág. 259.

4 Morales, L., «CO CO CO U. El amor es lindo, el amor es linde», en *Oculta Lit* núm. 27, 23 de enero de 2018, s/p.

5 Pichel, L. «Luz Pichel. Poeta galega», en *eLyra: Revista da rede internacional lyracompoetics*, núm. 11, junio de 2018, págs. 311-312.

6 Spain Frankfurt 2022. «Luz Pichel: Literatura de frontera», [Vídeo] YouTube, 0:06-0:35 min. Disponible en: https://lc.cx/ZFWndD.

II. Performar la frontera o alteraciones lingüístico-poéticas al orden dado: Luz Pichel en el paisaje de su tiempo

> Si tempero, arraigas, si membrillo, aromas, si cierzo, tiritas. Di berro, ortiga, di bálago, acebal. No niegues la palabra amor, tampoco entrega ni prodigio, ni tú. Ahora bien, antes de escribirlas, hazlas.
>
> ***Fermín Ferrero***

Hablar es situarse, escribir es situarse, y, tras estas dos acciones, una serie de elecciones conscientes: desde dónde, hacia qué y por qué razones operamos sobre la realidad; en virtud de qué nos dirigimos hacia algo, condicionados por quiénes. El filósofo Michel Foucault desentrañó el armamento ideológico del dispositivo de enunciación logocéntrica en *El orden del discurso*, conferencia inaugural pronunciada el 2 de diciembre de 1970 en El Collège de France, con motivo de su aceptación de la cátedra de historia de los sistemas de pensamiento, hasta entonces ocupada por Jean Hyppolite. Foucault inicia su intervención formulando una hipótesis que desarrollará a lo largo de su obra y que acompañará, como problemática común, el pensamiento posestructuralista del periodo:

> Supongo que en toda sociedad la producción del discurso está a la vez controlada, seleccionada y redistribuida por cierto número de procedimientos que tienen por función conjurar sus poderes y peligros, dominar el acontecimiento aleatorio y esquivar su pesada y terrible materialidad[7].

Interceptar, deteniéndolas, las errancias de la lengua e ignorar que la palabra es escritura son los puntos que quiere denunciar el filósofo francés, quien no renuncia en su intervención a la posibilidad de comprometerse discursivamente con aquellas faltas o ausencias instituidas por el orden del discurso: «en lugar de ser aquel de quien procede el discurso, yo sería más bien una pequeña *laguna* en el azar de su desarrollo»[8]. Con la voz «laguna», Foucault identifica aquellas formulaciones lingüísticas que resultan inclasificables y extrañas en tanto no legibles desde el punto de vista logocéntrico, esto es, en tanto partícipes de un modo de decir distinto de aquel que estructura y delimita nuestro régimen cotidiano de enunciación: el alfabetismo, definido por la poeta madrileña María Salgado como «esa ideología de trueque regular que ordena nuestro modo letrado de entender la escritura, nuestro modo letrado de leer el mundo»[9]. En este sentido, la escritura del filósofo estaría

---

7 Foucault, M., *El orden del discurso*, Tusquets Editores, Buenos Aires, 1973, pág. 14.

8 Ibidem, pág. 11

9 Salgado, M. *El momento analírico: poéticas constructivistas en España desde 1964*, en Biblos-e Archivo. Repositorio de la Universidad Autónoma de Madrid, 2014, pág. 49.

abierta a «un modo de relacionarse con ciertos vacíos intuidos, vitales, identitarios, históricos»[10]. Palabras que la poeta e investigadora Alba Cid asigna a la obra de Pichel y que situarían a ambos pensadores en la misma pregunta por el papel del lenguaje en la (con)formación de nuestro mundo.

En la estela deconstructiva de Foucault y otros posestructuralistas del periodo como Roland Barthes, cuya reivindicación fue «reconvocar en el fenómeno de la escritura el concurso de la mano, del ojo y del oído»[11], se sitúa Luz Pichel, quien ensaya en su obra los intersticios lingüísticos entre el castellano y el gallego y arma con ellos una poética transfronteriza. En todos los poemarios citados advertimos el riesgo formal de su escritura, constituida por palabras abiertas, tartamudas, inconclusas; fonemas que bostezan y se estiran; onomatopeyas y entrecruzamientos idiomáticos como gesto lingüístico que performa la diglosia. En definitiva, procedimientos y alteraciones ortotipográficos que, entre muchos otros juegos de orden sintáctico, enfatizan el carácter material de la(s) habla(s) cotidiana(s) y hacen de la poesía un *lughar o lugariño*, como reza el último poemario de Iago González[12]. Y decimos *lughar* porque Pichel concibe la poesía como ese espacio «sin inscripción en los registros, sin trascendencia en los sistemas de representación»[13] donde es posible reflexionar sobre las lenguas minorizadas. Atiéndase a los recursos formales que ensayan los siguientes versos, así como a sus estrategias de insonorización semántica, esto es, a sus maneras de interrumpir la traducción exacta y transparente que simula el orden comunicativo:

> Se fija una corteza de roble en la lengua
> la lengua gruesa
> es la herdancia propia
> del lugar
> lo de legar[14].

Este juego con la materialidad lingüística conecta a Pichel con la empresa literaria que, en los años 60, reunió y convocó a los New American Poets, a quienes ya se refirió la poeta en alguna ocasión; concretamente, a uno de sus cauces: el Movimiento L-A-N-G-U-A-G-E[15]. Pero, además del plano sintáctico, Pichel también problematiza e interviene la dimensión semántica del

10 Cid, A., «Variaciones del *lughar*», en *Nayagua. Revista de poesía,* núm. 27, febrero de 2018, pág. 228.

11 *Vid*. op. cit. Salgado, M. *El momento analírico: ...*, pág. 46.

12 González, I., *O lugariño,* Chan da Pólvora, Santiago de Compostela, 2022.

13 Cid, A., «Variaciones del *lughar*», en *Nayagua. Revista de poesía* núm. 27, febrero de 2018, pág. 231.

14 Pichel, L. *Alén Alén,* 2021, La uÑa RoTa, Segovia, pág. 16.

15 Pichel, L. «Luz Pichel. Poeta galega», en *eLyra: Revista da rede internacional lyracompoetics*, núm. 11, junio de 2018, pág. 312.

texto mediante el uso polisémico de ciertas voces. Véase el desdoblamiento funcional del término «eras» —como sustantivo y como verbo— en torno al que giran los siguientes versos:

> saltar más alto tú saltabas más largo los regueros Dagua los vallados las eras la donicela trepadora de setos la comadrita y entonces ya de esas brumosas escribías cosas grillerías y tontunas con el palo en la tierra no es ruin el que por miedo calla o se retrae es medroso eras en las eras la tarambana títere reina volante del brinco de achaques desprovista[16].

Además de lo expuesto, este último fragmento vuelve especialmente visible el juego de encadenamientos significantes que atraviesa su obra, así como la importancia de la yuxtaposición en sus poemas: un rasgo esencialmente oral, prototípico del habla cotidiana, frente a la subordinación de la escritura. Repárese en que esta forma de hacer vínculo a través del recurso fonético y sonoro es mucho menos prescriptiva que aquella otra vía gramatical y jerarquizada —esencialmente masculina— de crear historia.

III. Luz Pichel en el paisaje de su tiempo

El riesgo y la riqueza formal de Luz Pichel —difícilmente equiparable a los de otros autores coetáneos— hacen que su obra ocupe un lugar inclasificable y prácticamente único en el archivo poético de principios de siglo, de ahí que hayamos decidido relacionarla con la de aquellos pensadores que, entre los años 60 y 70, llevaron a juicio el carácter naturalizado del régimen lingüístico. Sin embargo, lo expuesto no implica que la poética de la gallega se encuentre huérfana de diálogos. En su estela, o caminando a un compás parecido, encontramos las voces de María Salgado (Madrid, 1984)[17] y Ángela Segovia (Las Navas del Marqués, 1987), con quienes la poeta gallega piensa y colabora en el marco del Seminario Euraca, y con las cuales edifica un complejo lingüístico en español para su obra.

Una de esas primeras construcciones compartidas fue *Casa pechada,* poemario que conoció una traducción al español gracias al ejercicio de intervención ortofonética ejecutado por Salgado en *Casa pechada/Variaciones do lugar* (2013), quien extiende su diálogo con la poeta gallega hasta el epílogo de *CO CO COU* (2017), poemario publicado en edición bilingüe castrapo-na-

16 Ibidem, pág. 37.

17 En las dedicatorias a su tesis doctoral, *El momento analírico,* Salgado se refiere a Pichel como «la poeta más valiente de todos nosotros». Apunte que resulta especialmente relevante si se conoce el compromiso con la materialidad y la sonoridad poéticas desjerarquizantes que sostiene y desarrolla la poeta madrileña en su escritura. SALGADO, M. *El momento analírico: poéticas constructivistas en España desde 1964*, en Biblos-e Archivo. Repositorio de la Universidad Autónoma de Madrid, 2014, s/n.

vero gracias Al ejercicio de traducción de Segovia[18]. Las sinergias entre las tres autoras se inician en el Seminario Euraca; sin embargo, terminan de formarse en La uÑa Rota: casa editorial que acoge sus obras en la colección «Libros inútiles».

Por otra parte, las voces de Lola Nieto (Barcelona, 1985)[19], Laia López Manrique (Barcelona, 1982) y Sara Torres (Gijón, 1991) también se construyen en la extranjería: dudan del código, se afanan en la errata, convierten la dicción un tránsito *hacia* y moldean la estructura sintáctica heredada arriesgando su orden heteropatriarcal, «homosocial»[20], para *otrearse* en el poema. En este entramado genealógico de los primeros 2000 —todavía en construcción— podríamos situar —con todas las salvedades y singularidades de su escritura— la obra de Pichel.

Además de las afinidades referidas, si a esta genealogía sumásemos otra de orden esceno(gráfico), no podríamos dejar de referir la antología *Raíces* (2017), —o más bien antilogía, como reza el catálogo de su editorial de publicación Ya lo dijo Casimiro Parker— conformada por poemas de Francisca Aguirre, Luisa Castro[21] y Amalia Bautista; quienes, junto a Pichel, comparecen en la escritura para inscribir en el espacio aquellos cuerpos que han sido confinados a la subalternidad —cuerpos rurales, cuerpos agorafóbicos, cuerpos movidos por voces jergadas; esto es, cuerpos minorizados. Junto a ellas, cabe destacar su vinculación con otras voces señeras de la poesía

18 Por navero entendemos la variedad dialectal del castellano rural de Navas del Marqués, pueblo del que es oriunda Ángela Segovia. Tan interesante es el ejercicio de intervención lingüística ensayado por la poeta gallega y traducido por Segovia que, pese a que dichos trasvases todavía no han sido atendidos por la crítica literaria, ya han sido objeto de estudio dentro del ámbito de la traductología. *Vid.* Rodríguez Vega, R., «Traductología y contacto de lenguas en el espacio ibérico. Análisis de las autotraducciones al castellano de cuatro escritores gallegos: Álvaro Cunqueiro, Eduardo Blanco Amor, Manuel Rivas y Luz Pichel», en *Ao Encontro das Línguas Ibéricas*, obra colectiva, coordinadores Ana Rita Carrilho, Francisco Fidalgo Enríquez, Ignácio Vázquez Diéguez, Paulo Osório y Tamara Flores Pérez, LusoSofia: Press, Covilhã, 2018, págs. 269-294.

19 Se remite al conversatorio entre Lola Nieto y Luz Pichel que tiene lugar en el marco de podcasts «Prosa Escueta», del que Nieto participa, en calidad de anfitriona, junto a Nares Montero y Adriana Bañares. Montero, N., Nieto, L. y Bañares, A. «Alquimia - Luz Pichel», Temporada 1, Episodio 5, [Audio] Spotify, julio de 2012. Disponible en: https://lc.cx/yp-FRK_.

20 Para Eve Sedgwick, la «homosocialidad» se concibe como un tipo de vía relacional que intensifica y refuerza los intereses masculinos. Sedgwick, E. Between Men: English Literature and Male Homosocial Desire, Nueva York, Columbia University Press, 1985.

21 La vinculación entre Castro y Pichel antecede a las primeras publicaciones de la poeta lalinense, incluso podríamos decir que activa el pulso de su escritura: «Tiven a grandísima sorte de empezar a escribir con intención de publicar, de descubrir a actitude de poeta despois de coñecer a Luísa Castro, cando ela tiña 18 aniños. E eu tiña 40. [...] Até entón, por razón persoais, escribía para min, para gardalo, para tiralo, sen ningunha confianza» Teixeirol, L. «Conversa á sombra con Luz Pichel», en *Madrygal. Revista de Estudios Gallegos*, núm. 19, 2016, pág. 259.

gallega de los 90, como Lupe Gómez u Olga Novo, ya señalada por la poeta e investigadora Alba Cid[22].

A la luz de estas afinidades discursivas, geolocalizamos la voz de Pichel en *Alén Alén,* una voz consciente de su cuerpo —mujer de 70 años— con la intención de hacer explícita una memoria que no imposta su caída ni cubre sus vacíos, sino que emplea su condición y teje un orden malformado de los hechos. Este es el enclave del libro, que encuentra su aliento y su fuerza en otras formas de contar. En definitiva, su escritura se abre y dirige al otro antes de cerrarse gráficamente en libro. Con estas palabras lo expone en una entrevista concedida a *Madrygal. Revista de Estudios Gallegos* «A min non me importa nada compartir. É mais, eu leo os poemas á xente antes de estar publicados; dinme cousas que entendo e valoro. Non teño esa cousa da obra»[23]. Esto explica que hablar de la poética de Pichel conlleve, en parte, hablar de una escritura abierta a las interlocuciones.

IV. «Voces desde la ciudad sitiada»: paisajes del corazón en *Alén Alén* (2021)

había una ciudad por construir
una ciudad
sin conjunción
sin enunciado ni sintagma
ni sol ni proposición
saliendo del fundido en negro había
había una ciudad por construir al otro
lado del diente de oro de la reina
Luz Pichel
No por insertar el cardo en el surco del verso
el verso se hará rural

Sergio Raimondi

Alén Alén —voz que en gallego refiere «el más allá» o «más allá»— nos introduce en un espacio mítico: una aldea de 3000 habitantes en la que se habla una lengua minorizada, doliente, el castrapo. Para construir la historia poética de este territorio, Pichel se sitúa en una posición doblemente transfronteriza: por un lado, en el espacio interlingüístico que se abre entre el castrapo y el castellano, y por otro, en el umbral que separa el mundo de

22 Cid, A., «Variaciones del lughar», en *Nayagua. Revista de poesía* núm. 27, febrero de 2018, pág. 231.

23 Teixeirol, L. «Conversa á sombra con Luz Pichel», en *Madrygal. Revista de Estudios Gallegos*, núm. 19, 2016, pág. 257.

los vivos y de los muertos. He aquí su afán lingüístico de memoria histórica: articular el relato subterráneo de Alén y con ello reconstruir, por un lado, una historia política de migraciones, es decir, de barcos rumbo a Maracaibo que se llevan a mujeres que son madres y, por otro, una historia económica atravesada por el negocio del estraperlo y la venta de wolframio.

Lo expuesto se acompaña de una reivindicación de la memoria material e inmaterial de su tierra, extraída de quehaceres cotidianos como el canto de las lavande(i)ras en el río o el cultivo de patatas, el cual funciona muchas veces como enraizamiento, frente a los barcos que representan la migración. A este respecto, es especialmente interesante su reflexión sobre la cultura humanística que reside en tejer una cesta, en cantar una copla, en remediarse las enfermedades con vino. Repárese en los siguientes poemas, particularmente reseñables en el libro por servir de contenedor significante a dos motivos que atraviesan, repetidas veces, toda la obra de Pichel y traducen el corazón de su poética, reconocible en la belleza cotidiana del elemento «menor». Hablamos del trabajo agrícola y de la patata como significantes genealógicos:

> Leda m'ande eu que tengo cinco años soy una niña y pelo las patatas no soy ninguna donicela inútil que a ti no tú no tú cargas la hierba tú que soy niña preparo las patatas de la simiente para aprender a imaginar el ataque de los xabaríns y la defensión de lo propio[24].
>
> —pones las patatas tas
> En el surco co
> Con mucho oficio
> Para que quepan todas las muñecas cas
> Las hijas que les luego salen a las patatas madres [...][25].

La conexión de su obra con la tierra de Alén la vincula a otras poéticas que hacen de la tierra su objeto de enunciación, el centro en torno al que orbitan las palabras. *Celebración* (2017), de Gonzalo Hermo y *Atlas* (2019), de Alba Cid son claros ejemplos de poemarios de altura que problematizan el lugar de inscripción. A este respecto, el testimonio de Pichel es clave, pues responde a una relación con la tierra que ha intervenido en prácticamente el total de los órdenes de su vida, especialmente el económico, el político y el emocional:

> Se eu falo da terra non é casualidade: gastei todos os cartos que tiña en restaurar esta casa, en pasar un verán aquí, encerrada nestas catro paredes, onde a xente coa que falo, na súa lingua de toda a vida, é a xente de aquí, coa que fun á escola[26].

24 Pichel, L., *Alén Alén*, 2021, La uÑa RoTa, Segovia, pág.73.

25 Pichel, L. *Alén Alén*, 2021, La uÑa RoTa, Segovia, pág. 84.

26 Teixeirol, L. «Conversa á sombra con Luz Pichel», en *Madrygal. Revista de Estudios Gallegos*, núm. 19, 2016, pág. 259.

El territorio funciona, para la poeta, como enclave lingüístico. Son recurrentes las referencias a zonas como el Val do Deza[27], el Monte do Candán, el Puente de Ventas[28], así como a distintos nombres y personajes circunscritos a ellas: Mónica la recolectora, Pepa la Loba o las ya citadas lavanderas. Sin embargo, a diferencia de la fácil identificación espacial de su obra, el tiempo se hace múltiple y confuso en su escritura y los hechos, en su ordenación, se confunden. Estas coordenadas de enunciación tienen una clara explicación política —ya referida anteriormente—: nunca ocultar las condiciones materiales del agente que formula, la voz y el recuerdo desde el que se construye formalmente el poema. Una voz de 70 años «que se dibuja torpe, titubeante, entrecortada, menor de clase y de lugar, última en la jerarquía, mujer mayor, desprovista de poder»[29]. Así explicitaba la gallega la postura ética de su poesía: «Lo mío es un posicionamiento político en defensa de las lenguas pobres»[30].

Por todo lo expuesto, no sería raro referirnos a su obra como la consolidación de una poética de la mala escritura, «analfabeta», tal y como la define Salgado[31], en tanto no partícipe de la instrumentalización lingüística. Transcribir las formas de habla de su aldea conlleva abrirse a la oralidad y a la acentuación gráfica, ignorar el signo saussureano y el canjeo semántico de la comunicación para ofrecer una escritura matérica, atenta a los procesos de formación del mundo gallego rural:

> percibimos la voz como ajenando ¿no será también será que el tramo estruja la travesía? quizás deletrear algo más nidio clarear lo turbio[32].

> todas las oratorias dejan en la bruma un rengloncito a medias en la bruma lo dejan y se van[33].

Alén Alén se vuelve así un archivo de formas y dejes lingüísticos —pura escritura en el sentido *barthesiano* de la palabra— poco frecuentes en la historia poética española, y se convierte en un lugar de extrañamiento para convocar y «cuidar los ritmos que nos de antiguo contienen»[34]. Tal vez por eso frente al yoísmo neorromántico que todavía arrastra, desproblematizado,

---

27 PICHEL, L. *Alén Alén,* 2021, La uÑa RoTa, Segovia, pág. 136.

28 Ibidem, pág. 21.

29 PICHEL, L. *CO CO CO U*, La uÑa RoTa, Segovia, 2017, pág. 65.

30 FANJUL, S. C. «Luz Pichel: «La idea de la limpieza y la unidad de la lengua es imperialista. Nadie habla mal»», en *El País,* 8 de octubre de 2022, s/p.

31 SALGADO, M. *El momento analírico: Una historia expandida de la poesía en España de 1964 a 1983,* 2023, Akal, Barcelona.

32 PICHEL, L. *Alén Alén,* 2021, La uÑa RoTa, Segovia, pág. 25.

33 Ibidem, pág. 25.

34 Ibidem, pág. 30.

la lírica hispánica contemporánea, Pichel enuncie desde un nosotros lugareño, desde un nosotros espacial que demanda su sitio en la historia y en la escritura:

> somos tres mil aldeas despobladas el mundo anda adorido y no quiere saber por qué se emburujaron las castañas y las nueces este año no lo quiere saber sólo una caminada duró el amparo lo dijiste[35].

Esta problematización de los pronombres, del exceso de yoes en la poesía española contemporánea y del afán de absorción literaria y de lugar, se hace patente en este poema, que logra su fuerza estilística en el paralelismo, la sinestesia y la reiteración, para problematizar estos lugares de enunciación y ofrecer una lectura política del territorio:

> el nogal nació hace setenta y cinco años
> hace doscientos años
> hace dosmiles
> hace docemiles
> hace miles de miles de miles de años
> y aún es nogal
>
> tú no
> porque tú pides mapa bandera continente
> pierdes el tiempo territorial y breve como eres
> y en el camino se te despista
> el tú [...][36].

En palabras de Salgado, «la operación no consiste en estabilizar una representación estereotipada de un habla que existe en el mundo, sino de hacer existir un mundo en poemas que (incluso) colaboren en la existencia de subjetividades que al leer o recibir el (efecto del) texto puedan reconocerse, desconocerse, sentirse parte, transformarse»[37]. Por otra parte, en un gesto de deserción culturalista, antinovísima y antielitista, Pichel atenta contra el oscurecimiento semántico del poema, que para ella se construye y adquiere su densidad poética en la problematización formal; en el ensayo, arriesgado e inquieto, de su forma:

> a ti te gustaría que dijera vergel dijera parterre pero creo que voy a decir sembrado[38].
> un día dijo don maría la de Ríos: espeta el puntero en el tejo o punteiro y lo espetamos

35 Ibidem, pág. 30.

36 Ibidem, pág. 40.

37 Pichel, L., *CO CO CO U*, La uÑa RoTa, Segovia, 2017, pág. 61.

38 Pichel, L., *Alén Alén,* 2021, La uÑa RoTa, Segovia, pág. 17.

después dijo: ahora espeta el punteiro en la memoria y volvíamos a espetar el puntero
en el tejo[39]

Hablamos, pues, de una poética situada. Una escritura que convoca al lector desde un «mío decir» que se construye por choques e intercepciones enunciativas, que arma su edificio significante en la dubitación; que explora, en definitiva, nuevos caminos para el lenguaje. Palabras migradas de sí, viajadas, extrañas en su reconocimiento semántico.

V. Conclusiones

La norma gramatical, regida y signada por la referencialidad —traducción exacta de la palabra en el mundo— es incapaz de asumir los usos lingüísticos de Pichel: que no son usos, sino aconteceres del lenguaje, aperturas, fugas, desvíos de la lengua en su camino trazado hasta el signo. Al tiempo que exhibe la expansión del orden lingüístico conocido, la obra poética de Pichel rompe con la lectura maniquea y sesgada de Galicia como nación sentimental, «on s'ha generat un imaginari basat en el mite dels gallecs com a éssers nostàlgics que viuen en harmonia amb el paisatge i que experimenten emocions gairebé innates, com la morriña»[40]. Tal y como insiste Pons, sirviéndose de los argumentos de Miguélez Carballeira[41]: «tot plegat [...] conforma un estereotip colonial ambigu que, en englobar tant els discursos del despertar nacional de Galícia com els del centralisme espanyol antiperifèric, ha servit funcions polítiques contradictòries»[42].

En este sentido, *Alén Alén* es una respuesta política a un sistema literario que tiende a homogeneizar la polivalencia de sus discursos; un ejemplo de recuperación de dejes y de nombres que nos revela que desde la dicción es posible traducir un mundo: su memoria material y simbólica, sus tramos de historia sin relato. Para alcanzar una sociedad inclusiva que repare —no solo en el sentido de atender, sino también de modificar, curar, arreglar lo que estaba mal— las ausencias de nuestro mapa político y emocional, es preciso acercarse a miradas y voces enraizadas como la de la escritora gallega. Voces situadas que problematizan la lengua y sus lógicas maniqueas de enunciación dando cuenta de un espacio y de un tiempo distintos a los representados.

39 Ibidem, pág. 56.

40 Pons, M. «Poetes emprenyats: possibilitats i reptes del gir afectiu en la interpretació de textos literaris», *Els Marges,* núm. 100, 2016, pág. 24.

41 Miguélez Carballeira, H. *Galicia, a Sentimental Nation. Gender, Culture and Politics*, University of Wales Press, Cardiff, 2013.

42 Pons, M. «Poetes emprenyats: possibilitats i reptes del gir afectiu en la interpretació de textos literaris», *Els Marges,* núm. 100, 2016, pág. 24.

VI. Bibliografía

Cid, A., «Variaciones del *lughar*», en *Nayagua. Revista de poesía* núm. 27, febrero de 2018.

Fanjul, S. C. «Luz Pichel: «La idea de la limpieza y la unidad de la lengua es imperialista. Nadie habla mal»», en *El País,* 8 de octubre de 2022, s/p.

Fernández Salgado, M., *El momento analírico: Una historia expandida de la poesía en España de 1964 a 1983*, 2023, Akal, Barcelona.

Foucault, M., *El orden del discurso*, Tusquets Editores, Buenos Aires, 1973.

González, I., *O lugariño,* Chan da Pólvora, Santiago de Compostela, 2022.

Miguélez Carballeira, H., *Galicia, a Sentimental Nation*, Gender, Culture and Politics, University of Wales Press, Cardiff, 2013.

Montero, N., **Nieto, L.** y **Bañares, A.** «Alquimia - Luz Pichel», Temporada 1, Episodio 5, [Audio] Spotify, julio de 2012.

Morales, L., «CO CO CO U. El amor es lindo, el amor es linde», en *Oculta Lit* núm. 27, 23 de enero de 2018, s/p.

Pichel, L. «Luz Pichel. Poeta galega», en *eLyra: Revista da rede internacional lyracompoetics*, núm. 11, junio de 2018, págs. 311-314.

Pichel, L. *CO CO CO U*, La uÑa RoTa, Segovia, 2017.

Pichel, L. *Alén Alén,* La uÑa RoTa, Segovia, 2021.

Pons, M., «Poetes emprenyats: possibilitats i reptes del gir afectiu en la interpretació de textos literaris», en *Els Marges,* núm. 100, 2016, págs. 10-33.

RAE. «laguna», en *Diccionario de la lengua española,* definiciones 1 y 3, s.f.

Rodríguez Vega, R., «Traductología y contacto de lenguas en el espacio ibérico. Análisis de las autotraducciones al castellano de cuatro escritores gallegos: Álvaro Cunqueiro, Eduardo Blanco Amor, Manuel Rivas y Luz Pichel», en *Ao Encontro das Línguas Ibéricas*, obra colectiva, coordinadores Ana Rita Carrilho, Francisco Fidalgo Enríquez, Ignácio Vázquez Diéguez, Paulo Osório y Tamara Flores Pérez, LusoSofia: Press, Covilhã, 2018, págs. 269-294.

Salgado, M. *El momento analírico: poéticas constructivistas en España desde 1964*, en Biblos-e Archivo. Repositorio de la Universidad Autónoma de Madrid, 2014, s/n.

Sedgwick, E. Between Men: English Literature and Male Homosocial Desire, Nueva York, Columbia University Press, 1985.

Spain Frankfurt 2022. «Luz Pichel: Literatura de frontera», [Vídeo] YouTube, 0:06-0:35 min.

Teixeiro, L. «Conversa á sombra con Luz Pichel», en *Madrygal. Revista de Estudios Gallegos*, núm. 19, 2016, págs. 255-261.

CAPÍTULO XIX

EL PAPEL DE LA MUJER EN LA IDENTIDAD RURAL: LAS MUJERES COMO FIJADORAS DE POBLACIÓN AL TERRITORIO

Marta Pastora Fernández Bustamante
Grupo Interdisciplinar de Estudios Rurales y Urbanos
Universidad de Málaga

I. Introducción

Para LARRUBIA *et al*[1] el despoblamiento rural es un problema actual cuya tendencia persiste, no sólo por la permanencia de flujos del éxodo rural más o menos contenidos, sino especialmente porque el modelo de movilidad natural actual constituye un factor de riesgo para las pequeñas poblaciones muy vulnerables por los efectos de una trayectoria de emigración y declive prolongados.

Esta realidad ha hecho que, en los últimos tiempos, la preocupación por el reto demográfico ligado al envejecimiento y la despoblación haya calado hondo tanto en la sociedad civil como en las instituciones y administraciones públicas (nacionales e internacionales). Todo este proceso se conoce como éxodo rural.

---

1 LARRUBIA VARGAS, R. y NATERA RIVAS, J. J., «Desequilibrios demográficos en los municipios rurales malagueños. Tipificación según su crecimiento y dinámicas natural y migratoria», en *XX Coloquio de Geografía Rural de la AGE*, 2016, pág. 1.

En el caso de España, este éxodo rural se originó a partir de los años 50 a causa de la fuerte industrialización que sufrió el país y de la mecanización del trabajo agrario, haciendo que no fuera necesaria tanta mano de obra agrícola. En el año 1950, la población rural en España era de 9,8 millones de personas, suponiendo casi un 35 % de la población total.

A partir de este proceso de industrialización unido a un crecimiento generalizado a nivel mundial de la población además de un aumento de las medidas sanitarias y avances sociosanitarios, la población española aumentó de manera exponencial, pasando de 28,2 millones de personas en la década de los 50, a 34 millones en los años 70.

Aun así, no se puede hablar de la misma situación a nivel rural, ya que la población disminuyó en este mismo período de 9,8 a 7,7 millones. Así, entre 1981 y 1991, en las áreas rurales la población disminuyó un 0,7 % anual, y entre 1991 y 2001 lo hizo en un 0,4 %. En el conjunto de esas dos décadas, las zonas urbanas continuaron ganando población, si bien a un ritmo menor que durante la etapa más intensa de la despoblación rural. Así, en la primera década el número de habitantes aumentó un 0,5 % y en la segunda lo hizo en un 0,7 %, con un crecimiento sin precedentes de los flujos de inmigración a partir de 1997[2].

No fue hasta el año 2001 cuando esta tendencia comenzó a cambiar, y la población rural comenzó a aumentar poco a poco, pero, en comparación con la población urbana, este crecimiento era muy bajo, y se mantuvo hasta el 2011, donde volvió a disminuir de manera exponencial.

Son varias las causas que provocaron este éxodo, pero sí que está claro quien salió más perjudicado del mismo; las mujeres y la gente joven. Por ello, en este trabajo se va a poner en valor el papel que han jugado diferentes generaciones de mujeres rurales en el desarrollo de sus territorios.

II. Marco conceptual

Dentro del marco conceptual, se van a tratar 3 temas principales que serán los conductores del siguiente trabajo: el concepto de rural, de género e identidad territorial.

Para SÁNCHEZ ZAMORA[3], el concepto de rural ha evolucionado a concepto de territorio como construcción social, entendido como un espacio caracte-

2 GUTIÉRREZ, E. *et al*, «The spatial distribution of population in Spain: an anomaly in European perspective», en *Documentos de Trabajo del Banco de España*, núm. 2028, 2020, pág. 12.

3 SÁNCHEZ ZAMORA, P., «La noción de resiliencia en el análisis de las dinámicas territoriales rurales: Una aproximación al concepto mediante un enfoque territorial», en *Cuadernos de Desarrollo Rural*, 2016, pág. 5.

rizado por sus recursos específicos (recursos territoriales), con los que los actores locales (agentes territoriales) interaccionan a través del establecimiento de acuerdos institucionales para acometer procesos de transformación y desarrollo orientados a resolver un problema común que ha sido previamente identificado (construcción social del territorio).

Además, hay otras formas de definir lo rural, que pueden ser:

- Desde la oposición a lo urbano. Lo rural es todo aquello que no es urbano. Lo urbano es definido esencialmente por tres criterios:
  a) La densidad del espacio habitado.
  b) La concentración de la población.
  c) La diversificación y concentración de las actividades económicas.
- Desde un enfoque sociológico. Se define la vida rural a partir de criterios socioculturales relativos a sistemas de valores, modos de vida y de consumo, etc. Se trata de un enfoque centrado esencialmente en las características de la población.
- Desde un enfoque económico. Se define la ruralidad principalmente en términos de la estructura económica. Así, se considerarán rurales los espacios en los que exista un porcentaje elevado de la población que se dedique a la actividad agraria.

En cuanto al género, es necesario definir este concepto ya que es una de las bases de esta investigación. Según la OMS «el género se refiere a los conceptos sociales de las funciones, comportamientos, actividades y atributos que cada sociedad considera apropiados para hombres y las mujeres. Las diferentes funciones y comportamientos pueden generar desigualdades de género, es decir, diferencias entre los hombres y las mujeres que favorecen sistemáticamente a uno de los dos grupos. A su vez, esas desigualdades pueden crear inequidades entre ambos».

Para finalizar, se podría decir que la identidad se configura como una realidad dinámica que hace referencia a determinados hechos cruciales para los seres humanos como el saber quiénes somos, o quiénes somos frente a otros. Así, y en este sentido, la identidad se articula también como una frontera, pero la identidad no sólo separa, sino que también une, de hecho, es la unión la que genera la diferencia[4].

4 Tilley Bilbao, C., *Antropología e identidad. Reflexiones interdisciplinares sobre los procesos de construcción identitaria del siglo XXI*, FIFIED, Barcelona, 2014.

III. Las mujeres en el entorno rural español en números

En lo que acontece a la temática del trabajo, es imprescindible hablar de las mujeres en el entorno rural español, debido a la relevancia que estas tienen, además de cuantificar con datos su papel en los pueblos.

Según BUSTAMANTE, PADILLA y REQUENA[5]: «las mujeres han jugado y juegan un papel fundamental en el desarrollo sostenible del medio rural. Suponen un 48,9 % de la población de las zonas rurales y ejercen funciones de vital importancia para el mantenimiento de la sociedad rural en el territorio». A pesar de esto, siguen siendo las que menos decisiones toman en sus propios territorios, y tienen menor relevancia.

En España, las personas que viven en municipios con menos de 10.000 habitantes suponen un 21 % del total nacional, con lo que el peso relativo es muy bajo, por lo que en muchas ocasiones no se les tiene en cuenta. Si se desglosan estos datos, se puede observar en la tabla 1, que las mujeres solo suponen un 9.5 % de ese total.

Tabla 1: Población en el entorno rural español.

Hombres y mujeres que viven en municipios de menos de 10.000 habitantes en España			
	Hombres	Mujeres	Total
Viven en municipios de menos de 10.000 habitantes	5022654	4827623	9850277
Total	23012804	23562620	46584724
Porcentaje	11,83 %	9,49 %	21,15 %

Fuente: elaboración propia a partir de datos extraídos del censo de 2021.

Lo que, si cabe destacar, es el hecho de que, a pesar de ser un porcentaje ínfimo, la mayoría de la población que vive en el entorno rural es, en mayor o menor medida, masculina. Y esto puede ser debido a:

- Imposición de las tareas de cuidados hacia otros familiares.
- Masculinización del sector primario, predominante en las zonas rurales.
- Falta de acceso a la titularidad de las explotaciones.

5 BUSTAMANTE RUEDA, C., PADILLA ROMERO, L., y REQUENA TORO, M. V., «Antropología de un pueblo de los montes de Málaga: Casabermeja», en LÓPEZ GARCÍA, E. y FERNÁNDEZ MARTÍN, A. (Coords.) y MARTÍNEZ ENAMORADO, V. (Dir.), *Casabermeja, un lugar en la historia*, Diputación Provincial de Málaga, Casabermeja, 2015, pág. 642.

Debido a estos factores y derivado de la unión de estos, las mujeres en mayor proporción con respecto a los hombres deciden emigrar de las zonas rurales a las ciudades.

Según Rico González[6]: «la emigración femenina se entiende como un proceso de ajuste del mundo rural, carente del dinamismo que estaba transformando los roles económicos y sociales en toda Europa y cuyo sector principal, la agricultura, estaba atravesando un proceso de mejoras técnicas y expulsando, a su vez, mano de obra».

Además, algunos autores analizan esta emigración como selectiva, ya que afecta en mayor proporción a mujeres jóvenes, no solo por las razones anteriormente expuestas sino por la sobrecualificación que caracteriza a la población joven en general.

Referente a la primera razón, es un hecho que, en las zonas rurales, las mujeres tengan que asumir los cuidados de las personas dependientes de sus familias, haciendo que no puedan ejercer otra actividad que no sea esa, haciendo que muchas decidan mudarse a grandes ciudades donde estos roles no están tan definidos.

Según Martín Cano[7]: «Tradicionalmente la necesidad de cuidados ha estado gestionada y garantizada por las familias, más concretamente por las mujeres del núcleo familiar, lo que se conoce como «apoyo informal». Estas tareas se han venido desarrollando en función de un riguroso reparto de responsabilidades, a través del cual a las mujeres se les ha asignado el ámbito doméstico, con escaso o nulo reconocimiento social, mientras que a los hombres se les ha reservado el espacio público». Esto deriva en que su labor no se vea reconocida, ya que se asume que ellas deben de adquirir ese rol desde temprana edad, afectando incluso a su relación con el mundo laboral.

Esto unido a la anteriormente mencionada sobrecualificación, hace que muchas de ellas decidan emigrar a otros lugares, generalmente a las ciudades, ya que allí no tienen que ejercer su papel de cuidadoras y sí que pueden trabajar de aquello para lo que se han formado.

En cuanto a las actividades económicas, en el entorno rural español, el sector que prevalece es el primario, es decir, la ganadería y la agricultura. El contexto actual en el que se encuentra el sector agrario dentro de las zonas rurales es, por tanto, algo paradójico: la crisis por un lado y la tecnificación, por otro, han supuesto que las exigencias de mano de obra sean muchos menores que en otros tiempos, con lo que la posibilidad de generar empleo es casi nula. Pero a la vez, las políticas de desarrollo rural preconizan que no

6 Rico González, M., «La contribución económica de la mujer al desarrollo del medio rural de Castilla y León, un análisis aplicado al turismo rural», en *Anales de estudios económicos y empresariales*, núm. 19, 2009, págs. 257-290.

7 Martín Cano, M. D., «El trabajo de cuidados. Una realidad aún latente», en *Congreso virtual sobre la historia de las mujeres,* 2016, págs. 1-2.

es posible ni aconsejable desligar las actividades agrarias de las estrategias globales de desarrollo, ya que la agricultura sigue conformando la base económica de luchas de las zonas rurales de España[8].

Según datos del Instituto Nacional de Estadística (INE), en el cuarto trimestre de 2020, la población activa en la agricultura rondaba el 0,2 % en lugares como Madrid o Barcelona, mientras que provincias como Almería, Badajoz o Murcia marcaban datos del 23,7 %, 12,3 % y 10,6 %, respectivamente.

Este hecho supone una evidente desigualdad entre las provincias urbanas y las rurales, provocando que las últimas sostengan todo el peso del sector primario en España; un sector que, históricamente, viene dominado por los hombres. Ambas actividades todavía tienen una cantidad moderada de mujeres trabajando, estando el trabajo femenino fuertemente terciarizado, ya que la mayoría de ellas tiende a tener trabajos bastante precarios dedicados mayormente al cuidado de otras personas o a la limpieza, lo que termina de confirmar ese rol de cuidadora, tanto en su vida personal como en la profesional.

Además, hay que sumar el hecho de que, en las zonas rurales, la tasa de ocupación masculina es mucho mayor que la femenina, derivando en que las mujeres decidan no trabajar o ir a otras zonas a buscar trabajos, normalmente ciudades cercanas o capitales de comarca.

Por último, un factor para tener en cuenta es la titularidad de las tierras de cultivo. La vía más común por la cual las mujeres acceden a esta es por herencia, aunque la mayoría de las veces estas se dejan a los varones, quedándose ellas con otras propiedades. Esto cambió hace poco con la aparición de la creación de la Ley 35/2011, de 4 de octubre, sobre Titularidad Compartida de las Explotaciones Agrarias, cuyos objetivos son:

- Profesionalizar la actividad agraria de las mujeres.
- Mejorar la participación femenina en las organizaciones agrarias.
- Visibilizar el trabajo de las mujeres en las explotaciones agrarias.
- Fomentar la igualdad y mejorar la calidad de vida en el medio rural.
- Ayudar al asentamiento de la población rural.

Por todo esto, y por el conjunto de cambios que experimenta el entorno rural y permite hablar de una nueva ruralidad, la política regional ha tenido que replantear sus esquemas para adaptarse a una nueva realidad, desde el momento que el objetivo de desarrollo rural adquiere nuevas connotaciones, de forma paralela a la propia noción de ruralidad[9].

---

8 Rico González, M., «La contribución económica de la mujer al desarrollo del medio rural de Castilla y León, un análisis aplicado al turismo rural», en *Anales de estudios económicos y empresariales*, núm. 19, 2009, págs. 257-296.

9 Nieto Figueras, C., *Las empresarias rurales malagueñas. La respuesta de las mujeres al mercado laboral,* Servicio de publicaciones de la Universidad de Málaga, Málaga, 2004, págs. 23-24.

Aun así, hay otros aspectos no cuantificables que se deben de tener en cuenta a la hora poner en valor el papel que juega la mujer rural en su territorio, por lo que será necesario nombrarlos y ponerlos en valor.

IV. Mujer rural = cohesor territorial

Para DEMATTEIS y GOVERNA[10] «la interacción entre agentes y lugares (entre actores y territorio) se construye mutuamente en un proceso complejo en el que se entrelazan diversas concepciones del territorio, una concepción de tipo administrativo, una concepción unida a la pertenencia natural dada a los lugares y una concepción 'constructivista' del territorio, visto como construcción social´ que crea la identidad local en función y con relación a la acción colectiva de los agentes». Esta última idea va ligada a «la concepción de territorio y de la identidad local como construcción social orientada a la acción».

Por ello, se puede decir que el territorio lo construyen las personas, y en el caso del entorno rural, lo construyen las mujeres, ya que es un hecho la fuerte implicación del género femenino en las transformaciones pasadas y futuras del entorno rural.

Las mujeres son a la vez artífices y receptoras de los procesos de cambios en el medio rural. Ellas han estado y están en el centro de este, y lo han hecho actuando, desplegando claras estrategias de género tendentes a aumentar sus cuotas de participación y poder social[11]. Esto las convierte en una pieza clave dentro de la cohesión territorial.

FERNÁNDEZ y PEDREGAL[12] definen la cohesión territorial como «un principio para las actuaciones públicas encaminadas al logro de objetivos como crear lazos de unión entre los miembros de una comunidad territorial (cohesión social) y favorecer su acceso equitativo a servicios y equipamientos (equidad/justicia espacial), configurar un auténtico proyecto territorial común (identidad) partiendo del respeto a la diversidad y a las particularidades, articular y comunicar las distintas partes del territorio y romper las actuales tendencias hacia la polarización y desigualdad entre territorios (de la Unión Europea o de España) aprovechando las fortalezas y rasgos inherentes de cada uno de ellos. Se trata, además, de buscar la cohesión o

10 DEMATTEIS, G. y GOVERNA, F., «Territorio y territorialidad en el desarrollo local. La contribución del modelo Slot», en *Boletín de la Asociación de Geógrafos Españoles,* núm. 39, 2005, págs. 10-11.

11 SAMPEDRO GALLEGO, R., *Género y ruralidad. Las mujeres ante el reto de la desacralización,* Instituto de la mujer, Madrid, 1996, pág. 544.

12 FERNÁNDEZ TABALES, A. y PEDREGAL MATEOS, B., «El concepto de cohesión territorial. Escalas de aplicación, sistemas de medición y políticas derivadas», en *Madrid: Boletín de la Asociación de Geógrafos Españoles*, núm. 50, 2009, págs. 157-172.

coherencia interna del territorio, así como la mejor conectividad de dicho territorio con otros territorios vecino».

En muchos de los casos estudiados en el entorno rural, es común encontrar que la mayoría de los núcleos familiares se conciben como grandes matriarcados, sociedades a pequeña escala dirigidas por mujeres donde ellas tienen total poder de decisión, y en las cuales muchas de ellas se encuentran realizando tanto trabajos dentro como fuera del hogar, cosa que en la mayoría de las ocasiones no se ve reconocido ni de forma económica ni de forma social.

Además, el rol de cuidadoras, mencionado anteriormente, que se les ha sido impuesto desde temprana edad, hace que, con el paso de los años, tiendan a pensar que su familia es su obligación y que no puedan abandonarla por algún motivo u otro. Y es que, a pesar de ser ellas las gestoras económicas de sus casas, muchas no tienen un poder real de decisión sobre otros aspectos, por lo que a pesar de que aparentemente se habla de matriarcado, no es más que una acción derivada del machismo que sigue impregnando a la sociedad.

No es solamente eso lo que hace que ellas sean las cuidadoras sino que, normalmente, ellas no son las herederas de explotaciones agrícolas, si no de las propias viviendas familiares.

También es sabido que todo esto ha derivado en lo que se puede denominar sororidad, la cual es definida por la Real Academia Española (RAE) como *la solidaridad entre mujeres, especialmente ante situaciones de discriminación sexual y actitudes y comportamientos machistas.* A raíz de esto surge el mayor ejemplo de cohesión que se puede encontrar en el entorno rural, las asociaciones de mujeres.

1. Asociacionismo femenino

Se puede entender a una asociación de mujeres como a una agrupación de habitantes de un lugar, generalmente de género femenino, cuyo objetivo principal es crear sinergias en un territorio.

El asociacionismo femenino tiene su base legal en la ya mencionada anteriormente Ley Orgánica 1/2002, de 22 de marzo, reguladora del Derecho de Asociación, más conocida como Ley de Asociaciones, que supone el desarrollo del derecho de asociación recogido en el artículo 22 de la Constitución Española. Esta ley, cuya última modificación se produjo en el año 2011, aboga por un funcionamiento interno democrático, obliga a las asociaciones a dotarse de unos estatutos, establece las obligaciones contables que deberán de cumplir y le otorga el derecho a recibir subvenciones bajo determinadas premisas, entre otras muchas cosas.

Las redes locales de mujeres, al permitirles organizarse en torno a intereses comunes, ocupar espacios públicos y desplegar estrategias de acción colectiva, se forman además como un instrumento básico para la participación ciudadana y el cambio social en la esfera pública[13].

En España, según el Ministerio de Igualdad, hay más de 1000 asociaciones de mujeres rurales, con lo que se puede afirmar que las mujeres rurales quieren estar unidas y cooperar entre ellas.

Según SÁNCHEZ-MUROS y JIMÉNEZ RODRIGO[14], las asociaciones de mujeres se caracterizan por el predominio de las asociaciones de «mujeres amas de casa» 31.7 %), seguido por las asociaciones denominadas a sí mismas como «mujeres rurales» (12.4 %), «mujeres por la igualdad» (11.9 %) y «para mejorar la condición de las mujeres» (9.9 %).

Las actividades principales que llevan a cabo las asociaciones de mujeres hoy en día son:

- Culturales: suelen organizar tanto viajes como salidas culturales para que las mujeres puedan disfrutar de ocio y tiempo libre, además de crear lazos de conexión las unas con las otras, siendo para muchas de ellas una de las pocas oportunidades que tienen de acceder a esto.
- Formativas: muchas asociaciones se ponen en contacto y colaboran con algunas administraciones como los Grupos de Desarrollo Rural o los ayuntamientos, para ofrecer a sus socias formación en algunos aspectos, desde cursos para aprender a usar de mejor manera las TICs, pasando por talleres de empoderamiento o de salud sexual.
- Lugar de dispersión: muchas de ellas organizan talleres semanales para tener unas horas a la semana en la que conversar con sus amigas y vecinas, donde normalmente organizan meriendas y hacen actividades manuales, como croché o punto entre otras.

Otro aspecto también a destacar de estas asociaciones es su cercanía y colaboración con las diferentes administraciones, especialmente las locales, ya que en ellas recaen muchas de las actividades de ocio que se hacen los municipios, desde organizar grandes comidas para fines solidarios, pasando por gestionar diversas actividades para toda la población.

Por ello, las asociaciones de mujeres son concebidas por las socias como herramientas para la participación social y cultural, siendo los motivos relacionados con la socialización y el salir de casa los que llevan a una gran parte de las mujeres a asociarse.

---

13 MURILLO, S., y RODRÍGUEZ, R., «Ciudadanía activa. Asociacionismo de mujeres», en *Consejo de la Mujeres de la Comunidad de Madrid*, 2003, págs. 10-12.

14 SÁNCHEZ-MUROS, S. P. y JIMÉNEZ RODRIGO, M. L., «Mujeres rurales y participación social: análisis del asociacionismo femenino en la provincia de Granada (España)», en *Cuadernos de Desarrollo Rural,* núm. 10, vol. 72, 2013, págs. 223-242.

2. Otros papeles de las mujeres en el sector rural

Además de las asociaciones de mujeres, hay otras muchas mujeres que intervienen de una manera u otra en el desarrollo de las sociedades rurales.

- Maestras rurales: la educación es un sector fuertemente feminizado, en el cual la mayoría de las trabajadoras son mujeres. Las docentes de los entornos rurales no solo tienen el papel de profesoras, sino que también fomentan la identidad rural dentro de las aulas, por lo que también hay que tenerlas en cuenta.
- Madres y abuelas: son sin duda las mayores cohesionadoras de personas a un territorio, ya que numerosos estudios afirman que son las propias familias las que hacen que muchas personas decidan quedarse o no en sus pueblos de origen. Asumen, sin duda, uno de los roles más complicados de todos, ya que intentan mantener a la familia unida no solo física sino metafóricamente.

Por todo esto, se puede afirmar que las mujeres tienen un fuerte papel cohesionador dentro del territorio.

V. Conclusiones

PRIMERA. - Las mujeres constituyen un factor de cohesión territorial a todos los niveles, sobre todo en el entorno rural, ya que se muestran más participativas en procesos de participación tanto social como profesional.

SEGUNDA. - La sociedad rural está sustentada por el esfuerzo y trabajo tanto remunerado como no por parte de las mujeres.

TERCERA. - La gran mayoría de las mujeres del territorio rural español cuentan con formación para optar a mejores puestos de trabajo.

CUARTA. - Las asociaciones de mujeres junto con las administraciones locales son una de las mayores fuentes de sinergias que existen en los territorios rurales, ya que crean iniciativas que surgen del mismo territorio y que son capaces de resolver por sí mismas con un poco de ayuda institucional.

VI. Bibliografía

Bustamante Rueda, C., **Padilla Romero, L.**, y **Requena Toro, M. V.**, «Antropología de un pueblo de los montes de Málaga: Casabermeja», en *Casabermeja, un lugar en la historia*, Arastipi ediciones, Casabermeja, 2014, págs. 605-652.

Dematteis, G. y **Governa, F.**, «Territorio y territorialidad en el desarrollo local. La contribución del modelo Slot», en *Boletín de la Asociación de Geógrafos Españoles,* núm. 39, 2005, págs. 10-11.

Fernández Tabales, A. y **Pedregal Mateos, B.**, «El concepto de cohesión territorial. Escalas de aplicación, sistemas de medición y políticas derivadas», en *Boletín de la Asociación de Geógrafos Españoles*, núm. 50, 2009, págs. 157-172.

Gutiérrez, E., *et al*, «The spatial distribution of population in Spain: an anomaly in European perspective», en *Documentos de Trabajo del Banco de España*, núm. 2028, 2020.

Larrubia Vargas, R. y **Natera Rivas, J. J.**, «Desequilibrios demográficos en los municipios rurales malagueños. Tipificación según su crecimiento y dinámicas natural y migratoria», en *XX Coloquio de Geografía Rural de la AGE*, 2016, págs. 1-2.

Martín Cano, M. D. «El trabajo de cuidados. Una realidad aún latente», en *Congreso virtual sobre la historia de las mujeres,* 2016, págs. 1-2.

Murillo, S., y **Rodríguez, R.**, «Ciudadanía activa. Asociacionismo de mujeres», en *Consejo de la Mujeres de la Comunidad de Madrid*, 2013, págs. 10-12.

Nieto Figueras, C., *Las empresarias rurales malagueñas. La respuesta de las mujeres al mercado laboral,* Servicio de publicaciones de la Universidad de Málaga, Málaga, 2004.

Rico González, M., «La contribución económica de la mujer al desarrollo del medio rural de Castilla y León, un análisis aplicado al turismo rural», en *Anales de estudios económicos y empresariales*, núm. 19, 2009, págs. 257-296.

Sampedro Gallego, R., *Género y ruralidad. Las mujeres ante el reto de la desacralización,* Instituto de la mujer, Madrid, 1996.

Sánchez-Muros, S. P. y **Jiménez Rodrigo, M. L.**, «Mujeres rurales y participación social: análisis del asociacionismo femenino en la provincia de Granada (España)», en *Cuadernos de Desarrollo Rural,* núm. 10, vol. 72, 2013, págs. 223-242.

Sánchez Zamora, P. «La noción de resiliencia en el análisis de las dinámicas territoriales rurales: Una aproximación al concepto mediante un enfoque territorial», en *Cuadernos de Desarrollo Rural*, vol. 14, núm. 77, 2016, págs. 93-116.

Tilley Bilbao, C., «Antropología e identidad. Reflexiones interdisciplinares sobre los procesos de construcción identitaria del siglo XXI», *FIFIED*, Barcelona, 2015.

CAPÍTULO XX

ACTIVIDADES DE DIVULGACIÓN, FORMACIÓN, INVESTIGACIÓN Y SENSIBILIZACIÓN EN EL MARCO DE LA CÁTEDRA INTERUNIVERSITARIA ANTIDESPOBLACIÓN AVANT-GVA EN LA UNIVERSIDAD DE ALICANTE

Antonio Martínez-Puche
Director Cátedra -AVANT-GVA[1]
Universidad de Alicante

Salvador Martínez Puche
Profesor Asociado
Universidad de Murcia[2]

SUMARIO: I. Introducción. II. Catedra interuniversitaria AVANT, antidespoblación, de la Generalitat Valenciana (GVA). *1. Creación de la Cátedra Interuniversitaria AVANT-GVA.* III. Actividades realizadas por la cátedra AVANT-GVA de la Universidad de Alicante. IV. La ficción audiovisual como factor de análisis de la despoblación rural desde la cátedra AVANT-GVA (UA). V. Conclusiones. VI. Bibliografía.

1 Responsable de la Cátedra Interuniversitaria AVANT (Agenda Antidespoblamiento) en la Universidad de Alicante (UA), impulsada desde la Generalitat Valenciana con la participación de las otras cuatro universidades públicas de la Comunidad Valenciana: UJI, UPV, UV y UMH.

2 Miembro del proyecto de investigación «Problemas y publicos mediatizados: emociones y participación (grupo despoblación)» (REF PID2021- 123292OB-I00). Programa estatal de I+D+I. Proyectos de generación de conocimiento, convocatoria 2021.

I. Introducción

La despoblación se ha convertido en un tema de relevancia mediática, socioeconómica y política en España. Desde las administraciones públicas locales, autonómicas, estatales y europeas se han ido adoptando medidas desde hace más de tres décadas, como la Iniciativa Comunitaria LEADER, tendentes a reducir o remediar algunas consecuencias perjudiciales de este proceso migratorio muy localizado, pero que participa cada vez más de la globalización. Un proceso mediatizado en los últimos años en España, pero que ha estado presente durante muchas décadas. Asimismo, la movilización de distintos grupos y partidos de la denominada «España vaciada» en las provincias de Teruel, Soria y Ávila, por ejemplo, han provocado una creciente aspiración reivindicativa y una notable visibilidad. Otros elementos, acrecentados si cabe aún más por la pandemia de la COVID-19, han favorecido, en sentido contrario, pequeños flujos de población urbana hacia zonas rurales de españoles e inmigrantes procedentes de otros países.

También el cine, por su parte, ha contribuido a crear, consolidar o modificar imágenes e imaginarios sobre realidades que, bajo el tamiz de la ficción, adquieren un valor epistemológico e interpretativo muy útil para analizar e intentar comprender el tiempo, los lugares y las circunstancias en las que se ha rodado y difundido[3]. Esto también ha conformado un objeto de estudio en investigaciones y formaciones.

En los últimos años se han impulsado algunos proyectos, desde la iniciativa privada, como el liderado por la *Asociación Pueblos con Futuro* para revitalizar la España vaciada y en peligro de despoblación. Este colectivo identifica familias refugiadas y migrantes interesadas en vivir en el medio rural y las conecta con pequeñas localidades que buscan incrementar su población y ofrecen a cambio oportunidades laborales[4]. También desde la iniciativa pública como la Cátedra Interuniversitaria AVANT Antidespoblación de la Generalitat Valenciana.

Asimismo, el proyecto dirigido por los investigadores Luis Camarero y Rosario Sampedro (2020) bajo la denominación *Crisis e inmigración en el medio rural de Castilla y León: escenarios socioterritoriales para el arraigo de los inmigrantes y la sostenibilidad social de las áreas rurales* (CSO2015-67525-R, MINECO/FEDER), que forma parte de la Red de Excelencia Iso-Rural (CSO2016-61728-REDT), plantea unas conclusiones destacadas al respecto. En efecto la despoblación de los espacios rurales ya era en los primeros años

3 Martínez Puche, S. y Martínez-Puche, A., «La comedia y la despoblación: un análisis discursivo, contextual y axiológico a través de la ficción cinematográfica», en Saiz, V. y Galletero, B. (Eds.), *Territorio inexplorado: la España despoblada y la comunicación,* 2023, págs. 109-134.

4 Del Estal, E. y Vega, M. J. (2023, 9 de mayo). Las familias refugiadas enriquecen y revitalizan pueblos de la España rural. ACNUR, Disponible en: https://acortar.link/4wslYx.

del siglo XXI motivo de preocupación de la geografía española, tanto por sus efectos en la ordenación del territorio como en la pervivencia y la calidad de vida de sus habitantes[5]. Sin embargo, esta preocupación no pasará a formar parte de la agenda política del país hasta el año 2015 cuando el Senado dé a conocer el resultado de dos años de trabajo en dos informes donde se recogen las posibles medidas a adoptar para mitigar la despoblación rural en España[6] y, en especial, en las zonas de montaña[7]. Un año y medio después, en enero de 2017, en la VI Conferencia de Presidentes[8] se acordaba la necesidad de abordar el reto demográfico como una cuestión de especial relevancia para nuestro país y se adquiría el compromiso de trabajar en la elaboración de una Estrategia Nacional frente al Reto Demográfico que tuviera como ejes de actuación la despoblación, el envejecimiento y los efectos de la población flotante.

Es en este contexto en el que se debe entender que la Generalitat Valenciana, a través de la Dirección General de Administración Local, iniciara los trabajos preparatorios para constituir la Agenda Valenciana Antidespoblament (AVANT-GVA) del Consell con vistas a determinar qué políticas públicas específicas propias de desarrollo rural debían acometerse para: evitar la despoblación de algunos territorios de la comunidad autónoma, identificar los municipios en riesgo de despoblación y medir el grado de riesgo mediante criterios demográficos. El resultado fue una *Propuesta de sistema de indicadores* que vería la luz en noviembre de 2017[9]. Propuesta en la que también se incluyeron una serie de factores que podían influir en la despoblación y que estaban relacionados con la accesibilidad, la dinámica económica o el equipamiento público. Ello acompañado por la constitución de la Cátedra Interuniversitaria AVANT de la Generalitat Valenciana en 2018.

---

5 Severino Escolano, S. y de la Riva, J. (Eds.), *Despoblación y ordenación del territorio*, Institución Fernando el Católico, Zaragoza, 2003.

6 Boletín Oficial de Las Cortes Generales, Senado, *Informe de la ponencia de estudio para la adopción de medidas en relación con la despoblación rural en España*, 17 de abril de 2015.

7 Boletín Oficial de Las Cortes Generales, Senado, *Informe de la Comisión Especial de estudio sobre las medidas a desarrollar para evitar la despoblación de las zonas de montaña*, 26 de junio de 2015.

8 La Conferencia de Presidentes es el órgano de cooperación de máximo nivel político entre el Estado y las Comunidades Autónomas y ocupa la cúspide del conjunto de órganos de cooperación multilateral. Está formada por el Presidente del Gobierno, que la preside, y por los Presidentes de las diecisiete Comunidades Autónomas y de las Ciudades de Ceuta y Melilla.

9 Gabinet del President, *Agenda Valenciana Antidespoblament (AVANT), Propuesta de sistema de indicadores*, 22 de noviembre de 2017.

II. Catedra interuniversitaria AVANT, antidespoblación, de la Generalitat Valenciana (GVA)

De los 542 municipios que existen en la Comunitat Valenciana, 222 municipios tienen menos de 1.000 habitantes, el 40 % del total. En la mayoría de los casos corresponde a comarcas del interior. La densidad de 25 hab/km^2, identificada con los vacíos demográficos, se localiza en la totalidad del interior valenciano[10]. Una serie de comarcas valencianas se encuentran especialmente despobladas, son «desiertos demográficos» con densidades muy bajas. Encontramos unos valores mínimos en Els Ports de Morella (4 hab/km^2), el Rincón de Ademuz (4,5), el Alto Mijares (5,2) o el Valle de Ayora-Cofrentes (6,5), todos por debajo de los 8 hab/km^2. En la provincia de Alicante destacan municipios como Benifallim, Confrides, Quatretondeta, Famorca, Penáguila, Tollos, Vall d'Alcalà y Vall d'Ebo, con menos de 8 hab/Km^2. El 55 % (297) de los municipios valencianos tienen una tasa de envejecimiento superior al 20 %, localizados en el interior de las provincias de Castellón y de València, y en la montaña alicantina (Mapa 1).

Mapa 1. Municipios rurales de la provincia de Alicante según el riesgo de despoblación en 2016

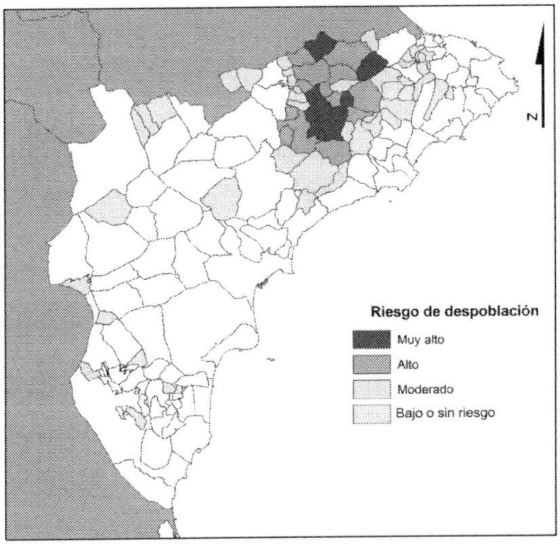

Fuente: GABINET DEL PRESIDENT, *Agenda Valenciana Antidespoblament (AVANT), Propuesta de sistema de indicadores*, 22 de noviembre de 2017. Elaboración propia.

10 PALAZON FERRANDO, S., «Cambios demográficos en las comarcas de interior del País Valenciano durante la segunda mitad del siglo XX», en BERNAT, J. S. y GUERRERO, J. (Eds.), *Las comarcas de interior: una perspectiva demográfica*, Instituto de Cultura del Alto Palancia y Seminari d'Estudis sobre la Població del País Valencià, Castellón, 2007, págs. 111-122.

1. Creación de la Cátedra Interuniversitaria AVANT-GVA

Con la llegada del gobierno del *Botànic* en 2015, la Generalitat Valenciana asumió el reto demográfico y la lucha contra el despoblamiento como una línea de acción política prioritaria y organizó una estructura administrativa específica para atender dicha acción pública. En cumplimiento del mandato estatutario, el Consell desarrolló acciones decididas para abordar la lucha contra el despoblamiento en la Comunitat Valenciana, de manera transversal y complementaria a aquellas otras actuaciones, inversiones o desarrollos legislativos impulsados por cada Consellería en sus respectivos ámbitos sectoriales. Para reforzar la transversalidad de la lucha contra el despoblamiento, se publicó el *Decreto 58/2017, de 28 de abril, del Consell*, por el cual se creaba la *Comisión Interdepartamental para la Lucha contra el Despoblamiento de los Municipios Valencianos*. Decreto que fue modificado posteriormente por el *Decreto 169/2020, de 30 de octubre, del Consell, de aprobación del Reglamento orgánico y funcional de la Presidencia de la Generalitat*. Adicionalmente, mediante el *Decreto 182/2018, de 10 de octubre, del Consell*, y las modificaciones introducidas por el *Decreto 89/2021, de 2 de julio, del Consell*, se reguló la línea específica del Fondo de Cooperación Municipal para la lucha contra el despoblamiento en los municipios de la Comunitat Valenciana. Estos decretos recogían los indicadores que establecen la clasificación de municipios considerados en alto riesgo de despoblamiento. En concreto, mediante una propuesta de indicadores se pretendía contribuir a un doble objetivo:

a) Identificar los municipios en riesgo de despoblación en la Comunitat Valenciana y determinar su actual grado de riesgo, utilizando para ello criterios demográficos.

b) Cuantificar a nivel municipal la incidencia de algunos de los factores que pueden influir en la despoblación del territorio, como pueden ser los relacionados con los aspectos de accesibilidad, dinámica económica o equipamiento público. Así en la *Resolución de 21 de junio de 2022, de la Presidencia de la Generalitat, de asignación de la línea específica del Fondo de Cooperación Municipal para la Lucha contra el Despoblamiento de los Municipios de la Comunitat Valenciana a las respectivas entidades beneficiarias, para el ejercicio presupuestario 2022* (DOGV Núm. 9390 / 25.07.2022), se establecían como beneficiarios del fondo para la lucha contra el despoblamiento los municipios de la Comunitat Valenciana que cumplían con los requisitos del artículo 5 del *Decreto 51/2017, de 7 de abril, del Consell*, por el que se regulaba el Fondo de Cooperación Municipal de la Comunitat Valenciana y con al menos cinco de los requisitos siguientes:

   - Densidad de población. Número de habitantes, según el último padrón vigente, por kilómetro cuadrado: inferior o igual a veinte habitantes por kilómetro cuadrado.

- Crecimiento demográfico. Tasa de crecimiento de la población en el periodo comprendido en los últimos veinte años: menor o igual al 0 %.
- Tasa de crecimiento vegetativo. Porcentaje que representa el saldo vegetativo (nacimientos menos defunciones) de los últimos veinte años sobre la población total según el último padrón vigente: menor o igual a menos diez por ciento.
- Índice de envejecimiento. Porcentaje que representa la población mayor de 64 años sobre la población menor de 16 años, según el último padrón vigente: mayor o igual a 250 %.
- Índice de dependencia. Cociente entre la suma de la población menor de 16 años y mayores de 64 y la población de 16 a 64 años, según el último padrón vigente, multiplicado por 100: mayor o igual a 60 %.
- Tasa migratoria. Porcentaje que representa el saldo migratorio en el periodo comprendido entre los últimos diez años (variaciones residenciales altas menos bajas) sobre la población total según el último padrón vigente: menor o igual al cero por ciento.

III. Actividades realizadas por la cátedra AVANT-GVA de la Universidad de Alicante

Más allá de tasas, índices, números y políticas encaminadas al desarrollo de acciones en favor de la lucha contra la despoblación, el Consell valenciano también buscó a las universidades públicas valencianas, al objeto de que compartieran el conocimiento, las investigaciones y las acciones formativas en materia de despoblación y medio rural. Así, durante el otoño de 2018, se gestionó la formalización de la Cátedra Interuniversitaria AVANT-GVA, por parte del director general de Administraciones Públicas, Antoni Such, y otros responsables políticos y académicos[11]. A partir de este momento las universidades públicas valencianas (incluida la Miguel Hernández de Elche que se unió en 2020), han venido realizando actividades de todo tipo, como cursos, jornadas, o planes estratégicos, informes y publicaciones entre otras iniciativas. En efecto, según la base de los diferentes convenios que se han establecido entre las Universidades públicas valencianas y la Generalitat se establecía como obligaciones, «Desarrollar actividades de investigación, docencia y difusión sobre futuras estrategias en materia de despoblación. A partir del trabajo de estas instituciones se podrán crear sinergias que permitan avances en el diseño e implementación de medidas contra el despoblamiento, y transferidos a la sociedad para generar el bienestar de la ciudadanía de la

11 Disponible en: https://avant.gva.es/es/que-es-catedra-avant.

Comunitat Valenciana. La cátedra realizará una labor centrada en la potenciación de seminarios, jornadas, conferencias, concursos, exposiciones, estudios talleres. Los objetivos de estas actividades serán la investigación, la formación y la difusión pública (...) Información (...) Punto de unión decisivo y funcional entre la actividad educativa e investigadora de las Universidades y el diseño, planificación, gestión, ejecución de políticas públicas contra el despoblamiento».

Por parte de la Universidad de Alicante, tenemos que significar la presentación pública de esta herramienta interuniversitaria de política pública, entre las universidades públicas valencianas y la Generalitat, que se llevó a cabo en los cursos de verano de la SUV (Sede Universitaria de Villena), el 19 de julio de 2019 (Foto 1). Aquí, se contó con la participación del que era por entonces el director Comisionado del Reto Demográfico del Ministerio de Política Territorial y Función Pública del Gobierno de España, el profesor de Geografía de la Universidad de Valladolid, Ignacio Molina[12].

Foto 1. Presentación pública de la Cátedra Interuniversitaria AVANT-GVA en la SUV de la Universidad de Alicante en Villena

Fuente: SUV-Universidad de Alicante.

La cátedra interuniversitaria en la Universidad de Alicante está gestionada dentro del grupo de Investigación de Geografía Humana y establece puntos de unión tanto con el Máster Oficial de Desarrollo Local e Innovación Terri-

12 Disponible en: https://acortar.link/4wslYx.

torial (DELEITE-UA) y otras instancias y departamentos de la Universidad de Alicante. En este sentido, dentro de las actividades de la Cátedra AVANT-GVA y el Máster Oficial DELEITE-UA, se llevaron a cabo las jornadas, «Despoblación en el mundo rural. Propuestas desde la Comunidad Valenciana», el 4 y 5 de marzo de 2020 en las sedes Universitarias de la Ciudad de Alicante y de Cocentaina, con sendas mesas redondas y la participación del que era por entonces el director del Secretariado para el Reto Demográfico del Gobierno del Principado de Asturias, Jaime Izquierdo Vallina[13]. Las aportaciones realizadas y experiencias compartidas fueron de gran utilidad. El 6 de noviembre del mismo año, se desarrolló un seminario, que se enmarcó en el contexto del marco del Máster Oficial de Desarrollo Local e Innovación Territorial (DELEITE-UA) y que fue organizado por la Cátedra Interuniversitaria AVANT de la Generalitat Valenciana en la Universidad de Alicante (Foto 2).

Foto 2. Participación de los gerentes de los GAL de la provincia de Alicante en el evento multiplicador del proyecto *SMART RURAL TOURISM* (SRT)[14]

Fuente: Elaboración propia.

13 Disponible en: https://vertice.cpd.ua.es/241143.

14 La Cátedra AVANT-GVA de la UA, organizó el evento multiplicador del proyecto europeo Smart Rural. Presentamos resultados, compartimos aprendizajes sobre innovación en el medio rural, la aplicación de las nuevas tecnologías como medio, ya que lo inteligente son las personas, y lo importante son cubrir sus necesidades para mejorar estándares de vida en el medio rural. Y la formación y cualificación puede ayudar a ello. Jornada intensa y muy interesante por todas las aportaciones. Más de 70 personas conectadas, mayoritariamente de España, Ecuador, Colombia, Cuba y Costa Rica, y más de una veintena de asistentes presenciales. Participaron instancias, entidades, empresas, políticos y profesorado del departamento de Geografía Humana, así como la profesora Marga Brugarolas de la UMH y coordinadora de la Cátedra AVANT-GVA en la UMH de Elche. https://vertice.cpd.ua.es/257073.

La intención de este seminario fue abordar y visibilizar aquellas acciones, que desde la Generalitat Valenciana y otras instancias nacionales (Senado) se estaban llevando a cabo en materia de despoblación. Se debatió sobre las oportunidades socioeconómicas de algunos proyectos, programas y medidas, que se estaban trabajando entre diferentes actores, en temáticas de despoblamiento y mundo rural. De esta forma se contó con la experiencia de uno de los senadores nacionales por «Teruel Existe», o se explicó el programa que se había puesto en marcha entre la Dirección General AVANT y otras instancias del gobierno valenciano para dotar de agentes de desarrollo local a los territorios rurales. También se departió sobre los proyectos que desde FADIT (*Federació Alicantina per al Desenvolupament i la Innovació Territorial*), se estaban desarrollando en el año 2020 para fomentar el poblamiento (neorrurales-nuevos pobladores) y el emprendimiento en los territorios rurales alicantinos. Sin olvidarnos de una de las piezas clave en materia de políticas públicas, como es el PLESVANT (Plan Estratégico Valenciano Antidespoblamiento), que, encargado por la Dirección General AVANT, Generalitat Valenciana, y coordinado por la Universidad de Valencia[15], se ha ido implementando y actualizando hasta el presente año[16]. También tuvimos la ponencia inaugural en el Máster Oficial por parte del profesor de la Universidad de Jaume I de Castellón, Vicente Budí, coordinador de las cinco Cátedras Interuniversitarias AVANT-GVA, que con su ponencia «Los profesionales del desarrollo local ante el reto demográfico en los espacios rurales. Una visión desde la Cátedra AVANT», supuso el inicio del curso 2021/2022.

Foto 3. Jornadas AVANT-GVA sobre La Vivienda realizadas en FAGECA

Fuente: Cátedra AVANT-GVA de la Universidad de Alicante.

15 Hermosilla. J. (Dir.), *Estrategia AVANT 20-30. Plan Estratégico Valenciano Antidespoblación*, Cátedra Interuniversitaria AVANT-GVA y Universidad de Valencia, Valencia, 2021.

16 6 de noviembre 2020: Seminario sobre Despoblamiento: Propuestas y acciones desde un enfoque interdisciplinar y multiescalar. Máster DELEITE y Cátedra Interuniversitaria ADELANTE-UA (https://vertice.cpd.ua.es/230753 y https://vertice.cpd.ua.es/230754).

Sin duda han sido muchas las actividades realizadas estos años vinculadas a la Cátedra Interuniversitaria AVANT-GVA de la Universidad de Alicante. Hay que destacar las jornadas de formación, que tanto en el año 2022 como en el año 2023 se realizaron en el interior despoblado de la provincia de Alicante (*Vall de Seta*). El primero se realizó en el municipio de Fageca, y la temática propuesta fue la vivienda, ante la dificultad en el acceso a la misma (Foto 3). Por esta razón, planteamos esta jornada ya que se sigue considerando a la vivienda como un factor específico de retención y atracción de talento y población en los municipios rurales de la Comunitat Valenciana. Estas jornadas, también supusieron la oportunidad de profundizar en las causas que determinan el potencial de un municipio a partir del dinamismo del mercado inmobiliario, las características de las viviendas disponibles, los medios de acceso a la vivienda y asentamiento en la localidad, el perfil de los demandantes, así como las condiciones y coste vida que supone permanecer o instalarse en un municipio rural. Sin menoscabo de otros factores conectados con la normativa, el empleo y otros incentivos y medidas promovidas por las administraciones públicas a la hora de poder regular y facilitar acciones que favorezcan el asentamiento de nuevos pobladores[17].

En febrero de 2023, se llevaron a cabo en Gorga, las jornadas sobre Juventud y despoblación, tratándose las oportunidades y retos que el mundo rural ofrece para nuestros jóvenes, desde el emprendimiento, las prácticas en empresas, las oportunidades que ofrece la administración pública o las experiencias de vida de jóvenes que han decidido quedarse en el mundo rural[18].

A lo largo de estos cinco años de existencia de la Cátedra Interuniversitaria AVANT-GVA en la Universidad de Alicante, se han establecido alianzas con otras instancias, colectivos, asociaciones y departamentos, tanto de la Universidad de Alicante como de otras Universidades. Cabe destacar la presentación realizada del PLESVANT el 11 de junio de 2021 en la población Alicantina de Penáguila con parte de las instancias del segundo y tercer nivel del Gobierno Valenciano y del tejido ciudadano y asociativo de la provincia de Alicante (Foto 4) o la participación, junto a empresarios e instancias de la provincia de Alicante, en las jornadas anuales que la Unión de Empresarios de la Provincia de Alicante (UEPAL) realiza en poblaciones del interior y rurales de la provincia de Alicante, sobre despoblación y reto demográfico.

17 Disponible en: https://vertice.cpd.ua.es/269895.

18 Disponible en: https://acortar.link/4wslYx.

Foto 4. Presentación oficial de PLESVANT en los municipios de interior de la provincia de Alicante

Fuente: Cátedra AVANT-GVA de la Universidad de Alicante.

Otras de las aportaciones de la Cátedra Interuniversitaria AVANT-GVA, de la Universidad de Alicante, han sido la participación en congresos nacionales e internacionales aportando comunicaciones fruto de la investigación y análisis derivadas de nuestras actividades académicas. Hay que destacar la línea de trabajo abierta con relación a la despoblación y mundo rural que ha dado lugar a diferentes trabajos de investigación y propuestas divulgativas como la realizada en 2022 para la Asociación Española de Geografía (AGE) vinculada con la despoblación y cine[19]. También hay que destacar la colaboración en la edición de publicaciones como la obra *Terra de Pastors* (2021) y presentada en la Facultad de Filosofía y Letras.

Una de las últimas iniciativas llevadas a cabo durante el 2023, y en la que la cátedra AVANT-GVA de la Universidad de Alicante ha participado, es el *VIII Congreso Iberoamericano sobre Turismo Sustentable*, en formato híbrido (presencial y virtual), en colaboración con REIMA (Red Iberoamericana de Medio Ambiente) y el Instituto Universitario de Estudios Sociales de América Latina de la Universidad de Alicante (IUESAL), entre otras instancias. El último día del congreso se programaron diversas actividades, ponencias y mesas de trabajo, en las que participaron los diferentes miembros de las cátedras interuniversitarias de la Generalitat Valenciana, así como otros actores del territorio (empresas, agentes de desarrollo local, instancias públicas y políticas), que aportaron propuestas aplicadas, desde una visión colaborativa, del problema de la despoblación, en los ámbitos rurales, que sin duda

19 Disponible en: https://www.age-geografia.es/site/geografia-y-cine-2022/.

pueden ser aprendizajes compartidos. Todo ello, con posibles aplicaciones en otros territorios que participen de las características sociodemográficas y productivas vinculadas al aprovechamiento agropecuario, el turismo rural, la despoblación, el envejecimiento y el éxodo rural (Foto 5)[20].

Foto 5. Responsables de las cinco cátedras Interuniversitarias AVANT-GVA Antidespoblación de la Comunidad Valenciana.

Fuente: Cátedra AVANT-GVA de la Universidad de Alicante.

20 Disponible en: https://reima-ec.org/2023_viii_cits/.

IV. La ficción audiovisual como factor de análisis de la despoblación rural desde la cátedra AVANT-GVA (UA)

Por último, hay que afirmar que también se ha utilizado el análisis de películas de ficción en el marco de la Cátedra AVANT-GVA, derivado de proyectos de investigación y participación en congresos. Así en el presente curso académico se ha aprobado el proyecto titulado *Espacios rurales y naturales en el cine rodado en España. Registro documental y análisis territorial, turístico y audiovisual (FAERNES)*, dentro de los proyectos de generación de conocimiento 2022 (tipo B), del Ministerio de Ciencia e Innovación (ref. PID2022-138080OB-I00) coordinado por los profesores Carlos Manuel Valdés (Universidad Carlos III de Madrid) y Antonio Martínez-Puche (Universidad de Alicante).

Una de las líneas que estamos aplicando ha sido articular una metodología de trabajo que consiste en la selección de películas que se ajusten al objeto de estudio, que normalmente están en el marco de la despoblación desde el drama y comedia rural. Así observamos los siguientes aspectos:

a) Participación de una temática común en las diversas producciones que se adscriben a modelos expresivos y estéticos con sus propias singularidades.

b) Poseer una adecuación argumental y de configuración de personajes conforme a la delimitación conceptual teórico y los objetivos señalados en nuestra investigación sobre los imaginarios presentes y proyectados de «lo rural» a lo largo de contextos temporales y territoriales.

c) Describir la correlación narrativa y sociocultural entre los géneros fílmicos analizados, aportando los rasgos de interés tanto desde la perspectiva diacrónica o sincrónica.

En el análisis fílmico aplicado hemos adoptado las premisas del modelo de Abril[21] y Cassetti y Di Chio[22], que se estructura en tres variables:

- Discursiva (argumento y personajes). El drama social y la comedia costumbrista con sus personajes, argumentos y conflictos.
- Contextual (lugar real y espacio narrativo). Representación del mundo rural, su simbología y fisonomía a partir de las localizaciones del rodaje, que son suplantadas por lugares imaginarios en la ficción.
- Axiológica (valores y normas socioculturales). Aspectos consuetudinarios que evidencian maneras de pensar y actuar. Se caracteriza

21 Abril, G., *Análisis crítico de textos visuales*, Síntesis, 2008.

22 Casetti, F. y Di Chio, F., *Cómo analizar un film*, Paidós, 2007.

a los pueblos y las comunidades que los (des)habitan, identificando las relaciones entre lo autóctono-alóctono, la inclusión-exclusión y la identidad-desigualdad de género.

Con el fin de tener una perspectiva suficientemente amplia del origen, consolidación y evolución del objeto de estudio, que en los últimos años ha sido la despoblación y el mundo rural, se han elegido largometrajes fechados en momentos distintos y atendiendo a diferentes géneros. Así, en algunas de las investigaciones se trataron *La aldea maldita* (Florian Rey, 1930, 1942), *Surcos* (Juan Antonio Nieves Conde, 1951), *La piel quemada* (Josep María Font, 1967), *El turismo es un gran invento* (Pedro Lazaga, 1967), *Flores de otro mundo* (Icíar Bollain 1999) y *El violín de piedra* (Emilio Ruiz Barrachina, 2015). De este modo, hemos podido efectuar una comparativa y detectar las incidencias, semejanzas y divergencias argumentales, estilísticas y temáticas en al menos dos trabajos de investigación[23] . Unos meses más tarde y a petición de la Asociación Española de Geografía (AGE), se realizó una selección más amplia con motivo de ampliar la base fílmica, que luego se ha ido ampliando en función de las aportaciones en congresos y coloquios nacionales e internacionales[24]. Hablamos de películas como la *Ciudad no es para mí* (Pedro Lazaga, 1966), *Las ovejas no pierden el tren* (Alvaro Fernández Armero, 2014), *Verano 1993* (Carla Simón, 2017), *El disputado voto del señor Cayo* (Antonio Giménez Rico, 1986), Lo nunca visto (Marina Seresesky, 2019), *Suro* (Mikel Gurrea, 2022), *Alcarrás* (Carla Simón, 2002), *As Bestas* (Rodrigo Sorogoyen, 2022), entre otras.

La temática, el género fílmico, la estética y el estilo de una película le atribuyen una función significante y cognoscitiva a partir de la integración y correspondencia entre la estructura semántica (*el qué*: significación arquetípica) y los modos de inscripción en lo cotidiano (*el cómo*: aspecto formal de la comunicación), según proponen algunos autores

23 Martínez-Puche, A. *et al.*, «The representation of the rural exodus in the Spanish cinema (1900-2020): Evolución, causas and territorial consequences», en *Investigación Geográficas*, núm. 77, 2022, págs. 79-101. Disponible en: https://doi.org/10.14198/INGEO.19337 y Martínez Puche, S. y Martínez-Puche, A., «La comedia y la despoblación: un análisis discursivo, contextual y axiológico a través de la ficción cinematográfica», en Saiz, V. y Galletero, B. (Eds.), *Territorio inexplorado: la España despoblada y la comunicación,* 2023, págs. 109-134.

24 Martínez-Puche A. y Martínez Puche, S., «Demografía, territorio y migración a través del cine rural: un análisis discursivo y comparado entre las películas La piel quemada (1967) y Suro (2022)», en *II Congreso Internacional de Cine Rural*, del 19 al 21 de octubre, Universidad de Córdoba; Martínez Puche S. y Martínez-Puche A., «Los lugares geográficos y narrativos de la despoblación rural en el cine español: Aproximación a un modelo metodológico mixto», en *IV Coloquio Internacional, Turismo, Cine y Territorio*, del 6 al 8 de noviembre. Taxco (Guerrero-México).

como Gómez y Poyatos[25] al referirse a la cultura de masas. Es decir, «determinadas formas nunca serán portadoras de determinados significados, del mismo modo que determinados significados nunca encarnarán en determinadas formas»[26]. Sin embargo, es imposible hablar de un subgénero cinematográfico «rural». Las expresiones fílmicas son tan heterogéneas como iconoclastas y eclécticas, teniendo cabida la reivindicación política de Buñuel y *Las Hurdes, tierra sin pan* (1933); el humor absurdo e inclasificable de Cuerda y *Amanece, que no es poco* (1989); el cine intimista y existencialista de Simón y *Verano 1993* (2017); el thriller angustioso de Sánchez-Cabezudo y *La noche de los girasoles* (2006); o el costumbrismo manchego hilarante de Almodóvar y *Volver* (2006).

Incluso, uno de los directores españoles que más ha influido en el modo de ver y retratar la vida en el medio rural, Montxo Armendáriz, se distancia del enfoque ruralista, en una entrevista realizada por Heredero y Reviriego[27] sobre *Tasio*, la película de 1984 que narra la vida de un carbonero navarro: «No iba buscando especialmente un retrato del mundo rural. Si hubiera encontrado un personaje de estas dimensiones en otro ámbito, en una ciudad o en una fábrica, me habría interesado exactamente igual». Como destaca Sánchez[28]:

> «Ni los propios creadores se apuntan a la adscripción de un cine ruralista y confiesan que el punto de partida cinematográfico tiene que ver con las leyes eternas del relato, basadas en la relación y el conflicto del ser humano con el medio y con sus semejantes».

Surge una dificultad a la hora de delimitar las características comunes de una producción fílmica, que nos obliga a centrarnos no tanto en lo rural y sus circunstancias *per se*, sino en lo rural cinematográfico y sus representaciones concretas. Todo ello puede también ser una buena fuente de estudio e inspiración para innovar en la presentación y representación de los mundos rurales y la despoblación que seguiremos trabajando y profundizando desde la Cátedra AVANT-GVA de la Universidad de Alicante.

---

25 Gómez, A., y Poyato, P., *Profundidad de campo. Más de un siglo de cine rural en España*, Luces de Gálibo, Madrid, 2010.

26 Zunzunegui, S., «Las vetas creativas del cine español», en Poyato, P. (comp.), *Historia(s), motivos y formas del cine español*, 2005, págs. 9-21.

27 Heredero, C. F. y Reviriego, C., «Memoria de un desafío. Entrevista a Montxo Armendáriz», en *Cahiers du Cinema*, Especial núm. 8, Tasio XXV aniversario, septiembre, págs. 10-21.

28 Sánchez Navas, J., «Relaciones entre cine y mundo rural. Delimitación Metodológica del campo de estudio», en Martínez-Puche, A., Martínez-Puche, S. y Prieto Cerdán, A. (Eds.), *Territorios de cine, desarrollo local, tipologías turísticas y promoción*, Universidad de Alicante, 2012, págs. 189-198.

Imagen 1. Geografía y Cine. Selección de 2022

Fuente: Página web AGE. https://www.age-geografia.es/site/geografia-y-cine-2022/

V. Conclusiones

La evolución de la población en España y en el conjunto de los países desarrollados en esta década, reflejada en los datos publicados por el INE, por Eurostat y por el Banco Mundial, junto con el compromiso de las Comunidades Autónomas más afectadas por los desequilibrios demográficos, impulsaron la necesidad de afrontar los desafíos poblacionales como una Política de Estado, y, por ello, se elevó a la *VI Conferencia de Presidentes en 2017* (17 de enero). Allí se conformó el Comisionado para el Reto Demográfico, al objeto de plantear una estrategia común. También por parte de las comunidades autónomas, se han acometido acciones y estructuras. Así, en 2017 se formó la Agenda Valenciana Antidespoblament (AVANT), dependiente de la Generalitat Valenciana, que en 2018 ratificó cuatro cátedras universitarias AVANT (Jaume I, Valencia, Politécnica de Valencia y Alicante), y en agosto de 2019 dio lugar a una Dirección General dependiente de la presidencia del Gobierno valenciano. Una de las muchas acciones de la Cátedra Interuniversitaria fue la redacción del *Plan Estratégico Valenciano Antidespoblamiento* (PLESVANT), que, coordinado por la Universidad de Valencia, se desarrolló durante todo el 2020. Aquí se establecieron medidas y acciones consensuadas, en las que la participación pública de todos los *stakeholders* del territorio, y las aportaciones de las cátedras interuniversitarias AVANT, fue notable. Otras acciones han sido formativas, divulgativas y de investigación. En el caso de la Universidad de Alicante destaca, además, una línea de trabajo centrada en el análisis de películas en las que se constatan, por una parte, similitudes y diferencias en el tratamiento ficcional y narrativo entre el drama social y la comedia costumbrista sobre el proceso migratorio hacia el ámbito rural. Y, por otra, la representación de sus repercusiones en la exclusión, la inclusión, la identidad de género y la desigualdad en el caso tanto de la despoblación y repoblación en los territorios rurales.

El «cosmopolitismo rural» plantea suficientes condiciones para conseguir paliar en cierta medida la situación de despoblación y ofrecer oportunidades a los hombres y las mujeres que deciden asentarse en estos lugares en peligro de desaparición. Las universidades públicas tenemos una oportunidad de trabajar con otros actores del territorio, y desde un enfoque comunitario, para facilitar procesos y transferir nuestro conocimiento, a los territorios rurales. Pero, sin duda, también se hacen necesarios programas estratégicos, eficaces y específicos desde las administraciones públicas que promuevan y faciliten la inclusión en la práctica a corto, medio y largo plazo. La tradición arraigada y la postmodernidad afectan a la configuración y evolución de los territorios, desde el punto de vista socioeconómico y cultural, así como a las identidades individuales y comunitarias. Todo ello se ve acentuado por los cambios, las evoluciones y los imaginarios en contextos de crisis e incertidumbre, que son más sensibles y determinantes en los territorios rurales.

VI. Bibliografía

Abril, G., *Análisis crítico de textos visuales*, Síntesis, 2008.

Burillo, M. P., **Rubio, P.**, y **Burillo, F.**, «Strategies facing the depopulation of the Serrania Celtibérica within the framework of the European cohesion policy 2021-2027», en *Economía Agraria y Recursos Naturales*, vol. 19, núm. 1, 2019, págs. 83-97. Disponible en: https://doi.org/10.7201/earn.2019.01.05

Burriel, E., «La planificación territorial en la Comunidad Valenciana (1986-2009)», en *Scripta Nova. Revista electrónica de geografía y ciencias sociales*, vol. XIII, núm. 306, 2009.

Camarero, L., «Despoblamiento, baja densidad y brecha rural: un recorrido por una España desigual», en *Panorama Social*, núm. 31, 2020, págs. 47-73.

Casetti, F. y **Di Chio, F.** *Cómo analizar un film*. Paidós, 2007.

Del Estal, E. y **Vega, M. J.**, *Las familias refugiadas enriquecen y revitalizan pueblos de la España rural*, ACNUR, 2023. Disponible en: https://acortar.link/4wslYx.

Escribano Pizarro, J., **Serrano Lara, J.** y **Martínez Guirao, P.**, «Análisis del riesgo de exclusión social en el medio rural: el índice Z como solución «lowcost» a la falta de indicadores sintéticos municipales», en *Cuadernos Geográficos*, vol. 58, núm. 3, 2019, págs. 103-124.

FEMP. **Federación Española de Municipios y provincias**, *El mundo rural es la España de las oportunidades*, 2023. Disponible en: https://bit.ly/3PkloQH.

Gabinet del President, *Agenda Valenciana Antidespoblament (AVANT), Propuesta de sistema de indicadores*, 22 de noviembre de 2017.

Goerlich Gisbert, F. J. y **Cantarino Martí, I.**, «Cartografía y demografía: una grid de población para la Comunidad Valenciana», en *Estadística Española*, vol. 53, núm. 176, 2011, págs. 127-161.

Gómez, A. y **Poyato, P.**, *Profundidad de campo. Más de un siglo de cine rural en España*, Luces de Gálibo, Madrid, 2010.

Gubern, R., «Lo rural, dentro y fuera del campo». En **Poyato, P.** (Ed.), *Lo rural en el cine español*, Diputación de Córdoba y Ayuntamiento de Dos Torres, 2007, págs. 15-34.

Heredero, C. F. y **Reviriego, C.**, «Memoria de un desafío. Entrevista a Montxo Armendáriz», en *Cahiers du Cinema*, Especial núm. 8, Tasio XXV aniversario, septiembre, págs. 10-21.

Hermosilla. J. (Dir.), *Estrategia AVANT 20-30. Plan Estratégico Valenciano Antidespoblación*, Cátedra Interuniversitaria AVANT-GVA y Universidad de Valencia, 2021.

Martínez Puche, S. y **Martínez-Puche, A.**, «Cara al sol: representaciones cinematográficas del modelo turístico playero. de la comedia desarrollista a la actual españolada», en **A. Martínez-Puche** (*et al.*) (eds.), *Territorios de cine. Desarrollo local, tipologías turísticas y promoción*. Universidad de Alicante, 2012, págs. 95-122.

Martínez Puche, S. y **Martínez-Puche, A.**, «La comedia y la despoblación: un análisis discursivo, contextual y axiológico a través de la ficción cinematográfica», en **Saiz, V. y Galletero, B.** (Eds.), *Territorio inexplorado: la España despoblada y la comunicación,* 2023, págs. 109-134.

Martínez-Puche, A. *et al.*, «The representation of the rural exodus in the Spanish cinema (1900-2020): Evolución, causas and territorial consequences», en *Investigación Geográficas*, núm. 77, 2022, págs. 79-101. Disponible en: https://doi.org/10.14198/INGEO.19337.

Molinero Hernando, F., «El espacio rural de España: evolución, delimitación y clasificación», en *Cuadernos Geográficos*, vol. 58, núm. 3, 2019, págs. 19-56.

Palazon Ferrando, S., «Cambios demográficos en las comarcas de interior del País Valenciano durante la segunda mitad del siglo XX», en **Bernat, J. S.** y **Guerrero, J.** (Eds.), *Las comarcas de interior: una perspectiva demográfica*, Instituto de Cultura del Alto Palancia y Seminari d'Estudis sobre la Població del País Valencià, Castellón, 2007, págs. 111-122.

Sánchez Navas, J., «Relaciones entre cine y mundo rural. Delimitación Metodológica del campo de estudio», en **Martínez-Puche, A.**, **Martínez-Puche S.** y **Prieto Cerdán, A.** (Eds.), *Territorios de cine, desarrollo local, tipologías turísticas y promoción*, Universidad de Alicante, Alicante, 2012, págs. 189-198.

Sancho, J. y **Reinoso, D.**, «La delimitación del ámbito rural: una cuestión clave en los programas de desarrollo rural», en *Estudios Geográficos*, vol. LXXIII, núm. 273, 2012, págs. 599–624.

Severino Escolano, S. y **De la Riva, J.** (Eds.), *Despoblación y ordenación del territorio*, Institución Fernando el católico, Zaragoza, 2003.

Zunzunegui, S., «Las vetas creativas del cine español», en **Poyato, P.**, (comp.), *Historia(s), motivos y formas del cine español*, 2005, págs. 9-21.

COLECCIÓN
DERECHO RURAL

COLEX

TÍTULOS PUBLICADOS

1. Marco normativo para la dinamización demográfica y territorial
2. Administrative rural proofing for territories with demographic challenges
3. Mujeres rurales, territorio y reto demográfico

Made in United States
Orlando, FL
04 November 2026

90201129R00205